BKJ
Bundesvereinigung
Kulturelle
Jugendbildung e.V.

Küppelstein 34
42857 Remscheid

Impressum:

Herausgeberin:

Bundesvereinigung Kulturelle Jugendbildung
Küppelstein 34, 42857 Remscheid
Tel. 02191/794-390, Fax 02191/794-389
e-mail: info@bkj.de, internet: http://ww.bkj.de

Redaktion:

Hildegard Bockhorst

Titel und Gestaltung:

Topprint, unter Verwendung des Slogans
„Kultur macht Schule" der Pädagogischen
Aktion/SPIELkultur und verschiedener Fotos
des Vereins Spiellandschaft Stadt, München.

Satz:

Ulrike Kluthe-Peiseler

Druck:

Topprint, Remscheid

Gefördert aus Mitteln des Kinder- und
Jugendplans des Bundesministeriums
für Familie, Senioren, Frauen und Jugend

ISBN: 3-924407-50-9

Remscheid, 1997

Bundesvereinigung Kulturelle Jugendbildung e.V. (Hg.)

Kultur Macht Schule

Schule und Jugendkulturarbeit in Kooperation

Mit Beiträgen von:

Ina Bielenberg, Hildegard Bockhorst, Elisabeth Braun, Rolf Eickmeier, Max Fuchs, Thomas Hirschle, Klaus Hoffmann, Jutta Johannsen, Helmut Lange, Elinor Lippert, Will Lütgert, Richard Münchmeier, Brigitte Prautzsch, Hermann Rademacker, Joachim Reiss, Aud Riegel-Krause, Wulf Schlünzen, Iris Stauch, Karl-Heinz Wenzel, Florian Vaßen, Gabriele Vogt, Peter Wolters, Ulrich Wüster, Wolfgang Zacharias

Erweiterte Dokumentation der Tagung „Dialog kulturelle Bildung"

Inhalt:

4. Ideenförderung durch die BKJ

5. Kulturelle Praxis zwischen Schule und Jugendkulturarbeit

6.   Standpunkte

7.   Anhang

Hildegard Bockhorst / Brigitte Prautzsch

Schule und Jugendkulturarbeit in Kooperation

Jugend(kultur)arbeit und Schule haben auf gesellschaftliche Herausforderungen, auf Veränderungen von Kindheit, Jugend, Familie und Beruf reagiert; sie haben den Bedarf an ganzheitlicher, lebensweltorientierter Bildung erkannt und versuchen, jungen Menschen vielfältige kulturelle Möglichkeiten der Persönlichkeitsentfaltung und Lebensgestaltung zu ermöglichen.

Kultur Macht Schule

Kultur hat Schule gemacht! Und auch SCHULE MACHT KULTUR. Die Beiträge in dieser Publikation belegen dies.

Die in den Praxisbeispielen vorgestellten Kooperationsformen sind äußerst vielgestaltig. Auf Seiten der Träger sind es Fach- und Jugendverbände, Einrichtungen wie Musik- oder Kunstschulen, Theater oder Bibliotheken, die mit Schulen aller Schulformen - von der Grundschule über das Gymnasium bis zu Schulen für behinderte Kinder und Jugendliche - zusammenarbeiten. Angesprochen sind einzelne AGs, Chöre oder Schulorchester, einzelne und mehrere Schulklassen, verschiedene Klassenstufen und auch ganze Schulen, oft auch deren Eltern und Fördervereine. Es gibt Wettbewerbe, Werkstätten und Festivals; einige Projekte sind auf Dauer angelegt, einige jährlich wiederkehrend, einige sind einmalige Aktionen. In die meisten Projekte sind KünstlerInnen oder künstlerische Fachkräfte eingebunden: Musiker, Choreografen, Rhythmiker und Theaterpädagogen. Die Projektkonzepte sind manchmal so angelegt, daß sie neben Möglichkeiten der künstlerischen Auseinandersetzung für die SchülerInnen gleichzeitig Fachimpulse - quasi ein Fortbildungsangebot - für die Lehren-

den darstellen. Immer ermöglichen sie aber eine erweiterte Chance lebensweltbezogenen Lernens und umfassender Persönlichkeitsbildung.

Am ehesten spiegelt vielleicht der Publikationsbeitrag von Aud Riegel-Krause am Beispiel der Stadt Münster die großen Potenzen eines kooperativen Bildungskonzeptes von Schule, Jugend und Kultur wider.[1] Eine Systematisierung der Vielfalt der Kooperationsmodelle versucht Wolfgang Zacharias in seinem Beitrag in dieser Publikation mittels der Zuordnungen: Die Schule öffnet sich, Schule und Lebenswelt, Neue Schulkultur, Schule und Jugendarbeit, Kunst- und Musikschulen.[2]

Viele Grundsatzpapiere und Empfehlungen sowohl von Schule als auch von Jugendhilfe und kulturellen Trägern spiegeln den Anspruch und Bedarf nach Kooperation und erweiterten Bildungskonzepten.

Bereits 1985 empfahl die Kultusministerkonferenz unter dem Titel „Kultur und Schule", die vielfältig vorhandenen Aktivitäten im Bereich der musisch-künstlerischen Bildung im Unterricht, im schulischen Umfeld sowie in Zusammenarbeit mit Kulturinstituten und Künstlern weiterzuentwickeln und zu fördern.[3]

Und die UNESCO stellt in ihren Empfehlungen Nr. 78 von 1992 an die Bildungs- und Kultusministerien den konzeptionellen Bedarf für eine um Kultur erweiterte Bildungskonzeption wie folgt her: *„Wenn die Schule für den Bedarf moderner Gesellschaften und die Erfordernisse des 21. Jahrhunderts besser gerüstet sein will, muß sie sich gegenüber ihrer sozialen, wissenschaftlichen und kulturellen Umgebung öffnen und ein Ort des lebendigen Dialogs wer-*

Große Potenzen eines kooperativen Bildungskonzeptes von Schule, Jugend und Kultur den, in der die Horizonterweiterung im Blick auf die Kulturen der Welt in ihren regionalen, nationalen und lokalen Aspekten ihren Platz hat. Der Schule muß es angelegen sein, über die Vermittlung kognitiver Fähigkeiten und die Ausbildung der Wahrnehmung, des kritischen Urteilsvermögens und der Problemlösung hinaus das richtige Gleichgewicht zwischen interkulturell/analytischen Fähigkeiten und den emotional, geistigen und ethischen Ausdrucksfähigkeiten des Lernenden zu erreichen."[4]

Drei Jahre später präzisiert die Bildungskommission Nordrhein-Westfalen unter der Überschrift „Zeitsignaturen" die sich verändernden Rahmenbedingungen:
- die Pluralisierung der Lebensformen und der sozialen Beziehungen,
- die Veränderung der Welt durch neue Technologien und Medien,
- die ökologische Frage,
- die Bevölkerungsentwicklung und die Auswirkungen der Migration,
- die Internationalisierung der Lebensverhältnisse,
- den Wandel der Wertvorstellungen und Orientierungen.[5]

Betitelt als „Zukunft der Bildung - Schule der Zukunft" orientiert die Denkschrift der Kommission auf ein handlungsbezogenes Verständnis von Bildung, auf die Bereitschaft und die Kompetenz von Schule, für ein lebenslanges Lernen vorzubereiten. Das schließt eine Offenheit für aktuelle Schlüsselprobleme ebenso ein wie den Erwerb von Schlüsselqualifikationen und von Kulturtechniken. Die Kommission vertritt ein Konzept der Schule als Lern- und Lebensraum, das sie mit dem Bild vom „Haus des Lernens" umschreibt.

Das 1990 verabschiedete Kinder- und Jugendhilfegesetz (KJHG) regelt - für Deutschland Ost und West - in § 81 die gesetzliche Zusammenarbeitsverpflichtung: „Die Träger der öffentlichen Jugendhilfe haben mit anderen Stellen und öffentlichen Einrichtungen, deren Tätigkeit sich auf die Lebenssituation junger Menschen und ihrer Familien auswirkt,

insbesondere mit Schulen und Stellen der Schulverwaltung ... im Rahmen ihrer Aufgaben und Befugnisse zusammenzuarbeiten." Nach § 1 KJHG sind Beiträge der Jugendhilfe eigenständige Leistungen für die Persönlichkeitsentwicklung von Kindern und Jugendlichen und nicht mehr nachrangig gegenüber Schule.[6]

Die Bundesarbeitsgemeinschaft der Landesjugendämter begründet in ihren Empfehlungen zur „Zusammenarbeit von Jugendhilfe und Schule" vom Juli 1993 die Zusammenarbeitsinteressen und -notwendigkeiten von Jugendhilfe und Schule mit der veränderten Lebenswelt von Kindern und Jugendlichen, dem Abbröckeln herkömmlicher Orientierungs- und Lebensmuster, mit Individualisierung und Pluralisierung. Zentrale Leitwerte der Schule wie Bildungsauftrag und Vorbereitung auf den Beruf werden hinterfragt und als heute nicht ausreichende Aufgabenstellungen angesehen. Verstärkt wird die Erwartung an Schule gerichtet, sich mehr als Lebensort von Schülern zu verstehen und das soziale Lernen als wichtigen Bestandteil schulischen Lebens zu fördern. Schulische Entwicklung, so die Arbeitsgemeinschaft der Landesjugendämter, sollte sich auszeichnen durch:
- verstärkten Einsatz von Projektunterricht,
- ausgeweitete Angebote an Arbeitsgemeinschaften,
- Ausbau des schulischen Lebens über den Unterricht hinaus,
- vermehrte Kontaktaufnahme mit außerschulischen Partnern verschiedener Gesellschaftsbereiche im lokalen Umfeld,
- Aufsuchen außerschulischer Lernorte,
- Öffnen der Schule für außerschulische Veranstaltungen.

„In dieser Situation - so die Empfehlung - *macht die Schule vom Angebot der Jugendhilfe als einer anderen, stärker lebenslagen- und problemorientiert arbeitenden Sozialisationsinstanz mehr Gebrauch."[7]*

Dabei gilt es, so formuliert als Hauptziel im kommunalen Konzept „Schule in der Gemeinde - Öffnung von Schule" des Deutschen Städtetages, dem Lebensbezug als pädagogisches Prinzip in der Schule" Geltung zu verschaffen und innerschulisches Lernen durch außerschulische Erfahrungs- und Handlungsmöglichkeiten zu ergänzen.[8]

Die Chancen eines in dieser Weise kommunikativen und kooperativen Verständnisses zwischen Schule und Jugendhilfe/Jugendarbeit umreißt die Arbeitsgemeinschaft der Obersten Landesjugendbehörden 1996 - und beschreibt damit ebenfalls die Grundpositionen der Träger kultureller Kinder- und Jugendbildung:

> Ein gemeinsames Konzept ermöglicht eine durchgängige Basisorientierung für Jugendliche und erleichtert ihnen das konstruktive Umgehen und Experimentieren mit Freiräumen und gesellschaftlicher Komplexität.

> Kooperation trägt zur Verknüpfung verinselter Lebenssituationen bei und verhindert zunehmende gesellschaftliche bzw. soziale Entfremdung oder Vereinsamung.

> Durch isoliertes Handeln entstehen Versorgungslücken, unbearbeitete Felder, die durch kooperatives und vernetzes Handeln vermieden oder angegangen werden können.

> Die Entwicklung effektiver Lösungen kann bei zunehmend komplexeren Problemlagen der Gesellschaft und des sozialen Nahraumes **nur im Diskurs** geschehen.[9]

Wo also liegt das Problem?

Wieso beschäftigt die Bundesvereinigung Kulturelle Jugendbildung (BKJ) die Frage der Kooperation von Schule und Jugendkulturarbeit. Warum hat sie dazu im Auftrag des Bundesministeriums für Familie, Senioren, Frauen und Jugend Rahmenbedingungen und Perspektiven schwerpunktmäßig in den neuen Bundeslän-

dern recherchiert sowie in verbandsinternen Arbeitskreistreffen, in bundesweiten Fachtagungen, in Publikationen etc. Modelle und Erfahrungen vorgestellt, wie im Interesse der Entwicklungschancen von Kindern und Jugendlichen und ihrer kulturellen Kompetenzen die gemeinsame Kommunikations- und Kooperationsbasis von Schule und freien Trägern der Jugend(kultur)arbeit verbreitert werden kann?

Auf der Ebene der Theorienbildung und in der Konzeptentwicklung ist alles ganz einfach:

Das BKJ-Konzept von kultureller Bildung als Allgemeinbildung lädt geradezu dazu ein, daß alle Personen und Einrichtungen, die mit Kindern und Jugendlichen zu tun haben, entsprechend ihren spezifischen Möglichkeiten und Arbeitsansätzen zusammenarbeiten, um gemeinsam die Entwicklung von Allgemeinbildung und Lebensbewältigung zu unterstützen. Aber ganz so einfach ist es, wenn die Zusammenarbeit von Schule und Jugendarbeit konkret gelingen soll, dann leider doch nicht.

Jugendhilfe und Schule treten sich - zumindest in ihrer strukturellen Funktion - zunächst fremd gegenüber und haben zugleich hohe Erwartungen aneinander. Dies ist in der Position der BAG der Landesjugendämter in dieser Publiktion (S. 187 ff.) umfassend beschrieben.

Die Funktionsunterschiede als Kooperationsproblem umreißt auch Hermann Rademacker vom Deutschen Jugendinstitut München in seinem Tagungs- bzw. Publikationsbeitrag auf Seite 33 ff. Er schreibt der Schule drei soziale Funktionen zu: Allokation, Sozialisation und Qualifikation. Jugendhilfe habe dagegen die soziale Integration aller Kinder und Jugendlichen in die Gesellschaft zur Aufgabe, insbesondere dort, wo diese sichtbar gefährdet ist. Der Widerspruch im schulischen Auftrag selbst - zwischen Auslese und Pädagogik - muß nach Rademacker in der Zusammenarbeit zwischen Jugendhilfe und Schule erst recht virulent werden.[10]

Eben weil die Felder Jugendarbeit und Schule sehr weit auseinander liegen (z.B. Pflicht bzw. Freiwilligkeit der Teilnahme), so Ulrich Deinet in seiner Publikation „Schule aus - Jugendhaus?", müssen zumindest partiell kompatible Strukturen und Arbeitsformen geschaffen werden, damit die Zusammenarbeit zwischen Jugendarbeit und Schule entwicklungsfähig wird. Ein Schlüssel für das Gelingen von Kooperationen liegt s.M.n. in der Motivation der Partner, sich in die Rolle des anderen versetzen zu können. Schule denke zu kurz, wenn sie Jugendarbeit und -hilfe nur für „Reparaturleistungen" einsetzen will, denn nur langfristige Kooperationen wirken sich positiv auf das „Schulklima" aus. Jugendarbeit denke zu kurz, wenn sie Schule nur als „Reservoir" benutzen will. Wenn Jugendarbeit langfristige Kooperationen mit Schule verpaßt, isoliert sie sich selbst, verbaut sich den über Schule leichteren Zugang zur Mehrheit der Kinder und Jugendlichen.[11]

Kooperation bedarf der Motivation der Partner, sich in die Rolle des anderen zu versetzen

Sieht man diese Probleme, so wird deutlich: Urteile und Vorurteile über den jeweils anderen Bereich, Konkurrenzen, tatsächliche oder vermutete Diskriminierungen durch die jeweils andere Seite, all dies gilt es zu überwinden.

Für die Träger kultureller Jugendbildung anzustreben ist eine Art von Kooperation, die von der Arbeitsgemeinschaft der Landesjugendämter ebenfalls empfohlen wird: „Kooperation zwischen Schule und Jugendarbeit im Sinne und mit dem Ziel der Stützung der Eigenständigkeit der Jugendarbeit durch die Schule."

Vor- und Nachteile der Zusammenarbeit, das Verhältnis von Geben und Nehmen sowohl für die Schule als auch für die Jugend(kultur)arbeit müssen immer wieder vor dem Hintergrund sich ständig ändernder Rahmenbedingungen neu reflektiert und diskutiert werden.

Tagung Dialog Kulturelle Bildung

Zum DIALOG KULTURELLE BILDUNG hatte die BKJ daher Träger schulischer und außerschulischer Bildung Anfang Februar 1996 in die Evangelische Akademie Neudietendorf in Thüringen eingeladen. Mit über 100 Teilnehmerinnen und Teilnehmern aus Schule und Jugendhilfe, aus West- und insbesondere Ostdeutschland diskutierte die BKJ jugend-, kultur- und bildungspolitische Entwicklungen, Förderstrukturen, Modellversuchskonzepte und Praxiserfahrungen sowie wichtige Positionspapiere im Schnittfeld von Schule und Jugendkulturarbeit.

Die gemeinsame Kommunikationsbasis der TagungsteilnehmerInnen war begründet in ihrem Einsatz für die Interessen von Kindern und Jugendlichen, für deren Bildungschancen und für die Bestandssicherung kulturellen Bildung. Viel Zustimmung fand das vom BKJ-Vorsitzenden Max Fuchs vorgetragene Konzept „Allgemeinbildung: Gemeinsames Ziel - Verschiedene Wege"; ein allgemeines Bildungskonzept - das vor dem Hintergrund anstehender Zukunftsaufgaben - Bildung als tätige Bewältigung dieser Zukunftsprobleme faßt und für dessen Realisierung eine arbeitsteilige Kooperation unterschiedlicher gesellschaftlicher Bildungsträger vorsieht. Gerade kulturelle Bildung, so referierte auch Prof. Münchmeier, kann die Qualität der Schule der Zukunft beeinflussen, ist sie doch in der Lage, Formen der Selbstinszenierung Jugendlicher zu unterstützen, Unübersichtlichkeit, Widersprüchlichkeit Form werden zu lassen und vor allem, den Möglichkeitssinn zu üben, Neues zu erproben.

Partnerschaft pflegen

Von Nöten sei ein engagiertes, partnerschaftliches Handeln aller Beteiligten: der Blick auf Schule als eine übermächtige Organisation behindere diese Sicht, so wurde argumentiert. Andersits sollten die kulturellen Träger viel selbstbewußter ihre Kompetenzen für beispielsweise integrative oder multikulturelle Vermittlungskonzepte in die Praxis vor Ort und auch in die Lehrerfortbildung einbringen.

Diese Publikation folgt - erweitert um Fachbeiträge aus dem BKJ-Mitgliederspektrum - in der Struktur der Tagungssystematik.

Sie dokumentiert in Kapitel II die Grundlagenvorträge der Tagung zu den Rahmenbedingungen von Kooperation zwischen Jugendarbeit, Bildung und Kultur wieder,

stellt in Kapitel III grundsätzliche Kooperationsformen und unterschiedliche Fördermöglichkeiten insbesondere in den neuen Bundesländern vor,

gibt in den nächsten Kapiteln IV und V einen vielfältigen Einblick in die konkrete Praxis zwischen Schule und Jugendkulturarbeit, und

eröffnet im letzten Kapitel einen auszugsweisen Einblick in Standpunkte und Positionspapiere zentraler Bildungs-, Kultur- und Jugendhilfeorganisationen.

Perspektiven und offene Punkte

Für die BKJ hat die Arbeit an dem Thema „Schule und Jugendkulturarbeit in Kooperation" deutlich gemacht, daß sich im Vergleich zu früheren („West-") Zeiten, die **Kommunikationsbasis** zwischen schulischen und nicht schulischen Bildungsträgern **verbreitert** hat und ständig breiter wird, je eindeutiger sich Bildungsträger und -einrichtungen auf die Interessen von Kindern und Jugendlichen, auf deren optimalen Entwicklungs-, Bildungs- und Lebenschancen beziehen. Denn dann darf sich zum einen die Schule nicht auf einen klassischen Fächerkanon beschränken, sondern muß eine umfassende kulturelle Grundversorgung gewährleisten und vielfältige Chancen zum kulturellen Lernen als sinnstiftende, Solidarität fördernde und identitätsstabilisierende Faktoren der Persönlichkeitsentwicklung ermöglichen. Und zum anderen dürfen die freien Träger kultureller Jugendbildung nicht mehr ihr „Negativbild einer unfreien, lebensfernen Schule pflegen", sondern müssen ihre Potenzen für eine Veränderung von Lernen, für die Umgestal-

tung von Schule in einen Lebensraum für Kinder und Jugendliche, für den Erwerb von Schlüsselqualifikationen und Kulturtechniken - gerade im Bereich der neuen Medien - zur Sicherung der Zukunftsfähigkeit von Bildung und gesellschaftlicher Lebensqualität kooperativ einsetzen.

Gerade in den sogenannten neuen Bundesländern ist eine große **Offenheit für erweiterte Kooperation** bei den kulturellen Trägern vorhanden, sicherlich auch zurückzuführen auf verschiedene Traditionen in Deuschland Ost und West und die stärker kulturelle und soziale Funktion, die (Ganztages-) Schule in Ostdeutschland inne hatte. Allerdings besteht auch die Gefahr, den notwendigen Eigensinn und Freiraum, den kulturelle Bildungspraxis braucht, angesichts sozialpädagogischer Schwerpunktsetzung aus den Augen zu verlieren.

Von den Teilnehmerinnen und Teilnehmern der Tagung eingefordert wurden - entsprechend der gesetzlichen Verpflichtung zur Zusammenarbeit nach § 81 des KJHG - **verbindliche Kooperationsvereinbarungen**, die die Leistungen der Jugendhilfe nicht mehr als nachrangig gegenüber der Schule, sondern als eigenständige Leistung für die Persönlichkeitsbildung von Kindern und Jugendlichen definieren. In der Weiterarbeit sollte die BKJ mit interessierten Partnern Modelle für entsprechende Rahmenvereinbarungen entwickeln, die die Kooperationsbeziehungen verbindlich regeln. Dabei ist aber darauf zu achten, daß diese Regelungen sowohl die Eigenständigkeit der Jugend(kultur)arbeit wie auch eine umfassende schulische Bildung gewährleisten. Denn durch die allgemeine Finanzkrise und die sich in allen Politikbereichen immer mehr durchsetzende ökonomische Rationalität ist kulturelle Bildung in beiden Bereichen gefährdet: Die Erfahrungen kultureller Träger in den neuen Ländern zeigen besonders das Problem, vor dem Hintergrund leerer Kassen zwar gefragt zu sein, ein schulbezogenes Angebot qualifiziert und kostengünstig vorzuhalten, aber bei der Entwicklung ihrer eigenen außerschulischen kul-

Ökonomische Rationalität gefährdet kulturelle Bildung - in der Schule wie außerhalb!

turellen Infrastrukturen wenig Unterstützung zu erfahren. Und in der Schule besteht ebenfalls auf Grund rigoroser Spar- und Rationalisierungsmaßnahmen die Gefahr, daß die kulturelle Grundversorgung aller Kinder und Jugendlichen durch Streichungen in den künstlerischen Fächern, durch Unterrichtsausfall, Lehrermangel, erschwerte Bedingungen der Lehrerfortbildung und fehlende Umsetzungen von innovativen Modellversuchserfahrungen der BLK im musisch-kulturellen Bereich reduziert wird.

Durch die Vorbereitung und Durchführung der Tagung, durch die verstärkte Sensibilisierung der BKJ-Mitgliedsverbände und deren Landesarbeitsgemeinschaften sowie die Kontakte zu den Lehrerfortbildungseinrichtungen in den Ländern ist ein Netz von MultiplikatorInnen entstanden, die sich für neue Konzepte zur Kooperation zwischen Schule und außerschulischen Trägern interessieren und projektbezogene Anregungen für ihre kulturelle Bildungspraxis suchen bzw. weiterentwickeln wollen. Diesen Kreis interessierter FachkollegInnen intensiver zu verzahnen, ihn durch **Beratung** zu begleiten und mit unterschiedlichen **Fortbildungsangeboten** zu qualifizieren sowie auszuweiten, sieht die BKJ als eine langfristige Fachaufgabe an, die notwendigerweise auch förderungspolitisch unterstützt werden muß.

Perspektivisch ist sowohl auf der Ebene der Länder wie auch des Bundes im partnerschaftlichen Dialog mit den Trägern und den zuständigen Ministerien zu entwickeln, wie eine **Öffnung der Förderpraxis** im Bereich der Schule und der außerschulischen Jugendbildung gestaltet werden kann, so daß das künstlerisch-ästhetische Lernen und Gestalten von Kindern und Jugendlichen mehr Raum und Gewicht bekommt; z.B. durch Beschäftigungsmöglichkeiten von Künstlern in Schule; z.B. durch Förderung von Jugendkunstschul- und Musikschulprojekten mit Schülern in Schule; z.B. durch mehr Lehrerfortbildungsmöglichkeiten im Bereich der kulturellen Bildung. Die Querschnittsaufgabe kulturelle Bildung macht es notwen-

digerweise erforderlich, Schulkulturprojekte auch über Ressortgrenzen hinweg zu fördern.

„Kunst und Kultur machen aus 'halbe Portionen' ganze Persönlichkeiten" hieß es in der BKJ-Kampagne „Jugend fördern - Kultur fordern!". Bildung generell und kulturelle Bildung im Besonderen sind entscheidend für die Bewältigung anstehender Zukunftsaufgaben. Auch führende PolitikerInnen wie Bundespräsident Herzog und Bundestagspräsidentin Süssmuth mahnen an, Bildung als wichtige Ressource gesellschaftlicher Entwicklung stärker zu gewichten und in unserem rohstoffarmen Land das kreative Humankapital besser zu behandeln.

Anmerkungen

1. vgl. Aud Riegel-Krause in dieser Publikation Seite 127 ff.

2. vgl. Wolfgang Zacharias in dieser Publikation Seite 65 ff.

3. Sekretariat der Ständigen Konferenz der Kultusminister der Länder in der BRD, Anlage III, NS 226. KMK, 29.11.85, Darmstadt

4. vgl. UNESCO in dieser Publikation Seite 188 ff.

5. Bildungskommission NRW: Zukunft der Bildung-Schule der Zukunft. Neuwied 1995, Seite XII ff

6. BMFSFJ (Hg.): Kinder- und Jugendhilfegesetz.

7. Bundesarbeitsgemeinschaft der Landesjugendämter, Empfehlungen zum Thema: „Jugendhilfe und Schule", Münster, Juli 1993

8. Deutscher Städtetag, Schule in der Gemeinde. Öffnung von Schule, Februar 1989

9. Kooperation zwischen Jugendhilfe und Schule, Ein Länderbericht der Arbeitsgemeinschaft der Obersten Landesjugendbehörden, Juni 1996. In: Forum Jugendhilfe 4/96, Seite 34 ff.

10. vgl. Hermann Rademacker in dieser Publikation Seite 33 ff.

11. Ulrich Deinet, Schule aus - Jugendhaus, Münster 1996, Seite 320 ff

Max Fuchs

Allgemeinbildung: Gemeinsames Ziel - verschiedene Wege

Während schulische und außerschulische Pädagogik noch ihre pädagogischen Binnengefechte darüber betreiben, wer möglicherweise ein adäquateres Bild von Kindern und Jugendlichen hat, wer ein kindgerechteres Pädagogik-Konzept realisiert, wo vielleicht die eine Pädagogik-Variante Versäumnisse der anderen ausbügeln muß,[1] scheint sich die entscheidende Weichenstellung - möglicherweise die bedeutendste in der deutschen Nachkriegsgeschichte - auf einer ganz anderen Ebene in einer ganz anderen politischen und Fachsprache abzuspielen. Die Rede ist von einer durchgängigen Ökonomisierung aller gesellschaftlichen Bereiche - und dies meint heute nicht mehr die geradezu harmlos klingende Frage danach, ob das gesamte Bildungswesen seinen Auftrag in der Vorbereitung der Kinder für das spätere berufliche Leben sehen soll, also in der Terminologie von zu vermittelnden „Qualifikationen" adäquat beschrieben werden kann - dies macht einen Großteil des Pädagogik-Diskurses der frühen siebziger Jahre aus.

Nein, es geht um sehr viel mehr: nämlich darum, inwieweit das Bildungssystem selber der Logik des Wirtschaftslebens unterworfen werden soll, inwieweit also die Terminologie des Marktes die Sprache vorgibt, in der solche inhaltlichen Fragen wie die nach der primären Aufgabe des Bildungswesens - eben etwa die Frage nach der Alternative „Bildung" oder „Qualifikation" - verhandelt werden sollen.[2] Es liegt auf der Hand, daß Sprache und Denkweise, die bereitstehen und die als „legitim" anerkannt werden, entscheidend inhaltliche Ergebnisse vorbestimmen.

Dieser Prozeß der Verbetriebswirtschaftung unserer Gesellschaftung wird vermutlich nur äußerst verharmlosend mit dem Begriff „Paradigmenwechsel" erfaßt. Dieser ist allerdings längst im Gange und an vielen Stellen der Jugend-, Bildungs- und Kulturpolitik - im Überschneidungsbereich dieser drei Politikfelder bewegen wir uns mit dieser Veranstaltung - bereits realisiert. Dieser Prozeß fing recht harmlos an:

in der Kulturpolitik mit der seit Mitte der achtziger Jahre eher selbstbewußten (westdeutschen) Diskussion darüber, wie groß der volkswirtschaftliche Beitrag der Kulturarbeit an der gesellschaftlichen Wertschöpfung ist [3]

in der Jugend- und Sozialarbeit spätestens mit dem sicherlich pädagogisch-produktiv gemeinten Vorschlag, diese Arbeitsfelder unter der Perspektive einer „Dienstleistungsorientierung" zu sehen[4]

und in der Bildungspolitik spätestens seit dem Zeitpunkt, als Landeskultusministerien Unternehmensberatungsbüros beauftragt haben, sogenannte „Organisationsuntersuchungen" über Teile des Bildungswesens des entsprechenden Landes zu realisieren.[5]

Natürlich sind gesellschaftliche Rahmenbedingungen verschärfend dazu gekommen. Einige will ich nennen:

die erneute und drastische Finanzkrise der Kommunen, die eine Ablösung des bisherigen Types öffentlicher Verwaltung dringend notwendig erscheinen ließen; das zentrale Stichwort ist hier natürlich das Neue Steuerungsmodell [6]

15

die deutsche Einigung, die ja u.a. auch Ausdruck dafür war, daß soziale Marktwirtschaft in einer parlamentarischen Demokratie Vorrang vor allen anderen gesellschaftlichen Steuerungsmodellen bekommen hat

die neue Stufe der europäischen Integration, die u.a. bislang noch überhaupt nicht ausgeloteten Folgen für alle diejenigen gesellschaftlichen Bereiche haben wird, die bislang entsprechend der deutschen Tradition des Wohlfahrts- und Sozialstaates in staatlicher Hand waren oder zumindest mit öffentlichen Geldern gefördert wurden. Es könnte sein, daß viele bisherige nationale Regelungen in der Kultur-, Bildungs- und Sozialpolitik nicht nur nicht paßfähig zu dem europäischen Förderprogramm sind, sondern sogar gegen Regelungen des Maastricht-Vertrages verstoßen.[7]

Bildung zwischen Staat und Markt

Nun verläuft diese Diskussion inzwischen nicht mehr klammheimlich hinter dem Rücken der Beteiligten. Es hat sich vielmehr ein intensiver Diskurs in pädagogischen Arbeitsfeldern ergeben. Sogar unsere traditionsreiche Deutsche Gesellschaft für Erziehungswissenschaft[8] stellt ihren diesjährigen 15. Kongreß im März in Halle unter das Motto „Bildung zwischen Staat und Markt". Und das Kongreßprogramm liest sich auch über weite Strecken wie eine Niederschrift von Alpträumen von Pädagogen, die recht drastisch aus ihrem gut bewachten und staatlich gut dotierten Dornröschenschlaf aufgeweckt worden sind. Das Programm vermittelt mir jedoch den Eindruck, daß man sich vor allem vergewissern will - etwa durch einen Blick in andere Länder ohne unser staatlich geschütztes Bildungswesen -, daß alles vielleicht gar nicht so schlimm wird, wie es gelegentlich den Anschein hat.

Nun will ich an dieser Stelle diese Gedanken nicht weiter vertiefen, zumal unser Verband die Auseinandersetzung mit der neuen Orientierung in unserem Arbeitsfeld bereits an anderer Stelle begonnen hat.[9] Diese Situationsskizze von Elementen der gesamtgesellschaftlichen Großwetterlage hat in meinem Beitrag die Funktion, eine Rahmenbedingung unserer Reflexionen vorzustellen, und sie führt mitten in mein Thema. Denn die geschilderten Prozesse prägen heute und in Zukunft unser Leben; wir müssen sie verstehen, einordnen, bewerten und schließlich in einer Form bewältigen, daß wir uns dabei wohl fühlen, daß wir den Eindruck haben, diesen Prozessen nicht bloß ausgeliefert zu sein und uns irgendwie durchzuschlagen, sondern uns Möglichkeiten schaffen beziehungsweise vorhandene Möglichkeiten ausnutzen, unsere eigenen Vorstellungen darüber, wie wir leben wollen, Realität werden zu lassen: bei der Gestaltung unseres eigenen Lebens, unserer Biographie, bei der Gestaltung unseres Nahraumes, aber auch im Hinblick auf die Steuerung der großen und globalen gesellschaftlichen Prozesse.

Der Sinn unseres Lebens ist erst einmal dieses Leben selbst. Je nach Weltanschauung mag man dies durch weitere Aufgaben und Ziele ergänzen. Aber auch diese realisieren sich nur durch unser eigenes Handeln. Und dieses Handeln mit aufrechtem Gang, handlungsfähig und handlungsbereit alleine und gemeinsam mit anderen zu realisieren, trägt quasi seinen Wert in sich selbst, wie wir unschwer auch an unserer Befindlichkeit feststellen können. Dies zu tun, zu können und zu wollen: dies mag man „Bildung" nennen. „Bildung" ist also in meinem Verständnis nichts, was erst stattfindet, wenn alle lästigen Alltagssorgen erledigt[10] oder vielleicht zeitweise zurückgedrängt sind, sondern ist eine Qualität dieses Lebens selbst.

Ein solcher Bildungsbegriff - es gibt auch sehr viele andere - ist natürlich theoretisch voller Implikationen. Ich will einige hier nur andeuten:

Er steht in der Tradition des Aufklärungsdenkens, dem wir unter anderem das Konzept eines Subjekts verdanken, das handlungsmächtig sein Leben gestaltet.[11]

Er stützt sich in seiner Handlungs-orientierung auf ein Konzept tätiger Aneignung der Welt, wie es etwa Klaus Holzkamp ausführlich ausgearbeitet hat.[12]

Und er steht in einer bildungs-theoretischen Tradition, wie sie heute etwa von Wolfgang Klafki am engagier-testen vertreten wird.

Wolfgang Klafki will ich auch weiterhin bei meinen Überlegungen zumindest für weitere Gedanken bemühen. Zum einen will ich auf ein Projekt hinweisen, das vom nordrhein-westfälischen Ministerpräsidenten initiiert wurde: Die Einberufung einer Kommission **„Zukunft der Bildung - Schule der Zukunft"**, an der Klafki entscheidend mitgewirkt hat.[14] Beginnen will ich jedoch damit, daß ich anknüpfe an seinen Vorschlag, anhand von „Schlüsselproblemen" die Zukunftsaufgaben des Menschen bildungstheoretisch zu erfassen.[15]

Mit der Eingangsskizze über die unmittelbar zu bewältigende gesellschaftspolitische Aufgabe, ein neues Gleichgewicht zwischen Markt und Staat finden zu müssen,[16] in dem wir unsere **Vorstellung eines „guten und richtigen Lebens"** am besten realisieren können, hängt eng die Frage der Zukunftsfähigkeit unserer individuellen und gesellschaftlichen Lebensweise zusammen, was vor dem Hintergrund des skizzierten Bildungskonzeptes aus meiner Sicht das zentrale Überlebens- und damit Bildungsproblem der Zukunft ist. Ich glaube, daß wir auch in der Pädagogik, neben - aus meiner Sicht legitimen und notwendigen, allerdings zwangsläufig auch hoch abstrakten - Aussagen über die Natur und das Wesen des Menschen,[17] konkretere Vorstellungen benötigen, die die individuelle und gesellschaftliche Entwicklung orientieren können. Aus diesem Grunde finde ich seit Jahren den internationalen Diskurs über Entwicklungsperspektiven von Lebensweisen äußerst wichtig. Zu diesem internationalen Diskurs gehört etwa der nahezu völlig ignorierte Bericht der seinerzeit von Willi Brandt[18] koordinierten Nord-Süd-Kommission.

Der Diskurs führte in der Kulturpolitik nach einer - ebenfalls der sorgsameren Rezeption lohnenden - Weltkonferenz zur Kulturpolitik 1982[19] in Mexiko zu der zur Zeit laufenden „Weltdekade der kulturellen Entwicklung", die auf der Basis eines theoretisch durchaus gesättigten Konzeptes gesellschaftlicher Entwicklung in vielen Ländern mit äußerst dürftigen Projekten abgespeist wird.[20]

Eine größere Resonanz hatte der Brundtland-Bericht der Weltkommission für Umwelt und Entwicklung.[21] Dieser Bericht rückte vor allem die Konzepte der **Zukunftsfähigkeit** und der **„nachhaltigen Entwicklung"** in den Mittelpunkt des Diskurses - weit über den engeren Bereich der Entwicklungs- und Umweltpolitik.[22] Viele Vorstellungen über einen „sozial-ökologischen Umbau der Gesellschaft", wie sie in fast allen Parteien kursieren, beziehen sich auf diese Konzepte. Nun ist es keineswegs klar und eindeutig, wie diese Begriffe sowohl theoretisch abgeleitet, vor allen Dingen jedoch: wie sie inhaltlich gefüllt werden sollen. Man weiß recht wenig darüber, wie die „zukunftsfähige Lebensweise" aussehen soll. Dies allerdings ist kein Mangel, sondern vielmehr in mehrfacher Hinsicht ein Vorteil: Denn diese Unsicherheit eröffnet etwas, was geradezu ein Lebenselixier unserer gesellschaftlichen Ordnung ist: einen öffentlichen Diskurs darüber, wie wir leben wollen.[23] Es kommt dazu, daß in einer pluralistischen Gesellschaft keine einzige Instanz normative Vorgaben über „Zukunftsfähigkeit" setzen und schon gar nicht durchsetzen kann.

Für uns ist diese Diskussion nicht bloß als Staatsbürger/innen, sondern auch als Pädagogen/innen höchst relevant. Denn „Lebensweisen" einzuüben, in Frage zu stellen, Alternativen zu erproben, Erkenntnisse und Emotionen in verschiedenen Lebensweisen auszuloten: all dies läßt sich pädagogisch inszenieren. Und auch und gerade die kulturelle Bildungsarbeit, die also das vorgestellte allgemeine Ziel von Bildung mit ihren ureigensten, nämlich den ästhetisch-künstlerischen Arbeitsformen[24] anstrebt, hat hierbei besondere Möglichkeiten und Chancen.

Denn dieser Umgang mit dem Möglichkeitssinn (Musil), dieses spielerische Schaffen von anderen Realitäten durch die künstlerische Arbeit stellt einen besonderen unvergleichlichen Zugang zu diesem Problem der Lebensweise dar.

Welche Lebensweisen sind zukunfsfähig?

Wenn sich nun die zukunftsfähige Lebensweise auch nicht konkret positiv bestimmen läßt, so lassen sich doch recht seriös Angaben darüber machen, welche Lebensweisen in jedem Fall nicht zukunftsfähig sind. Vermutlich war der erste Paukenschlag in dieser Richtung der seinerzeitige Bericht des Club of Rome über die Grenzen des Wachstums.[25] Damals - quasi im Schaffens-Rausch hochentwickelter Industriegesellschaften - wollte man dies nicht hören.

Heute, für viele an dem Nachlassen der subjektiven Lebensqualität deutlich spürbar (man denke etwa nur an Umweltschäden), sind auch viele damalige unkritische Befürworter eines grenzenlosen Wachstums an diesem Wachstum um jeden Preis irre geworden. Unterstützt wird

Grenzen des Wachstums

diese Skepsis durch zunehmend seriösere Modellrechnungen. Eine aktuelle Studie stammt hierbei von dem renommierten Wuppertaler **„Institut für Klima, Umwelt und Energie"**, geleitet von Ernst-Ulrich von Weizsäcker, das jedoch nicht nur (erneut) darlegt, wie zwar an der Umweltverschmutzung die gesamte Erde leidet, die jedoch nur in wenigen Regionen erzeugt wird;[26] wie irrsinnig die Vorstellung ist, daß die jetzige Lebensweise der hochentwikkelten Länder auf andere Länder übertragen werden könnte, daß also dort auf Kosten der anderen und unserer eigenen Kinder und Enkel gelebt wird:[27] Interessant wird diese Studie vor allem dadurch, daß unterschiedliche Raten der Reduktion im Ressourcenverbrauch in Modellrechnungen durchgerechnet werden mit dem Ergebnis, daß eine Reduktion um 80%-90% nicht zu vermeiden sein wird, will Deutschland das Jahr 2050 überleben.[28]
Und auch für unsere pädagogischen Zwecke hoch interessant ist der Vorschlag, wie eine solche gravierende Reduktion überhaupt nur erreicht werden kann, soll es keine Öko-Diktatur geben: durch die **Entwicklung neuer**

„Leitbilder des Lebens und der Arbeit".

Ich will sie - quasi zur Anregung der Phantasie und zur Steigerung der Lust, selber nachzulesen - hier nur benennen.[29]
1. Rechtes Maß für Zeit und Raum.
2. Eine grüne Marktagenda.
3. Von linearen zu zyklischen Produktionsprozessen.
4. Gut leben, statt viel haben.
5. Für eine lernfähige Infrastruktur.
6. Stadt als Lebensraum.
7. Regeneration von Land und Landwirtschaft.
8. Internationale Gerechtigkeit und globale Nachbarschaft.

Natürlich hat die kritische Diskussion dieser Vorstellungen bereits begonnen.[30] Und sicherlich ist der Vorwurf, daß die politische Dimension der Durchsetzungs-Macht vielleicht ein wenig naiv ausgeklammert wird - als konkreten Vorschlag, wie wir auch in der Pädagogik bei aller Problematik von Zukunftsentwürfen eine Zielorientierung bekommen können, halte ich diese Wuppertaler Vorschläge für sehr ergiebig.

Ein zweites Beispiel dafür, daß trotz schwieriger Zeiten auch die Pädagogik mehr als Schadensbegrenzung leisten kann, ist die oben erwähnte Kommission „Zukunft der Bildung - Schule der Zukunft", an der übrigens neben Wolfgang Klafki und Ernst-Ulrich von Weizsäcker Vertreter aus der Wirtschaft und von Gewerkschaften, weitere Wissenschaftler mit verschiedenen Fachgebieten sowie Politiker mitgewirkt haben.

Das Ergebnis, eine Ende 1995 vorgelegte Denkschrift, kann sich sehen lassen:[31] Auf der Basis einer theoretisch anspruchsvollen und empirisch gesättigten Erfassung des Beziehungsfeldes Gesellschaft - Bildung - Schule werden einige, durchaus zukunftsfähige Vorschläge für die Entwicklung und Ausgestaltung von Schulen gemacht. Ich greife hier nur die „Elemente eines zeitgemäßen Bildungsbegriffs" heraus:[32]

ein handlungsbezogenes Verständnis von Bildung, daher

Bildung als Können, nicht bloß als Lernen.

Bildung als (lebenslanger) Prozeß, der durch die Stichworte Selbstbestimmung, Mitverantwortung, soziale Dimension, Emanzipation charakterisiert wird.

Ich stimme nicht nur mit all diesem offensichtlich überein, ich halte auch das strategische Vorgehen für wichtig und letztlich für alternativlos: ein Konzept von allgemeiner Bildung zu entwickeln, das tragfähig ist für die unterschiedlichen gesellschaftlichen Bereiche und Sozialisationsfelder, wobei keine einzige Bildungseinrichtung die Aufgabe übernehmen soll oder kann, dieses allgemeine Konzept von Bildung alleine und umfassend zu realisieren.[33]

Schule hat ihre eigene Aufgabe - in der Denkschrift beschrieben als „Haus des Lernens", wobei gerade kein enger, instrumentalistischer Lernbegriff verfolgt wird. Vielmehr gelten die sieben im Text aufgeführten Lerndimensionen (S. 107 ff.) aus meiner Sicht in großen Teilen auch in der Jugendarbeit. Als Beleg will ich den uns besonders betreffenden Abschnitt über die Lerndimension „Natur, Kunst, Medien" wiedergeben:

*„**Natur, Kunst und Medien:** Gestaltender Umgang mit Materialien, Konstruktion und Rekonstruktion, Informieren, Manipulieren, Inszenieren und Schaffen, Erleben von Natur und Kunst. Vor aller geschaffenen Wirklichkeit ist die Natur ein Bereich, der nicht in seiner Berechenbarkeit und Verwertung aufgeht, sondern zu dessen Erfassung es aller Sinne und aller Kräfte des Verstandes bedarf.*

Kunst und Medien schaffen immer neue Zugänge zum Verstehen des Wirklichen und liefern Beispiele für die Veränderbarkeit des Wirklichen durch gestaltende Eingriffe, sie schärfen den „Möglichkeitssinn". Ästhetische Bildung reicht über die Erleichterung des Zugangs zu

Kunst und Kultur hinaus. Sie ist zugleich kritische Reflexion der ästhetischen Wahrnehmung und des ästhetischen Bewußtseins.

Der Kunstbegriff hat sich erweitert, so daß er nicht nur die traditionellen Kunstsparten, sondern auch die Kreativität und Schönheit wissenschaftlicher Verfahren, technischer Erfindungen und gestaltende Leistungen in allen Lebensbereichen umfaßt. Hierbei spielen erkennendes und emotionales Verhalten gleichermaßen eine Rolle. Deren Entwicklung beeinflußt die Wahrnehmungsfähigkeit junger Menschen, ihr Kommunikationsvermögen und damit ihre Sozialisation. Zur Ausbildung von Erkenntnis- und Genußfähigkeit bedarf es sowohl disziplinären Lernens, zum Beispiel in Beziehung auf Kunstgattungen und -formen, als auch des In-Beziehung-Setzens unterschiedlicher und sich wandelnder Ausdrucksformen.

Kulturelle Bildung, als Allgemeinbildung verstanden, hat ihre Besonderheit in den ästhetisch-gestalterischen Arbeitsformen und -methoden. Sie arbeitet „konkret", das heißt sie stützt sich auf die Wahrnehmungen, stärkt diese und wirkt durch die Selbsttätigkeit der lernenden Subjekte. Von anderen Formen der Bildung und Selbstbildung unterscheidet sie sich dadurch, daß sie künstlerische Ausdrucksformen integriert."

Schule als „Haus des Lernens"

Zusammenfassung in Thesen

1. Ein allgemeines Konzept von Bildung für alle gesellschaftlichen Bereiche und Sozialisations- und Bildungsinstanzen ist theoretisch möglich und für praktische Belange sinnvoll.

2. Thematisch muß ein Bildungskonzept vor dem Hintergrund anstehender Zukunftsprobleme entwickelt werden, wobei Bildung als tätige Bewältigung solcher Zukunftsprobleme verstanden werden kann.

3. Praktisch sinnvoll ist es, die arbeitsteilige

19

Kooperation unterschiedlicher gesellschaftlicher Bildungsträger zu koordinieren und - bei allen möglichen Konflikten im einzelnen - eine gemeinsame Basis zu schaffen.

4. Hilfreich für die inhaltliche Füllung eines solchen Bildungskonzeptes sind aktuelle Studien zur Tragfähigkeit verschiedener Lebensweisen, da hiermit die wissenschaftliche Grundlage von zukunftsbezogenem Denken, die politische Dimension unseres Handelns, aber auch der ganz persönliche Beitrag zur Gestaltung unseres individuellen und gesellschaftlichen Lebens angemessen berücksichtigt werden kann.

5. Kulturelle Bildung kann sich auf ein solches Verständnis von allgemeiner Bildung dadurch beziehen, daß sie die allgemeinen Bildungsziele mit den ihr eigenen künstlerisch-ästhetischen Arbeitsformen realisieren helfen will. Die Thematisierung der Zukunftsfähigkeit von Lebensweise mag in dieser Hinsicht eine übergreifende Rolle auch in der kulturpädagogischen Praxis spielen.

Anmerkungen und Literatur

1. Siehe hierzu Brenner, G. / Nösber, M. (Hg.): Jugendarbeit und Schule. Kooperation statt Rivalität um die Freizeit. Weinheim/München 1992, sowie Fuchs, M. (Hg.): Schulische und außerschulische Pädagogik. Gemeinsamkeiten und Unterschiede, Remscheid 1994

2. Diese Diskussion wird in den unterschiedlichen Arbeitsfeldern unterschiedlich intensiv geführt. Siehe exemplarisch LKD (Hg.): Preis und Wert von Dienst und Leistung. Unna 1995 sowie BKJ (Hg.): Das Neue Steuerungsmodell. Auswirkungen auf Freie Träger in der Kinder- und Jugendarbeit, Remscheid 1996

3. Siehe - auch für weitere Literaturhinweise - die Loseblattsammlung. Handbuch KulturManagement. Stuttgart/Düsseldorf: Raabe 1982 ff.

4. Prominent vorgetragen im 9. Jugendbericht der Bundesregierung, Bonn 1995

5. Hier etwa die Beauftragung von Kienbaum durch das NRW-Kultusministerium im Jahre 1989.

6. Siehe etwa die in Anmerkung 2 genannten Bücher. Grundlage dieser Verwaltungsreform sind zahlreiche Gutachten und Berichte der Kommunalen Gemeinschaftsstelle für Verwaltungsvereinfachung (KGSt) in Köln.

7. Daß die Sozialpolitik sich sehr unterschiedlich in verschiedenen Ländern entwickelt hat, zeigt etwa Schmidt, M.: Sozialpolitik. Historische Entwicklung und internationaler Vergleich, Opladen 1988

8. Deutsche Gesellschaft für Erziehungswissenschaft: Bildung zwischen Staat und Markt.15. Kongreß vom 11. bis 13. März 1996 in Halle. Programmprospekt hg. von der Martin-Luther-Universität Halle 1995

9. Siehe etwa BKJ 1996 (Anmerkung 2)

10. Dieses Konzept von Bildung habe ich ausführlich erläutert in Fuchs, M.: Kultur lernen. Eine Einführung in die Allgemeine Kulturpädagogik, Remscheid 1994

11. Vgl. etwa Krüger, H. H.: (Hg.): Abschied von der Aufklärung. Perspektiven der Erziehungswissenschaft, Opladen 1990
Problematische Dimensionen des Bildungs- und Kulturdiskurses entfaltet Bollenbeck, G.: Bildung und Kultur. Glanz und Elend eines deutschen Deutungsmusters, München 1994

12. Vgl. Holzkamp, K.: Grundlegung der Psychologie, Frankfurt (Main) 1983 sowie Holzkamp, K.: Lernn. Subjektwissenschaftliche Grundlegung, Frankfurt (Main) 1993

13. Klafki, W.: Neue Studien zur Bildungstheorie und Didaktik, Weinheim/Basel1985
Vgl. auch seinen Beitrag in Krüger 1990 (Anmerkung 11).

14. Bildungskommission NRW: Zukunft der Bildung - Schule der Zukunft, Neuwied 1995

15. Siehe Klafki: 1985 und 1990 (Anmerkung 13).

16. Siehe auch meinen Beitrag „Zwischen Markt und Staat? Auf dem Weg in eine andere Gesellschaft". In: Fuchs, M.: Kulturpolitik und Ambivalenz. Remscheid: 1995

17. Diese spielen als neoaristotelische Variante unter den Kommunitaristen - in deren Streit mit dem Liberalismus wieder eine aktuelle Rolle; siehe etwa Nußbaum, M.: Menschliches Tun und soziale Gerechtigkeit. In: Brumlik, M./ Brunkhorst, H. (Hg.): Gemeinschaft und Gerechtigkeit, Frankfurt (Main)1993, die gerade aus entwicklungspolitischer Sicht versucht, eine alle Menschen erfassende „schwache Anthropologie" zu formulieren.

18. Bericht der Nord-Süd-Kommission: Das Überleben sichern. Gemeinsame Interessen der Industrie- und Entwicklungsländer, Köln 1980

19. Deutsche Unesco-Kommission (Hg.): Weltkonferenz über Kulturpolitik Mexiko 1982, München 1982

20. National-Komitee der DDR für die Weltdekade der kulturellen Entwicklung (Hg.): UNO/UNESCO-Weltdekade der kulturellen Entwicklung. 1988-1997. Dokumente, Berlin 1988

21. Unsere gemeinsame Zukunft. Der Brundtlandbericht der Weltkommission für Umwelt und Entwicklung. Greven 1987

22. Für eine kulturpolitische Rezeption siehe Kramer, D: Zur Zukunftsfähigkeit von Lebensweisen sowie die Anti-Thesen von Mühlberg, D. In: Akademie Remscheid (Hg.): Jugendkultur im Osten und Westen Deutschlands, Remscheid 1991

23. Siehe hierzu Brunkhorst, H.: Demokratie und Differenz. Vom klassischen zum modernen Begriff des Politischen, Frankfurt (Main) 1994

24. Dies ist zugleich eine Begriffsbestimmung von Kultureller Bildung; siehe hierzu umfassend Fuchs, M. 1994 (Anmerkung 10) sowie meine Expertise für die NRW-Bildungskommission „Kulturelle Bildung als Allgemeinbildung", Remscheid / Düsseldorf 1994.

25. Meadows, D.: Die Grenzen des Wachstums.

26. Institut für Klima, Umwelt, Energie: Zukunftsfähiges Deutschland. Ein Beitrag zu einer global nachhaltigen Entwicklung, Endbericht 29.09.1995. Das Erscheinen ist für Anfang 1996 beim Birkhäuser-Verlag Basel angekündigt. Im folgenden zitiert nach dem Vorabdruck „Leitbilder für ein zukunftsfähiges Deutschland". In: Blätter für deutsche und internationale Politik 12/95, S. 1510-1519

27. Dieser Gedanke ist längst nicht mehr den Grünen oder Sozialdemokraten vorbehalten; vgl. etwa Biedenkopf, K.: Zeitsignale. Parteilandschaft im Umbruch, München 1989

28. Ähnliche Studien gibt es auch für andere Länder; etwa in den Niederlanden von den Friends of the Earth: Sustainable Netherlands. Siehe kritisch Altvater, E.: Der Traum vom Umweltraum. Zur Studie des Wuppertaler Instituts über ein „Zukunftsfähiges Deutschland". In: Blätter für deutsche und internationale Politik 1/96; S. 82-91.
Fast als Kontrapunkt ist der folgende Beitrag in den „Blättern" "reich, schön, gut. Wieviel soziale Distanz verträgt die Gesellschaft" von E.-K. Huster über die Entwicklung des Reichtums in unserem Land - auch als „Leitbild" äußerst tauglich.

29. Entnommen aus dem Vorabdruck; siehe Anmerkung 26.

30. Zum Beispiel Altvater, E. 1996; siehe Anmerkung 28

31. Siehe Anmerkung 14.

32. Ebd., S. 23 ff.

33. Siehe meinen Beitrag „Allgemeinbildung - gemeinsames Ziel verschiedener Erziehungsfelder". In: Fuchs, M. 1994; siehe Anmerkung 1

Richard Münchmeier

Die Neuvermessung der Jugend-
biographie

Veränderungen als Herausforderung für Jugendarbeit und Schule

Die zentrale Frage, die der soziale Wandel heute für das Verständnis von Jugend und Jugendbiographien aufwirft, lautet, ob die hergebrachten Vorstellungen von Normalität, die bisher der Erziehung ausreichende Orientierung und Handlungssicherheit gewährt haben, noch umstandslos vorausgesetzt werden können, oder ob die Jugendpädagogik in ihren Problemdefinitionen und Handlungsansätzen zu einer Neuorientierung gezwungen ist (Böhnisch 1994), also neue soziale und pädagogische Verständigungen an den Grenzen der Wohlfahrtsgesellschaft (Böhnisch/Schefold 1985) notwendig sind. Dann könnte auch das Verhältnis der Jugendhilfe zu den zukünftigen gesellschaftlichen Entwicklungen nicht mehr linear, sondern müßte „reflexiv" gedacht werden: der soziale Wandel ergäbe nicht einfach einen Fortschreibungsbedarf, sondern bezöge sich in seinen Effekten (reflexiv) auch auf die Jugendhilfe, indem er einige ihrer tragenden, zentralen Orientierungen und Legitimationen auflöst.

Sozialer Wandel und Postmoderne

Ein Zögern, sich solchen reflexiven Fragen und den damit verbundenen Verunsicherungen zu stellen, läßt sich nicht nur für die Jugendhilfe und Sozialarbeit konstatieren, sondern auch für die wissenschaftliche Sozialpädagogik. Wie Hornstein feststellt, sei die bisherige Diskussion über sozialen Wandel und Postmoderne innerhalb der Erziehungswissenschaft zu wenig auf „die konkreten sozialen Prozesse und gesellschaftlichen Strukturwandlungen, die die Bedingungen der Erziehung in der Gegenwart und in der absehbaren Zukunft bestimmen", bezogen. „Dies bedeutet, daß sie stärker an den Konsequenzen für das Nachdenken über Erziehung interessiert ist als an der Frage nach den Möglichkeiten, Aufgaben und Problemen der Erziehung als Praxis, wie sie sich möglicherweise aus einer veränderten geschichtlichen Situation ergeben" (Hornstein 1988, S. 382).

Hiervon soll im folgenden die Rede sein. **Dabei konzentrieren sich die Überlegungen vorrangig auf jene Auflösung zentraler Bilder und Denkmuster** und deuten die zu ziehenden Konsequenzen und Neuverständigungen nur an. Vollends außerhalb der Überlegungen bleibt die Frage, wie sich die Arbeit an einer solchen Neuorientierung mit der gegenwärtigen Finanzierungskrise im sozialen Bereich und mit der durch die Effekte der Steuerreform zu erwartenden fiskalischen Krise im kommunalen Haushalt verträgt.

Familie ist kein eindeutiger Ort des Aufwachsens mehr

Wie Umfrageergebnisse immer wieder zeigen hat die Familie durchschnittlich einen hohen Stellenwert und wird von einer großen Mehrheit außerordentlich positiv gesehen und erlebt. Familie ist offensichtlich der zentrale Ort der Sinn- und Erfüllungserwartungen, der als solcher von der Politik vorausgesetzt und bestätigt wird. Aber wie sieht das Leistungsvermögen und „Sinnpotential" der Familie heute aus? Läßt sich das Bild der leistungsfähigen „Normalfamilie" heute überhaupt noch umstandslos voraussetzen?

Die Nachkriegsgeschichte der Familie weist zunächst einen dominanten Trend zur sog. „Gattenfamilie" auf (Sieder 1987, S. 252 ff): die Drei-Generationen-Familie macht heute nur noch eine verschwindend kleine Minderheit aller Haushalte aus (1957: 7 %; 1987: 2 %; vgl. Sieder 1987, S. 253 und Bertram 1988, S. 1).

Familie bezeichnet deshalb heute nicht mehr einen Ort des Zusammenlebens mehrerer Generationen, sondern einen „Kleinfamilienhaushalt" mit weiter gewordenen verwandtschaftlichen Bezügen.

Aber auch diese „Gattenfamilie" (Ehepaar mit wenigstens einem Kind) ist deutlich im Rückgang begriffen: „Selbst wenn die Zahl der Ein-Eltern-Familien hinzugerechnet wird, bilden doch beide Formen der Haushalte eine Minderheit, gemessen an allen Haushaltungen in der Bundesrepublik" (Bertram, ebd., S. 1). Ursächlich hierfür ist sowohl die Abnahme der „Heiratsneigung" wie die wachsende Anzahl Kinderloser. Nach dem „Goldenen Zeitalter" (P. Festy) der Familie im Wohlfahrtsboom der fünfziger und sechziger Jahre, der es erstmals jedem erwachsenen Bürger ermöglichte, „ohne ökonomisch bedingte 'Verspätung' zu heiraten und Kinder zu haben" (Sieder 1987, S. 256), sank die Wahrscheinlichkeit einer Verheiratung von jüngeren, unverheirateten Personen von gut 90 % im Jahr 1965 auf etwa 60 % im Jahr 1980 (ebd., S. 260). 1950 bestand in der Bundesrepublik jeder fünfte Haushalt aus nur einer Person (19,4 %); 1982 war es fast jeder dritte (31,3 %), in den Großstädten über 100000 Einwohner sogar schon fast jeder zweite Haushalt ... In der steigenden Zahl der Einpersonenhaushalte in der Bundesrepublik ist neben den über drei Millionen Witwen (40,7% der Alleinlebenden) ein wachsender Anteil alleinlebender Personen jungen und mittleren Alters enthalten" (ebd., S. 270 f). Die Zahl der unverheirateten Paare (sog. nichteheliche Lebensgemeinschaften) dürfte 1985 bei etwa einer Million gelegen haben (S. 269).

Während um 1900 durchschnittlich jede Frau noch 4 Kinder hatte, sind es heute nur noch 1,4. Der Rückgang der Kinderzahl beruht vor allem auf dem Rückgang der Kinderzahl pro Familie bzw. pro Frau, also auf der Tendenz zur Verkleinerung der Familie. Die Ein-Kind-Familie ist die mehrheitliche Form unter allen Familien mit Kindern. Etwa ein Drittel der Kinder wächst deshalb heute als Einzelkind auf, ein weiteres

Drittel hat nur noch ein weiteres Geschwister (Achter Jugendbericht 1990).

Dies bedeutet nicht nur, daß die Einzelkinder mehr denn je zuvor auf Gleichaltrigenkontakte außerhalb der Familien angewiesen sind, sei es auf Kontakte in der Schule in den informellen Cliquen, sei es in institutionellen Angeboten der Kinder- und Jugendarbeit oder auf dem expandierenden Markt kommerzieller Angebote (in Freizeit- und Spielfarmen, Clubs, Sport- und Kulturangeboten usw.). Diese „Entlastungsmöglichkeiten" in der Gleichaltrigengesellligkeit, deren wachsende Bedeutung durch die neuere Jugendforschung übereinstimmend zum Ausdruck kommt, werden auch deshalb wichtiger, weil „die Einzelkinder ... in einer familiären Kommunikationsstruktur (leben), die von ihren Eltern dominiert wird, in der das Kind die an Kinder gerichteten Wünsche und Erwartungen der Eltern alleine zu erfüllen hat. Gerade in Konfliktsituationen mit den Eltern haben diese Kinder und Jugendlichen wenig Entlastungs- und Unterstützungsmöglichkeiten durch Geschwister" (Pettinger 1985, S. 267).

Jugendarbeit: Angebote für Gleichaltrigenerfahrungen und Gleichaltrigengeselligkeit

Für die Jugendhilfe als öffentliche Erziehung ergibt sich daraus nicht einfach nur die Aufgabe, die Sozialisationsleistung der Ein-Kind-Familie zu stützen; sondern hinzukommt eine sozial infrastrukturelle Aufgabe: Gelegenheitsstrukturen und soziale Räume für von Erwachsenen nicht kontrollierte Gleichaltrigenerfahrungen anzubieten und zu stabilisieren.

Die Notwendigkeit zu solchen infrastrukturellen Leistungen als neuem Aufgabenschwerpunkt in Bildungseinrichtungen der Jugendhilfe wird auch deutlich, wenn man sich vor Augen hält, daß die Tendenz zur Ein-Kind-Familie auch zur Folge hat, daß die verwandtschaftlichen Netzwerke und Solidarsysteme sich lockern. Die Kinder von Einzelkindern werden onkel- oder tantenlos aufwachsen und keine Cousinen oder Cousins haben (Lempp 1986), also die ersten Schritte zur Lockerung der Einbindung in die Herkunftsfamilie (Ferien bei Onkel oder Tante; Reisen mit Cousinen oder Cousins) nicht mehr

Aufwachsen heute: nicht nur oft geschwisterlos, sondern auch onkel- und tantenlos

innerhalb verwandtschaftlicher Strukturen machen können. Hinzukommt, daß diese Strukturen auch für wechselseitige Hilfen bei der Kinderbetreuung nicht mehr zur Verfügung stehen und durch andere informelle Netzwerke oder durch öffentliche Institutionen ersetzt werden müssen (Marbach/Mayr-Kleffel 1985).

Von Sozialpsychologen wird angesichts des geschwisterlosen Aufwachsens der Hälfte der Kinder auf eine potentielle Gefahr hingewiesen: es könnten damit die Grundvoraussetzungen für soziale Solidarität in der Gesellschaft gefährdet werden. Denn bisher galt v.a. die „Geschwisterrivalität" als psychologischer Lernort für die Fähigkeit, eigene Interessen zu verfolgen und gleichzeitig konkurrierende Interessen zu respektieren, Zuwendung und Liebe (der Eltern) teilen zu können, also Kompromisse zu schließen - Lernerfahrungen, die für das „soziale Klima" der Gesellschaft auf der Ebene mitmenschlicher Beziehungen unverzichtbar sind. Die „moralische Haltung" der „organischen Solidarität" (Durkheim 1963) wurde nach allgemeiner Auffassung bisher am ehesten in der Mehr-Kinder-Familie eingeübt. „Sicher, weil quasi berechenbar, scheint, daß sich traditionelle Formen familialer Solidarität gegenüber Kindern, Jugendlichen und alten Menschen immer weiter auflösen werden und innerhalb wie außerhalb von Ehe und Familie neue Formen der Solidarität gefunden werden müssen. ... Jedoch werden 'familiale' Liebe, Fürsorglichkeit, Zärtlichkeit und Solidarität auch auf die primären Beziehungen von Personen ausgedehnt werden müssen, die nicht unbedingt im gemeinsamen Haushalt zusammenleben oder durch Blutsbande verbunden sind ..., soll der erzielte Gewinn an persönlicher Autonomie nicht durch den Verlust emotionaler und sozialer Sicherheit zunichte gemacht werden." (Sieder 1987, S. 279 f)

Durch die Zunahme von Trennung, Scheidung und Wiederverheiratung erfährt ein wachsender Anteil von Kindern Familie nicht mehr als im Zeitverlauf stabile Intimgruppe, sondern wird mit Diskontinuität, Trennung und Wechsel der Bezugsgruppe konfrontiert. „Kinder behalten ihre leiblichen Eltern nicht mehr selbstverständlich auch als soziale Eltern, sie werden zunehmend in Prozesse der neuerlichen Partnerfindung ihrer leiblichen Väter und Mütter involviert" (Sieder 1987, S. 259) und müssen die relativ „reife" soziale Kompetenz aufbringen, sich aus Intimbindungen zu lösen, neue einzugehen und mit „erweiterten Verwandtschaftssystemen" zurechtzukommen (Fthenakis 1982).

In Richtung auf einen solchen „Verselbständigungsprozeß" der Kinder wirken aber noch weitere Tendenzen, etwa die in Ostdeutschland traditionell selbstverständliche, in Westdeutschland zunehmende Erwerbstätigkeit der Mütter. Diese verändert nicht nur tendenziell die traditionelle innerfamiliäre Rollen- und Arbeitsteilung zwischen Mann und Frau und wirft Fragen nach der besseren Vereinbarkeit von Erwerbs- und Hausarbeit auf (Erler u.a. 1988), sondern erfordert eine Organisation der Kinderbetreuung außerhalb der Familien in öffentlichen oder privaten Einrichtungen (was wiederum auf die Notwendigkeit zur Verstärkung der infrastrukturellen Aufgaben der Jugendhilfe verweist). Entsprechend verändert sich der Kinderalltag: er findet an einer Mehrzahl von „Spezialorten" statt, zu denen die Kinder „transportiert" werden; **der Kinderalltag unterliegt der „Verinselung"**: Kinder müssen sich der Logik und den Regeln dieser Institutionen unterwerfen, müssen ihren Alltag genauso planen und einteilen wie die Erwachsenen, müssen lernen, sich in unterschiedlichen sozialen Kontexten jeweils situationsadäquat zu verhalten. Gelingt dies den Kindern nicht, wird dies - wie bei den Erwachsenen - als „Fehlverhalten" sanktioniert. Tendenziell müssen Kinder die gleiche Menge von Sozialbeziehungen „bewältigen" wie Erwachsene (Rabe-Kleberg, Zeiher 1984).

Die Durchbrechung der traditionellen Grenzen zwischen Kinderalltag („Schonraum") und Erwachsenenalltag („Ernst des Lebens") wird schließlich noch verstärkt durch die verstärkte

Mediennutzung im Alltag. Traditionell - seit der Trennung von Lohnarbeit und Haus und der Nach-draußen-Verlagerung der Welt der Erwachsenen - ging man davon aus, daß Kinderalltag und Erwachsenenalltag zwei voneinander getrennte Erfahrungs- und Erlebnisbereiche seien. Und aus der Sicht der bürgerlichen Pädagogik sollte dies auch so sein (Richter 1987): die noch unselbständige und unbeherrschte kindliche Seele sollte vor den realen Gefahren des Erwachsenenalltags „draußen" behütet und beschützt werden.

Durch die Verbreitung v.a. der audio-visuellen Medien (Fernsehen und Video) im Alltag der Familie ist diese Trennung der Wirklichkeitsbereiche tendenziell aufgelöst worden. Themen aus der „Erwachsenenwelt" wie Waldsterben, Tschernobyl, Bürgerkrieg, Klimaveränderungen etc. werden über die Medien zu einem gemeinsamen Gesprächsstoff zwischen Kindern und Erwachsenen.

Alle diese Wandlungstendenzen im Bereich der Familie haben als gemeinsamen Hintergrund die gesellschaftlichen Wandlungsprozesse im **Übergang zur Postmoderne**. Die Lebensverhältnisse und Biographien unterliegen der zunehmenden Differenzierung, Enttraditionalisierung und Individualisierung, damit verbunden einer Tendenz zu steigenden Ansprüchen an Personalisierung und Selbstverwirklichung, mit denen Ehe und Familie als Institution und als Lebensform nicht Schritt halten können. „Aus der Ungleichzeitigkeit gesamtgesellschaftlicher und familiarer Entwicklungen lassen sich viele der gegenwärtigen Probleme interpretieren" (Bertram 1988, S. 1).

Für die nahe Zukunft formuliert Sieder (1987) folgende Trends:

„Die Familie ist dabei, ihre monopolistische und alternativlose Sonderstellung als Normalform des Zusammenlebens zu verlieren".

„Zwischen der Sozialisation in der

Herkunftsfamilie und der Zeugung und Aufzucht eigener Kinder in einer Familie wird anstelle des 'behüteten Lebens' Jugendlicher im Elternhaus immer öfter eine Zwischenphase relativ freier Beziehungsformen liegen (wechselnde Liebesverhältnisse, Lebensgemeinschaften ohne Trauschein, Gruppenwohnen)."

„Die Zahl der von frei zusammenlebenden Paaren oder von alleinstehenden Müttern aufgezogenen Kinder wird wahrscheinlich weiter zunehmen."

„Der entscheidende Aspekt dieser Entwicklung ist ohne Zweifel die erhöhte Möglichkeit des einzelnen Menschen, sich in seinen Lebensentscheidungen nach persönlichem Gutdünken und nicht nach universell gültigen Normen oder Gruppenzwängen zu verhalten" (S. 278 - 280).

Diese Entwicklungen müssen weitreichenden Einfluß auf die von der Sozialarbeit vorausgesetzte „Normalität" von Familie und Sozialisation haben; sie werfen einschneidende Fragen für Jugendpolitik und die Praxis der Jugendhilfe auf.

Jugend ist nicht mehr Statuspassage

Seit H. Schelsky (1957) verstanden die jugendsoziologischen Theorien „Jugend" vorrangig als Übergangsphase vom Status der Kindheit in die „sozial generell und endgültig gedachte Rolle des Erwachsenen". Aus jugendpädagogischer Sicht ermöglichte diese Definition von Jugend als „Statuspassage" eine relativ klare Interpretation und Synchronisation der jugendspezifischen Entwicklungsaufgaben: die Vorbereitung auf die Bedingungen und Merkmale der Erwachsenenexistenz, also die Vorbereitung auf berufliche und sozio-kulturelle Mündigkeit. Berufliche Qualifikation (für männliche Jugendliche) und Festigung einer erwachsenen Identität standen im Mittelpunkt der Lernaufgaben, und durch Etablierung im Beruf, Ablösung von der Herkunftsfamilie und Gründung einer eigenen Familie wurde die Jugendphase beendet.

Nach diesem Verständnis war es selbstverständlich, daß den Jugendlichen die volle sozio-kulturelle Autonomie (z.B. im Bereich der Sexualität, des eigenen Wohnens, des Zugangs zum Konsum, im Bereich der Freizeitgestaltung) so lange vorenthalten blieb, wie die eigenständige ökonomische Selbständigkeit noch nicht erlangt war; das Erreichen der sozio-kulturellen und der ökonomischen Selbständigkeit verlief zeitlich relativ synchron (also innerhalb eines nur wenige Jahre umfassenden Zeitraums). Diese „Vorenthaltung" von Selbständigkeit wurde immer auch jugendpädagogisch nach dem Prinzip der „verschobenen Belohnung" (deferred gratification) als Lernmotivation genutzt: „wer heute verzichtet, Bedürfnisse aufschiebt, sich aber qualifiziert, durch Bildung sich vorbereitet - der wird später (als Erwachsener) bessere soziale und berufliche Chancen haben". Dieses Prinzip wurde als „bildungsoptimistischer Lebensentwurf ' bezeichnet (Böhnisch, Münchmeier 1994, S. 56 ff.).

Die Jugendphase heute hat ihre deutliche Abrenzung sowohl von der Kindheit wie von der Erwachsenenrolle verloren

Nach allgemeinem Konsens in der Jugendforschung hat aber die Jugendphase heute ihre deutliche Abgrenzung sowohl von der Kindheit wie von der Erwachsenenrolle verloren; das Verständnis von Jugend als Statuspassage ist ins Schwimmen geraten. Dies hängt mit verschiedenen Entwicklungen zusammen. Einerseits nämlich setzt die sozio-kulturelle Verselbständigung der Jugendlichen (etwa aufgrund eines veränderten tolerant aufgeschlossenen Erziehungsverhalten der Eltern, wegen der Kommerzialisierung des Jugendfreizeitverhaltens, der gewachsenen Bedeutung von Cliquen und Jugendszenen als Lebensorte, der nivellierenden Wirkung von Schule und Medienkonsum u.v.a.m.) in jüngeren Lebensjahren ein als früher (vgl. Jugendwerk der Deutschen Shell 1985, Bd. 1, S.195 ff) Andererseits aber wird die ökonomische Selbständigkeit heute sehr viel später erreicht als in früheren Jahrzehnten. Wie Bonfadelli und Saxer (1986) festgestellt haben, erreichten von den von ihnen repräsentativ befragten jungen Erwachsenen im Alter von 26 bis 27 Jahren nur 50% schon ein eigenes Einkommen von DM 1.500 (netto); die anderen 50 % blieben unterhalb dieses Betrages und damit tendenziell ökonomisch noch nicht selbständig in einem vollen Sinn.

Verlängerung der Jugendphase

Ursächlich für diese „Verlängerung der Jugendphase" sind v.a. die drastische Verlängerung der Ausbildungszeit und die Verkomplizierung der Übergänge aus dem Bildungswesen in stabile Beschäftigung. Nach der Statistik waren 1962 bereits fast 40% der Jugendlichen zwischen 16 und 18 Jahren „erwerbstätig" (hinzu kamen nochmals fast 40% „Azubis") und nur knappe 20% waren Schüler; im Jahr 1993 dagegen waren nur noch weniger als 5% der jungen Menschen in diesem Alter schon erwerbstätig (ein Drittel waren Azubis), aber fast 60% waren Schüler. Bis zum Erreichen der Volljährigkeit **heißt Jungsein** heute deshalb für die Mehrheit **„Schülersein"**.

Im dritten Lebensjahrzehnt dagegen ist Jungsein heute belastet mit den Orientierungsproblemen und Erschwernissen des Einstiegs in das Beschäftigungssystems, insbesondere an der sog. „zweiten Schwelle", also beim Übergang von der Berufsausbildung bzw. dem Studium in den Erwerbsbereich. Während sich im Westen die Situation bei der Versorgung mit Berufsausbildungsplätzen seit einigen Jahren jedenfalls rein quantitativ entspannt hat, sind die Probleme in den neuen Bundesländern immer noch sehr gravierend (vgl. Neunter Jugendbericht). Der Berufseintritt vollzieht sich heute oft nicht „geradlinig", sondern über Umwege, Zwischenschritte, Umschulungen und Weiterqualifizierungen verschiedenster Art sowie durch die oft zitierten Warteschleifen hindurch. Inzwischen gibt es ein durch die Arbeitsverwaltung, das berufliche Bildungswesen, durch Schule, Jugendhilfe und kommunale Stellen komplex ausgebautes „Angebot" an Auffang-, Ausbildungs-, Orientierungs- und Betreuungsmöglichkeiten, die die destabilisierten Übergänge ins Erwachsenen- und Erwerbsleben „flankierend" oder „kompensatorisch" stützen sollen.

Auch Mädchen und junge Frauen weisen heute eine wesentlich höhere Berufsorientierung auf: sie planen Berufstätigkeit als Basis einer selbständigen Lebensführung in ihre Lebensziele ein. Während sie in Bezug auf die Bildungsbeteiligung mit den männlichen Altersgenossen gleichgezogen haben (und in diesem Sinn heute ebenfalls einer „Jugendzeit" als Bildungs- und Vorbereitungszeit teilhaftig sind), stoßen sie im Beschäftigungsbereich auf relativ größere Benachteiligungen und Erschwernisse. „Mädchen wehren sich zwar gegen die ... Zweitrangigkeit in der Berufswelt ..., nehmen es aber dennoch in vielen Fällen hin, daß die Zugehörigkeit zum weiblichen Geschlecht mehr ausschlaggebend ist als schulische Leistungen. Sie müssen dies hinnehmen, um wenigstens irgendeine Ausbildung zu erhalten" (Sechster Jugendbericht, 1984, S. 41).

Wegen dieser Verlängerung der Jugendzeit (für Jungen wie für Mädchen), wegen dem Auseinandertreten von soziokultureller Selbständigkeit und Erreichen der ökonomischen Unabhängigkeit, erhält **die Jugendphase** (v.a. jenseits der Volljährigkeitsschwelle) einen neuen Zuschnitt: **sie ist keine Sozialisations- und Lernphase innerhalb eines biographischen Übergangs** mehr, sondern sie verselbständigt sich, wird eine eigenständige Lebensphase mit eigener Prägung und spezifischen Möglichkeiten und Belastungen der Lebensführung. Das Problem der „Lebensbewältigung" stellt sich auch schon in dieser „Jugend"-Phase: wie man den Lebensunterhalt sichert, Berufsperspektiven realisiert, an bezahlbaren Wohnraum kommt und innerhalb des Ressourcennetzes der (wechselnden) Jugendszenen bleibt, das einem hilft, alltäglich über die Runden zu kommen - oder eigene Ausdrucksmöglichkeiten zu finden und sich selber zu erfahren. V.a. letzteres zeigt die Ambivalenz zwischen gewachsenen Möglichkeiten und gestiegenen Orientierungsproblemen der heutigen Jugendphase an: Die „Situation des Wählenkönnens und Wählen-Müssens kumuliert heute im Jugendalter. Nachdem die verwandtschaftliche Organisation und die nachbarschaftliche Kon-

trolle persönlicher und intimer Beziehungen abgenommen hat, nachdem z.B. die traditionelle Tabuisierung vorehelicher Sexualität zusammengebrochen ist, finden Jugendliche einen Freiraum vor, der freilich nicht nur persönliche Freiheit, sondern auch erhöhte interindividuelle Konkurrenz für sie bedeutet. Unter diesen Kokurrenzbedingungen wird die Stilisierung und Ausformung der eigenen Persönlichkeit zur vordringlichen Aufgabe ... Seit Beginn der Moderne lernen immer mehr Jungen und Mädchen, daß sie etwas 'aus sich machen müssen'. In der Jugendphase erproben und verwirklichen sie sich in eigenen Gruppen" (Eckert u.a. 1988, S. 18 f.). Jugendhilfe und Jugendpädagogen werden stärker dieses „Orientierungsproblem" (und nicht einfach die Frage der Sozialisation und Vorbereitung) zum Ausgangspunkt ihrer Angebote für diese Altersgruppe machen müssen. Die förderungsrechtlich gegebenen Altersbegrenzungen der Jugendphase (bei 18 bzw. 21 Jahren) werden so betrachtet unangemessen und obsolet.

Dabei stellt sich dann auch die Frage nach der „Art" der notwendigen Angebote. In dem Maße, in dem Jugend eine eigene Lebensphase mit Problemen der Lebensbewältigung wird, greifen bloß „pädagogisch-bildungsmäßige" Angebote (wie sie in den Konzeptionen und Richtlinien der Jugendpflege und Jugendarbeit vorrangig und fast ausschließlich vorgesehen sind) zu kurz. Notwendig werden dann auch infrastrukturelle und ressourcenbezogene Angebote, die die alltägliche Lebensbewältigung in Anbetracht der ökonomischen Instabilität erleichtern können. Junge Menschen benötigen eine sozialräumliche Gelegenheitsstruktur, in der sie sich orientieren und entfalten können (Böhnisch, Münchmeier 1994), aber auch unmittelbare „Unterstützungsleistungen" wie z.B. Vermittlung von Job- oder Wohnmöglichkeiten, um die erhebliche Benachteiligung junger Erwachsener auf dem Wohnungsmarkt zu kompensieren (Gaiser/Müller 1989). Die direkte oder indirekte **„Gebrauchswerthaltigkeit"** jugendpflegerischer Angebote steht heute im Zentrum der jugendlichen Nachfrage.

Ambivalenz zwischen gewachsenen Möglichkeiten und gestiegenen Orientierungsproblemen

*Verschiebt demo-
graphische Entwick-
lung die sozial-
politischen Gewichte
aus dem Jugend- in
den Seniorenbereich?*

Schließlich ist noch eine weitere Wandlungs-
tendenz im Jugendbereich zu nennen, die mit
demographischen Entwicklungen zusammen-
hängt und die Jugendhilfe und Jugendarbeit
enorm herausfordern wird. Nach einer Modell-
rechnung des Statistischen Bundesamts wird
von 1985 bis 2000 die Anzahl der 15- bis 20jäh-
rigen in der Wohnbevölkerung um 2 Millionen
(von 4,6 auf 2,7 Mio.) zurückgehen und die
Zahl der 20- bis 25jährigen um 2,3 Millionen
(von 4,8 auf 2,5 Mio.). Innerhalb des Gesamt-
Altersaufbaus der Bevölkerung wird diese Entwicklung die sozialpolitischen Gewichte aus dem
Jugend- in den Seniorenbereich verschieben.
Jugendverbände und Jugendhilfevertreter
fürchten deshalb bereits eine verschlechterte
finanzpolitische Legitimationssituation auf allen
politischen Ebenen.

Freilich muß aber angesichts kleiner werdender
Jahrgänge auch darauf hingewiesen und öffentlich vertreten werden, daß mit dieser Verkleinerung auch **„neue" Probleme** verbunden sind,
die neue Herausforderungen für die Jugendhilfe bedeuten. Daß die abnehmende Anzahl Jugendlicher eine Folge des Übergangs zur Ein-
Kind-Familie ist und damit sich die Sozialisations-
landschaft in herausfordernder Weise verändert,
wurde oben bereits ausgeführt.

Im Bereich der großen Städte wird die Abnahme der Anzahl der Jugendlichen mit einem über-
proportionalen Anwachsen des Anteils ausländischer junger Menschen an den Altersgenossen einhergehen (bedingt teilweise durch die
bei ausländischen Familien höhere Kinderzahl,
teilweise durch ausländerrechtliche Faktoren
wie Familiennachzug o.ä.). Dies kann nicht ohne
Folgen für die Besucherstruktur und Zusammensetzung der Besucher und Nutzer von
Jugendangeboten bleiben und wird eventuell
die Konkurrenz zwischen verschiedenen ethni-
schen Gruppen und deutschen Jugendlichen um
Räume und Ressourcen (bis hin zu Ausbildungs-
und Arbeitsplätzen), aber auch kulturelle Konflikte erhöhen. In der Ausländerpädagogik wird
die Frage, was unter solchen quantitativ verschobenen Vorzeichen „Integration" heißen

kann, neu zu stellen sein. Im kleinstädtischen
Bereich und auf dem Land dagegen wird die
Verringerung der Anzahl der Jugendlichen eher
zu einer wachsenden Konkurrenz zwischen
verschiedenen Anbietern und Interessenträgern
um das „knappe Gut" Jugend führen. Insbesondere Traditionsvereine, kommerzielle Freizeiteinrichtungen und verschiedene Gewerbe
(Sportartikel, Banken) werden in einen verstärkten Wettbewerb um jugendlichen Nachwuchs und jugendliche Kunden treten. Für Jugendliche könnte dies Chancen zu einer größeren Pluralität und Vielfalt der lokalen Möglichkeiten bedeuten; freilich nur dann, wenn
die ökonomisch-marktorientierten Gesichts-
punkte nicht zu direkt durchschlagen (das
„Jugendgemäße" nur Verpackung für Markt-
interessen ist). Hier könnten sich für Jugendverbände und Jugendpflege völlig neue Aufgaben ergeben, Aufgaben der Beratung, fachlichen Anleitung, Qualifizierung und Koordination der verschiedenen Anbieter und Angebote.
Dies zu realisieren dürfte freilich mühsam sein
und setzte voraus, daß die kommerziellen Interessen hinter diesen Angeboten nicht jugendpädagogisch als schädlich oder minderwertig
abqualifiziert, sondern akzeptiert und sinnvoll
gestaltet werden.

Sozialisationsweisen und -ziele wer-
den pluralisiert und individualisiert

Die Erziehungsstile in Elternhaus und Schule haben sich, wie Untersuchungen übereinstimmend zeigen, in den letzten Jahren auffallend
verändert. Während 1951 „Gehorsam und Unterordnung" noch für 25% der Bevölkerung
ein wichtiges Erziehungsziel waren, galt dies
1983 nur noch für 9%. Dagegen hat das Erziehungsziel „Selbständigkeit und freier Wille" einen Anstieg der Zustimmung von 28% (1951)
auf 49% (1983) erfahren (Emnid, zit. nach Zinnecker 1985, S.208). Nach Zinnecker (1985)
gehört „bedingungsloser Gehorsam" zugunsten der „Gleichberechtigung des Kindes" (und
des „Kindes als persönlicher Partner des
Erwachsenen", bzw. des „herrschaftfreien
Diskurses zwischen Eltern und Kind") zu den

„historisch veralteten Themen". Themen von zunehmender Wichtigkeit sind dagegen: „Erziehung zu mehr Selbständigkeit" und die Akzentsetzung auf „Selbstaktualisierung der Person" (S.193f.). In einer repräsentativen DJI-Befragung von mehr als 10.000 Familien (1989) nannten 92% „Selbstvertrauen" und 84,2% „Selbständigkeit" als wichtigste Erziehungsorientierungen (ohne daß freilich die Orientierungen „Pflichtbewußtsein" [73,3%], „Fleiß" [66,2%] und „Gehorsam" [55,4%] aufgegeben worden wären). „Nicht der egoistische Individualist, der sich in der Ellenbogengesellschaft durchzusetzen versteht, schwebt Eltern bei der Erziehung ihrer Kinder heute vor, sondern ein selbstbewußter, persönlichkeitsstarker, aber gleichzeitig kooperativer Mensch, der verantwortungsbewußt von seinen Rechten Gebrauch macht und seine Pflichten erfüllt sowie Verständnis für den Mitmenschen aufzubringen vermag" (Dannenbeck 1990, S.7)

Von ähnlichen Veränderungen ist der **Erziehungs- und Umgangsstil in der Schule** gekennzeichnet. Auch dort hat die autoritäre Distanz zwischen Lehrer und Schüler abgenommen und ist eine „partnerschaftliche Umgangskultur" entstanden (Fend 1988, S. 142 ff). Die Zielwerte „Ordnung und Disziplin", „gute Umgangsformen" und „Achtung" haben auch in der Schule einen drastischen Bedeutungsverlust erfahren; „eigene Urteilsfähigkeit", „persönliche Selbständigkeit" und „Selbstbewußtsein" dagegen eine drastische Aufwertung (Meulemann 1984). Eltern und Schule setzen also heute mehr auf Selbständigkeit und Eigenkompetenz als optimale Voraussetzungen für das Vorankommen in der Wettbewerbs- und Leistungsgesellschaft als auf Erziehung zur Bedürfnislosigkeit, Bescheidenheit, Ein- und Unterordnung.

Hinter diesem **Wertewandel im Bereich der Erziehung** steht die sog. „Enttraditionalisierung" der Muster unserer Lebensführung. Damit ist gemeint, daß traditionelle Muster und Leitbilder ihre einerseits verbindliche (sozial-kontrollierende), andererseits orientierende (und damit entlastende) Funktion verloren haben. Dies betrifft insbesondere traditionelle religiöse Muster, aber eben auch die „Einordnungs- und Bescheidenheitskultur", die noch in den fünfziger Jahren wirksam war.

Veränderte Erziehungsziele in Familie und Schule

Enttraditionalisiert werden aber auch die Muster der Lebensplanung und Lebensführung: was eine oder einer wird bzw. werden kann, ist nicht mehr in die Wiege gelegt, also von der familiären Herkunft und den lokalen Bedingungen abhängig. Die Öffnung des Bildungswesens für tendenziell alle Jugendlichen und die gestiegenen Möglichkeiten zu überregionaler Mobilität haben dazu geführt, daß - jedenfalls dem Anspruch und Leitbild nach - die Chancen des Lebenswegs v.a. von der individuellen Leistungsbereitschaft, der Qualifikation und individuellen sozialen Kompetenz abhängig sind. „Enttraditionalisierung" bedeutet also sowohl eine größere „Freisetzung" aus traditioneller Bindung und Kontrolle und verspricht damit eine größere „Pluralisierung" der legitimen Lebensmuster; es bedeutet aber andererseits auch einen höheren Druck auf die Individuen und damit eine „Individualisierung" der Lebenschancen und der Verantwortung für den eigenen Lebensweg.

Parallel zur Zunahme von Pluralisierung und Individualisierung der Lebensmuster weist die Entwicklung der Nachkriegsgesellschaft eine ständig wachsende Zunahme an „Reflexion" auf (Ziehe 1985). Dies meint den wachsenden Zwang, aber auch die gewachsenen Möglichkeiten, sich selbst zum Thema zu machen, über sich selbst nachzudenken. Je stärker „Identität" und „persönlicher Stellenwert" aus strikten Rollenbezügen und kollektiven Gruppenzuschreibungen entlassen sind, desto stärker wächst der Bedarf der Menschen, sich ihrer selbst zu vergewissern, die eigene Bedeutung zu erleben, sich selbst zu erfahren und mit sich zu experimentieren. Inzwischen hat sich schon ein „Markt der Selbstthematisierung" entwickelt, von Selbsterfahrungsgruppen über die Psycho- und Thereapieszene bis zur Bioenergetik und einer Flut von „Psycho- und Beratungsliteratur".

Pluralisierung und Individualisierung der Lebensmuster

„Persönliche Identität wird radikalisiert zur Disposition gestellt" (Eckert u.a. 1988, S. 16). Bedeutete „Identität" ursprünglich (nach dem römischen Recht) ein mit anderen oder einem Kollektiv gemeinsames Merkmal (nämlich die gemeinsame Zugehörigkeit zur „patria potestas"), so bedeutet sie heute das Umgekehrte: nicht die Gemeinsamkeit, die ich mit anderen teile, sondern die Einzigartigkeit, die mich von (allen) anderen unterscheidet. Radikalisierung der Identität in diesem radikalen Sinn der Individualisierung bedeutet deshalb auch, daß der einzelne zum „Produzenten" seiner Identität wird, dem „Druck" unterliegt, „etwas aus sich zu machen", sich selber zu stilisieren. Die gewachsene Bedeutung der Selbststilisierung in den subkulturellen Jugendszenen hat sicherlich hier ihre generelle Wurzel.

Last der Individualisierung

Diese Situation der „Seele im technischen Zeitalter" (Gehlen 1957) hat eine Reihe von „kulturellen Suchbewegungen" oder „Gegenbewegungen" provoziert: etwa die Suche nach Nähe und Verschmelzung mit einem kollektiven „Wir" (Illich spricht von der Sehnsucht nach „Verwirrung"; 1982, S. 94 ff.) als Aufhebung der Last der Individualisierung; die Suche nach Sicherheit und Gewißheit (wie sie in den fundamentalistischen Bewegungen in den Kirchen wie im politischen Bereich zum Ausdruck kommt) als Aufhebung der Pluralisierung der möglichen Lebensentscheidungen und Orientierungen; die Suche nach Wiederverzauberung und Unmittelbarkeit (wie sie in der Gefühlsbetonung und Rationalitätskritik mancher neuer spiritueller und esoterischer Bewegungen zu finden ist), um sich von der Last der Verpflichtung auf Entscheidungsbegründung und Rationalität zu entlasten (vgl. dazu: Ziehe 1985).

Diese Situation hat aber auch Auswirkungen auf die Jugendpädagogik und Jugendhilfe. Für Jugendliche stellen sich ja die Pluralisierungs- und Individualisierungstendenzen der gegenwärtigen Gesellschaftsentwicklung in einer besonderen strukturellen Konstellation: sie bekommen „die Gleichzeitigkeit von kulturellen Spielraumerweiterungen und sozio-ökonomischen Möglichkeitsverengungen leidvoll zu spüren" (ebd., S. 204). Die auch für Jugendliche vorhandenen **erweiterten Spielräume**, Lebensziele und Lebensstile zu entwerfen, stoßen sich an den schlechter und **eingeschränkter gewordenen Bedingungen** v.a. im Ausbildungs- und Erwerbsbereich. So verstärkt z.B. die Situation von Arbeitslosigkeit wegen ihres „freisetzenden" Effekts für Jugendliche die Vielfalt prinzipiell möglicher Lebensorientierungen und wirft z.B. die Frage ernsthaft auf, ob man sich für einen „alternativen Lebensstil" entscheiden soll. Andererseits werden aber arbeitslose Jugendliche der ökonomischen Mittel und der sozialintegrativen Basis beraubt, solche alternativen Perspektiven zu realisieren, ohne sich gleichzeitig einer Existenz in „neuer Armut" zu verschreiben. Auf diese Weise wird aus der „Freisetzung" für nicht wenige Jugendliche eine „Ausgrenzung".

Jugendarbeit und Jugendhilfe müssen mit den **„neuen Widersprüchen"** umgehen, die sich für Jugendliche angesichts ihrer radikaleren Exponiertheit gegenüber den Pluralisierungs- und Individualisierungstendenzen, ergeben:

Sie müssen sich planvoll auf die Zukunft vorbereiten, deren Möglichkeiten sich erweitert und pluralisiert darstellen, obwohl die Perspektiven der Erreichbarkeit der individuellen Optionen sich verschlechtert haben.

Sie müssen eine integrierte Identität entwickeln, sich aber gleichzeitig eine situations- und rollenspezifische Flexibilität und Anpassungsfähigkeit erhalten, sollen also gleichzeitig eine stabile Ich-Identität und eine „modale Persönlichkeitsstruktur" (die sich je nach dem Modus der Situationsanforderungen ändern und umstellen kann) ausbilden.

Fazit

Aus all diesen Veränderungen der Lebensverhältnisse, der Bedingungen des Aufwachsens und den anstehenden Problemen der Jugend-, Familien- und Gesellschaftspolitik können der Jugendhilfe eine Fülle von neuen, im Vergleich zum bisherigen Verständnis veränderten Aufgaben zuwachsen. Wie weit unsere Gesellschaft und die Politik die Jugendhilfe mit diesen Aufgaben betrauen, wird von der Frage abhängen, wie weit sich die Jugendhilfe mit ihren Ansätzen und Maßnahmen auf diese Herausforderungen einstellen kann. Ob sie dazu in der Lage ist, die notwendigen Ressourcen und sozialen Infrastrukturen kreativ zu erarbeiten, neue Lebensformen entwickeln zu helfen und zu stabilisieren. Daß sie hierzu einer jugend- und gesellschaftspolitischen Unterstützung bedarf, muß sicherlich immer wieder betont werden: Einer Unterstützung, die sich natürlich auch auf die personelle und finanzielle Ausstattung bezieht, die aber weit darüber hinausgeht und sich auf die Entwicklung solch offener Lebens-, Arbeits- und Gesellschaftsformen bezieht, die menschenwürdige und sinnvolle Lebensformen für alle ermöglichen.

Literatur

Achter Jugendbericht: Bericht über die Situation der Jugend und die Leistungen und Bestrebungen der Jugendhilfe. Bundestagsdrucksache 11/6576, Bonn 1990

Achterhuis, H.: Arbeid een eigenaardig medicijn (= Arbeit, eine eigenartige Medizin), Baarn 1984

Arbeitsgemeinschaft für Jugendhilfe/Deutscher Verein für öffentliche und private Fürsorge: Familie als Erziehungsträger. Neue Anforderungen aufgrund gesellschaftlicher Veränderungen, Bonn 1986

Bertram, H.: Zum Sturkturwandel der Familie, München 1988

Böhnisch, L.: Gespaltene Normalität, Weinheim und München 1994

Böhnisch, L. / Münchmeier, R.: Wozu Jugendarbeit? Orientierungen für Ausbildung, Fortbildung und Praxis. 3. Aufl., Weinheim und München 1994

Böhnisch, L. / Schefold, W.: Lebensbewältigung. Soziale und pädagogische Verständigungen an den Grenzen der Wohlfahrtsge sellschaft, Weinheim und München 1985

Bonfadelli, H. / Saxer, U.: Lesen, Fernsehen und Lernen. Wie Jugendliche die Medien nutzen und die Folgen für die Medien pädagogik, Stuttgart 1986

Bonß, W. / Heinze, R.G. (Hg.): Arbeitslosigkeit in der Arbeitsgesellschaft, Frankfurt a.M. 1984

Buck, G.: „Jugendwohnen": Eine neue Jugendhilfeaufgabe. In: Neue Praxis 15/1985, Heft 1, S. 64 - 77

Dannenbeck, C.: Was ist Eltern wichtig? Welche Rolle spielen Kinder im Leben heute und wohin soll man sie erziehen? In: dji bulletin 16/1990, S.7

Durkheim, E.: De la division du travail, Paris 1963

Eckert, R. u.a.: Selbsterfahrung und Gesellschaftsveränderung: Die Faszinaton Neuer Sozialer Bewegungen, Trier 1988

Erler, G. / Jaeckel, M. / Pettinger, R. / Sass, J.: Kind? Beruf? Oder Beides? Eine repräsentative Studie über die Lebenssituation und Lebensplanung junger Paare zwischen 18 und 33 Jahren in der Bundesrepublik Deutschland im Auftrag der Zeitschrift Brigitte (Brigitte Untersuchung 88), Hamburg und München 1988

Fend, H.: Sozialgeschichte des Aufwachsens. Bedingungen des Aufwachsens und Jugendgestalten im zwanzigsten Jahrhundert, Frankfurt a.M. 1988

Festy, P.: On the New Context of Marriage in Western Europe. In: Population and Development Review 6/ 1980, S. 311 -315

Fthenakis, W. E.: Ehescheidung. Konsequenzen für Eltern und Kinder, München 1982

Gaiser, W. / Müller, H.-U.: Jugend und Wohnen. Biographische Aufgabe und gesellschaftspolitisches Problem. In: M. Markefka (Hg.): Handbuch der Jugendforschung, Neuwied 1989

Gehlen, A.: Die Seele im technischen Zeitalter, Hamburg 1957

Hornstein, W.: Sozialwissenschaftliche Gegenwartsdiagnose und Pädagogik. Zum Gespräch zwischen Modernisierungsdebatte und Erziehungswissenschaft. In: ZflPäd 341198813, S. 381 - 397

Illich, I.: Von Recht auf Gemeinheit. Reinbek 1982

Jugendwerk der Deutschen Shell (Hg.): Jugendliche und Erwachsene '85. Generationen im Vergleich. 5 Bände, Opladen 1985

Lempp, R.: Familie im Umbruch, München 1986

Lutz, B.: Zukunft der Arbeit und soziale Integration. In: BBJ-Consult (Hrsg.): Jugend und Arbeit, Berlin 1987, S. 45 - 53

Marbach, J. / Mayr-Kleffel, V: Wechselwirkungen zwischen Familie und sozialem Netzwerk. In: H.W. Franz (Hg.): 22. Deutscher Soziologentag 1984, Opladen 1985

Mertens, D.: Das Qualifikationsparadox. Bildung und Beschäftigung bei kritischer Arbeitsmarktperspektive. In: ZflPäd 30, 1984, 4, S. 439 - 455

Meulemann, H.: Jugend als Lebensphase - Jugend als Wert. Über die Politisierung eines kulturgeschichtlichen Begriffs, am Beispiel der biographischen Selbstdefinition dreißigjähriger ehemaliger Gymnasiasten. In: ZfPäd 34, 1988, 1, S. 65 - 86

Neunter Jugendbericht: Bericht über die Situation der Kinder und Jugendlichen und die Entwicklung der Jugendhilfe in den neuen Bundesländern, Bundestagsdrucksache 13/70, Bonn 1994

Noelle-Neumann, E. / Strümpel, B.: Macht Arbeit krank? Macht Arbeit glücklich? Eine aktuelle Kontroverse, München 1984

Pettinger, R.: Familie - Autorität und Autonomie. In: DJI (Hg.): Immer diese Jugend. München 1985, S. 265 - 274

Peukert, D.J.K. : Grenzen der Sozialdisziplinierung. Aufstieg und Krise der deutschen Jugendfürsorge von 1878 bis 1932, Köln 1986

Rabe-Kleberg, U. / Zeiher, H.: Kindheit und Zeit. Über das Eindringen moderner Zeitorganisation in die Lebensbedingungen von Kindern. In: Zeitschrift fur Sozialisationsforschung und Erziehungssoziologie 4, 1984, 1, S. 29 - 43

Reuband, K.-H. : Arbeit und Wertewandel - Mehr Mythos als Realität? Von sinkender Arbeitszufriedenheit, schwindender Arbeitsethik und „vergifteten" Arbeitsleben als deutscher Sondersituation. In: KZfSS 37, 1985, S. 723 - 746

Richter, D.: Das fremde Kind. Zur Entstehung der Kindheitsbilder des bürgerlichen Zeitalters. Frankfurt a.M. 1987

Sachße, C. / Tennstedt, F.: Geschichte der Armenfursorge in Deutschland. Vom Spätmittelalter bis zum 1. Weltkrieg, Stuttgart, Berlin, Köln, Mainz 1980

Sechster Jugendbericht: Verbesserung der Chancengleichheit von Mädchen in der Bundesrepublik Deutschland. Bundestags drucksache 10/1007, Bonn 1984

Sieder, R. : Sozialgeschichte der Familie, Frankfurt a.M. 1987

Schelsky, H.: Die skeptische Generation, Düsseldorf und Köln 1957

Vonderach, G.: Eigeninitiativen - Beginn einer 'kulturellen Mutation'? In: Benseler, F. / Heinze, R.G. / Klönne, A. (Hg.): Zukunft der Arbeit, Hamburg 1982

Vonderach, G.: Neue Selbständige - neues Arbeitsleben? In: Kongreß „Zukunft der Arbeit": Wege aus der Massenarbeitslosigkeit und Umweltzerstörung, 3. Aufl., Bielefeld 1983, S. 355 ff

Ziehe, T.: Vorwärts in die 50er Jahre? Lebensentwürfe Jugendlicher im Spannungsfeld von Postmoderne und Neokonser vatismus. In: Baacke, D. / Heitmeyer, W. (Hg.): Neue Widersprüche. Jugendliche in den achtziger Jahren, Weinheim und München 1985, S. 199 - 216

Zinnecker, J.: Kindheit, Erziehung, Familie. In: Jugendwerk der Deutschen Shell (Hg.): Jugendliche und Erwachsene '85, Bd. 3., Opladen 1985, S. 97 - 292

Hermann Rademacker

Jugendarbeit und Schule

Rahmenbedingungen, (kultur-)pädagogische Konzepte und Entwicklungschancen in den neuen Bundesländern

Vorbemerkung: Lassen Sie mich zum Thema vorweg sagen, daß mir jedenfalls für die Diskussion hier in der Tagung der Unterschied zwischen Jugendhilfe und Jugendarbeit nicht sehr wichtig ist. Ich sehe Jugendarbeit als eine der Leistungen einer sich ganzheitlich verstehenden Jugendhilfe. Ich möchte sie ebenso ungern als ein isoliertes Leistungsangebot sehen wie die Jugendsozialarbeit oder den erzieherischen Kinder- und Jugendschutz. Ich betone das vor allem auch deshalb, weil ich in den neuen Bundesländern eine starke Neigung wahrnehme, die verschiedenen Leistungsparagraphen des Kinder- und Jugendhilfegesetzes zugleich auch als die Organisationsprinzipien der Jugendhilfe zu verstehen und - schlimmer noch - mit der Verteilung der Zuständigkeiten auf verschiedene Verwaltungen - etwa Jugendarbeit im Bildungs- und Jugendsozialarbeit im Sozialministerium - zugleich auch verschiedene Finanzierungen und Trägerstrukturen zu schaffen. Nur zu oft scheint mir dabei übersehen zu werden, daß das Ziel, für jeden einzelnen jungen Menschen wie auch für die Jugend insgesamt positive Lebensbedingungen zu schaffen, nur im Zusammenwirken aller verwirklicht werden kann. Die Integration sozialer Dienste in diesem Sinne scheint mir demgegenüber das Gebot der Stunde zu sein und nicht das Abstecken von Claims für die Zuständigkeiten unterschiedlicher Ressorts. Dabei müssen nicht nur die Grenzen zwischen verschiedenen Leistungen innerhalb der Jugendhilfe selbst überschritten werden mit dem Ziel eines aus einer ganzheitlichen Wahrnehmung des jungen Menschen konzipierten, integrierten Angebots, sondern es müssen auch die Grenzen der Jugendhilfe selbst überschritten werden. Insbesondere die Schule mit ihrer gar nicht zu überschätzenden Bedeutung im Leben

junger Menschen ist hier vorrangig einzubeziehen. Damit bin ich dann auch wieder bei meinem Thema.

Diese Vorbemerkung ist mir auch deshalb wichtig, weil in den Beziehungen zwischen Jugendhilfe und Schule nicht immer alles glatt und reibungslos läuft. Dabei gibt es solche Reibungen und Konflikte, die überflüssig und vermeidbar sind, und es gibt andere, die unvermeidbar und notwendig sind. Über letztere vor allem will ich reden und damit nun auch gleich zur Sache kommen.

Notwendige und überflüssige Konflikte

In der so dringend wünschenswerten, ja notwendigen und gebotenen Zusammenarbeit zwischen Jugendhilfe und Schule darf es nicht ohne Reibungen und Konflikte abgehen. Denn die Aufträge, mit denen unsere Gesellschaft beide Bereiche öffentlicher Bildung und Erziehung ausgestattet hat, sind zu widersprüchlich, um eine konfliktfreie Beziehung zwischen beiden auch nur wünschenswert erscheinen zu lassen. Weil ich es unfair fände, Menschen zur Zusammenarbeit aufzufordern, ohne Sie auf das Konfliktpotential einer solchen Zusammenarbeit vorher aufmerksam zu machen, habe ich diesen Einstieg in mein Thema gewählt. Ich muß das und will das selbstverständlich erklären und muß dazu ein bißchen ausholen:

Knapp fünf Jahre nach der deutschen Vereinigung und knapp sieben Jahre nach der Wende in der DDR ist es immer noch notwendig, auf die unterschiedlichen gesellschaftlichen Bedingungen, unter denen wir unsere Erfahrungen mit den so unterschiedlich verfaßten gesell-

Oder: Über die unterschiedlichen sozialen Funktionen von Jugendhilfe und Schule in einer Gesellschaft der Ungleichheit

33

schaftlichen Agenturen der Jugendhilfe und der Schule in Ost und West gesammelt haben, wenigstens grob und holzschnittartig einzugehen. Dies insbesondere vor einem Publikum aus Ost-Pädagogen, West-Pädagogen und Wost-Pädagogen, - wenn Sie mir diese Etikettierung mal für den Augenblick gestatten, wobei ich wohl nur erläutern muß, was ich mit Wost-Pädagogen meine, nämlich solche Kolleginnen und Kollegen, die unterschiedlich lange Berufserfahrung im Westen gesammelt haben und nach der Wende hierher gekommen sind, um nun hier zu arbeiten. Ich meine selbstverständlich mit diesen Etiketten keinerlei Wertungen, sondern möchte damit nur auf die Unterschiedlichkeit beruflicher Erfahrungen von Menschen hinweisen, die in den neuen Bundesländern in vielen Projekten in unterschiedlicher Mischung zusammenarbeiten. Wenn diese unterschiedlichen Erfahrungen in der Arbeit fruchtbar werden sollen, setzt dies zunächst einmal die Bereitschaft voraus, sie als solche anzuerkennen und zu respektieren. In diesem Sinne bitte ich also die vorgenommene Unterscheidung zu verstehen.

Zu den elementaren Unterschieden in Ost- und West-Deutschland

Wenn ich nun zu beschreiben versuche, welche unterschiedlichen Erfahrungen diese verschiedenen Gruppen von Kolleginnen und Kollegen in ihren unterschiedlichen Berufsbiografien gemacht haben, so will ich mich dabei auf die unterschiedlichen gesellschaftlichen Rahmenbedingungen ihrer Arbeit beschränken und auch dabei die eher elementaren Unterschiede ansprechen: Jugendhilfe wie auch Schule waren in der Bundesrepublik und in der DDR recht verschiedene Dinge und was sich in den aus dem Westen übertragenen gleichen Strukturen in beiden Bereichen nach der Wende in den neuen Bundesländern entwickelt hat, ist noch einmal mit einer beachtlichen Menge von Eigenheiten ausgestattet. Lassen Sie mich anfangen mit der Veränderung der Struktur der DDR-Gesellschaft, die mit der Wende gekommen ist. Ich will das versuchen so zu kennzeichnen, daß einerseits klar wird, worauf es im Hinblick auf Jugendhilfe und Schule und ihre jeweilige soziale Funktion ankommt und ich will andererseits versuchen, nicht übermäßig viel

Widerspruch dabei zu provozieren.

Der wichtigste Unterschied der sich mit der Wende in der DDR ergeben hat, hat zu tun mit gesellschaftlicher Ungleichheit. Es ist der Wechsel von einer Gesellschaft, in der gesellschaftliche Ungleichheit faktisch gering war, aber bestand. Die bestehende soziale Ungleichheit jedoch wurde, weil sie auch dem proklamierten Ideal der angestrebten klassenlosen Gesellschaft, der man viel näher zu sein vorgab, als es tatsächlich der Fall war, weitgehend geleugnet. Das betrifft insbesondere die bildungspolitische Diskussion, die ja aus guten Gründen auch reichlich Anlaß zur Thematisierung gesellschaftlicher Ungleichheit bietet - dies übrigens gilt in West wie Ost und damals wie heute.

In der Bundesrepublik hat das Thema **soziale Ungleichheit und Bildung** seine Konjunkturen gehabt, bereits seit Mitte der 70er Jahre ist es weniger „in" und scheint weitgehend durch eine Debatte um Werte und Individualisierung abgelöst zu sein. In der DDR, so scheint es, ist aus der Diskrepanz zwischen Anspruch und Wirklichkeit der Entwicklung einer sozialistischen Gesellschaftsordnung der Zwang zum Leugnen vorhandener sozialer Ungleichheit zunehmend gewachsen. Ein Meilenstein dieser Entwicklung war die Rede von Margot Honekker vor der SED-Parteihochschule im September 1972. Darin erklärte sie, daß die besondere Förderung von Arbeiter- und Bauerkindern nun nicht mehr notwendig sei, weil mit der Schaffung der Einheitsoberschule gleiche Bildungschancen für alle gegeben seien und damit für die Auswahl zu weiterführenden Bildungswegen allein das Leistungsprinzip gelten könne. Auch wenn dieser Grundsatz nicht lupenrein umgesetzt wurde, zeigte sich doch bald, daß das nun herrschende meritokratische Prinzip, als Kriterium der Zulassung zur Erweiterten Oberschule, den Nachwuchs der neuen Funktionärsschicht und der „sozialistischen Intelligenz" beim Zugang zu höherer Bildung privilegierte, wie die bildungssoziologischen Untersuchungen insbesondere auch von Artur Meier zeigten.

Dennoch: Soziale Ungleichheit war - und dies ist ein wesentlicher Unterschied zur Situation in der alten Bundesrepublik ebenso wie zur heutigen Situation im vereinigten Deutschland - in der DDR-Gesellschaft negativ bewertet und ein zentrales Leitmotiv der gewollten gesellschaftlichen Entwicklung war ihre Überwindung - ich denke, das darf man bei allen Differenzen zwischen Wunsch und Wirklichkeit, die die Gesellschaft der DDR kennzeichneten, sagen.

Die Bundesrepublik demgegenüber verstand sich immer als eine Gesellschaft der Ungleichen. Soziale Ungleichheit war und ist in ihr gewollt. Sie wurde und wird als Leistungsanreiz für das Engagement der Mitglieder dieser Gesellschaft insbesondere für die Erwerbsarbeit, als unverzichtbar gesehen. Weil die sozialen Prozesse der Herstellung und Reproduktion von Ungleichheit aber mit ganz unübersehbaren Risiken verbunden sind, indem wir nämlich nicht nur aufsteigen, sondern auch nach unten fallen können, gab es und gibt es - zum Glück immer noch, wenn auch arg gerupft - aus einer bis ins Ende des 19. Jahrhunderts zurückreichenden Tradition den Sozialstaat. Der Sozialstaat macht nur Sinn unter den Bedingungen gesellschaftlicher Ungleichheit und sein Zweck ist die Begrenzung des Risikos sozialer Ausgrenzung für diejenigen, die in der Konkurrenz um gesellschaftliche Positionen zu scheitern, durchzufallen drohen.

Es ist so wichtig, sich dieses gesellschaftlichen Kontextes bewußt zu sein, wenn man über Jugendhilfe und Schule spricht, weil es dieser Kontext ist, der zu unterschiedlichen sozialen Funktionen von Jugendhilfe und Schule in West und Ost geführt hat.

Wenden wir uns zunächst dem Westen zu:
Eine der wichtigsten sozialen Funktionen der Schule in der bürgerlich demokratischen Gesellschaft ist die Legitimation gesellschaftlicher Ungleichheit und damit nicht zuletzt auch ein Beitrag zur Ausprägung gesellschaftlicher Eliten. Die soziale Funktion der Jugendhilfe demgegenüber ist die Sicherung der gesellschaftlichen

Integration der nachwachsenden Generation insbesondere dort, wo diese gefährdet ist. Schule und Jugendhilfe gehen also bezogen auf die Prioritäten, nach denen sie Angebote für Zielgruppen in der Gesamtheit der Jugendlichen definieren und ihre Leistungen anbieten, gegensätzlich vor: Schule gewinnt ihre Legitimation zuförderst aus der Ausprägung von Bildungseliten. Sie sind es, in Deutschland also die Gymnasiastinnen und die Gymnasiasten, die Studierenden an den Universitäten, an denen die Qualität und Leistungsfähigkeit eines Bildungswesens vor allem gemessen wird. Eine Krise des Bildungswesens wird immer dann in der öffentlichen bildungspolitischen Debatte wahrgenommen, registriert, wenn es im Oberhaus des Bildungswesens nicht funktioniert, die Krise der Hauptschule, die wir im Westen seit Mitte der 70er Jahre erleben - sie hat erfreulicherweise immerhin zur Folge gehabt, daß es in den neuen Bundesländern (fast) keine Hauptschulen gibt - führt dagegen kaum zu öffentlicher Beunruhigung. Und die Unterschiede zwischen höherem und niederem Bildungswesen sind bis heute erheblich:

> Ein Jugendlicher, der das Gymnasium besucht, nimmt die Leistungen der Schule drei bis vier Jahre länger in Anspruch, als ein Hauptschüler, er wird von länger ausgebildeten und besser bezahlten pädagogischen Fachkräften unterrichtet und hat am Ende des erfolgreichen Schulbesuchs das gesamte Spektrum beruflicher Möglichkeiten zwischen einer betrieblichen Ausbildung und einem Universitätsstudium - die teuerste und qualifizierteste Leistung im Angebotskatalog des öffentlichen Bildungswesens, die für Absolventen der Hauptschule nur in Ausnahmefällen zugänglich ist - zur Auswahl.

> Die Jugendhilfe dagegen hat sich zuerst um die Mühseligen und Beladenen in dieser Gesellschaft zu kümmern, und in Zeiten knapper öffentlicher Finanzen wie gegenwärtig, hat sie Schwierigkeiten

genug, die dafür nötigen Mittel und Ressourcen verfügbar zu machen. Ein auf die Gesamtheit der Jugendlichen gerichteter Auftrag, wie er der Jugendhilfe im § 1 des KJHG zugewiesen ist - und wie er insbesondere und gerade auch durch Angebote der Jugendkulturarbeit zu verwirklichen wäre - bekommt unter solchen Bedingungen leicht utopischen Charakter, weshalb auch ein ernstzunehmender Mitmensch wie der Direktor des Deutschen Jugendinstituts auf dem Kongreß Soziale Arbeit im vergangenen Jahr in Tübingen vorgeschlagen hat, diesen Paragraphen zu streichen - eine Ansicht, die ich nicht teile, deren Begründung ich aber ernst nehme.

Funktion von Schule: Ausbildung sozialer Eliten und Legitimation sozialer Unterschiede

Ich meine übrigens nicht, daß die Schule wegen ihrer besonderen Fürsorge für die Ausbildung sozialer Eliten eine böse gesellschaftliche Einrichtung wäre und die Jugendhilfe wegen ihrer besonderen Zuständigkeit für die Hilfsbedürftigen eine gute. So einfach ist die Welt nicht. Im Gegenteil, denn mit der Übernahme der Zuständigkeit für die Legitimation sozialer Unterschiede in einer Gesellschaft, die von solchen Unterschieden nicht lassen kann, war ja durchaus einmal ein wesentlicher gesellschaftlicher Fortschritt verbunden, nämlich der von der Feudalgesellschaft zur bürgerlichen und inzwischen auch einigermaßen demokratischen Gesellschaft. Auch die Feudalgesellschaft war eine Gesellschaft der Ungleichen, im Unterschied zu heute jedoch war gesellschaftlicher Status durch Geburt bestimmt und der Stand, in den man hineingeboren war, war einem garantiert für den Rest seines Lebens.

Die politischen Veränderungen des 19. Jahrhunderts haben diesen Zustand überwunden, aber es war nicht das Ziel der sie tragenden bürgerlichen Kräfte, an die Stelle gesellschaftlicher Ungleichheit gesellschaftliche Gleichheit zu stellen. Den an die Macht strebenden neuen Eliten ging es vielmehr darum, ein anderes Legitimationsmuster für gesellschaftliche Ungleichheit durchzusetzen und **dieses Legitimations-**

muster heißt bis heute „Leistung". Und deshalb hat man in Deutschland auch noch gewissenhafter als in allen anderen westlichen Industrienationen ein Schulwesen errichtet, das deutlich unterscheidet zwischen unten und oben, höherem gymnasialem und niederem Volksschulwesen. Die Existenz der Realschule hat diese Grundstruktur des Bildungswesens allenfalls dynamisiert, nicht überwunden, aber ihre Rolle ist ambivalent: Sie ist, indem ihr Abschluß zur Standardvoraussetzung für den Zugang zur großen Mehrheit der Berufe des dualen Systems geworden ist, zum einen die offensichtlich zeitgemäßere, modernere Version der Volkschule, sie ist zum anderen, indem sie den Zugang zur Fachoberschule und darüber zur Fachhochschule eröffnet, der Einstieg in einen - wenn auch akademisch zweitklassigen so doch modernen - Bildungsgang mit einem besonderen Arbeitsweltbezug und insofern eine Schule, die wenigstens erste Ansätze einer Überbrückung des alten Gegensatzes zwischen allgemeiner und beruflicher Bildung in Deutschland erkennen läßt.

Das Interesse der gesellschaftlichen Eliten an ihrer Reproduktion über Bildung steht notwendigerweise im Gegensatz zum demokratischen Gebot der Chancengleichheit im Bildungswettbewerb. Ein bewährtes Mittel zur Sicherung von Privilegien im Bildungswettbewerb ist die möglichst frühe Zuteilung auf privilegierende Bildungsgänge. Deshalb gab es bis in die Weimarer Republik hinein einen durchgängigen gymnasialen Bildungsgang von der Einschulung bis zum Abitur. Wer es sich leisten konnte, schickte seine Kinder nicht in die Volksschule, sondern in teure private Vorschulen, die direkt auf den Besuch des Gymnasiums vorbereiteten. Kinder aus der Volksschule hatten in dieser Konkurrenz erhebliche Nachteile beim Versuch, auf ein Gymnasium überzutreten, weil sie unter insgesamt schlechteren Bedingungen u.a. in wesentlich größeren Klassen, unterrichtet nach dem Lehrplan der Volksschule, kaum auf einen solchen Übertritt vorbereitet wurden.

Dieser Zustand ist in der Weimarer Republik mit

der Weimarer Reichsverfassung - zunächst allerdings nur rechtlich - überwunden worden. Wer sich auskennt weiß, daß es viele dieser Vorschulen noch bis 1933 gab und daß sie dann erst aus ganz anderen als demokratischen Motiven von den Nazis abgeschafft worden sind. Dieser Umstand aber erklärt die eigenartige Formulierung im Grundgesetz der Bundesrepublik Art. 7(6): „Vorschulen bleiben aufgehoben". Es hat nämlich im parlamentarischen Rat eine heftige Debatte darüber gegeben, wie diese Tat der Nationalsozialisten zu bewerten sei und ob sie nicht ebenso repariert werden sollte wie andere ihrer Maßnahmen. Das Ergebnis dieser Debatten war zum Glück die Beibehaltung der wenigstens vierjährigen gemeinsamen Grundschule für alle Kinder; die Bedenken jedoch, die es dagegen im parlamentarischen Rat gab, drücken sich in dieser Formulierung noch aus.

Ich habe dies alles so ausführlich beschrieben, weil dieser Aspekt von Schule, ihr erklärter gesellschaftlich gewollter Auftrag, einen Beitrag zur Zuweisung und Legitimation von gesellschaftlichem Status zu leisten, **für das Schulwesen der DDR nicht bestand**. Wenn Schule dennoch in solcher Funktion genutzt wurde, dann geschah dies gewissermaßen subversiv und war dann eher der Versuch, sich einen Vorteil zu erschleichen, aber es war nicht, wie im gegliederten Schulsystem des Westens normal, die allgemein übliche und anerkannte Form eines offen ausgetragenen Bildungswettbewerbs um die Zuteilung sozialer Chancen. Diese soziale Funktion von Schule heißt in der Schultheorie Allokationsfunktion und ihr dient die Auslese im gegliederten Schulwesen. Zugleich mit dem sozialen Wandel zu Markt und sozialer Ungleichheit mußte deshalb auch die Umgestaltung des Bildungswesens kommen. Der ganzen bisherigen Rede Sinn war es, dies klar und anschaulich zu machen.

Daneben gibt es natürlich einen Beitrag der Schule zur Sozialisation von Kindern und Jugendlichen. Dazu trägt sie neben der Familie, und natürlich auch der Jugendhilfe wesentlich

bei. Und, nicht zu vergessen, ihr Beitrag zur Qualifikation, die ihr in der Regel als Hauptaufgabe zugeschriebene soziale Funktion. Man geht in die Schule, damit man etwas lernt.

Wir haben also der Schule diese drei zentralen sozialen Funktionen zuerkannt:
– die der Allokation,
– der Sozialisation und
– der Qualifikation.

Wenn wir nach den möglichen Beziehungen zwischen Jugendhilfe und Schule fragen und nach den Möglichkeiten ihrer Kooperation, dann ist es zweckmäßig, die entsprechenden Anfragen auch an die Jugendhilfe zu stellen. Welches ist der ihr von der Gesellschaft gegebene Auftrag? Die Antwort ist hier viel einfacher: die Sicherung der sozialen Integration aller Kinder und Jugendlichen in die Gesellschaft, und zwar insbesondere - aber keineswegs ausschließlich! - durch Angebote und Leistungen dort, wo diese sichtbar gefährdet ist.

Funktion von Jugendhilfe: Sicherung der sozialen Integration

Mit Jugendhilfe und Schule stehen sich also zwei Institutionen und pädagogische Handlungsfelder mit deutlich unterschiedlichen sozialen Aufgabenstellungen gegenüber: Während die Schule dem Widerspruch zwischen Auslese und Pädagogik im Interesse der Kinder und Jugendlichen nicht entgehen, ihn allenfalls verdrängen kann, hat es die Jugendhilfe mit einer klaren, vergleichsweise einfachen Interessenlage gegenüber den Kindern und Jugendlichen zu tun. Jedenfalls soweit wir davon ausgehen können, daß soziale Integration das Interesse von Kindern und Jugendlichen ist, ist die Jugendhilfe auf ihrer Seite, kann für sie Partei nehmen und hat dazu auch den Auftrag. Der Widerspruch im schulischen Auftrag selbst zwischen Auslese und Pädagogik muß also in der Zusammenarbeit zwischen Jugendhilfe und Schule erst recht virulent werden - und daran sind in der Vergangenheit auch viele Versuche einer solchen Zusammenarbeit in Westdeutschland zerbrochen oder haben sich in den daraus folgenden Auseinandersetzungen aufgerieben.

Schule kann nicht nur nach pädagogischen Prinzipien handeln, sie kann nicht nur im Interesse ihrer Schülerinnen und Schüler handeln, sondern sie muß notwendigerweise Schülern - nicht allen, aber einigen - die Erfüllung ihrer Bildungsaspiration, ihrer Wünsche und Erwartungen bezogen auf durch Bildung legitimierten gesellschaftlichen Status, versagen. Wenn sie das nicht tut, verliert sie ihre gesellschaftliche Legitimation und Anerkennung. Die Forderung an die Schule, dies grundsätzlich anders zu machen, ist, so wie die Verhältnisse liegen, - und das war der Sinn eines großen Teils des bisher gesagten - nicht legitim. Man darf aber sehr wohl fragen, wieweit Schule die Auslese, die sie betreibt, im Einklang mit Prinzipien einer demokratischen Gesellschaft vornimmt. Hier ist das Prinzip der gleichen Chancen im Bildungswettbewerb vor allem einschlägig. Da gibt es - jedenfalls gilt das für die westdeutschen Verhältnisse - und wenn ich es recht sehe, haben die sich auch ganz schnell in den neuen Bundesländern in ähnlicher Weise eingestellt, durchaus einiges zu bemängeln: Lassen Sie mich auch dafür einige Beispiele geben, damit anschaulicher wird, was ich meine. Ich denke, ich beschreibe damit zugleich auch immer soziale Rahmenbedingungen und Voraussetzungen einer zeitgemäßen, auf die Interessen von Kindern und Jugendlichen bezogenen Jugendkulturarbeit. Nun also zu meinen Beispielen:

Die traditionelle Form der schulischen Auslese war die Auslese in privilegierende weiterführende Schulen. Aus einer main-stream-Schule, der Volksschule oder der Hauptschule wurden einige Kinder, 10% in den 50er Jahren an das Gymnasium, 15% in die Realschule ausgelesen und diese hatten dann bessere Chancen. Aber in der Hauptschule verblieb ein Anteil von 75 bis 80% , die sich eigentlich nicht benachteiligt fühlen mußten. Und für diese 80% gab es auch Einmündungsmöglichkeiten in ein breites Spektrum von Berufen insbesondere über betriebliche Ausbildungen - aber auch der direkte Übergang von der Schule in bezahlte Erwerbsarbeit war für viele möglich und eröffnete manchen durchaus auch berufliche

Karrieren etwa im Bergbau und der Eisen- und Stahlindustrie des Ruhrgebiets, die zu guten Einkommen und - jedenfalls in den dazugehörigen sozialen Milieus - auch zu sozialer Anerkennung führten.

Das hat sich heute grundlegend geändert. Der Verbleib in der Hauptschule für die 20 bis 30%, und da gibt es große regionale Unterschiede, die dort bleiben, hat den Charakter einer negativen Auslese gewonnen, denn die Hauptschule eröffnet ihren Absolventinnen und Absolventen nur noch ein relativ enges Spektrum beruflicher Möglichkeiten in solchen Berufen, die - von den meisten Jugendlichen jedenfalls - als weniger attraktiv eingeschätzt werden.

Eine Jugendhilfe, die sich als Bündnispartner von Kindern und Jugendlichen versteht, kann diese Realität nicht unkommentiert zur Kenntnis nehmen, sondern ist gefordert, sich sowohl in der Arbeit mit einzelnen Jugendlichen als auch in der bildungspolitischen Diskussion mit diesem Sachverhalt auseinanderzusetzen. Eine in dieser Weise negative Auslese durch Schule darf nicht widerspruchslos hingenommen werden. Da muß dann die Jugendhilfe möglicherweise auch eine politische Anwaltsfunktion für die davon Betroffenen übernehmen, die, wie sich bis heute gezeigt hat, offensichtlich nicht in der Lage sind, ihre bildungspolitischen Interessen selbst hinreichend wirkungsvoll zu vertreten. Und welche Interessen die haben, das zeigen die regelmäßig vom Institut für Schulentwicklungsforschung an der Universität Dortmund durchgeführten Repräsentativbefragungen: Gerade von 5% der Eltern im Westen und 9% der Eltern im Osten, die ein Kind an einer allgemeinbildenden Schule haben, wünschen sich für dieses Kind den Hauptschulabschluß als endgültigen Schulabschluß, 51 bzw. 44% dagegen das Abitur. Man kann also nicht sagen, die Eltern hätten keine Vorstellungen davon, was denn für ihre Kinder gut ist. **In diesem Teil ging es mir darum, darzustellen, daß in den gesellschaftlichen Rahmenbedingungen des Handelns von Jugendhilfe und Schule und den auf sie**

gerichteten gesellschaftlichen Interessen die Konflikthaftigkeit ihrer Beziehung bereits angelegt ist. Sie muß selbstverständlich nicht den Alltag der Zusammenarbeit regieren, aber sie muß den Beteiligten ebenso bewußt sein, wie sie den Arbeitgeberverbänden und den Gewerkschaften bewußt ist, ohne daß dies die partnerschaftliche Zusammenarbeit verhindern muß. Es gehört deshalb aber zur Professionalität der in beiden Bereichen beschäftigten pädagogischen Fachkräfte, der Lehrer, wie auch der Sozialarbeiter und -pädagoge, mit dieser in den Verhältnissen angelegten Konflikthaftigkeit umzugehen.

Konsequenzen für eine sozialpolitisch bewußte Jugendkulturarbeit

Unerquicklich und für die Beteiligten schwer handhabbar werden die Konflikte sowohl innerhalb der Schule als auch zwischen Jugendhilfe und Schule, wenn die Widersprüchlichkeit des Auftrags der Schule von ihr selbst und von der Jugendhilfe, die mit ihr zusammenarbeitet, nicht bemerkt bzw. nicht anerkannt und geleugnet wird. Wenn Lehrer also Auslese pädagogisch als im Interesse des Kindes liegend zu legitimieren versuchen und den in der Regel gegen den Wunsch der Kinder und ihrer Eltern durchgesetzten Verbleib auf der Hauptschule mit dem Schutz vor Überforderung schmackhaft zu machen versuchen. In einer solchen Rechtfertigung werden wesentliche Interessen von Kindern und Jugendlichen bezogen auf künftige Lebenschancen nicht ausreichend gewürdigt. Entsprechendes geschieht, wenn Sozialpädagogen die Schule am Maßstab ihrer sozialpädagogischen Professionalität messen und ihr zumuten, daß sie sich genauso in ein Bündnis mit ihren Klienten begeben sollte, wie das die Jugendhilfe kann und soll; dann überfordern sie die Schule und werden ihr in ihrer Widersprüchlichkeit nicht gerecht. Schulische Auslese ist keine Bösartigkeit von Lehrerinnen und Lehrern, sondern untrennbar mit der sozialen Funktion von Schule in unserer Gesellschaft verbunden, aber die Art und Weise, wie sie konkret gehandhabt wird, kann durchaus mehr

oder weniger mit demokratischen Ansprüchen unserer Gesellschaft übereinstimmen. Und insofern wird dann Schule auch für ihr Handeln in diesem Bereich kritisierbar.

Deshalb muß es in beiden Bereichen eine **Weiterentwicklung der Professionalität** im Hinblick auf die Respektierung und die Anerkennung der Leistungsmöglichkeiten und gesellschaftlichen Funktionen des jeweils anderen Bereichs geben, sie muß gefordert und gefördert werden. Und dies nicht mit dem Ziel der Vermischung und Angleichung von Funktionen und Aufgaben, sondern mit dem Ziel ihrer Klärung und der Verständigung über ihre verantwortliche Wahrnehmung gerade in einer die Systemgrenzen überschreitenden Zusammenarbeit zwischen Jugendhilfe und Schule.

Schulische Auslese ist untrennbar mit der sozialen Funktion von Schule verbunden

Jugendhilfe und Jugendarbeit bleiben weitgehend definiert und verpflichtet durch eine sozialpädagogische Aufgabenstellung, die in dieser Einfachheit und Eindeutigkeit auf die Schule nicht übertragen werden kann. Ihr Ziel muß es sein, die Chancen gesellschaftlicher Partizipation und sozialer Integration besonders für diejenigen zu erhöhen, die aus ihren Herkunftsverhältnissen und aus ihrer schulischen Situation die wenigsten Anregungen und Gelegenheiten für gesellschaftliche Partizipation vorfinden. Eine von einem solchen Selbstverständnis getragene Jugendhilfe muß selbstverständlich neben den Bemühungen um die Sicherung der materiellen Existenz und der sozialen Integration auch das Ziel verfolgen, für Kinder und Jugendliche einen anregungsreichen und erfahrungsgesättigten, insbesondere auch außerschulischen Alltag zu sichern, und ich denke, hier muß dann auch Jugendkulturarbeit verortet werden. Eine sozialpolitisch bewußte Jugendkulturarbeit aber, die nicht gewissermaßen unter der Hand und ohne es zu wollen zum Instrument elitärer Interessen werden will, kommt nicht umhin, die in Lebensbedingungen und Lebensverhältnissen von Kindern und Jugendlichen liegenden Hindernisse und Einschränkungen für den Zugang zu ihren Angeboten zu sehen und die Zugangschancen

Jugendhilfe ist sozialpädagogischer Aufgabenstellung verpflichtet

39

für sozial Benachteiligte zum wesentlichen Bestandteil auch ihres Konzepts zu machen. Solche Jugendkulturarbeit muß deshalb auch daran interessiert sein, Voraussetzungen dafür zu schaffen, daß ihre Angebote und Leistungen bei Kindern und Jugendlichen überhaupt angenommen werden können und so dann auf fruchtbaren Boden fallen.

Entwicklung von Jugendhilfe und Schule in den neuen Bundesländern

Ich habe mich immer für die DDR und ihre Verhältnisse interessiert und ich interessiere mich auch jetzt für das, was in den neuen Bundesländern passiert, aber ich habe immer noch Hemmungen, darüber zu reden, weil es so schrecklich viel Anmaßung im Reden von Wessis über den Osten gibt. Ich denke, ich kann mir das nur leisten, wenn diejenigen, die mich darüber reden hören, dann auch bereit sind, zu widersprechen. Und ich hoffe, Sie tun dies, wenn Sie meine Ansichten nicht teilen.

Wenn ich es richtig sehe, dann war die Lehrerschaft der polytechnischen Oberschule der DDR - jedenfalls soweit ich sie nach der Wende kennengelernt habe - eine Lehrerschaft mit einem sehr viel ganzheitlicheren Aufgabenverständnis, als es sich bei westdeutschen Lehrern inzwischen ausgeprägt hat. Die Akademisierung und die Verfachlichung der Lehrertätigkeit und des Lehrerselbstverständnisses wie auch der Lehrerausbildung in Westdeutschland haben dazu geführt, daß sich die Aufgabenstellung des Lehrers weitgehend auf die Aufgaben im Unterricht reduziert hat und darüber hinausgehende Aufgabenstellungen im Bereich von Erziehung und ganzheitlicher Förderung von Kindern und Jugendlichen sehr viel weniger entwickelt sind. Lebensweltbezüge sind nicht die Sache der westdeutschen Schule, Kontakte zu den Familien eigentlich auch nicht.

Die Wende hat natürlich auch für die neuen Bundesländer und für die Schulen in den neuen Bundesländern das Angebot gemacht, die Lehreraufgabenstellung auf die Unterrichts-

funktion zu reduzieren. Wenn ich es richtig sehe, haben auch viele Lehrerinnen und Lehrer dieses Angebot dankbar angenommen und fühlen sich als „Unterrichtserteiler" ganz wohl. Es gibt aber daneben immer noch diejenigen - mitunter nenne ich sie die 'Immer-noch-Jugend-Bewegten' - die dieses ganzheitlichere, umfassendere Verständnis von ihrem Arbeitsauftrag beibehalten haben und auch nach Möglichkeiten suchen, dem unter den veränderten Bedingungen weiterhin zu entsprechen. Ich habe dazu einige beeindruckende Erfahrungen machen dürfen. Zum Beispiel habe ich an einer Schule mit einer schwierigen Schülerschaft eine Beratungslehrerin kennengelernt, die sich mit etwa zwölf Kolleginnen und Kollegen regelmäßig ein bis zweimal im Monat trifft, um außerschulische Aktivitäten und Unternehmungen für Schülergruppen zu planen und zu organisieren. Es geht dabei um Exkursionen am Wochenende, teilweise auch Unternehmungen unter der Woche, um das Organisieren des Besuchs von Kulturveranstaltungen und ähnlichem. Sie verwenden auf die Durchführung dieser Aktionen einen wesentlichen Teil ihrer unterrichtsfreien Zeit, ohne daß der Schulleiter etwas davon weiß, weil sie sich nicht sicher sind, ob dies unter den neuen Verhältnissen noch Anerkennung findet oder nicht. Die Kolleginnen und Kollegen, die das tun, kennen sich noch aus der gemeinsamen Arbeit an der früheren POS, aus der diese Mittelschule in Sachsen hervorgegangen ist. Sie sind fest davon überzeugt, daß das, was sie tun, sowohl im Interesse der Kinder und Jugendlichen notwendig ist, als auch vernünftige Voraussetzungen für ihre Arbeit mit diesen Kindern und Jugendlichen im Unterricht schafft.

Es gibt solche Lehrerinnen und Lehrer also immer noch und ich denke, von daher sind die Voraussetzungen in den neuen Bundesländern, daß Schule selbst einen Beitrag leisten kann zur außerschulischen Jugendarbeit, tatsächlich andere als in Westdeutschland. Auch wenn ich mir dringend wünsche, daß diese Voraussetzungen erhalten bleiben und für die Ausgestaltung der Beziehung von Jugendhilfe und Schule genutzt werden, fürchte ich, daß die Entwicklung auf eine Angleichung an die westdeutschen Verhältnisse hinauslaufen wird.

Die Chancen, daß dieses nicht geschieht, liegen nach meiner Einschätzung vor allem in der demografischen Entwicklung und in der Art und Weise, wie die auf Kinder bezogenen Politikfelder der Jugendhilfe und des Bildungswesens mit den darin liegenden Herausforderungen umgehen. Die Frage ist also konkret, was aus den Lehrerinnen und Lehrern wird, die zunächst in den Grundschulen für Unterricht nicht mehr benötigt werden. Es gäbe für sie reichlich Beschäftigungsmöglichkeiten im Bereich der Jugendhilfe und der Jugendarbeit und ich vermute auch, es gibt unter diesen Lehrerinnen und Lehrern eine große Zahl, die durchaus bereit sind, solche Aufgaben wahrzunehmen und dies nicht als eine professionelle Degradierung empfinden würden. Die Umsetzung einer solchen Vorstellung allerdings ist weder einfach noch unumstritten. Aus den westdeutschen Diskussionen zu den unterschiedlichen Professionalitäten im Bereich von Jugendhilfe und Schule wissen wir, daß sich hier gerade im Bereich der Jugendhilfe Positionen auch verhärtet haben, die ein solches Vorhaben strikt ablehnen.

Dennoch dürfen wir uns, gerade weil die Voraussetzungen in den neuen Bundesländern andere sind und westdeutsche Erfahrungen nicht bedenkenlos übertragen werden dürfen, die in dieser Situation liegende Chance nicht entgehen lassen. In Sachsen geht es, habe ich mir sagen lassen, schon im nächsten Schuljahr um zweitausend Lehrerinnen und Lehrer, deren Stellen bedroht sind und die letzten Endes für solche Aufgaben in Frage kämen. Können wir eigentlich den Jugendlichen gegenüber verantworten, diese Personen nicht in der Jugendhilfe tätig werden zu lassen, bloß weil sie als Lehrer ausgebildet sind? Es ist ja nicht so, daß sie Stellen besetzen, die ansonsten für sozialpädagogische Fachkräfte der Jugendhilfe zur Verfügung stünden. Diese Lehrerinnen und Lehrer bringen ja die Stellen mit in die Jugendhilfe

hinein, die es sonst nicht gäbe. Deshalb lohnt es sich darüber nachzudenken, wie man die Tätigkeit dieser Lehrerinnen und Lehrer im Bereich der Jugendhilfe möglichst gut vorbereiten und unterstützen kann. Dabei muß man sich darüber klar sein, daß es nicht die Fortsetzung von Lehrerarbeit mit anderen Schwerpunkten ist, sondern es ist eine in wesentlichen Inhalten neue Aufgabenstellung. Das, was ich eingangs über die unterschiedlichen sozialen Funktionen von Jugendhilfe und Schule gesagt habe, hat gerade dies deutlich machen sollen.

Für die Umsetzung eines solchen Vorhabens muß also eine Planung her, die Auskunft darüber gibt, in welchen Feldern der Jugendhilfe diese Personen vorrangig tätig werden sollen und ich meine, daß die Jugendkulturarbeit eines der Felder wäre, für die sie eine Reihe von guten Voraussetzungen mitbringen. Darüber hinaus muß es Fortbildung und Weiterbildung geben, die sie befähigt, diesen neuen Aufgaben entsprechen zu können und sich in ihrem neuen Aufgabenfeld orientieren zu können.

Meine Hoffnung ist, daß die Lehrerinnen und Lehrer, die diesen Wechsel vornehmen, sich vor allem auch freiwillig für eine solche Änderung ihrer Arbeitsinhalte entscheiden können. Ich hoffe, daß sich dann als erste diejenigen melden, die auch Interesse und Spaß an außerschulischer sozialpädagogischer Arbeit mit Kindern und Jugendlichen haben und die unzufrieden sind mit der Reduktion ihres Aufgabenverständnisses, wie es ihnen durch das westdeutsche Vorbild und im Vollzug der Umgestaltung des Bildungswesens in der DDR nun nahegelegt wird. Ich bin sicher, es gibt sie, und ich denke, sie sollten sich nicht verstecken, sondern sie sollten in dieser Situation auftreten und sich zu Wort melden, und zwar sowohl in der bildungs- und jugendhilfepolitischen Diskussion, in der es um die Gestaltung der Lebensverhältnisse, der schulischen wie der außerschulischen, von Kindern und Jugendlichen geht, wie auch in der berufspolitischen Diskussion um die Chancen ihrer beruflichen Zukunft.

Will Lütgert

Schule als Erfahrungsraum?

Konzeptionen zeitgemäßer Schulen

Einleitung

Schule als Erfahrungsraum? Ich habe den Titel dieses Vortrags einem Buch von Hartmut von Hentig entliehen. Wie er setze ich ein Fragezeichen hinter den Titel. Ist das Konzept des Erfahrungsraums eine angemessene Vorstellung für unsere Schulen im Übergang zu einem neuen Jahrhundert? Das Schulwesen in den neuen Bundesländern ist in den letzten beiden Jahren grundsätzlich neu strukturiert worden. Welche Vorstellung hat dieser Neustrukturierung zugrunde gelegen?

Pate gestanden hat die Schulstruktur der alten Bundesländer. Wie differenziert und zum Teil auch skeptisch diese Neustrukturierung zu bewerten ist, lasse ich dahingestellt. Die neue Struktur ist nun da - sie bringt für die Schulen und für die Ausbildung der Lehrerinnen und Lehrer entscheidende Veränderungen. Die Übernahme - und leichte Variation - des westdeutschen Schulsystems fordert aber auch dazu heraus, für die Zukunft aus den Fehlern der Schulstruktur und der Lehrerbildung in den alten Bundesländern zu lernen. Zu lernen wäre, daß „unterhalb" der bildungspolitisch festgeschriebenen Struktur des Bildungswesens ein erheblicher Spielraum für die pädagogisch zu verantwortende Gestaltung der Schule als Erfahrungsraum besteht, eine Gestaltung die die Eigenverantwortlichkeit der Betroffenen stärken und den Blick für die Ansprüche der Lernenden offenhalten kann. Diese These soll im folgenden entfaltet werden.

Den Spielraum für die Gestaltung der Schule als Erfahrungsraum nutzen

Wechsel in der Konzeptualisierung von Schulentwicklung

In den letzten zwei Jahrzehnten hat sich in der Bundesrepublik Deutschland zunehmend der Gedanke durchgesetzt, daß neben der strukturellen Entwicklung des Schulsystems auch und vor allem die Ausgestaltung einzelner Schulen vor Ort eine Qualitätsverbesserung der Schul- und Unterrichtskultur bewirkt, die den Bedürfnissen der Gesellschaft und der Beteiligten gerecht wird.[1] Ein wichtiges Grundmuster der Konzeptualisierung von **Schulentwicklung hat sich von der Vorstellung wegentwickelt, Reform sei nur zentral vom Staat oder von der Wissenschaft zu implementieren**; es hat sich hinentwickelt zu einem Modell, bei dem der dezentralen, vielgestaltigen Übernahme und Weiterentwicklung von Reformen durch individuelle Schulen besondere Aufmerksamkeit geschenkt wird. Ich will meine These zunächst an drei Schulbeispielen erläutern:

Reformschulen: Schulen, die sich „auf den Weg machen"

Die Grundschule Mülheimer Freiheit in Köln: Die Grundschule Mülheimer Freiheit ist eine Regelgrundschule in einem strukturschwachen Kölner Vorort. Über 50% der Schülerinnen und Schüler sind Kinder ausländischer ArbeitnehmerInnen, vornehmlich Türken. 1974 hatte ein türkischer Junge nach Schulschluß mit einem Hammer das Mobiliar seiner Ausländerklasse zerschlagen. Das LehrerInnen-Kollegium reagierte darauf nicht administrativ, sondern pädagogisch. Es relegierte den Jungen nicht, sondern schaffte die Ausländerklasse ab - Jahre bevor die Landesregierung dies offiziell anordnete - und verteilte die türkischen Kinder auf die Regelklassen. Es gab Ängste auf allen Seiten.

In dieser Zeit entdeckten die Lehrerinnen und Lehrer der Schule die integrative Kraft des Jena-Plans, so wie er sich in Holland weiterentwik-

kelt hatte. Die Einrichtung von altersheterogenen Stammgruppen, die Einführung der Bildungsgrundformen und die Beseitigung des „Fetzenstundenplans" schufen eine Kultur, die die Schule gegenüber den fremden Mitmenschen öffnete. Die Erfahrung der Kolleginnen und Kollegen, die Reform - mit Duldung und Unterstützung der Schulaufsicht - in die eigenen Hände nehmen zu können, setzte ein generatives Potential frei, das heute noch die Schulkultur in Köln bestimmt und aus einer normalen Grundschule eine Reformschule macht.[2]

Die Heinrich-Heine-Schule im alten Ostberlin: Ich lernte diese Schule während der politischen Wende kennen. Die Schule kämpfte um ein sinnvolles pädagogisches Weiterarbeiten. Acht Kolleginnen und Kollegen besuchten die Bielefelder Laborschule, deren Wissenschaftlicher Leiter ich zu dieser Zeit war, und beobachteten ihre Pädagogik. Die meisten blieben skeptisch. Nur Frau P. wußte nach dem Besuch, was sie in ihrer Schule ändern wollte: die Einheitsdidaktik ihrer Einheitsschule sprengen und die in Bielefeld gesehenen altersheterogenen Stammgruppen und den offenen, individualisierenden Unterricht einführen. Unserer Befürchtung, sie könnte sich zuviel aufbürden, begegnete sie mit dem Mut einer Ostdeutschen in der Zeit der Wende: „Wann, wenn nicht jetzt?"

Bei Hospitationen im Frühsommer 1990 konnte ich ihre Eingangsstufe sehen. Zusammen mit einer Kollegin hatte sie zwei altersgemischte Stammgruppen gebildet. Bankreihen wurden zu Gruppentischen aufgelöst, die Türen beider Klassenräume standen zum Flur hin offen. Außerdem gab es einen kleinen dritten Raum, in den sich Kinder für Stillarbeiten zurückziehen konnten. Äußere Bedingungen für didaktische Vielfalt, für Freie Arbeit und die Auflösung des 45-Minuten-Takts waren gegeben. Die beiden Lehrerinnen konnten ihr didaktisches Repertoire in unterschiedlichen Richtungen tastend - wie es Célestin Freinet ausgedrückt hat - erweitern. Die Kinder nahmen diese Öffnung des Unterrichts dankbar an.[3]

Die Bischöflichen Maria-Montessori-Schulen in Krefeld: Die Bischöflichen Maria-Montessori-Schulen sind ein integrales Schulsystem. Sie bestehen aus einem Kindergarten, einer Grundschule und einer Gesamtschule mit gymnasialer Oberstufe. Montessori-Kindergärten und -Grundschulen gibt es in Deutschland viele, dagegen nur ganz wenige -Sekundarstufen, denn die klassischen Materialvorgaben dieser Pädagogik sind in den Mittel- und Oberstufen höherer Schulen nicht mehr anwendbar.

Die Krefelder Gesamtschule hat deshalb ihren eigenen Weg gesucht und zeigt uns, wie man einen alten reformpädagogischen Ansatz in Gymnasien modern adaptieren kann. Im Krefelder Curriculum entdeckt man in den Unterrichtsprojekten Elemente der ganzheitlichen Kosmischen Bildung der Montessori als Gegengewicht gegenüber der Fachorientierung in den klassischen Grund- und Leistungskursen. In der Pädagogik der Krefelder Oberstufe kommt das integrative Element des reformpädagogischen Ansatzes zum Tragen, die Schule praktiziert seit Jahren eine „Pädagogik der Vielfalt"[4] bei der sie - gerade weil sie konfessionell gebunden ist - das Anderssein von Menschen akzeptiert. In ihrer Stundenplanorganisation schließlich gelingt es der Schule, das Prinzip der Freien Arbeit bis in die Klasse 13 fortzusetzen: In jeder Unterrichtswoche steht den Schülerinnen und Schülern der Abschlußklassen ein ganzer Studientag zur Verfügung, an dem sie an selbstgewählten, mit den Lehrern nach den jeweiligen Belegverpflichtungen abgestimmten, Themen arbeiten. Alle Fächer der Stundentafel werden in die Studientage eingebracht. Diese Reform trägt zu einem Curriculum bei, das der Selbstbestimmung der 17- bis 19-Jährigen inhaltlich Raum gibt.[5]

Was ist an den drei genannten Schulen so bedeutsam, daß ich sie zu den Reformschulen rechne, die in besonderer Weise auf das Konzept des Erfahrungsraums verweisen? Ich versuche, eine Antwort in fünf Punkten zu geben:

In allen drei Fällen reagieren Lehrerinnen

und Lehrer auf drängende pädagogische Probleme. Die Kölner haben verstanden, daß man mit ausländischen Kindern eine interkulturelle Erziehung praktizieren muß und daß man dafür die richtigen pädagogischen Mittel entwickeln kann. Die Berliner haben verstanden, daß man eine Einheitsschule nicht mit einer Einheitsdidaktik realisieren kann, die alle gleich macht, sondern daß einzelne Kinder in der Lerngruppe nach individuellen Zuwendungen verlangen. Die Krefelder haben verstanden, daß man angesichts der bürokratischen Regelungsdichte in unseren gymnasialen Oberstufen heute in ganz besonderer Weise nach einem pädagogischen Konzept suchen muß, das die Lernenden das sein läßt, was sie in anderen Lebensbereichen längst sind: junge Erwachsene - mit einem großen Anteil formaler und inhaltlicher Verantwortung für die Gestaltung der eigenen Lernprozesse.

In allen Fällen haben die Lehrerinnen und Lehrer nicht auf einen Wink von oben gewartet, sie haben vielmehr die Reform in die eigenen Hände genommen. In Köln findet eine aktive Unterstützung durch die Schulaufsicht statt, in Berlin war es - leider - nur eine passive Duldung, in Krefeld nutzt man den Status einer anerkannten Ersatzschule.

In allen Fällen hat man das pädagogische Rad nicht neu erfunden, man hat sich vielmehr der Vorbilder bedient, die die Pädagogik bereithält. Allerdings wurden die Vorbilder für die eigenen pädagogischen Absichten neu geformt und mußten gegenüber einer kritischen Öffentlichkeit argumentativ und handelnd behauptet werden.

In allen Fällen haben die Lehrerinnen und Lehrer ein deutliches Bewußtsein von der Vorläufigkeit ihrer Reformschritte: Sie gestalten **„Schulen auf dem Wege"**,

d.h. ihre pädagogischen Konzepte sind erfahrungsoffen.

Und als wichtigstes: In allen Fällen haben die Lehrerinnen und Lehrer „sich auf den Weg" gemacht, um Kindern und Jugendlichen zu helfen. Reformschulen im hier gemeinten Sinn experimentieren nicht mit Kindern, sie decken vielmehr das große Experiment auf, das das übrige Schulsystem - staatlich legitimiert - mit Kindern und Jugendlichen veranstaltet.

Die drei Beispiele berichten vom Aufbruch von Schulen. Ihre Reformen sind noch relativ begrenzt, sie sind nur zum Teil eingebettet in ein umfassendes Konzept. Doch es gibt auch die großen Versuche, die schon als Reformschulen gegründet wurden. Dies sind etwa die Odenwaldschule in Oberhambach, die Montessorischulen in Krefeld oder die neugegründete Jena-Plan-Schule in Jena und nicht zuletzt die Bielefelder Laborschule als eine der wenigen Neugründungen in den späten 60er Jahren.

Die Bielefelder Laborschule: Der Laborschule wurden von ihrem Gründer, Hartmut von Hentig, wenige und „einfache" Prinzipien mit auf den Weg gegeben:

Die Laborschule ist eine Schule für alle Kinder und Jugendlichen im Alter vom 5. bis zum 16. Lebensjahr, eine Schule in der sie gemeinsam unterrichtet werden - und zwar ohne didaktische Trennung in verschiedene Leistungsniveaugruppen.

Die Laborschule geht von der Erkenntnis aus, daß die Lebensprobleme der heute heranwachsenden Kinder häufig soviel größer sind als ihre Lernprobleme, daß diese Lebensprobleme sich so gebieterisch vor die Lernprobleme schieben, daß Schule, wenn sie denn überhaupt belehren will, es erst mit den Lebensproblemen aufnehmen muß. Sie muß zu ihrem Teil Leben ermöglichen.

Die Laborschule ersetzt im Unterricht soviel Belehrung wie sinnvoll und möglich durch Erfahrung.

Diese Prinzipien sind nicht originell. Sie lassen sich schon bei den großen Reformpädagogen der Jahrhundertwende und auch in den pädagogischen Utopien des 18. und 19. Jahrhunderts wiederfinden. Die Originalität der Laborschule liegt in der Umsetzung dieser „einfachen" Prinzipien in den komplexen Schulalltag, so daß aus Prinzipien die generative Praxis einer eigenständigen Schulkultur entsteht. Als Versuchsschule ist sie eine Einrichtung, die aus ihren Fehlern - von denen sie viele hat - lernen will und die dafür die Voraussetzungen erhalten hat. Weil die Landesregierung von Nordrhein-Westfalen - trotz aller restriktiven finanzpolitischen Bedingungen, die auch in den westlichen Bundesländern vorherrschen - weiß, daß eine pädagogische Reform der Schulkultur nur stattfinden kann, wenn sie vor Ort und in der Verantwortung der unmittelbar Betroffenen vorgenommen wird, hat sie einer staatlichen Schule die Möglichkeit gegeben, - in Kooperation zwischen LehrerInnen, WissenschaftlerInnen und Schulaufsicht - Formen der Schul- und der Unterrichtskultur zu entwickeln und zu erproben, die sich an den pädagogischen Möglichkeiten orientieren, die in unserer gegenwärtigen Gesellschaft Realität sein könnten[6].

In diesem Sinn ist die Laborschule kein Schulversuch, der erprobt, was morgen in das Regelsystem eingeführt wird. Sie ist eine Versuchsschule, die einen pädagogischen Weg aufzeigt, unter gegenwärtigen gesellschaftlichen Bedingungen eine Schule für alle Kinder bis zum 16. Lebensjahr zu gestalten, und die Hilfen geben kann, wenn Schulen aus dem Regelsystem sich ihrerseits auf einen ähnlichen Weg machen wollen und können.

Die Einzelschule und die Entwicklung des Schulsystems

In diesem Abschnitt möchte ich das bisher erläuterte Konzept der Schule als Erfahrungsraum an den Forschungsproblemen unserer Disziplin deutlich machen:

Als die Laborschule 1974 eröffnet wurde, war in der scientific community der westdeutschen Erziehungswissenschaftler die Bedeutung umstritten, die die Kultur von Einzelschulen für die Entwicklung der Schulen insgesamt haben könnte. Die relevante Forschung bezog sich zu dieser Zeit noch fast ausschließlich auf das Bildungssystem und den Unterricht. Diese Forschungsperspektive war einer sozialwissenschaftlichen Neuorientierung der Pädagogik geschuldet und übte auf die beteiligten Wissenschaftlerinnen und Wissenschaftler eine große Faszination aus: „Zum ersten Mal in der Geschichte des Schulwesens sollten Innovationen bis ins einzelne geplant, sollten schulorganisatorische Änderungen unter Berücksichtigung aller Bedingungsfaktoren und Nebenwirkungen berechnet, sollten neue Unterrichtsgebiete durch vorgängige Theorie eingeführt werden, gesichert durch Experiment und Erfolgskontrolle", - so hat es Herwig Blankertz vor mehr als 25 Jahren formuliert - wohl ohne dem Programm wirklich zu trauen.[7]

Ich habe an anderer Stelle darzustellen versucht[8], daß die damals vorherrschende - Wissenschaft, Politik und Praxis einbeziehende - Gebärde der Bildungsreform zu groß, daß die politisch zugestandene Zeit zu kurz war, um das in vielen Facetten entworfene Programm zu realisieren.[9] Der Versuch, der auf eine von oben gesteuerte, flächendeckende Reform des „Gesamt"systems setzte, ist an seinen unrealistischen Zielen gescheitert. Die Faktoren hierfür sind vielfältig und nur in Stichworten zu skizzieren:

Probleme der Bildungsforschung und Bildungsreform von oben

1. Die Erziehungswissenschaft hatte sich übernommen bei der Aufgabe, mit wissenschaftlichen Mitteln einen gesellschaftlichen Konsens darüber herzustellen, was und wie an unseren Schulen gelehrt werden sollte.

2. Der bildungspolitische Konsens, der Mitte der 60er Jahre in der alten Bundesrepu-

blik möglich zu sein schien, zerbrach. Schulpolitik blieb überwiegend Machtpolitik und war dem wissenschaftlichen Diskurs nur sehr viel indirekter zugänglich als ursprünglich angenommen. Am schwierigsten und für unser Thema bedeutsam war jedoch:

3. Die wissenschaftlich initiierten Reformversuche erreichten die Praxis kaum, weil das, was Praktikerinnen und Praktiker für wichtig erachteten, mit dem, was Wissenschaftlerinnen und Wissenschaftler propagierten, weit auseinander fiel. Die Praktiker sahen die Probleme ihrer einzelnen Schulen; diese waren komplex und schwierig. Sie interessierten sich wenig für die generalisierenden Lösungen, die Wissenschaftler ihnen anboten.

Abkehr von zentralen Reformstrategien

Die zentralistische Forschungsperspektive veränderte sich erst mit Beginn der 80er Jahre unter dem Eindruck der großen anglo-amerikanischen Schulstudien und der Ergebnisse der vergleichenden Schulforschung in Westdeutschland.[10]

Angesichts des Scheiterns vieler Regierungsprogramme zur Verbesserung der pädagogischen Qualität von Schule und aufgrund der Entdeckung differenzierter lokaler Schulkulturen setzte sich zunächst in den Vereinigten Staaten und in England (dort schon Anfang der 70er Jahre) die Erkenntnis durch, daß im Rahmen der strukturellen Entwicklung des Schulsystems vor allem die Ausgestaltung einzelner Einrichtungen vor Ort eine Qualitätsverbesserung der Schul- und Unterrichtskultur bewirkt, die den Bedürfnissen der Gesellschaft und der Beteiligten gerecht wird.

Als einer der ersten Pädagogen in der Bundesrepublik postulierte Hartmut von Hentig im Vorwort zur deutschen Ausgabe von Rutter u.a. die notwendige Hinwendung der Erziehungswissenschaft zur Einzelschule: *„'Was macht eine Schule gut?' - eine Frage, die wir lange nicht zu fragen gewagt haben, weil sich andere vor sie*

geschoben haben: Wem dient die Schule? Wie gerecht, wie modern, wie nah oder fern, wie groß oder klein hat sie zu sein?" Von Hentig insistierte darauf, Schule nicht als eine von außen lenkbare bürokratische Institution, sondern als „sozialen Organismus" mit eigener Dynamik aufzufassen. Die Bildungsforschung scheine vergessen zu haben, *„daß Schule auch aus Personen, aus deren untechnischen, unverwaltbaren, nicht lernzweckbezogenen Beziehungen, aus ihren Überzeugungen, Werten und Stilen, aus Vorbild und Nachahmung, aus Gemeinschaft - deren Erfahrung und Symbolisierung - besteht".*[11]

Im Anschluß an diese und ähnliche Konzeptualisierungen von Schule wurden zentrale Reformstrategien und eine diesen Problemen zugewandte Bildungsforschung kritisiert, weil sie die besondere Form pädagogischen Handelns in der Schule nicht genügend berücksichtigten. Im wesentlichen **wurden drei Prämissen der klassischen Schulentwicklung in Frage gestellt**:

1. Reformen und ihre Strategien werden auf der Systemebene formuliert und in die Wege geleitet. Diese Prämisse, die dem Von-oben-nach-unten-Modell („top-down-strategie") verpflichtet ist, übersieht, daß Reformen erst in individuellen Schulen, deren Kultur sich pädagogisch unterschiedlich weit entwickelt hat, konkrete Gestalt annehmen. Weil sie auf verschiedene Zusammensetzungen von Personen, Umständen und Bedingungen treffen, müssen sie höchst differenziert eingeleitet und durchgeführt werden.

2. Reformen können zielgetreu implementiert werden. Diese Prämisse stammt aus dem Technikbereich und hat für Schulen eine untergeordnete Bedeutung. Reformen in Schulen sind komplexe politische, soziale, organisatorische, vor allem aber pädagogische Entwicklungsprozesse, die ihre eigenen Dynamiken entwickeln und ursprüngliche Reformziele

verändern, ohne daß die „Reformer" darauf notwendig Einfluß haben.

3. Reformen haben Lehrerinnen und Lehrer als „Abnehmer". Diese Prämisse macht die Betroffenen zu Konsumenten und übersieht, daß der Prozeß der Anwendung von Reformen ein entdeckender Lernprozeß ist, in dem die Beteiligten einen Zusammenhang aktiv konstruieren.

Die westdeutsche Schulforschung bestätigt mit einem zentralen Ergebnis die anglo-amerikanischen Studien: Danach gibt es innerhalb jeder Schulform ein breit gestreutes Spektrum unterschiedlich guter Einzelschulen, deren Qualitätsunterschiede die Schulsystem-Differenzen bei weitem übertreffen. Die pädagogische „Güte" einer Schule hängt nach diesen Forschungen nicht so sehr von systemischen Merkmalen ab, sondern vor allem von ihrer - von allen unmittelbar Beteiligten geformten - Schul- und Unterrichtskultur. Die aus diesen Befunden abzuleitende Maxime, der sich auch Fend 1986 und Rolff 1991 in umfassenden Reanalysen der einschlägigen Untersuchungen anschließen, lautet:

Schulentwicklung darf nicht nur begriffen werden als Einführung neuer bzw. als Umgestaltung alter Schulsysteme, sondern auch als vom Engagement der Beteiligten getragene, vom Staat strukturell gestützte pädagogische Arbeit an Schulen, die in ihrer pädagogischen Entwicklung unterschiedlich weit fortgeschritten sind. Wie diese Schulen sich kulturell ausgestalten, d.h. wie an ihnen gelehrt, kooperiert, gelernt und gelebt wird, ist von beträchtlicher Ausstrahlung auf andere Schulen, ja auf das gesamte öffentliche Schulwesen.

Ein schultheoretischer und pragmatischer Ausblick

Ich möchte meine Überlegungen zur Schule als Erfahrungsraum mit einem schultheoretischen und einem pragmatischen Ausblick abschließen: **Aspekte einer Schule als Erfahrungsraum:**

Schulen nehmen als Institutionen in unserer Gesellschaft zwei antagonistische Aufgaben wahr:

a) Sie sollen - dem europäischen Bildungsgedanken verpflichtet - dazu beitragen, daß junge Menschen in unserer Gesellschaft mündig werden. Mündigkeit ist dabei an die Herausbildung größtmöglicher Individualität und an die Fähigkeit zur Übernahme von Verantwortung gebunden.

b) Schulen tragen aber auch dazu bei, gesellschaftlich festgelegte Qualifikationen herzustellen sowie Formen der Selektion und Legitimation vorzunehmen, die geeignet sind, eine Gesellschaftsform zu reproduzieren. Der Bildungsauftrag und die gesellschaftliche Reproduktionsfunktion der Schulen stehen in einer Spannung zueinander. Es besteht die andauernde Gefahr, daß die gesellschaftlichen Funktionen den Bildungsauftrag „überwuchern".

Schule zwischen Bildungsauftrag und gesellschaftlicher Reproduktionsfunktion

Reformschulen in dem von mir gemeinten Sinne können die genannte Spannung nicht auflösen, sie bemühen sich aber im Interesse der heranwachsenden Generationen durch Veränderung von Regeln, die im normalen Schulsystem vorherrschen, den Bildungsauftrag des Schulsystems zu stärken - darin liegt das demokratische Potential ihrer Kultur - so hat es Wolfgang Klafki in 9 Thesen seines schultheoretisch so bedeutsamen Aufsatzes „Gesellschaftliche Funktionen und pädagogischer Auftrag der Schule in einer demokratischen Gesellschaft" festgehalten.[12]

Der Bildungsauftrag muß in einer sich wandelnden historischen Situation immer neu definiert werden. Für die Schule bedeutet das für mich gegenwärtig - sehr generalisiert und stichwortartig gesprochen:

Chancengleichheit gewähren und Unterschiede bejahen[13]: Lassen Sie mich das Gemeinte an Aspekten der Lerngeschichten von

Judith[14] und Sven aus der Laborschule deutlich machen: Judith ist ein Mädchen, für das man nach normalen Maßstäben ein Sonderschulaufnahmeverfahren beantragt hätte. Schon im Kindergarten fiel ihre verzögerte Sprachentwicklung auf. Eine logopädische Behandlung wurde abgebrochen, weil Judith die Zusammenarbeit verweigerte. Im Vorschuljahr an der Laborschule waren noch kleinkindhafte Abweichungen in der Artikulation (z.B. 'd' anstelle von 'g') zu beobachten, die erst allmählich verschwanden. Judiths Kampf mit dem Lernen der Kulturtechniken, insbesondere der Schrift, war abwechselnd faszinierend und entmutigend. Überwogen hat trotz großer Rückschläge die Faszination über ein Kind, das trotz der Lebensprobleme, die sich seit ihrem zweiten Lebensjahr wegen eines beschädigten Elternhauses vor ihre Lernprobleme geschoben haben, den Willen zum Lernen nicht verloren hat.

Zusammen mit Judith wurde Sven eingeschult. Er ist zweites Kind aus einem Elternhaus, das man bürgerlich nennen kann. Der aufgeweckte Junge, der schon mit fünf Jahren fast fließend schreiben, lesen und rechnen kann, überflügelt nicht nur Judith, sondern die meisten Kinder des gleichen Jahrgangs.

Die Schule von heute muß darauf vorbereitet sein, Kinder mit sehr unterschiedlichen Entwicklungsständen aufzunehmen. Nicht nur ihre kognitive, vor allem ihre soziale Entwicklung ist unterschiedlich. Die günstigste schulpädadagogische Form, in der Schule beiden Kindern die gleichen Chancen zu geben und doch auch ihre Unterschiede ernstzunehmen, ist die **altersheterogene Lerngruppe**, die Judith und Sven zusammenhält und beiden trotzdem erlaubt, sich an Jungen und Mädchen zu orientieren, die ihrem jeweiligen Entwicklungsstand und ihren Interessen mehr entsprechen; die Sven die Förderung gibt, die er braucht, und Judith die Bestätigung, daß sie nach einem Schuljahr schon manches besser kann als viele ihrer dann jüngeren Mitschülerinnen.

Wenn die Grundschule in der gesamten Bundesrepublik bis zum 6. Schuljahr dauern würde, könnten Kinder des 1., 2. und 3. Schuljahrs in einer Gruppe und Kinder des 4., 5. und 6. Schuljahrs in einer zweiten Gruppe lernen. Da sich eine solche Schulgliederung in vielen Bundesländern aus politischen Gründen verbietet, könnten jedoch Schulen, die sich das zutrauen, ein Vorschuljahr (den Schulkindergarten), das 1. und 2. Schuljahr zu einer und das dritte und vierte Schuljahr zu einer zweiten altersheterogenen Lerngruppe zusammenzufassen und auf diese Weise auf der didaktischen Ebene Chancengleichheit gewähren und zugleich Unterschiede bejahen.

Zeit geben: Schulen, die sich einen offenen Unterricht zutrauen, sollten die Möglichkeit erhalten, die 45-Minuten-Stunde oder genereller gesprochen: den von Petersen sogenannten **Fetzenstundenplan abzuschaffen.** Tageslauf statt Stundenplan![15] In der Eingangsstufe der Laborschule z.B. rhythmisiert sich der Tag in vier bzw. sechs große Abschnitte. Die Schule beginnt zwischen 7.30 und 8.30 Uhr mit einem offenen Anfang. Die Kinder beschäftigen sich mit Dingen, die sie interessieren, in Freier Arbeit. Von 8.30 bis 10.00 Uhr ist eine erste Arbeitszeit, in der die Lehrerinnen den Kindern individuelle Lernaufgaben geben. Nach einer halbstündigen Pause schließt sich bis um 12.00 Uhr eine zweite, meist gebundene, das heißt thematisch akzentuierte Arbeitszeit an. Die Hälfte der Kinder geht dann nach Hause, die andere Hälfte ißt in der Schule und hat - da für sie die Laborschule eine Ganztagsschule ist - eine dritte Spiel- und Arbeitszeit bis 15.00 Uhr.

In dieser **offenen Lernstruktur** haben Kinder wie Judith im Laufe eines Tages viel Zeit und sehr verschiedene Möglichkeiten zum individuellen Arbeiten und Üben sowie zum Austausch mit größeren und kleineren Kindern. Schließlich macht es die altersheterogene Lerngruppe möglich, Kindern wie Judith Zeit in Form eines Zusatzjahres in der angestammten Gruppe zu gewähren, ohne daß dies von ihr als Sitzenbleiben empfunden wird, da sie ja schon in den

Jahren vorher miterlebt hat, daß nach den Sommerferien immer einige Kinder die Gruppe verlassen, aber die meisten - und damit auch manche Freundinnen - bleiben.

Zuversicht ermöglichen: Die Zuversicht in das eigene Handeln, die ein Kind entwickeln kann, hängt von vielen Faktoren ab. Ein wichtiger Faktor ist jedoch zweifellos die Lehrerin: ihre **Formen der Zuwendung und Ermutigung.** Judiths Lehrerin hat ein pädagogisches Tagebuch über die Lerngeschichte des Kindes geschrieben, aus der ich eine kurze Passage zitiere: *„Judith ist bereit, in dem ABC-Buch ruhig noch einmal ganz von vorne zu lesen. Die Geschichte mit dem „A" ist dran und Judith liest den ersten Satz nicht halblaut, sondern still. Ich lasse ihr Zeit. Es ist ein ruhiger Moment in der Gruppe, ich habe wirklich Zeit für Judith und sie liest mir den ersten Satz vor. Er wird von ihr ganz wunderbar gelesen. Das gleiche geschieht mit den anderen Sätzen auch. Ich lobe Judith sehr, sie scheint verstanden zu haben, daß die Sätze, die beim Lesen entstehen, im Grunde viel damit zu tun haben, was und wie wir sprechen. Ich glaube Judith hat Lesen und Sprechen vorher immer völlig getrennt."*

Wann und wo wird im LehrerInnenstudium eine solche Zuwendung zum einzelnen Kind gelernt? Das Fachstudium ist dazu untauglich, ebenso wie viele Praktikumsformen. Wir haben deshalb in Bielefeld - und heute auch in Jena - eine Art des Praktikums entworfen, in der ein Student bzw. eine Studentin für ein halbes, zumindest jedoch für ein viertel Jahr die Patenschaft für ein oder zwei Kinder übernimmt. Im Medium des Unterrichtens soll er bzw. sie zu diesen Kindern einen persönlichen Kontakt entwickeln. - Dies ist nur ein Anfang! Damit derart eingeleitete Haltungen sich erhalten und weiterentwickeln können, sind m.E zwei weitere schulische Vorgaben notwendig:

1. Ein offener, individualisierender Unterricht, in der ein Kind wenigstens einmal am Tag spüren kann: Ich bin gemeint, ich kann meine Empfindungen, Sorgen oder auch meinen Lernerfolg der Lehrerin mitteilen;

2. Eine Befreiung der Lehrerin von der Beurteilung der Kinder nach Noten. Die Laborschule hat als eine der wenigen staatlichen Schulen das Privileg, bis zum neunten Schuljahr „Berichte zum Lernvorgang", **keine Noten** geben zu müssen. Die Berichte orientieren sich an keiner Gruppen- oder Lernzielnorm, sondern an den individuellen Lernfortschritten, die ein Kind im Laufe eines Schuljahres macht. Eine solche Beurteilungspraxis fördert die Hinwendung zum einzelnen Kind, sie stärkt die pädagogische Aufgabe des Förderns. Mehr als 15 Jahre Laborschulpraxis zeigen, daß der Leistungswille von Kindern durch Verbalbeurteilungen nicht leiden muß (vgl. Lütgert 1992a). Diese Einsicht setzt sich heute auch für die Regelgrundschule in einigen Bundesländern durch, in denen durch Schulversuche die notenfreie Grundschule vorbereitet wird.

Drei Vorschläge zur Förderung von Schulen und Schulkultur

Sollen Schulen als Erfahrungsräume für Kinder und Jugendliche lebendig werden und bleiben, dann muß man einzelnen Einrichtungen Spielräume geben, eine eigenständige Schulkultur zu entwickeln, die sich am Wohle von Kindern orientiert. Dazu ist meines Erachtens ein dreigestuftes Förderungssystem notwendig:

1. Die Versorgung solcher Schulen ist sicherzustellen, die zunächst einmal nichts anderes tun als das, was die Lehrpläne und die didaktischen Vorgaben des Staates von ihnen verlangen. Die Lehrerinnen und Lehrer dieser Schulen müssen ein gutes Gewissen haben dürfen bei dem, was sie unter diesen Bedingungen für die Kinder tun. So paradox es klingen mag: Die Voraussetzung für die

Entwicklung reformorientierter Schulkulturen ist die Anerkennung einer gediegenen Normalität. Es sollte zunächst einmal Aufgabe der Erziehungswissenschaft sein, dabei mitzuhelfen, diese Normalität in einer sich nicht verfestigenden Form herzustellen.

2. Schulen, die sich mit Versuchen auf den Weg machen wollen - wie in Köln, im alten Ostberlin oder in Krefeld -, sollten materiell, administrativ und durch Beratung unterstützt werden. Die Schulverwaltung und die Erziehungswissenschaft sind hier gefordert, sich helfend einzumischen. Die Lehrerinnen und Lehrer dieser Schulen müssen darin gestützt werden, ihre Reformen umzusetzen.

3. Schulen, die schon eine stabile Reformkultur entwickelt haben, sollten den offiziellen Status von Reformschulen erhalten, mit größeren selbstverantworteten Freiheiten gegenüber staatlichen Festlegungen. Solche Schulen sind wie Leuchttürme in bewegter See. Sie geben pädagogisch eine Richtung an, der nachzustreben sich lohnt. Die Lehrerinnen und Lehrer dieser Schulen sind die eigentlichen Träger der Schulreform. Die in diesen Schulen entwickelte Schulkultur aufzuspüren, zu dokumentieren und in den Diskurs der Öffentlichkeit einzuführen, wäre eine dritte Aufgabe der Erziehungswissenschaft.

Anmerkungen

1. Flitner 1977, von Hentig 1980, Lütgert 1985, Steffens/Bargel (Hg.) 1987-1988, Berg/Steffens (Hg.) 1991

2. Vgl. ausführlicher Lütgert/Kleinespel [2]1990

3. Vgl. ausführlicher Kleinespel/Lütgert 1991

4. Ich benutze hier den schönen Titel der Habilitationsschrift von Annedore Prengel, Opladen 1993

5. Vgl. ausführlicher: Ortling, P.: Maria Montessori und die nach ihr benannten Schulen. In: Winkel, R. (Hg.): Reformpädagogik konkret. Hamburg 1993, S. 17-34

6. Die Bielefelder Laborschule, die als Reform- und Versuchsschule an einer Universität über besondere Forschungskapazitäten verfügt und in einzigartiger Weise die Wissenschaft und die Praxis von der Schule in sich vereinigt, arbeitet gegenwärtig an fünf pädagogischen Schwerpunkten, die für das allgemeine Schulsystem von Bedeutung sind: Mädchen- und Jungen-Erziehung in der Schule, Öffnung der Schule und des Unterrichts für außerschulische Lebens- und Lernerfahrungen, Integrativer und differenzierender Unterricht, Didaktik der Erfahrungsbereiche, Bildung der Lehrerinnen und Lehrer (vgl. ausführlicher Lütgert 1992b)

7. Blankertz [2]1971, S. 8f.

8. Lütgert 1985

9. Vgl. auch Tillmann 1991

10. vgl. Lütgert/Stephan 1983, Fend 1986, Haenisch 1989 und jüngst Rolff 1991

11. von Hentig 1980, S. 11

12. Klafki 1989

13. Die Gedankenfigur der drei folgenden Abschnitte geht auf die Lernbedingungen Hartmut von Hentigs zurück (Hentig 1985 und 1987)

14. Die Lerngeschichte von Judith verdanke ich den Kolleginnen Gerheid Scheerer-Neumann und Olga Petrow (1992)

15. Vgl. Bambach 1989

Literatur

Bambach, H.: Tageslauf statt Stundenplan. Fünfzehn Jahre Erfahrungen mit individualisierendem Unterricht in der Primarstufe der Bielefelder Laborschule, Bielefeld 1989

Berg, H. Chr. / Steffens, U. (Hg.): Schulqualität und Schulvielfalt. Das Saarbrücker Schulgütesymposion 1988, Wiesbaden 1991

Blankertz, H.: Curriculumforschung - Strategien, Strukturierung, Konstruktion, Essen [2]1971

Fend, H.: Gute Schulen - schlechte Schulen. Die einzelne Schule als pädagogische Handlungseinheit. In: Die Deutsche Schule 78. Jg./3 (1986), S. 275-293

Flitner, A.: Mißratener Fortschritt. Pädagogische Anmerkungen zur Bildungspolitik, München 1977

Haenisch, H.: Gute und schlechte Schulen im Spiegel der empirischen Schulforschung. In: Tillmann, K.-J. (Hg.): Was ist eine gute Schule? Hamburg 1989, S. 32-46

Hentig, H. v. : Einführung zur deutschen Ausgabe. In: Rutter, M. u.a.: Fünfzehntausend Stunden: Schule und ihre Wirkung auf Kinder, Weinheim 1980, S. 9-24

Hentig, H. v.: Eine Schule für heutige Menschenkinder. In: Hentig, H. v.: Was ist eine humane Schule? München 1976, S. 95-135

Hentig, H. v. : Die Menschen stärken, die Sachen klären. Ein Plädoyer für die Wiederherstellung der Aufklärung, Stuttgart 1985

Hentig, H. v. : Humanisierung - eine verschämte Rückkehr zur Pädagogik? Andere Wege zur Veränderung der Schule, Stuttgart 1987

Klafki, W.: Gesellschaftliche Funktionen und pädagogischer Auftrag der Schule in einer demokratischen Gesellschaft. In: Braun, K.-H. /Müller, K. / Odey, R.: Subjektivität - Vernunft - Demokratie. Analysen und Alternativen zur konservativen Schulpolitik, Weinheim 1989, S. 4-33

Kleinespel, K. / Lütgert, W.: Schule in der Zeit der Wende. Gespiegelt an den Bildungserfahrungen und Bildungsperspektiven von Jugendlichen der ehemaligen DDR. In: Pädagogik 11/1991, S. 13-17

Lütgert, W. / Kleinespel, K.: Petersen-Pädagogik: Feiern an der Grundschule 'Mühlheimer Freiheit'. Ein andauerndes Projekt, das das Schulleben verändert. In: Hänsel, D.: Das Projektbuch Grundschule, Weinheim 1986 (^{2}1990), S. 73-84

Lütgert, W. / Stephan, H.-U.: Implementation und Evaluation von Curricula: deutschsprachiger Raum. In: Hameyer / Frey / Haft: Handbuch der Curriculumforschung, Weinheim 1983, S. 501-521

Lütgert, W.: Programme der Curriculumrevision im Spannungsfeld wissenschaftlicher, politischer und unterrichtspraktischer Ansprüche. In: Zeitschrift für Pädagogik 31, S. 27-48

Lütgert, W.: Die Fragwürdigkeit der Zensurengebung und die „Berichte zum Lernvorgang" der Bielefelder Laborschule. In: Neue Sammlung 32/1992a (3), S. 387-404

Lütgert, W.: Forschung und Entwicklung an der Bielefelder Laborschule. In: Lütgert, W. (Hg.): Einblicke. Berichte aus der Bielefelder Laborschule, Bielefeld 1992b (Impuls 21), S. 7- 30

Rolff, H.-G.: Schulentwicklung als Entwicklung von Einzelschulen? Theorien und Indikatoren von Entwicklungsprozessen. In: Zeitschrift für Pädagogik, 37. Jg. (1991), S. 865-886

Rutter, M. u. a.: Fünfzehntausend Stunden: Schule und ihre Wirkung auf Kinder, Weinheim 1980

Scheerer-Neuman, G./ Petrow, O.: Judiths schwerer Weg zur Schrift. In: Lütgert, W. (Hg.): Einblicke. Berichte aus der Bielefelder Laborschule, Bielefeld 1992, S. 112-123

Steffens, U./Bargel, T. (Hg.): Qualität von Schule. Heft 1-5, Wiesbaden 1987 ff

Tillmann, K.-J.: Erziehungswissenschaft und Bildungspolitik. Erfahrungen aus der jüngsten Reformphase. In: Zeitschrift für Pädagogik, 37. Jg. (1991), S. 955-974

Helmut Lange

Position und Ambitionen in Jugend-, Bildung- und Kulturpolitik

11 Thesen aus dem Diskussionskontext beim Deutschen Städtetag

1. Die Taschen der Städte sind leer. Sie haben nicht nur die allgemeine Finanzkrise, sondern auch die Umverteilung vom Bund zu Lasten der Länder und Städte zu verkraften. Weil die Haushalte vielfach nicht ausgeglichen werden können, regieren in vielen Städten Staatskommissare. Sie streichen zuerst die freiwilligen Leistungen. Die dadurch schon finanziell schlechter gestellten schwächeren Belange - Soziales, Bildung, Kultur - sind zusätzlich dadurch gefährdet, als in Folge des Wiedergewinns der Deutschen Einheit andere Aufgaben im Vordergrund stehen. Nietzsche beobachtete Anfang der 70er Jahre des vorigen Jahrhunderts eine „Exstirpation des deutschen Geistes zugunsten des Deutschen Reiches".

2. Der Modernisierungsprozeß wird von den Jugendlichen vielfach als Beängstigung erlebt. Seine globale Vernetzung ist undurchschaubar. Die Veränderungen sind gewaltig. Orientierungsschwierigkeiten sind nicht zuletzt die Voraussetzung für die Zunahme von Gewalt in der Schule. Desorganisation und Entwicklung gehören jedoch zusammen. Störungen in der Orientierung und im Verhalten sollten daher unter Zukunftsaspekten im Sinne dieses Prozesses interpretiert werden.

3. Anders als in den 60er und 70er Jahren werden strukturelle Konzepte nicht mehr als Lösungsmöglichkeiten angesehen. An die Stelle der globalen Bildungsplanung sind Szenarien und Suchprozesse getreten. Überall sind regionale, örtliche und teilörtliche Lösungen akzeptabel.

Willy Brandts Mahnung von Anfang der 70er Jahre „Hätten sie es nicht eine Nummer kleiner?!" hat sich in diesem Punkt jedenfalls durchgesetzt. Ursächlich ist nicht nur die Haushaltskrise, sondern auch eine gewisse allgemeine Ernüchterung. In dieser Situation bleibt das Wort von George Bernhard Shaw aktuell: „Gegen eine Utopie hilft nur ein Sitz im Gemeinderat."

4. Der Schulträger nimmt äußere und innere Schulangelegenheiten wahr. Zwar sind die Zuständigkeiten schulgesetzlich disponiert, die Situation der Schule in der Stadt aber ist komplexer geworden. Die Stichworte Schulentwicklungsplanung, Wahl der Schulstandorte, Abstimmung der Schulentwicklungsplanung mit anderen kommunalen Fachplanungen, Gestaltung der Schularchitektur, Mehrfach- und Mehrzwecknutzung der Schulanlage, der Schulsportstätten und des Schulhofes, Einrichtung von Schulbibliotheken, schul- und kulturpädagogische Arbeit des Medienzentrums, Schulsozialarbeit, Förderung ausländischer Jugendlicher, kommunale Lehrerfortbildung, Öffnung der Schule, Herausgabe von schulbezogenen Materialien zur Stadtgeschichte, Stadtgeografie und Stadtentwicklung, Förderung des europäischen Schüleraustauschs und der Schulpartnerschaften, Integration von behinderten SchülerInnen in die Allgemeinschule, Schule und Kultur mögen dies verdeutlichen.

5. Schülerinnen und Schüler sind BürgerInnen der Stadt. So beschloß die

Hauptversammlung des Deutschen Städtetages am 22. Februar 1989 in der Empfehlung „Schule in der Gemeinde. Öffnung der Schule" (C 2129): „Die ganzheitliche und vielfältige Entwicklung junger Menschen fordert von den Städten, die Wirkungsmöglichkeiten in den Bereichen Jugendarbeit, Sport, Kultur und Schule miteinander zu verknüpfen, ohne dabei die spezifischen Aufgaben der Schule zu beeinträchtigen."

6. Schule, Jugendarbeit und Kulturangebote richten sich zwar auf die gleiche Zielgruppe in der Stadt, nämlich die jungen Bürgerinnen und Bürger; die Zielsetzungen dieser institutionellen Bemühungen und die Arbeitsweisen sind jedoch strukturell unterschieden. Am fremdbestimmtesten ist die Schule, am zweckenthobensten sind Kunst und Kultur. Ziel einer wünschbaren Kooperation von Schule, Kultur und Jugendarbeit sollte nicht sein, diese Unterschiede schlechthin aufzuheben.

7. Die Zusammenarbeit von Schule und Jugendarbeit ist notwendiger denn je. Ohne diese Kooperation würde das Angebot der Schule für Schülerinnen und Schüler wesentlich verkürzt. So würde der Ganztagsunterricht bzw. die volle Halbtagsschule in größerem Umfang nicht funktionieren, wenn die Jugendarbeit nicht beteiligt wäre. Das gilt auch für die Schulsozialarbeit. Die musisch-kulturelle Befähigung vieler Schülerinnen und Schüler würde ohne die Angebote der Jugendkulturarbeit leiden. Auf sie kommt es aber im Blick auf die Persönlichkeitsbildung an.

8. Es gibt einen spezifischen Beitrag der Schulträger zur „Öffnung der Schule". Er ist letztlich darin begründet, daß die Stadt angesichts ihrer Funktion als Inszenierung von Welt, wie sie ist, wie sie war und wie sie sein kann, angesichts der komplexen Durchdringung von lokalen und globalen Prozessen in ihrem Raum der Schule mehr Gesellschaftsbezug und Wirklichkeitsgewinn vermitteln kann.

9. Die kulturelle Jugendbildung verändert die Schule. Sie fordert die Schule heraus, sich stärker als bisher auf Dienstleistungs- und Angebotsfunktion zu besinnen. Auch die Soziokultur hat die Kultur verändert.

10. Die Zusammenhänge werden komplizierter durch die auch in den Städten widerstreitenden Tendenzen der Verwaltungsmodernisierung. Der Entwicklung zur Dezentralisierung, im Schulbereich durch die Begriffe Budgetierung und stärkere Autonomie der Schule bekannt, entgegengesetzt verläuft die unter Zielsetzungen der Rationalisierung antretende Entwicklung zur Zentralisierung. Durch die stärkere Dienstleistungsorientierung der Verwaltung wird die Schule auf jeden Fall verändert.

11. Die globale Vernetzung der Welt führt ebenso wie die ständige Zunahme ihrer medialen Vermittlung zu einer wachsenden Ohnmacht des einzelnen Menschen. Vor diesem Hintergrund bleibt der Kernauftrag der Schule, nämlich die Vermittlung der Kulturtechniken, vor allem aber der sprachlichen Kompetenz uneingeschränkt wichtig.

Jutta Johannsen

Schule muß sich neuen Herausforderungen stellen...

Schule und außerschulische Bildung müssen sich, mehr als sie es bislang tun, auf gesellschaftliche Veränderungen und Krisensymptome einstellen, wenn sie ihren Auftrag bzw. ihr Ziel umsetzen wollen, Kindern und Jugendlichen bei der Entwicklung ihrer Möglichkeiten, bei der Herausbildung ihrer Kompetenzen zu helfen, sie außerdem zu einem verantwortungsbewußten, sozialen Verhalten zu erziehen und sie zudem für ein leistungsfähiges ökonomisches System innerhalb unserer Gesellschaft zu qualifizieren.

Veränderten Lebenssituationen Rechnung tragen!

Dies bedeutet, daß alle an Schule und Bildung Beteiligten den veränderten Bedingungen, unter denen Kinder und Jugendliche heute aufwachsen, stärker Rechnung tragen müssen. Die Anforderungen an schulische und außerschulische Einrichtungen, in denen sich Kinder und Jugendliche gerne aufhalten, die ihnen Selbstvertrauen und Zuversicht geben und die ihren Gemeinsinn stärken, müssen neu bestimmt werden.

Hinzu kommt, daß die stürmische Entwicklung der Informationstechnologien z.B. über Dialogprogramme und den schnellen Zugriff auf große Datenmengen über CDs oder Netzwerke neue, durchaus realistische Möglichkeiten eröffnet, traditionelle Aufgaben des Unterrichts wirkungsvoller über die Arbeit am Computer zu erledigen und direkte unmittelbare Kommunikation sowie den Austausch von Informationen und Erfahrungen im Freizeitbereich zu übernehmen.

Im Rahmen der auch auf den weiterführenden Schulen notwendigen Modernisierung der Vermittlungsformen dürfte sich der Anteil eines systematisch-fachlich orientierten Unterrichts gegenüber interdisziplinären, lebenswelt-orientierten Projekten verringern. Durch die wachsende Bedeutung der erzieherischen Aufgaben, die die Schule - und zum Teil auch außerschulische Einrichtungen - heute vielfach anstelle der Familien übernehmen muß, wird neben einem stärker lebenswelt- und handlungsorientierten Lernen auch das Gewicht sozialer, sozialpädagogischer und „kreativer" Zielsetzungen zunehmen. Die Schule muß sich als ein sozialer Ort, als ein Lebensraum für die Kinder und Jugendlichen verstehen, in dem sie sich akzeptiert und geborgen fühlen.

Die tägliche Verweildauer in der Schule wird sich vermutlich in Richtung auf eine Ganztagsschule verlängern. Dabei dürfte die reine Unterrichtzeit gegenüber „offeneren" Angeboten in neuen Lernorten wie Werkstatt, Atelier, Studio, Bibliothek etc. eher reduziert werden. Neben Pflicht- und Wahlpflichtbereichen, zu denen auch „ästhetische Projekte" gehören, sollte es in diesen Lernorten aber auch reine Freizeitangebote geben. Der Gefahr einer weiteren „Verschulung" der Kindheit und Jugend muß mit einer partiellen „Entschulung" der Schule begegnet werden.

Ein wichtiger Schritt auf diesem Wege ist die Öffnung der Schule. Sie beginnt bei der stärkeren Einbeziehung der Eltern in das Schulleben und mit der Erweiterung des Lehrkörpers um Werkstattleiter und Honorarkräfte (Schauspieler, Künstler, Handwerker usw.), die neben ehrenamtlichen „Spezialisten" aus dem Kreise der Eltern oder aus dem Umfeld der Schule zeitlich befristet in Projekten mitarbeiten. Noch wichtiger ist aber die enge Zusammenarbeit (Vernetzung) mit bereits vorhandenen, außerschulischen Einrichtungen wie Kunst- und Musikschulen, soziokulturellen Zentren, museumspädagogischen Diensten u.ä., die wichtige Teile des erweiterten Angebotes der Schule übernehmen könnten.

Aber auch zu Betrieben oder sozialen Einrichtungen könnte es institutionalisierte Formen der Zusammenarbeit geben. Denkbar sind sogar heterogene „Lerngruppen", in denen SchülerInnen in einer Geschichtswerkstatt z.B. mit Bewohnern eines Altenheimes zusammenarbeiten. Auf diese Weise kann die Schule zu einem Ort der Begegnung im Stadtteil werden. Zu einem Ort, an dem auch Menschen zusammentreffen können, die eigentlich gar nichts mit der Schule zu tun haben, an dem Feste gefeiert und Ausstellungen gezeigt werden.

Die skizzierten Veränderungen werden sich an manchen Schulen sicherlich nur in Ansätzen und in fast allen Fällen auch nur in langsamen Schritten verwirklichen lassen. Jede Schule muß die Möglichkeit haben, ihren eigenen Weg zu finden und ihr eigenes Profil auszubilden. Dazu bedarf es einer stärkeren Autonomie der Schule, die sich z.B. auf die Entwicklung eigener fachlicher Schwerpunkte, auf „maßgeschneiderte" Schulcurricula oder besondere Freizeitangebote, auf die Verwendung der zugewiesenen Finanzmittel, aber auch auf Personalentscheidungen (Einstellung neuer Mitarbeiter) beziehen sollte.

Verhindert werden muß allerdings, daß die Finanzminister den Schulen unter Hinweis auf deren Eigenverantwortlichkeit weitere Einsparungen zumuten und zentrale Aufgaben nur noch mit der Hilfe von Sponsoren erfüllt werden können. Von der auf diese Weise entstehenden Vielfalt der Schullandschaft dürfte eine außerordentliche Belebung der pädagogischen Innovationsbereitschaft ausgehen. Den Anfang könnten z.B. Konferenzen auf verschiedenen Gebieten bilden, die eine Bestandsaufnahme der verschiedenen Ressourcen vornehmen und durchaus Möglichkeiten für erste gemeinsame Projekte entwickeln oder Kooperationsmodelle mit möglichen Partnern innerhalb und außerhalb der Schule prüfen könnten.

Die Aktualität ästhetischer Bildung

Für den Beitrag, den die allgemeinbildende Schule für die individuelle Entwicklung von Kindern und Jugendlichen leisten kann, gilt zu allererst, daß er sich nicht auf Teilaspekte menschlicher Möglichkeiten beschränken darf. Im Medium des Bildnerischen zu gestalten, sich selbst ein Bild von der Welt zu machen, die eigenen Erlebnisse und Erfahrungen anderen mitzuteilen und seinen Gefühlen und Wünschen sichtbaren Ausdruck zu verleihen, gehört zu dem elementaren Vermögen der Menschen, denen in pädagogischen Prozessen Raum gegeben werden muß.

In diesem Zusammenhang ist es wichtig zu verstehen, daß das Kind beim Zeichnen und Malen nicht nur ein anderes „Symbolsystem" benutzt als in der gesprochenen Sprache, sondern daß dieses Symbolsystem auch ganz eigene, durch keine anderen „Sprachen" ersetzbare Möglichkeiten eröffnet, Erlebnisse zu verarbeiten, Bedürfnisse zu äußern sowie eigene Erfahrungen und Sichtweisen zu strukturieren und zu erweitern. Auch in diesem Symbolsystem kann, wie im Sprachunterricht, gelernt werden, die Vielfalt und Differenziertheit der eigenen Artikulationsmöglichkeiten zu erweitern. Gleichzeitig eröffnet eine auf diese Weise gesteigerte Wahrnehmungs- und Urteilsfähigkeit Wege zum besseren Verständnis jener Bereiche unserer Kultur, die sich, wie die bildende Kunst und die Bildwelten der modernen Kommunikationstechnologien, in analogen Formen artikulieren.

Erweiterte, komplexe Bildungsmöglichkeiten durch kulturelle „Symbolsysteme"

Eine besondere Bedeutung der Inhalte der ästhetischen Erziehung für ein zeitgemäßes und unverkürztes Verständnis von Allgemeinbildung ergibt sich aus der Tatsache, daß wir in einer zunehmend ästhetisch geprägten Kultur leben. Zu dieser Kultur gehören neben der (historischen und zeitgenössischen) bildenden Kunst, neben Architektur und Produktgestaltung, heute insbesondere die Bildwelten der technischen Medien, deren Einfluß auf unser Wirklichkeitsverständnis und unsere Orientierung in der Welt mit der Weiterentwicklung der modernen Kommunikationstechnologien stetig zunimmt.

Wo unter dem Einfluß dieser Technologien Wirklichkeit zunehmend über Prozesse medialer Wahrnehmung konstituiert wird und Bilder im Begriff sind, die Schrift als Leitmedium abzulösen, kommt einer entwickelten Wahrnehmungs- und Urteilskompetenz sowie Handlungskompetenz in Form von medienspezifischem Produktionswissen gegenüber den Bildangeboten der (elektronischen) Medien eine kaum zu überschätzende Bedeutung zu. Außerdem kann die konzentrierte Zuwendung auf das einzelne Bild im Rahmen des Kunstunterrichts ein (unverzichtbares) Korrektiv zu der unüberschaubaren Vielfalt der Bildangebote und deren rascher Abfolge darstellen. Die Aufmerksamkeit auf geringe Unterschiede, auf das Zusammenwirken ganz unterschiedlich zu gewichtender Einzelphänomene sowie komplexer Ordnungen, die beim Betrachten von Kunstwerken und bei der Herstellung eigener Werke eine wichtige Rolle spielen, sind auch für die Entwicklung einer Sensibilität für ökologische Zusammenhänge wichtig, kann ein bewußtes und behutsames Verhältnis zur Natur über die ästhetische Erfahrung von Natur begründen helfen.

Die ästhetische Erziehung kann zudem über andersartige Erfahrungsformen, ergebnisoffene Arbeitsprozesse und kontroverse Bewertungen einen wesentlichen Beitrag leisten, im Alltag mit Differenzerfahrungen zurechtzukommen. Qualifikationen wie die Fähigkeit, Differenzerfahrungen auszuhalten oder Persönlichkeitsmerkmale wie Stabilität sind auch im Zusammenhang mit beruflichen Anforderungen zunehmen wichtiger geworden.

Längst sind in den Diskussionen z.B. von Wirtschaftsverbänden solche sog. „Schlüsselqualifikationen" zu übergeordneten Bildungszielen ernannt worden. Integrationsfähigkeit und Konfliktfähigkeit sowie soziale Kompetenzen wie Kooperationsfähigkeit sind hier zu nennen.

Wo im Zusammenhang mit Kunsterziehung von

Schlüsselqualifikationen die Rede ist, wird fast immer zuerst von Kreativität gesprochen. In der Tat werden die Künste, besonders aber die vielfältigen Möglichkeiten einer selbstbestimmten „schöpferischen" Tätigkeit in den künstlerischen Fächern, auch von zahlreichen Naturwissenschaftlern als ein ideales Übungsfeld für ein assoziierendes und spielerisches Denken, für die Ausbildung von Spontanität, Phantasie und Flexibilität bei der Entwicklung von Vorstellungen angesehen. In immer mehr beruflichen Tätigkeitsbereichen reicht ein Problemlösungsverhalten im Sinne eines auf „eindeutige" Ursache-Wirkungszusammenhänge gerichteten Verständnisses von Kausalität nicht mehr aus.

Daß der ästhetische Lernbereich und sein „bildkünstlerischer" Anteil in einer veränderten Schule eine wichtige Rolle spielen muß, sollte schon nach dem, was oben über die Aktualität ästhetischer Bildung gesagt wurde, keiner besonderen Begründung mehr bedürfen. Im Blick auf die Bedingungen, unter denen Kinder und Jugendliche heute aufwachsen (s.o.) scheinen besonders die Entwicklung von Wahrnehmungs- und Urteilskompetenz gegenüber den Bildangeboten der elektronischen Medien, die Möglichkeit, den reduzierten Erfahrungsräumen einer „mediatisierten" Umwelt in handlungsorientierten Lernprozessen und „kreativen" Freizeitangeboten unmittelbare Erfahrungen entgegenzusetzen, die Förderung von Kooperationsfähigkeit und das Vermögen, Differenzerfahrungen auszuhalten, das gleichermaßen zur Bewältigung von Orientierungsproblemen und zur Einübung von Toleranz beiträgt, besondere Wichtigkeit besitzen.

Den oben skizzierten Merkmalen einer veränderten Schule entsprechend, könnte der ästhetische Lernbereich in verschiedenen Organisationsformen und auf verschiedenen Ebenen in Erscheinung treten:

In einem (verbindlichen) fachlichen Kernbereich, der am ehesten mit dem bisherigen Fachunterricht vergleichbar wäre und die Aufgabe einer (exemplari-

schen) „fachlichen Grundbildung"
übernehmen könnte.

Einen zentralen Stellenwert werden in
einer veränderten Schule interdisziplinäre, lebensweltorientierte Projekte
einnehmen, weil sich die zentralen
Probleme und Aufgaben unserer Zeit
(sog. „Kernprobleme") weder in der
Schule aus dem Horizont einzelner Fächer
verstehen, noch gesellschaftlich über die
Logik einzelner Fachdisziplinen lösen
lassen.

Weil sich die Verweildauer in der Schule
tendenziell gegenüber der reinen
Unterrichtszeit verlängert, wird außerdem Arbeitsgemeinschaften und
Freizeitangeboten im ästhetischen
Bereich eine wachsende Bedeutung
zukommen.

Peter Wolters

Kulturelle Bildung und ästhetische Erziehung in einer zukünftigen Schule

Die folgenden Thesen und Fragen verstehen sich als eine Fortsetzung der Diskussionen im Bundesverband Deutscher Kunsterzieher. Sie sind auch ein Versuch, den Diskussionsprozeß öffentlicher zu machen und andere einzuladen, sich daran zu beteiligen.

1. Die Schule in der Bundesrepublik Deutschland scheint sich in einer grundlegenden Krise zu befinden. Im gesellschaftlichen Diskurs eher konträre gesellschaftliche Gruppen stimmen in ihrer Kritik an der Schule überein, auch wenn sie von ganz unterschiedlichen Interessen her argumentieren.

Defizite von Schule angesichts aktueller Herausforderungen

Der Bildungs- und Leistungsstand der Schulabgänger erfüllt nicht mehr die Anforderungen der Abnehmer (vor allem der Wirtschaft und Wissenschaft). Orientierungs- und Verfahrenswissen, Arbeitstechniken und -methoden, Motivationen und Wertorientierungen sind nicht mehr zukunftssicher. Die Schule ist nicht mehr in der Lage, ihre innere Erziehungsfunktion zu erfüllen, geschweige denn, den Erziehungsverlust der Familie auszugleichen. Die Schule ist hilflos gegenüber den Entwicklungen zu einer Informationsgesellschaft und der Internationalisierung gesellschaftlicher Zusammenhänge. Die Schule ist nicht in der Lage, den Schülerinnen und Schülern einen jugendangemessenen Sozialraum zu bieten. Die Entpädagogisierung der Lernprozesse hat Wertediffusion und Perspektivlosigkeit bewirkt. Die Lehrkräfte in der Schule sind überaltert und fühlen sich ihren Aufgaben nicht mehr gewachsen (sog. Burnout-Syndrom).

Die Kosten für das Bildungssystem in der bisherigen Form erscheinen nicht mehr finanzierbar.

Die Schule wird an Effektivitätskriterien gemessen, wie in der Wirtschaft üblich.

2. Diese grundlegende Kritik an der Leistungsfähigkeit der Schule zielt auf die innere Verfassung der Schule, sie wird gegenüber allen Ausprägungen der äußeren Schulstruktur geäußert.

Die Kontroverse zwischen Befürwortern des dreigliedrigen Schulsystems und der Gesamtschule überlagert nur diese gundlegende Kritik. Zum einen bezieht sich diese Kontroverse nur auf einen Teil der Bildungsgänge (die Sekundarstufe I), zum anderen gibt es inzwischen fast so viele Mischformen wie Bundesländer. Die Gesamtschulbewegung verstand sich als Antwort auf die „Bildungskrise" der 60er Jahre. Inzwischen entstehen auch innerhalb der Gesamtschule Kritikergruppen, die ähnliche Punkte aufgreifen, wie die Kritiker außerhalb der Schule. Im drei- (oder vier-)gliedrigen Schulsystem wird dort, wo Schule „den Konkurs anmelden" muß, mit sozialen Brennpunkt- oder „Modell-"Schulen das „bewährte" System verlassen. Die Flexibilität der Schulstrukturen als offenes System hat sich auch bei der Vereinigung Deutschlands bewährt. Über Anerkennungs- und Anpassungsregelungen wurde in kürzester Zeit die Einheitsschule der DDR in ein differenziertes Schulsystem umgewandelt. Die Dringlichkeit für eine innere Schulreform wurde in alten wie in neuen Bundesländern dadurch nicht verschoben.

3. Die Schule scheint ihre gesellschaftlichen Aufgaben nicht mehr zu erfüllen, auf strukturelle Veränderungen der Gesellschaft, vor allem aber auf noch zu erwartende hat sie nur unzureichend oder gar nicht reagiert.

Dazu gehören vor allem:

- Veränderungen der Familie (Stichworte u.a.: Überforderung der Eltern, sog. unvollständige Familien, mentale Verwahrlosung),
- Vergrößerung der sozialen und kulturellen Unterschiede (Stichworte u.a.: neue Armut, 2/3-Gesellschaft, Migrationsbewegungen, Multikultur),
- Verengung der Lebensräume für Kinder und Jugendliche (Stichworte u.a.: kommerzialisierte Freizeit- und Konsumwelt, Pädagogisierung des außerschulischen Bereichs),
- Mediatisierung der Lebenserfahrung (Stichworte u.a.: Komplexität der Informationen, Krieg und Katastrophen im Wohnzimmer, unkontrollierbare Miterzieher).
- Veränderungen in den Anforderungen an die Fähigkeiten des Einzelnen im privaten, beruflichen und sozialen Bereich (Stichworte u.a.: Selbständigkeit, Integrations- und Konfliktfähigkeit, Partner und Teamfähigkeit).
- Straffung und Konzentrierung der Bildungsinhalte, Effektivierung der Vermittlungsmethoden, breite Fundierung für lebenslanges Lernen (Stichworte u.a.: Konsumverhalten, Niveauverlust, Schulstreß, Leistungsverweigerung).

4. Die allgemeine Diskussion über den notwendigen Modernisierungsschub für die Schule konzentriert sich vor allem auf folgende Begriffe:
- **Schlüsselqualifikationen,**
- **Grundbildung,**
- **Kernprobleme,**
- **Schule als Sozialraum.**

Schule wird von der Gesellschaft nicht für den Erhalt von Fächern alimentiert, auch nicht zur Arbeitsplatzsicherung von Lehrerinnen und Lehrern, sondern um die Lebensgrundlagen, die Leistungsfähigkeit und den Lebensstandard sowie die sozialen und politischen Errungenschaften einer Region in weltweiter Konkurrenz zu

behaupten, um so die Lebenschancen von Kindern und Jugendlichen zu gewährleisten.

Die Definition von Schlüsselqualifikationen dient der Bestimmung einer formalen, allgemeinen Bildung und Erziehung. Die Definition der Grundbildung dient der Straffung der Bildungsinhalte und Bestimmung von Bildungsniveaus. Die Definition der Kernprobleme dient der Konzentrierung im Sinne thematischer Focussierung. Schule als Sozialraum meint nicht nur die innere Gestaltung des Schullebens sondern auch die Öffnung der Schule gegenüber der Gesellschaft. Mit den o.g. Begriffen werden nicht nur die Modernisierungsrichtungen gekennzeichnet, denen Schule unterworfen werden wird. Sie sind gleichzeitig die Kriterien, an denen sich die Leistungsfähigkeit von Fächern (und der diese unterrichtenden Personen) beweisen muß.

Modernisierungs-anforderungen an Schule

5. Ein Messen der schulischen Bildungs- und Erziehungsarbeit an beruflichen und sozialen Schlüsselqualifikationen bedeutet gleichermaßen die Stärkung traditioneller Bildungs- und Erziehungsziele wie auch eine Kritik der gegenwärtigen Praxis schulischen Lernens.

Solche Schlüsselqualifikationen sind:
- Konzentration, Belastbarkeit und Ausdauer,
- fundiertes Wissen und Sachlichkeit,
- Fähigkeit zur Informationsbeschaffung und -verarbeitung,
- Erkennen von Zusammenhängen und Strukturen,
- Abstraktionsvermögen und Transferfähigkeit,
- Mobilität und Flexibilität,
- Kreativität,
- Kooperation und Kommunikation im Team.

Es fällt auf, daß diese Liste scheinbar die Klagen der Lehrkräfte über die unzureichenden Voraussetzungen wiederholt, die Schülerinnen und Schüler in den Unterricht einbringen. Zu fragen wäre aber, in welchem Maße die Lehrerinnen und Lehrer selbst diesen Ansprüchen genügen und in welchem Maße ihr Unterricht diese Qualifikationen fordert. Zu fragen wäre also, ob Ziele und Struktur der Curricula, Organisation der Schule, Kompetenz und Professionalität der Lehrerinnen und Lehrer dazu eher förderlich oder eher kontraproduktiv einzuschätzen sind.

6. Grundbildung wird überwiegend als fachliche Grundbildung definiert, d.h. daß für einen beschränkten Zeitraum und in Abstimmung innerhalb des Beziehungsgefüges zwischen (fachlicher) Grundbildung, Vertiefung (Differenzierung und Niveaus), überfachlichen (Kern-)Problembereichen und institutionellen Anforderungen (Sozialraum) bestimmt werden muß, wie die Ziele kultureller Bildung und ästhetischer Erziehung erreicht werden können. Zu diesen Zielen gehören vor allem:
- **Wahrnehmungsfähigkeit,**
- **Gestaltungsfähigkeit ,**
- **Mitteilungsfähigkeit ,**
- **Phantasie,**
- **Urteilsfähigkeit,**
bezogen auf alle kulturellen Dimensionen und auf alle Kulturen.

Die besondere fachliche Akzentuierung von ästhetischen, kommunikativen, innovativen und Handlungsfähigkeiten (die auch als Zielsetzungen für andere Bereiche der Schule gelten) ergibt sich vor allem durch die Methoden künstlerischer Gestaltung und - für die Kunsterziehung speziell - durch die Konzentration auf Bilder (im weitesten Sinne).

Die Bildenden Künste erhalten gemeinsam die Funktion eines „Leitmediums"

Damit erhalten unter methodischen Gesichtspunkten die Bildenden Künste gleichsam die Funktion eines „Leitmediums" im Verhältnis zu den übrigen Gegenstandsbereichen des Faches: Visuelle Medien (der Massenkommunikation), Design und Architektur (Umweltgestaltung).

Das Vorherrschen von künstlerischen, Eigenständigkeit erfordernden, produktiven Methoden zur Problemlösung unterscheidet das Fach Kunst von den übrigen Fächern in der Schule. Kulturelle Bildung erfolgt auf anderen Wegen als z.B. in den Sprachen, in Geschichte oder politischer Bildung, z.T. aber auch mit anderer Schwerpunktsetzung als z.B. in Musik.

Die besondere Kompetenz für die Gestaltung und Verarbeitung von Bildern, die Auseinandersetzung mit Kunst im visuellen Bereich, unterscheidet das Fach von den übrigen Fächern und von anderen Disziplinen im ästhetischen Bereich der Schule wie Musik, Darstellendes Spiel, Tanz (Sport), Literatur (Sprachen).

7. Kernprobleme sind die Problembereiche, deren Lösungen die Chancen einer Gesellschaft gegenwärtig und für die Zukunft bestimmen. Sie dienen als Kriterium dafür, was ein Fach zur gesellschaftlichen Entwicklung beitragen kann, aber auch als Orientierung für überfachliche, Zusammenhänge vermittelnde Lernbereiche.

In der gegenwärtigen Diskussion stehen folgende Kernprobleme im Vordergrund:
- Erhalt des Friedens und das Zusammenleben in einer Welt mit unterschiedlichen Kulturen und Gesellschaftsordnungen,
- Zusammenleben in einem europäischen Wirtschafts-, Sozial- und Bildungsraum,
- Schutz der Menschenrechte, demokratische Mitwirkung und Mitverantwortung in allen Lebensbereichen,
- Erhalt der natürlichen Lebensgrundlagen auch für zukünftige Generationen,
- Gestaltungsmöglichkeiten für die eigenen und die allgemeinen Lebensverhältnisse bei wirtschaftlichen, technologischen und sozialen Veränderungen,
- Gleichstellung von Frauen und Männern, Mädchen und Jungen in Schule, Beruf und Gesellschaft.

Die Leistungsfähigkeit eines Schulfaches bemißt sich nicht nur danach, was es zur Bewältigung dieser Probleme beitragen kann, sondern auch wie notwendig dieser Beitrag im Vergleich zu anderen Fächern ist und ob es mit anderen Fächern problemangemessen kooperativ zusammenarbeiten kann.

8. Merkmale einer zukünftigen Schule könnten sein:

Modernisierung der Vermittlungsformen durch Aufbrechen der starren Fächertrennungen und der starren Zeitstrukturen.

Resultatorientierte Lernorganisation, d.h. Öffnung des Unterrichts und Verstärkung projektorientierter Lernmethoden auch unter Gebrauch neuer Technologien,

wachsende Bedeutung der erzieherischen Aufgaben der Schule und Veränderung der (bürokratischen) Schulorganisation zu einem generationsübergreifendem Sozial- und Lebensraum von Kindern- und Jugendlichen,

wachsende Bedeutung sozialer, kultureller und ästhetischer Bildung in allen „Fächern",

Flexibilisierung der täglichen (und lebenszeitlichen) Verweildauer in der Schule durch Vernetzung mit außer- und nachschulischen Angeboten,

Öffnung der Schule zu anderen Lebensbereichen unter regionalen Aspekten,

„Autonomie" der einzelnen Schule durch inhaltliche Profilierung, regionalspezifische Kooperationen und besondere pädagogische Zielsetzungen,

Begegnungen und Partnerschaften im europäischen Rahmen.

9. Ziele, Gegenstände und Methoden der Kunsterziehung müssen in Zukunft nicht mehr nur fachimmanent sondern zumindest innerhalb der kulturellen Bildung und der ästhetischen Erziehung in der Schule unter dem Kriterium der Leistungsfähigkeit bestimmt werden.

Es wird die Frage gestellt werden, ob curriculare „Doppelangebote" z.B. in den Bereichen Architektur, Design und Medien, aber auch in Bildender Kunst z.B. im Verhältnis zu Musik, Darstellendes Spiel, Sport, Mutter- und Fremdsprachen, Politische Bildung, Geschichte, Geographie, Arbeitslehre unbedingt notwendig sind. Es wird aber auch die Frage gestellt werden, wie leistungsfähig die fachliche Praxis im Vergleich zu anderen Fächern ist, d.h. wie effektiv und überprüfbar die fachlichen Methoden sind. Das bedeutet, daß das Fach Kunst die Nachweispflicht hat, auch wenn dieses in der selben Nachdrücklichkeit anderen Fächern nicht abverlangt wird.

10. Kulturelle Bildung und ästhetische Erziehung wird in einer zukünftigen Schule voraussichtlich auf unterschiedlichen Ebenen realisiert werden:

- in einem (traditionell fachlichen) Grundbildungsbereich, - im Wahl- oder Differenzierungsbereich einer Fächergruppe (vertiefend, alternativ und/oder fächerübergreifend),
- in interdisziplinären Projektbereichen,
- über informelle Aktivitäten innerhalb des Schullebens,
- in Kooperationsvorhaben mit Partnern außerhalb der Schule.

Wenn man berücksichtigt, daß diese Bereiche sich in ihrem Zuschnitt und in ihrer Organisation nicht nur von Bundesland zu Bundesland sondern auch ggf. von Schule zu Schule unterscheiden werden (Profilierung), bedeuten diese Bereiche erhöhte Anforderungen an Struktur, Operationalisierbarkeit und Vergleichbarkeit von Curricula ebenso wie an die fachliche und allgemeine Qualifikation der Lehrerinnen und Lehrer. Sowohl Differenzierung, interdisziplinäres Arbeiten, informelle Aktivitäten als auch regionale Kooperation übersteigen die Kompetenz der einzelnen Lehrkraft. Selbst die immer schon gegebene Schwerpunktbildung innerhalb eines Fachteams wird für solche differenzierte Qualifikationsanforderungen nicht ausreichen. Besonders für Projekte mit spezifischen Themen- und Aufgabenstellungen müssen deshalb fachliche „Spezialisten" als Ergänzung in die Schule geholt werden z.B. Bildende Künstler, Architekten, Produktdesigner, Medien- und Austellungsmacher usw.

11. Durch das Zusammenwachsen Europas wird es auch zu einer direkten Vergleichbarkeit der Leistungsfähigkeit nationaler Bildungssysteme kommen.

Nicht nur die Begegnungen von Kindern und Jugendlichen über die Staats- und Sprachgrenzen hinaus sondern auch die Möglichkeit der Beschäftigung von Lehrkräften aus anderen Ländern eröffnen neue Perspektiven. Auch der direkte Zugang zu medialen Informationen wird weiter zunehmen.

Für den ästhetischen Bereich ist es kennzeichnend, daß Bildende Kunst, Musik, Tanz und Theater über eine international verständliche Sprache verfügen, damit sie aber auch verstanden werden kann und Verständnis schafft, ist die Vorbereitung in der Schule notwendig. Daraus ergibt sich sowohl eine Chance als auch eine Anforderung an den Unterricht.

Ob die Kunsterziehung in der Bundesrepublik diese Chance wahrnehmen kann, ist offen. Bislang werden Entwicklungen im Ausland kaum wahrgenommen, Lehrpläne und Unterrichtsmaterialien sind - im internationalen Vergleich - durch Eurozentriertheit und durch kunstgeschichtliche Dominanz gekennzeichnet, eine Beteiligung am internationalen Diskurs z.B. in Fragen der Forschung findet faktisch durch deutsche Kolleginnen und Kollegen nicht statt (mit Ausnahme einer Arbeitsstelle an der HdK Berlin).

12. Die Situation, daß das Fach Kunst (wie andere Fächer auch) unter Legitimationsdruck stehen, ist in der Fach- und Schulge-

schichte nicht neu, jede Stundentafelrevision hat das deutlich gemacht. Während aber in der Vergangenheit die Argumentation meist ausreichte, für bestimmte Anforderungen einen eigenen Beitrag plausibel nachvollziehbar zu behaupten, geht es jetzt darum nachzuweisen, welcher unverzichtbare Beitrag nur durch das Fach Kunst geleistet werden kann.

Damit wird die Frage, wie können Ziele, Gegenstände und Methoden fachlicher Grundbildung konzentriert werden, zentral für das Weiterbestehen des traditionellen Faches Kunst in der Schule, d.h. welche Zeiten und Orte bleiben für einen eigenständigen Fachunterricht reserviert.

Die Reformprozesse in der Grundschule (Stichworte: Offener Unterricht, Wochenplanarbeit, innere Differenzierung u.a.) haben die Fächergrenzen - sofern sie da waren - verwischt. Die so erworbenen allgemeinen Arbeitsmethoden sind aber auch grundlegend für die fachlichen Methoden z.B. in der bildnerischen Werkstattarbeit, daß diese Entwicklung aus allgemeinpädagogischer und aus fachlicher Sicht zu begrüßen und zu fordern ist. Zu fragen wäre aber, ob die Grundschullehreraus- und Fortbildung dann nicht obligatorischer und qualifizierter als in der jüngeren Vergangenheit Aspekte kultureller Bildung und ästhetischer Erziehung integrieren müßte.

Für die Sekundarstufe I erscheint auch in einer veränderten Schule ein Pflichtbereich für ein eigenständiges Fach Kunst unverzichtbar. Zum einen erfordern ästhetische Lernprozesse Kontinuität über einen längeren Zeitraum: das Einüben in ein komplexeres Verständnis „visueller Sprachen" unserer und anderer Kulturen ist nicht weniger zeitaufwendig und anstrengend als z.B. in die „Sprachen" von Texten, Naturwissenschaften oder Mathematik. Zum anderen muß den Schülerinnen und Schülern Zeit und Raum gegeben werden, sich zu orientieren (und auch sich ggf. umzuorientieren), mit welcher Schwerpunktsetzung sie aufgrund von

Neigung und Leistungsfähigkeit jeweils aktiv am kulturellen Leben in und außerhalb der Schule teilnehmen wollen. Ein Differenzierungs- oder Vertiefungsbereich allein kann diese allgemeine Orientierung nicht leisten, ein „Fächer-Pool" in einer teilautonomisierten Schule würde die allgemeine kulturelle Orientierungsleistung der Schule von den Zufälligkeiten z.B. der Lehrerversorgung abhängig machen.

In der Sekundarstufe II sind Schwerpunktbildungen allein schon aufgrund des beruflichen Lebensweges und der Persönlichkeitsentwicklung notwendig. In der gymnasialen Oberstufe ergibt sich über Wahlmöglichkeiten und Fächergruppierung (vielleicht neben einem zukünftigen Kernbereich) die Möglichkeit einer individuellen Profilierung. Zu fragen bleibt aber, ob über eine bessere curriculare Abstimmung und über Projektanteile nicht ein optimaleres Zusammenwirken in der literarisch-künstlerischen Fächergruppe erreicht werden kann.

13. Das Selbstverständnis eines „Kunsterzieher"-Fachverbandes für kulturelle Bildung und ästhetische Erziehung könnte auch unter dem Gesichtspunkt, seine Lobbyisten-Rolle effektiver wahrzunehmen - durch die Entwicklung revidiert werden.

In Bezug auf die fachliche Grundbildung erscheint es notwendig, selbstkritischer als in der Vergangenheit die Fachpraxis zu betrachten. Insbesondere wären Forschungen zu initiieren, die die Effektivität von Kunstunterricht nachvollziehbar und nachweisbar auch für Nichtfachleute machen.

Nach der engagierten Diskussion mit Vertretern von „Bezugsbereichen" in den 70er Jahren (z.B. Architekten, Denkmalschützern, Industrieberatern, Jugendmedienschutz usw.) und der Kooperation mit außerschulischen Interessengruppen in den 80er Jahren (z.B. Berufsverband Bildender Künstler, Jugendkunstschulen, Landesarbeitsgemeinschaften für kulturelle Bildung, Mitarbeit im Rat für Soziokultur usw.) ist jetzt die Diskussion mit den an-

deren Fachvertretern des ästhetischen Bereichs in der Schule zu intensivieren, um zu klären, welche Unterschiede und welche Gemeinsamkeiten in den Veränderungsprozessen bewahrt und welche weiterentwickelt werden müssen. Das erfordert nicht nur die Aufgabe von Fachegoismus sondern auch die Aneignung von Kenntnissen über den „fachlichen Tellerrand hinaus".

Gleichzeitig könnten sich Kunsterzieherinnen und Kunsterzieher als „Sachwalter" kultureller und ästhetischer Bildung in allen Bereichen der Schule verstehen. Von dieser allgemeinpädagogischen Position aus können sie sich - auch fachlich kompetent - an der Diskussion um „Schlüsselqualifikationen", „Kernprobleme" und „Schule als Sozialraum" beteiligen.

Im Verhältnis zum außerschulischen Bereich haben Kunsterzieherinnen und Kunsterzieher in der Vergangenheit häufig eine „Scharnierfunktion" dadurch wahrgenommen, daß sie Tätigkeiten in Jugendkunstschulen und in der Erwachsenenbildung übernahmen, sich an Ausstellungen und öffentlichen Aktionen beteiligten oder mit Projekten ihrer Schülerinnen und Schüler in die Öffentlichkeit gegangen sind. Öffnung und Teilautonomie von Schule erfordert aber auch das „Hereinholen" der regionalen Impulse in die Schule, Verfahrensweisen z.B. der Jugendkulturarbeit wären für die laufende Unterrichtsarbeit nutzbar zu machen (z.B. Projektbänke, Regionalbörsen usw.).

Anmerkung und Literatur

Zu These I ist auf so unterschiedliche Quellen zu verweisen wie:

Spitzenverbände der Wirtschaft: Differenzierung Durchlässigkeit Leistung, Bonn 1993

Miegel, M.: Vollbeschäftigung eine sozialromantische Utopie? In: Alfred Herrhausen Gesellschaft für internationalen Dialog (Hg.): Arbeit der Zukunft. Zukunft der Arbeit, Stuttgart 1994, S. 37-56

Lehner, F. u. Widmaier, U.: Eine Schule für eine

moderne Industriegesellschaft, Studie im Auftrag der
GEW NRW, Essen 1992

Bernhardt, M. u.a.: Basismodell Sekundarstufe I,
Hg.: GEW-Bundesvorstand, Frankfurt/Main 1993

Aktion Humane Schule e.V.: Aufruf. Schule neu
gestalten. In: Kunst + Unterricht, H. 186/1994, S. 9

Jungsozialistinnen und Jungsozialisten Berlin (Hg.):
Schwarzbuch. Mißstände an Berliner Schulen, Berlin
1994

Struck, P.: Lehrerbildung und Schule in der Krise.
In: Nordfriesische Nachrichten v. 16.2.1994

Dieser Beitrag wurde der Zeitschrift „BDK Mitteilun-
gen" - Fachzeitschrift des Bundes Deutscher
Kunsterzieher e.V. 3/95 entnommen.

Wolfgang Zacharias

Kooperation Kultur und Schule

Auf dem Weg zu einer neuen Lernkultur

Verstärkte Zusammenarbeit zwischen Schule und Kulturarbeit / Kulturpädagogik ist aus beidseitigem Interesse erwünscht, zur gegenseitigen Qualifizierung und Effektivierung der jeweiligen Aufgaben. Diese Synergien tragen zu einer vielfältigen Bildungslandschaft bei und sind auch begründet dadurch, daß die heutigen Kinder zunehmend Probleme in einer Schule von gestern haben. Auf dem Weg zu einer neuen Lernkultur gibt es sowohl eine Reihe experimenteller Entwicklungen im Schulwesen selbst wie auch eine inzwischen breite Angebotspalette und auch Akzeptanz im außerschulisch-kulturpädagogischen Bereich zur Kooperation. Am Beispiel der Münchner Kinder- und Jugendkulturbörse „Kultur macht Schule" 1995 wird gezeigt, wie diese Kooperation in der Praxis gestärkt werden kann.

Neue Begründungszusammenhänge für Schule und Kultur

Die Zusammenarbeit von Kultur und Schule als aktuelle kultur- und bildungspolitische Aufgabe stellt sich heute deshalb besonders bedeutsam und dringend dar, weil

das System Schule sich in einer Sinnkrise und einem intensiven Umbruchprozeß befindet und nach neuen Formen, veränderten Organisationsverläufen und Beziehungsverhältnissen Lehrer / Schüler / Schule / Elternhaus / Lebenswelt sucht,

„Kultur" als Fundus und Erlebnis im gesamtgesellschaftlichen Kontext sowohl schulischer Bildungsstoff wie auch wichtiger gewordene, nichtschulische

Realität entsprechend vielerlei kultureller Phänomene (z.B. Kinder- und Jugendästhetik, Teil- und Subkulturen, Minderheiten- und Nationalitätenkulturen) ist,

Aktualität und Bedarf an Kooperation

die Entwicklungen in der Kulturarbeit, als Soziokultur, Kinder- und Jugendkulturarbeit, kulturelle Bildung, in den letzten 20 Jahren quantitativ und qualitativ eigenständige neue Felder und Organisationsmuster insbesondere in der kommunalen Kulturpolitik hervorgebracht haben,

die Tendenzen der Jugendarbeit, Jugendhilfe auch mit sozialer Orientierung eindeutig in Richtung Kultur gehen: „Ohne Kultur läuft nichts mehr",

die rasante Expansion von Multimedia, neuen digitalen Spiel- und Lernwelten, weltweiten Unterhaltungs-, Informations- und Bildungsnetzen, unabsehbare neue Lern- und Erfahrungswelten für Kinder schaffen, verbunden mit einem leicht prognostizierbaren Bedeutungsverlust aller bisherigen Bildungskonzepte und Bildungswelten, vor allem der traditionellen Schule.

Multimediaentwicklung

Im folgenden werden Kooperationsbedarf und Kooperationsmöglichkeiten erläutert, an Beispielen illustriert als aktueller Zeittrend der Vernetzung von Schule und Kultur, präzisiert vor allem am Überschneidungsbereich der Kulturpädagogik und kulturellen Jugendbildung, die in diesem Prozeß eine besondere Bedeutung und Vorreiterrolle haben.

Alle haben „Schulerfahrungen": Sich außerhalb davon mit „Schule" zu beschäftigen, darüber nachzudenken und zu reden, weckt in der Regel alle möglichen Emotionen und Erinnerungen: Jeder ist da irgendwie Experte mit mindestens neun Jahren Erfahrung - als Schüler. Für Eltern schulpflichtiger Kinder und für pädagogisches Personal vertieft sich der Bezug, definiert wesentliche Teile auch des alltäglichen Lebens. Pädagogen außerhalb der Schule, beispielsweise in der kulturellen Jugendbildung, der Erwachsenenbildung, der Spiel-, Museums-, Medienpädagogik müssen sich vielfach ergänzend und / oder alternativ zur Schule definieren: Die Institution Schule ist die große, traditionsreiche und auch umstrittene, doch auch unverzichtbare öffentliche Einrichtung des Lernens und Erziehens, der Allgemeinbildung und der spezialisierenden Vorbereitung auf die Berufsausbildung. Schon die Schullaufbahn der Kinder entscheidet über ihre zukünftigen Berufsaussichten und über ihre Chancen auf dem Arbeitsmarkt. Ausnahmen bestätigen hier eher die statistische Regel.

Lebensdefinitionen durch Schullaufbahn: Der politische Dauerstreit um das richtige Schulsystem - gegliedertes Schulwesen, Gesamtschule, öffentliche oder private Schulen, gleiche Chancen und Verläufe für alle oder selektierende, sortierende Verfahren auch zugunsten von Elitebildung - beschäftigt Parteien, gesellschaftliche Gruppierungen und im grundgesetzlich verankerten Prinzip der Bildungs- und Kulturhoheit der Länder auch die Diskussionen über Zentralismus und Föderalismus in der Bundesrepublik.

Sprichwörter, Sprüche zur Schule: Sprüche, Zitate können die volkstümliche Interpretation von Schule sowohl als sinnvoll-nötig wie auch als unzureichend markieren: „Wer sich auf dem Schulwege verirrt, findet sich durchs ganze Leben nicht zurecht," sagt ein altes Sprichwort. Shakespeares Hamlet setzt dagegen: „Es gibt mehr Dinge im Himmel und auf der Erde, als eure Schulweisheit sich träumt." Goethe (in „Maximen und Reflexionen") ist hier nicht weit weg und formuliert das Ideale: „Der echte Schüler lernt aus dem Bekannten das Unbekannte

entwickeln und nähert sich dem Meister," während die 2000 Jahre alte lateinische Spruchweisheit des Philosophen Seneca auch heute noch gerne als Anspruch an die Schule gebraucht wird: „Nicht für die Schule, sondern für das Leben lernen wir", was im Original genau umgekehrt formuliert war, allerdings mit einem anderen Sinn: „scola" ist mit „Muße" zu übersetzen. Der Spruch meint dann sinngemäß: „Wir lernen für unsere freizeitliche Muße, und nicht für das alltägliche Arbeitsleben."

Gemeinsames Interesse: Allgemeinbildung. Gerade daran läßt sich anknüpfen, wenn von Verhältnissen zwischen Schule und Kultur, vom Sinn und von der Idee einer „allgemeinen kulturellen Jugendbildung" die Rede ist, eben als Teil von „Allgemeinbildung" zugunsten der selbständigen und (insbesondere kulturell) gebildeten Persönlichkeit als oberstes Erziehungsziel - weit über Berufsausbildung und einem instrumentellen Verständnis von Kulturtätigkeiten hinaus.

Vernetzungsperspektive: „Die Kinder von heute in der Schule von gestern" läßt sich als Leitmotiv für die aktuellen Diskussionen um Schulkritik, Schulreform und Schulveränderung verstehen. Eine Tendenz dazu sind neue Mischformen und intensivierte Kooperationen zwischen schulischer und außerschulischer Bildung (kulturelle Jugendbildung, Kinder- und Jugendkulturarbeit), die **„Vernetzung"** zwischen schulischen Inhalten und Lernformen und dem, was die Lebensumwelten, die Kultur und ihre Orte, Ereignisse „draußen" im Alltag der Kinder, Jugendlichen und Familien bieten, einschließlich insbesondere der rasanten Medienentwicklung.

Veränderte Kindheiten - statisches Schulsystem

Die Kinder heute leben in einer anderen, sehr veränderten Welt als früher. Die Schule als System und Institution dagegen hat sich eher wenig verändert in den letzten Jahrzehnten, vor allem in ihren organisatorischen Verläufen

(Unterricht und Fächerkanon, Klassenstruktur und Stundentakt, Noten und Zeugnis).

Das aktuelle Problem der Kinder, bezogen auf die Schule - in eher kritisch-pessimistischer Sicht: Dr. Horst Hensel, Lehrer und Kulturtätiger in Nordrhein-Westfalen, hat dies in einer zunächst eher informellen, später veröffentlichten Streitschrift angeprangert: „Die neuen Kinder und die Erosion der alten Schule"[1]. Er fordert, daß sich die Schule weiterentwickeln muß, um den Lebensverhältnissen der Kinder heute gerecht werden zu können - und nicht umgekehrt, daß sich die Kinder und Familien an ein überholtes Schulsystem anzupassen haben.

Kinder sind heute anders: Es zeigt sich, daß Kinder von heute

„seltener und weniger bereit und fähig sind, sich zu bilden, also dauerhaft und fest diejenigen Kenntnisse und kognitiven Fähigkeiten zu erwerben, die in den Zielen der Schule formuliert sind, und derer der Arbeitsprozeß bedarf,

seltener und weniger bereit und fähig sind, zu arbeiten, d.h. sich auf eine Tätigkeitsform einzulassen, die sich der spontanen Bewältigung sperrt, die also Zeit und Kraft kostet und Aufmerksamkeit verlangt,

seltener und weniger bereit und fähig sind, sich sozial zu verhalten, also Regeln des Zusammenlebens einzuhalten, sich in einen anderen Menschen hineinzuversetzen, auf ihn Rücksicht zu nehmen, Gemeinschaft zu pflegen und zusammenarbeiten - im Gegenteil: In der Regel geht es darum, sich selbst aggressiv durchzusetzen.

Die angesprochenen Phänomene sind in Praxis und Theorie seit langem bekannt, sie zeigen sich in allen Schulen - die stetige und graduelle Entwicklung dazu erscheint vielen Lehrkräften

eines 5. Jahrgangs allerdings dann als neuer Zustand, als eine Art Kulturbruch, wenn sie seit Jahren nicht mehr auf der Eingangsstufe unterrichtet haben."[2]

Und der damalige Chefredakteur der „Deutschen Lehrerzeitung" (Berlin) Wolfgang Bergmann schreibt über die „Computerkinder", die von klein auf mit den neuen Medien aufwachsen: „Im Spiel versunken verlieren richtige Profis jeden Kontakt, sogar den zu sich selbst." Wir Erwachsene setzen diesen Kindern dann Schul- und Unterrichtsformen vor, die diese Kinder oft nicht mehr begreifen können: „Diese Kinder führen uns nicht nur an logische und rationale Grenzen, sondern mindestens ebenso an emotionale, körperlich-geistige. Und ich befürchte, genau das nehmen wir ihnen übel."[3]

Auf dem Weg zu einer neuen Lernkultur

Bedarf an Veränderungen: Schulwelten und Lebenswelten driften auseinander, das ist der Befund. Es geht nun um die Suche nach neuen Formen öffentlichen Lernens. Prof. Dr. Horst Rumpf, Universität Frankfurt, hat bereits Anfang der 80er Jahre auf die im Schulsystem „Übergangene Sinnlichkeit"[4] hingewiesen als eines der Grundübel des heutigen öffentlichen Schulwesens. Er fordert heute eine „neue Lernkultur". Es müsse im Bildungsbereich darum gehen, „zu lernen, Wirklichkeit zu berühren, sich von ihr berühren zu lassen."

Schulkritik und Lernkultur: In einem Vortrag bei der „pädagogischen Ost-West-Konferenz der GEW" Mai 1995 in Jena beschreibt der Schulforscher und Schulkritiker Horst Rumpf die „Umrisse einer neuen Lernkultur", die eigentlich von Lehrern und Kulturarbeitern gemeinsam zu realisieren sein werden.

„Gewiß wird es eine der Aufgaben des Lehrerberufs bleiben, auch dann und wann Überblickswissen und Trainingskönnen zu vermitteln, zu üben, zu kontrollieren. Angesichts der immer perfekteren Belehrungstechnologien, die für

solche Lehrziele auch wohl geeigneter sind, wird eine andere Lehraufgabe, für die der Austausch zwischen lebendigen Menschen unersetzlich ist, immer wichtiger - zumal wenn man erwägt, wie die Lebenswelt auch der Heranwachsenden verödet: die Lehraufgabe, die darin liegt, Lernherausforderungen, Erfahrungsmöglichkeiten, Tätigkeitsmöglichkeiten aufzuspüren und so freizulegen, daß Heranwachsende etwas zu tun, zu gestalten, zu denken, zu beobachten, festzuhalten haben, was sie anfordert. Worin sie erfahren können, daß sie zu etwas gut sind, daß sie gebraucht werden, daß es sich lohnt weiterzumachen und dabei sich und die Welt zu spüren. Das Finden solcher Herausforderungen verbindet Lehrer mit anderen Kulturarbeitern - auch die Fähigkeit, solche Lernpraxis kompetent zu begleiten und dabei natürlich auch Fachkönnen und Fachwissen ins Spiel zu bringen." (in: Erziehung und Wissenschaft 6/95, S.11)

Widerstände im Schulsystem

Es ist eigentlich eine unendliche Geschichte, ein Dauerbrenner: Wie offen kann die Schule sein, zur Lebenswelt, zur aktuellen Kunst und Kultur, zu den Wirklichkeiten der Kinder und Jugendlichen? Und wie sehr muß sie eine Lernumwelt eigener Art sein, abgeschottet oder zumindest distanziert von den Ereignissen und Phänomenen des Tages, um ihren allgemeinen „Bildungsauftrag" sozusagen im größeren historischen Kontext und im Prinzip „für alle gleich" zu erfüllen?

Schule verursacht heute Unbehagen, das so leicht nicht mehr im gesellschaftlichen Konsens und mit staatsautoritären Verfahren niederzuhalten ist. Schule ist sich selbst vielfach unsicher geworden. Ihre Sinnfälligkeit und die Selbstverständlichkeit ihrer historisch geformten Organisation und Inhaltlichkeit überzeugen heute nur noch sehr begrenzt, nicht einmal viele Lehrer und pädagogische Praktiker selbst.

Kulturelle Bildung ist in der Schule marginal: Kulturelle Bildung und Ästhetische Erziehung hatten es im Schulsystem schon immer schwer. Minderbemittelt, unterprivilegiert als Kunst- und Musikunterricht, in Teilen auf Wahl- und Freiwilligenkurse abgeschoben, sind Kunst und Kultur, Ästhetik und expressiver Ausdruck gleich welcher Spielart gegenüber den sprachlichen und naturwissenschaftlichen Fächern die „under-dogs", administrativ so gewollt und strukturell einbetoniert. Theater, Tanz, Medienkultur und andere Sparten von Kunst und Kultur kommen im Schulcurriculum nicht systematisch vor, eher zufällig und von der Initiative der Lehrer abhängig.

Bedeutungszuwachs der Kultur außerhalb: Nun sind aber - nach Verlusten anderer, zentralperspektivischer, z.B. religiös-politischer Sinnorientierungen - Kunst, Kultur und Ästhetik als Orientierungsfelder der Sinnsuche, der Kommunikation und Differenzierung, des Ausdrucks von Lebensstilen zunehmend bedeutungsvoller geworden, haben an gesellschaftlicher Relevanz gewonnen.

Und entsprechend der Marginalität von Kunst, Kultur, Ästhetik im System der Schule problematisiert sich die Schule selbst - entsprechend ihres Bildungsauftrags und der generellen Zielsetzungen von „Persönlichkeitsentwicklung" und so weiter, wie es die Lehrplanpräambeln, die obersten Lern- und Leitziele aufführen.

Was bleibt und nach wie vor funktioniert: Schule als Selektionsmechanik für z.B. berufliche Lebenschancen, Schule als Produktionsstätte elementarer Kulturtechniken, Schule als Treff mit allerdings auch fragwürdigen sozialisierenden Wirkungen (z.B. steigende Gewaltbereitschaft im Schulalltag).

Fehlende „Ganzheitlichkeit" in der Schule: Johannes Beck / Universität Bremen kritisiert am System der Schule: *„Curriculum macht Kinder dumm. Gegenüber einer umfassenden Sicht der Persönlichkeitsentfaltung hat die fachsystematisch und lerntheoretisch vorgehende Didaktik und Schulpädagogik die Dimensionen menschlicher Subjektivität stets zerlegt -*

auch dort, wo sie sich auf umfassende ganzheitliche philosophische Ansätze zu Unrecht berief. Sie hat die Teile des zerlegten Subjekts getrennt zu züchten gesucht: den Leib in der Leibeserziehung, den Geist in den 'Lernfächern', die Psyche, das Gemüt und die Sinnesfähigkeiten in den musischen Fächern. Die Ungleichgewichtigkeit dieser drei Bereiche tat ein übriges zur Verletzung der Sinnesfähigkeit und der ganzen Person. Kein Wunder, daß es da der 'Pause' und 'Unterrichtsstörung' bedarf, um diesen Einseitigkeiten zu widerstehen ...

Die musischen Fächer, also die Musik-, Kunst-, Werk- und Leibeserziehung hatten entsprechend kompensatorische Funktionen für die Anstrengungen oder Zumutungen in den Lernfächern. Diese Indienstnahme der scheinbar nicht-kognitiven Bereiche setzt sich bis heute - nicht nur in der Schule - fort." (Beck/ Wellershoff: „Sinneswandel", Frankfurt 1989)

Kooperationsbedarf und Synergie von Schule und Kulturpädagogik

Während die reformwilligen Teile der Schule nun nach neuen Formen suchen, besinnt sich die außerschulische Kulturpädagogik zunehmend auf den möglichen Partner Schule.

Eigenständige Kulturarbeit/ Kulturpädagogik als gleichberechtigter Partner: Warum gerade jetzt? Ein Grund könnte sein, daß erstmals nach stürmischen Aufbau- und Entwicklungsjahren, nach Konsolidierung und Stagnation der letzten Jahre doch eine einigermaßen gefestigte und effiziente kulturpädagogische Infrastruktur und Professionalität mit Selbstbewußtsein da ist, die eine Kooperation mit Schule, wenigstens im Ansatz partnerschaftlich von gleich zu gleich, und nicht im Bild von „David Kulturpädagogik" und „Goliath Schulorganisation", vorstellbar und realistisch erscheinen läßt.

Qualifizierung des Bildungsangebots: Kinder- und Jugendkulturarbeit, Kulturpädagogik geht von sich aus offensiv auf Schule zu, bietet sich mit vielerlei konkreter Praxis und Projekten an, im Interesse qualifizierter und komplexer Bildungsangebote in Kunst, Kultur, Ästhetik, die nicht nur auf den Rahmen des schulisch Machbaren, Gewohnten, Routinierten beschränkt sind. Das ist im Einzelfall nichts Neues, als generelle und systematische Entwicklung allerdings wäre es fast eine Revolution, jedenfalls aber eine qualifizierende Reform kultureller Bildung von erheblichen Ausmaßen und Folgen.

Beispiele aktueller Entwicklungen

Die Schule öffnet sich: Das Problem der Schule in der heutigen Zeit ist im Prinzip erkannt. Unter der aktuellen Formel „Die Schule öffnet sich" gibt es sowohl von Seiten der Schule wie der Kulturpädagogik, Kulturarbeit Bemühungen für neue Misch- und Kooperationsformen zugunsten eines eher ganzheitlichen, lebensweltbezogenen Lernens, nicht nur in der Grundschule und den ersten Schuljahren.

Neue Misch- und Kooperationsformen zugunsten eines ganzheitlichen, lebensweltbezogenen Lernens

Schule und Lebenswelt: „Community education" ist eine angelsächsische Entwicklung und meint Schulkonzepte, die auch das schulische Lernen und Leben eng an die Verläufe und Realitäten des kommunalen Gemeinwesens bindet, dessen was in den alltäglichen Lebenswelten geschieht, zu erfahren ist. Für die deutsche Situation ist dies eher eine Vision, eine ideelle Orientierungsperspektive, als ein Beispiel wie es auch anders, mit anderen historischen Entwicklungen geht.

Neue Schulkultur: Schule ist mehr als Unterricht, Fächer- und Klassensystem, Hausaufgaben, Noten und Zeugnis. Schule ist auch ein Ort spezifischer Gemeinschaft und Geselligkeit, mit einer besonderen „Kultur", mit kulturellen außerunterrichtlichen Projekten und Ereignissen, die sowohl das Schulleben bereichern wie auch in die Familien, den Stadtteil und das kulturelle Milieu ausstrahlen.

Schule und Jugendhilfe / Jugendarbeit: Zunehmend wird darüber geklagt, daß die Traditionen der Schule und der Jugendhilfe/ Jugendarbeit auch aufgrund historisch alternativ und z.T. konkurrenziell gewachsener Verhältnisse wenig miteinander zu tun haben - obwohl beide Systeme doch mit den gleichen Kindern und Jugendlichen zu tun haben. Die Einsicht setzt sich durch, daß hier neue Kooperationsformen dringend nötig sind.

„Ein von Schule und Jugendhilfe gleichermaßen gestalteter und vom Elternhaus unterstützter Erziehungs- und Lernprozeß, der sich an den konkreten Lebensweltbeziehungen der Schule orientiert und auf ganzheitliche pädagogische Förderung ausgerichtet ist, gestattet keine wechselseitigen Problemzuweisungen mit Ab- und Ausgrenzungsfolgen für die betroffenen Kinder und Jugendlichen. Das ist die Erfahrung aus zahlreichen erfreulichen Ansätzen und gleichzeitig eine Verpflichtung für die Zukunft." (Hermann Janssen, Stadtdirektor, Kultur-, Schul- und Sportdezernent der Stadt Münster, Vorsitzender des Schulausschusses des Deutschen Städtetags u.a., in: Reiss 1995)

Kulturelle Bildung, Kinder- und Jugendkulturarbeit ist im Bereich der Jugendarbeit / Jugendhilfe in Sachen Schulkooperation, gerade wegen des gemeinsamen Bildungsinteresses, führend.

In KABI Nr. 3 vom Mai 1995, der „Konzertierten Aktion Bundesinnovationen" des Bundesministeriums für Familie, Senioren, Frauen und Jugend sind Beispiele der „Kooperation von Jugendhilfe und Schule" aufgeführt, z.B.

– Landesprogramm Jugendarbeit an Thüringer Schulen mit einem Projekt SPIEL-T-RAUM
– Kooperationsmodell in Nordrhein-Westfalen, mit einem Bürgerhaus-Modellprojekt
– Jugendladen Köln-Nippes mit einem „komplementären Ansatz" und einem Projektstrang „Nippes Museum"

Kunst- und Musikschulen: Außerschulische Schulen, „Zwischenschulen". Es gibt Einrichtungen, die sich „Schule" nennen, aber eigentlich keine Schulen im Sinne einer formal-juristischen Definition von Schule als öffentlicher landesweit geregelter Bildungsinstitution (mit „Schulpflicht") sind. Die „Musikschule" und die „Jugendkunstschule" sind die bekanntesten, bundesweit etablierten Formen dazu: Freiwilliges kulturelles Lernen in vielen Varianten und zu vielerlei Themen in der Regel mit Kurs- und / oder Projektangeboten. Im Prinzip ist auch der Vereinssport ähnlich organisiert. Von Tanzschulen über Computercamps bis zur „Schule der Phantasie" (z.B. in München für Bildnerisches) gibt es eine bunte Vielfalt. Diese „Schulen" überschneiden sich in Teilen mit dem musisch-kulturellen Auftrag des öffentlichen Schulwesens, obwohl sie in der Regel in den Bereichen der außerschulischen Kultur- und Jugendarbeit angesiedelt sind, bzw. von dort aus finanziert werden.[5]

Schulhofnutzung: Spielraum Schulhof. Nicht einzusehen ist nach wie vor, daß vor allem in den Städten die Schulhöfe nicht für Spiel und Kinder- und Jugendkultur außerhalb der Schulzeiten genutzt werden - wertvolle Flächen, die als Freizeitorte dienen könnten, gerade vor dem Hintergrund sehr begrenzten Spielraums für Kinder in der Stadt. „Öffnet die Schulhöfe" ist eine noch immer aktuelle Forderung im Verhältnis Schule - Lebensumwelt der Kinder. Positive Modelle gibt es genug dafür, z.B. in Berlin in der Wartburg-Sonderschule: „Der Dschungel wächst in Moabit". Dort wurde der Asphalt aufgebrochen, Weidenhütten und Spielsituationen gebaut, Pflanzungen angelegt zusammen mit den Schülern, beispielsweise auch eine „Regenwassersammelanlage"[6]. Ähnliches vor allem mit Spielanimationsprojekten versucht in München auch die Arbeitsgemeinschaft Spiellandschaft Stadt.[7]

Neue innovative Infrastrukturen: Systematische Kooperationsinitiativen. Inzwischen gibt es eine Reihe von Modellen und Initiativen, die Zusammenarbeit und den Informationsfluß zwischen Schule und Stadt, zwischen Schule und Kultur, zwischen schulischer und außerschulischer Pädagogik systematisch zu fördern und zu qualifizieren versuchen.

Öffnung von Schule, NRW: GÖS nennt sich das Projekt des Landesinstituts für Schule und Weiterbildung Nordrhein-Westfalen und heißt „Gestaltung des Schullebens und Öffnung von Schule". Es geht darum, „Schule als Lebens- und Erfahrungsraum" zu gestalten, beispielsweise durch einen „Beraterpool" von Fachleuten für Schulprojekte, oder die Förderung von Information über für Schule attraktive Lernorte außerhalb: Lernort Bauernhof, Lernort Biotop, Lernort Museum, Lernort Literaturwerkstätten, Lernort Wasserburg, Lernort islamisches Gebetshaus, Lernort Nahverkehr u.a.[8]

Initiativen in der Akademie Remscheid: Die Akademie Remscheid und die Bundesvereinigung Kulturelle Jugendbildung organisieren Tagungen und Arbeitsgruppen zur Entwicklung von Kooperationsmodellen und zum Erfahrungsaustausch „schulischer und außerschulischer Pädagogik" mit dem Focus des gemeinsamen Interesses an kultureller Jugendbildung. „Allgemeinbildung" wird hier als übergreifendes Ziel auch unterschiedlicher Erziehungsfelder verstanden. „Trotz dieser günstigen Voraussetzungen treten jedoch immer dann Schwierigkeiten auf, wenn die Zusammenarbeit von Schule und Jugendarbeit konkret werden soll. Urteile und Vorurteile über den jeweils anderen Bereich, Konkurrenzen, tatsächliche Diskriminierungen durch die jeweils andere Seite: all das gilt es zu überwinden."[9]

Diese Arbeit steht an, als ein Jahrzehnteprojekt und auch für die „Zukunft der Jugendkulturarbeit", für die Kooperation mit Schule eine der entscheidenden gesellschaftlichen Herausforderungen ist.[10]

Was leistet die Kultur / Kulturpädagogik für die Schule?

Die Präzisierung der Kooperationsverhältnisse läßt sich in vier Bezügen aufzeigen:
Zugänglichkeit einer vielfältigen Kulturlandschaft: Existente Kulturförderung, vorhandene Kulturorte und attraktive Kunst- und Kulturereignisse bieten der Schule und ihrer Ver-

mittlung Inhalte, Lernstoffe, Kunst- und Kulturerlebnisse, historische und aktuelle Ästhetik an - zur Anschauung, Teilhabe und Bearbeitung.

Beispiel: Museum, Denkmäler, historische Ensembles, Ausstellung, Oper, Theater, Festival, Bibliothek, Medienzentrum, Kulturhaus, öffentliche Jubiläen und Preise, Veranstaltungen aller Art und so weiter. Das existente z.B. kommunale Kulturangebot in aller historischen und aktuellen Vielfalt. Das ist die traditionelle, aber doch substanziell entscheidende Qualität des öffentlichen und und in Anteilen auch des kommerziellen Kulturlebens für die Schule, unabhängig, ob die Schule dies nützt oder nicht. Eine vielfältige und für alle erreichbare Kulturlandschaft als Ziel und Erfolg kontinuierlicher Kulturpolitik ist sowohl Voraussetzung wie Partner für die Qualifizierung des kulturellen Lernens, sowohl in der Schule wie davon ausgehend und hineinwirkend.

Kultureller Vermittlungsservice: Kulturelle, Kulturpädagogische Dienste leisten besondere Vermittlungsarbeit zwischen einer existenten Kulturlandschaft und spezifischen anderen Strukturen, z.B. der Bildung, insbesondere der Schule: Museumspädagogischer Dienst, Theaterpädagogisches Zentrum, kommunales Koordinationsforum Kinder- und Jugendkulturarbeit, Schultheaterwochen, Medienzentrum und Geräteverleih, Produktion und Vertrieb von Medienprodukten, Leseförderung, Schülerzeitungstreffen (und Druckerei, Redaktionsräume, Fortbildungen dafür), Museomobil sind Beispiele für spezialisierte Vermittlungsprojekte auch zwischen Schule und Kulturarbeit / Kulturpädagogik. Die Schule ist hier längst zum Adressaten professioneller kulturpädagogischer Angebote geworden, der Bereich bietet praktischen und qualitativ spezialisierten Service an, als gleichberechtigter Partner der Schule - nicht als Subunternehmer oder Nebenbuhler.

Gemeinsame Projekte Schule / Kultur: Gemeinsame kulturell-künstlerische Projekte sind die intensivste und sicher auch zukunftsträchtigste Form der Kooperation: Von vornherein wird gemeinsam geplant und realisiert. Jeder Partner bringt seine besonderen Ressourcen, Potentiale und Kompetenzen ein, die Schule etwa ihre Zielgruppenkontinuität, Räume, öffentliche Rahmenbedingungen, der kulturpädagogische Partner ein besonderes Knowhow, professionelle künstlerisch-gestalterische Fähigkeiten und materielle Ausstattungen, einen zusätzlichen lebensweltlichen sozialkulturellen und / oder künstlerisch-ästhetischen Background mit der Chance zu Künstlerkontakten und Kulturortbesuchen und z.B. zu Szenen der Kinder- und Jugendkultur.

Methodenvielfalt kulturellen Lernens: Methodentransfer in die Schuldidaktik sowohl für fachspezifischen Unterricht wie für allgemeine Schulkultur ist ein weiterer Mehrwert sowohl der unmittelbaren Kooperation wie auch der mittelbaren Wirkungen der Kulturpädagogik in Richtung Schule. Kulturpädagogik hat in den letzten 20 Jahren Methodenpluralismus und eine experimentelle Projektevielfalt zu allen möglichen Sparten und Einzelfeldern von Kunst und Kultur wie auch im multimedialen, interdisziplinären Feld entwickelt, die für Schuldidaktik ausgesprochen fruchtbar sein können, sozusagen als Repertoire und Magazin auch für die Renovierung der schulischen Praxis und ihrer Vermittlungsformen.

Gleichberechtigt und Partner: Diese vier Dimensionen von synergetischen Kooperationen (vielfältige erreichbare Kulturlandschaft, für Schulen nützliche Dienste, gemeinsame Projekte, Methodentransfer) sind dann effizient und qualitativ ausreichend, wenn es ein entwickeltes eigenständiges Feld Kulturpädagogik gibt mit eigenen professionellen Einrichtungen, Orten, Berufsrollen und spezialisierten Kunst- und Kulturkompetenzen. Es muß auch das Interesse der Schule sein - wenn Kooperation und Vernetzung gewünscht wird und realisiert werden soll - daß es diese schulunabhängige Infrastruktur der kulturellen Jugendbildung als Teil der öffentlichen Kulturarbeit und des Bildungswesens gibt. Sonst kommt die Partnerschaft ja nicht zustande.

Schule als Lebens- und Lernort für alle: Natürlich bietet auch die Schule als systematisch-kontinuierliche Infrastruktur, als Chance, alle regelmäßig zu erreichen, als Ort des sozialkulturellen Zusammenlebens der Kinder und Jugendlichen der Kinder- und Jugendkulturarbeit erhebliche Vorteile: Kein Problem, Zielgruppen zu erreichen, an einem Ort mit Räumen, Flächen, Veranstaltungsinfrastrukturen und im positiven Fall auch pädagogisch gleichgesinntem Personal.

Auf dem Weg zur Ganztagsschule? Spannend ist diese Frage und wird es zunehmend in der Diskussion um die Ganztagsschule, die Schulsozialarbeit, die Nachmittagsgestaltung des außerunterrichtlichen Schullebens, eben der „Schulkultur" als Lebensweise an einem besonderen pädagogischen Ort. Ohne „Kultur" wird gerade hier in Zukunft nichts gehen, und über den Umweg der Zeit- und Betreuungsprobleme der arbeitenden Eltern mit ihren Kindern wird sich die Schule zunehmend auch zum Ort der Kinder- und Jugendkultur entwickeln müssen, mit Inhalten, Angeboten, Projekten außerhalb des traditionellen und leistungsorientierten curricularen Kanons der Unterrichtsfächer und Lehr-/ Lernstoffe - unabhängig davon, ob einem dies gefällt oder nicht. Dies ist aber auch eine Chance verstärkter Kooperationen, Überschneidung von Kultur und Schule und der Vernetzung von „Schule und Stadt" mit ihren anderen „Lernorten, Spielräumen, Schauplätzen für Kinder und Jugendliche"[11] als gemeinsamer sozial-kultureller Lebensumwelt.

Künstler in der Schule: „Donnerstagvormittag in der Ferdinand-Freiligrath-Oberschule in Kreuzberg. Für die Siebtkläßler steht das seltene Unterrichtsfach Akrobatik auf dem Plan. Während Spitzentrainer Patla seiner Truppe gerade beibringt, wie man „die Rad" schlägt, sitzt im Klassenraum gegenüber der Schriftsteller Guntram Weber mit türkischen Jugendlichen. Fatma legt ein selbstgeschriebenes Liebesgedicht auf den Tisch. Ausgerechnet Oktay, der einzige Junge im Kurs und vorlaute Klassenclown, soll es vorlesen. Niemand lacht. Von ´Augen wie Sterne´ und ´Lippen wie Rosen´ dichten die Mädchen. Im Fach Freies Schreiben haben auch geheime Sehnsüchte ihren Platz.

Schulalltag in der Ferdinand-Freiligrath-Oberschule - Untersuchung einmal anders. Kein Resultat pädagogischer Experimentierlust, sondern pure Notwendigkeit. Seit 1990 ist die Kreuzberger Hauptschule Schauplatz eines bemerkenswerten Modellversuchs. Abweichend von jeglicher Unterrichtsform, können die Schüler der 7. und 8. Klasse eine Doppelstunde pro Woche zwischen verschiedenen Wahlpflichtkursen wählen, sie können sich zwischen Aerobic oder Photographie entscheiden, Pantomime oder Graffiti, Theater, Akrobatik oder Musik. Das besondere an diesem Konzept: Die Kurse werden von „echten" Profis geleitet, von auswärtigen Künstlern, die eigens dafür verpflichtet werden. Lehrerinnen und Lehrer stehen zwar für die pädagogische Begleitung des Unterrichts gerade, aber meist sind sie genauso zum Lernen gezwungen wie ihre Schüler.

Was in Kurzform gar nicht so sensationell klingt, birgt ein Konzept, das die seit Jahren ausgelatschten pädagogischen Trampelpfade äußerst erfolgreich durchkreuzt. KidS heißt dieser **Modellversuch, „Kreativität in die Schule"**, wobei die beiden Worte „in die" die Marschrichtung anzeigen. „Hauptschulen", sagt Hildburg Kagerer, Lehrerin an der Ferdinand-Freiligrath-Schule und Leiterin des Projekts, „sind zu hochproblematischen Orten geworden. Die Schülerschaft ist zu Hause mit ungeheuren existentiellen Problemen belastet, vor denen die Lehrer kapitulieren. Die Jugendlichen haben das Gefühl, nichts mehr wert zu sein in der Gesellschaft, und reagieren darauf mit Destruktion, allein um sich der eigenen Existenz zu vergewissern. Sowohl Lehrer als auch Schüler tragen das Stigma der Aussonderung als Lebensgefühl mit sich herum ..

Dienstagmittag in der Freiligrath-Schule. Kay Eikermann, ein King der Breakdancer-Szene, läßt die „Hardliner" der 8. Klasse durch die Turnhalle wirbeln. „Wenn dieser Kurs nicht wäre", meint Frau Kagerer, „hätten wir längst Bambule." Bülent, Mitglied in einer türkischen Jugendgang und früher nicht gerade häufiger „Gast" in der Schule, ist hier einer der eifrigsten Schüler. In schwindelerregendem Tempo rotiert er auf dem Kopf zur Musik. Sein Lehrer, der - das gehört zum Konzept - selbst mitmachen muß, hat da schon einige Mühe, Arme und Beine unters Hinterteil zu schwingen. Den Wettbewerb mit seinen Schülern kann er nicht gewinnen. Und das ist ganz gut so. ´Öffnung des inneren Ghettos´ nennt das Konzept dieses Element: Die Schüler sollen Zugang zu ihren eigenen Stärken gewinnen, die sie oft gar nicht kennen. **´Er hat mir Mut gemacht´**, ist denn auch das häufigste Lob, das die Künstler von ihren Kursteilnehmern zu hören bekommen.

Im Klassenraum gegenüber bringen gerade sechs Achtkläßler ein Rockmusikstück zur Cassettenreife. Zum x-ten Mal wird schon das Finale geprobt. Die Fünfzehnjährigen, die es sonst kaum länger als zehn Minuten bei einer Sache hält, sind mit Ausdauer dabei."[12]

KidS - Kreativität in die Schule

KULTUR MACHT SCHULE -
Kinder- und Jugendkulturbörse

Beispiel: Gemeinsam beschlossen, geplant, finanziert und realisiert vom Schul-, Sozial- und Kulturreferat der Landeshauptstadt München wurde am 3. April 1995 eine „Börse" außerschulischer Kultur- und Bildungsangebote für die Schulen, ErzieherInnen und LehrerInnen, pädagogischen Ausbildungsstätten Münchens und der Region organisiert - ein Versuch mit gelungenem Ausgang.

Bei der offenen Tagesveranstaltung im zentralen Münchner Kulturzentrum Gasteig - wo auch die Philharmonie, die Zentralen der Münchner Volkshochschule und der Stadtbibliotheken und einiges andere beheimatet sind - präsentierten fast 90 außerschulische Kultur- und Jugendeinrichtungen, Träger, Vereine, Initiativen den LehrerInnen aller Schularten Angebote an die Schulen.

Eine Informationsbörse für die Lehrer als verwaltungsübergreifendes Projekt

73

Angebote auf der „Börse": Die Spielarten: Wir kommen in die Schule mit einem besonderen Programm. Oder: Kommt mit einer Klasse zu uns, wir haben dies und das auch lehrplanbezogen anzubieten. 15 Referatsveranstaltungen und Foren boten Information, Reflexion und Diskussion auch im bundesweiten Horizont, über 30 Präsentationen aus Musik, Theater, Medien u.a. zeigten live, was da ist und geht.

Themen und Diskussionen: Referatsthemen waren beispielsweise:
- Pädagogische Schulentwickung in München,
- Kooperation Schule - Freizeit, Beispiel Nürnberg,
- KidS-Projekt Berlin: Kreativität in die Schule,
- Die neuen Wirklichkeiten der Computer-Kids,
- Neue Medien in der Schule - Plädoyer für eine Vielkanaligkeit des Lernens.

Die „Foren" mit jeweils 6-10 Diskutanten verschiedener Berufs- und Lebenshintergründe hatten als Titel:
- Spielen und / oder Hausaufgaben im Hort?
- Schulhof - Spielhof
- Interkulturelles Miteinander
- Schulsozialarbeit in München
- Schule im Museum

Das durchaus risikoreiche Experiment „Kulturbörse" gelang zumindest insofern, als vormittags Dutzende von Schulklassen für Stimmung sorgten, und insgesamt den Tag über sich wohl 1.500 PädagogInnen aller Art informierten. Soweit erfolgreich - Folgen intensivierter Kontakte und Kooperationen werden zu beobachten sein.

Vielfalt der Anbieter: Für alle Beteiligten aber war überraschend, was da an Angebotsvielfalt zusammenkam, was es in einer Stadt doch alles gibt, und wie wenig insbesondere die Schule davon weiß. Viele staunten über fast 200 Meter Stand an Stand, wie z.B.:

Amnesty International
Arbeitsgemeinschaft Friedenspädagogik
Arbeitskreis Jugendliteratur
Bauchladentheater
BavariaFilmtour
BIKJU - Binationale Kinder- und Jugendarbeit
Circus Wunderland
Deutsch-afrikanische Brücke & Griot e.V.
Festspielhaus, Kobold e.V.
Freizeitring Münchner Schüler
Hansapalast Feierwerk
Initiativgruppe Förderung von ausländischen Kindern
Institut Film und Bild FWU
Internationale Jugendbibliothek
Internationaler Kinderzirkus „Trau Dich"
Jugend Schreib & Layout-Studio
Kinder- und Jugendmuseum
Kinderkino München
Kino im Museum
Kreisjugendring München-Stadt
Kultur und Spielraum e.V.
Landesbund für Vogelschutz
Landesfilmdienst Bayern
Medienzentrum
Mobilspiel
Museumspädagogisches Zentrum
Münchner Stadtbibliothek
Museum Mensch und Natur
Pädagogische Aktion / SPIELkultur e.V.
Pädagogisches Institut
Pantaleon Puppenspiel
Projekt Kaktus
Radio Maroni
RaGazza Mädchenarbeit
Schauburg
Schule der Phantasie
Siemens Forum
SINNENREICH mobil
Spiele-Casino
Stattreisen München e.V.
Theater + Schule
Tierparkschule
Urbanes Wohnen
Zebra, Theater und Aktion

Anbieterkatalog: Um die Wirkung zu vertiefen und zumindest eine gewisse Dauer sicherzustellen, wurde ein 100-Seiten-Katalog mit Selbstdarstellungen der Anbieter zur Börse hergestellt und billig weitergegeben. Dieser Katalog wurde mit Begleitschreiben der Münchner Schulreferentin an alle Münchner Schulen versandt, nach dem Event „Kulturbörse".

Veröffentlichungen zur Weiterarbeit: Gleichzeitig wurden auch zwei Veröffentlichungen mit systematischen Recherchen zur kulturellen Bildung in München fertig:

„München lernt Kultur" - Kontinuierliche Angebote kultureller Jugendbildung in München, München 1995, - ca. 150 Kurzdarstellungen mit Index Kultursparten und Stadtteile.[12]

„Kultur macht Schule" - Kontinuierliche Angebote der Kinder- und Jugendkulturarbeit für Münchner Schulen, - ca. 80 Kurzdarstellungen mit Themenbezug, Schulstufenzuordnung und einem Index Schultypen / Inhalte.[13]

Positives öffentliches Echo: Nach dem guten öffentlichen Anklang, einem guten Presseecho und auch sehr positiver kommunalpolitischer Resonanz (im Gegensatz zur staatlichen Schulaufsicht: weitgehend Abstinenz und Schweigen) ist eine Wiederholung in ein oder zwei Jahren geplant.

Zur kommunalen Vorgeschichte der „Börse": Nun ist dieses Projekt in München nicht so ganz aus dem heiteren Himmel gefallen - eigentlich gibt es eine lange, bis in die 80er Jahre zurückreichende Vorgeschichte. Ein gemeinsamer kommunaler Arbeitskreis „Kommunale Kinder- und Jugendkultur" aus Schul-, Kultur- und Sozialverwaltung sowie einschlägigen Einrichtungen, freien Trägern und Initiativen traf sich seit 1980, erarbeitete ein „Kommunales Gesamtkonzept Kinder- und Jugendkultur", 1990 vom Münchner Stadtrat einstimmig beschlossen und mit einem „Koordinationsforum Kinder- und Jugendkultur" als offiziel-

lem kommunalem Gremium arbeitsfähig gemacht. Kinder- und Jugendkultur wird in diesem Konzept als „kommunale Querschnittsaufgabe" definiert, zu realisieren in Form eines kulturpädagogischen Netzwerks unterschiedlicher zentraler und dezentraler Einrichtungen, Maßnahmen und Projekte.[14]

Das kommunale Koordinationsforum als Veranstalter: Bei jährlich wechselnder Federführung (Schule, Kultur, Soziales) hat das Koordinationsforum die Aufgabe, zu informieren, zu qualifizieren und auch referatsübergreifende Maßnahmen im kommunalen Auftrag durchzuführen, wie z.B. die Kulturbörse. Finanziert gemeinsam von den drei Referaten und dem Kreisjugendring München-Stadt wurde die organisatorische Durchführung der Börse dann dem Koordinationsforumsmitglied Pädagogische Aktion / SPIELkultur e.V. übertragen, mit Regie der AG Kulturbörse, bei der sich alle Aktiven und Interessierten regelmäßig trafen.

Insofern spiegelte auch die Veranstalterkonstellation Vielfalt und Bandbreite kultureller Jugendbildung in einer Stadt wider, eine Art „großer Koalition" zur Sache und hierbei sogar gemeinsam handlungsfähig - eher die Ausnahme zur Zeit, bei auch konkurrierenden Verhältnissen um die öffentlichen Finanzen, Themenbesetzungen und Profilierungsbedürfnissen, oder auch in der Auseinandersetzung eher traditionell-einflußreicher Strukturen (wie z.B. Jugendverbände) und eher innovatorisch-professioneller Neuentwicklungen (wie spiel- und kulturpädagogische Dienste, Projekte, Einrichtungstypen).

Alltagsprobleme der Kooperation: Die abschließende Podiumsdiskussion mit den Repräsentanten der Münchner Schul-, Kultur- und Sozialpolitik und der Verwaltung, Berufspraxis (einschließlich Hausmeistervertreter und Elternsprecherin) hatte den beziehungsreichen Titel - leicht an Karl Valentin angelehnt: „Wollen täten wir schon, aber können tun wir oft nicht." Das ist heute nach wie vor eines der Probleme, die einer funktionalen, in der Regel von allen gewünschten Kooperation entgegenstehen: Das verregelte, verrechtlichte, formal institutionalisierte, landesweit einheitliche Korsett des öffentlichen Schulbetriebs, dem oft die Nähe zum Alltag, den Sorgen und Interessen der Beteiligten und Betroffenen fehlt.

Aus dem Grußwort der Bürgermeisterin: *Die Münchner Bürgermeisterin, zuständig sowohl für schulische wie außerschulische kommunale Infrastrukturen schrieb im Vorwort zur Veranstaltung „Kultur macht Schule":*

„Der öffentliche Bereich schulischer und außerschulischer Pädagogik in einer Stadt ergänzen und qualifizieren sich gegenseitig, im gemeinsamen Interesse an positiver Gegenwart und aussichtsreicher Zukunft der Kinder und Jugendlichen. Aber man muß voneinander wissen, man muß sich kennen und informieren: Was braucht die Schule? Was bietet der außerschulische Bereich an? Was kann die Erzieherin, die Lehrerin und der Lehrer für seinen Unterricht nutzen, wohin kann sie oder er gehen, um Schule, um Fächer und Inhalte, um den Kindergarten- und Hortalltag anzureichern mit Erfahrungen und Erlebnissen, die zu einem ganzheitlichen Lernen und Verstehen, eben zur „Bildung" eines jeden einzelnen jungen Menschen beitragen können?

Informationen, Kennenlernen, Austausch dazu ist Absicht dieser ersten Münchner Kinder- und Jugendkulturbörse, gemeinsam initiiert und organisiert von Schulreferat, Kulturreferat und Sozialreferat der Landeshauptstadt München, auch nach dem Motto: „Kultur macht Schule" und „Die Schule öffnet sich".

Wenn auch Veranstaltungen wie diese „Schule machen", dann ist ein guter Schritt getan zur Zusammenarbeit, zur gemeinsamen Verbesserung der Lebensbedingungen für Kinder und Jugendliche unserer Stadt, auch in der positiven Verbindung von „Leben und Lernen" wie auch von „Schule, Kultur und Stadt" als einer lebendigen Einheit."

Ausblick - Neues Lernen digital und interaktiv?

Ausblick Multimedia: Auf der „Didakta", der großen Bildungsmesse im Februar 1995 in Düsseldorf wurde eine eigene, von der „Stiftung Lernen" mit dem Hintergrund des FWU (Institut für Film und Bild in Wissenschaft und Unterricht) aufgebaute Szenerie präsentiert: „Neue Lernwelten".

Die Schlagworte der neuen Spiel- und Lernsoftware mit geradezu explodierender Ausbreitungsgeschwindigkeit entlang der technologischen Entwicklung der Computerkapazitäten, der Datenhighways und der digitalen Netze sind beispielsweise „Edutainment" und „Infotainment", erziehende und informative digitale Unterhaltung mit prinzipieller Zugänglichkeit für fast jeden zu fast allem - soweit man eben am technologisch aktuellen System angeschlossen ist, dies bezahlen kann und technisch beherrscht.

Neue Spiel- und Lernwelten: „Neue Lernwelten", wie auf der Didakta 1995 eigentlich noch in den Kinderschuhen präsentiert, signalisieren einerseits bei den derzeit heranwachsenden „Computerkids" höchstes Interesse. Andererseits sind es die ersten Vorboten einer möglichen Umwälzung im Bildungs- und Kultursystem, die wir uns noch gar nicht vorstellen können. Man spricht auch vom **„Lernen ohne Schule"**[15] oder vom „Neuen Lernen in der Schule - interaktiv und kreativ"[16]. Von qualifizierten Computerspielen in der Schule, „die Spaß und Lernmöglichkeiten miteinander verbinden"[17] ist die Rede und von der „Revolution des Lernens: Kinder, Computer, Schule in einer digitalen Welt"[18]. In diesem Buch heißt es: „Das zentrale Problem bei der Veränderung der Schule ist die Spannung zwischen Technisierung und ihrem Gegenteil, wobei der Lehrer genau am Angelpunkt sitzt."[19]

Es ist eine optimistische These, zu hoffen, daß die neuen Lerntechnologien zu einer Befreiung von den schulischen Regelwerken führen, das

Lernen individualisieren und unterhaltsamer machen.

Sicher ist, daß sich das Lernen entsprechend der Möglichkeiten von Multimedia und individualisierter Interaktivität zwischen Lernendem und Lehrstoff verändern wird. Natürlich bleibt das nicht ohne Wirkungen des Verhältnisses Schule / Außerschulisches - wobei das Außerschulische durch die permanente Präsenz, Erreichbarkeit von Information, Spiel, Kontakt in den Computernetzen neue Bedeutung gewinnt, vielleicht zukünftig dominant wird.

Neue veränderte Kooperationsmodelle stehen dann an im Dreieck Schule als sozialer Lernort, Kinder- und Jugendkulturarbeit als sinnlich-künstlerische Erfahrungsproduktion und mediale, virtuelle Spiel- und Lernwelten als Lieferanten unendlicher Datenmengen, Informationen, Kommunikationen und Spielmilieus.

Anmerkungen

1. vgl. Hensel, H. 1994

2. Hensel, H. 1994, S.15)

3. Bergmann, W. In: Süddeutschen Zeitung, Wochenendbeilage 14./15.1.95)

4. Rumpf: 1981

5. vgl. Pyka: Zur Organisation und Struktur der „Jugendkunstschulen" als multimedialem kulturellem Lernfeld, 1993

6. vgl. Coenen, G.: In: SPIELRAUM, Juni 1995

7. vgl. Knecht, G.: In: Friedrich-Jahresheft 1995 SPIELZEIT)

8. vgl. Landesinstitut für Schule und Weiterbildung: Journal zur Gestaltung des Schullebens und Öffnung von Schule, Oktober 1993,

9. Fuchs, M.: In: Fuchs, M. (Hg.) 1994, S.9

10. vgl. Braun, E.: In: Bundesvereinigung Kulturelle Jugendbildung (Hg.): „Zukunft Jugendkulturarbeit, 1994, S.201ff.

11. Reiß: 1994

12. Pädagogischer Salto, In: DIE ZEIT 2.4.93, S.39

13. Koordinationsforum Kinder- und Jugendkulturarbeit LHM (Hg.):

14. vgl. Liebich / Mayrhofer / Zacharias, 1991

15. vgl. FWU-Magazin 4/1992, S.29)

16. vgl. Manuskript zur Sendung des Bayerischen Rundfunks, Telemanuskriptdienst Nr. 30312

17. vgl. van Lück, W.: Friedrich-Jahresheft '95 SPIELZEIT, S.60

18. Papert, S., Hannover 1994

19. Papert, S. 1994, S.77

Literatur

Beck/ Wellershoff: SinnesWandel. Frankfurt 1989

Bundesvereinigung Kulturelle Jugendbildung e.V. (Hg.): Zukunft Jugendkulturarbeit. Remscheid 1994

Fuchs, M. (Hg.): Schulische und außerschulische Pädagogik. Remscheid 1994

Hensel, H.: Die neue Kinder und die Erosion der alten Schule. Bönen 1994

Liebich/ Mayrhofer/ Zacharias (Hg.): Kommunale Kinder- und Jugendkulturarbeit im Aufwind? München 1991

Pädagogische Aktion/ SPIELkultur e.V. (Hg.): München lernt Kultur - Katalog jugendkultureller Bildungsangebote in München. München 1995

Pädagogische Aktion/ SPIELkultur e.V. (Hg.): Kultur macht Schule - Katalog kulturpädagogischer Angebote an Münchner Schulen. München 1995

Papert, S.: Revolution des Lernens. Hannover 1995

Pyka, B.: Jugendkunstschulen in der BRD. Unna 1993

Reiß, G. (Hg.): Schule und Stadt. Weinheim 1995

Rumpf, H.: Die übergangene Sinnlichkeit. München 1981

Brigitte Prautzsch

Kooperationsformen und Modelle in den neuen Bundesländern

Welche Möglichkeiten eröffnen Schul- und Jugendgesetze, Richtlinien und Projektförderungen?

Mit folgendem Beitrag wird der Versuch unternommen, die jugend- und schulpolitischen Positionen der Landesregierungen in den östlichen Bundesländern im Hinblick auf Kooperationsformen und -modelle zwischen Schule und außerschulischen Trägern der Jugend(kultur)arbeit zu skizzieren und auf eine modellhafte Praxis auf Landesebene zu verweisen.

Der 9. Jugendbericht der Bundesregierung konstatierte für die neuen Bundesländer eine historisch bedingt andere Situation. Dazu gehört auch eine große Offenheit für erweiterte Kooperationen zwischen Jugendhilfe und Schule.

Allerdings geht es dabei primär um Schulsozialarbeit; bedauerlich, empfahl doch der 9. Jugendbericht die Etablierung des Arbeitsfeldes Jugendhilfe und Schule sollte in den neuen Ländern unbelastet von der Unterscheidung in Pflichtaufgaben und freiwillig angesehene Leistungen diskutiert werden.[1] Auch dort, wo Förderrichtlinien und landesweite Modellprojekte ausdrücklich Jugendarbeit in einem primär präventiven Sinne meinen, sind kulturpädagogische Arbeitsformen jenseits „kultureller Freizeitgestaltung" selten anzutreffen. Darauf wird im folgenden differenzierter einzugehen sein.

Schule hatte in der DDR soziale und kulturelle Funktionen im Staatsauftrag zu erfüllen. Aber auch jenseits ideologischer Inanspruchnahme wurden Qualitäten entwickelt, die Lehrern, Eltern, Künstlern und Sozialpädagogen heute Kooperation erleichtern. Auch wenn letztendlich die Grundstrukturen der alten Bundesländer übernommen werden, eröffnet dies Spielräume für Experimente und Innovationen.

Auf der anderen Seite könnte es sich als vorteilhaft erweisen, daß aufgrund der in den neuen Ländern noch weitgehend fehlenden schulkritischen Tradition der Jugendhilfe auch deren Träger noch weniger vorbelastet mit Schulen zusammenarbeiten können und aufgrund eigener Erfahrungen auch kein Negativbild einer unfreien, lebensfernen Schule pflegen. Für LehrerInnen in der DDR war Schule immer auch ein Ort vieler außerschulischer Aktivitäten und kein dem westlichen Schulverständnis vergleichbarer exklusiver Raum. Dies sind gute Voraussetzungen für eine Kooperation mit freien Trägern der Jugendarbeit.[2]

Schulgesetze

In den Schulgesetzen der ostdeutschen Länder und Berlin sind eher verhaltene Äußerungen zur Öffnung von Schule oder zu Kooperationsverpflichtungen enthalten. Ein möglicher Grund ist vielleicht darin zu suchen, daß der Schulbereich - wie der 9. Jugendbericht feststellt - den wichtigsten autonomen Politikbereich der Länder darstellt. Im Bericht wird geschlußfolgert, daß damit die ressortübergreifende Kooperation von Schul-, Jugend- und Sozialpolitik auf Landesebene erschwert wird und auch die praktischen Kooperationen von kommunal organisierten und örtlich zuständigen Jugendhilfeträgern mit örtlichen Schulen, die in die zentrale Schulverwaltung des Landes eingebunden sind, negativ betrofffen sind.[3]

Häufig sind die Schulgesetze strukturell und organisatorisch angelegt; wesentliche inhaltliche Orientierungen werden dann in umfangreichen Richtlinien und Verordnungen geregelt, wie beispielsweise in Sachsen.[4]

Folgende Zusammenarbeitsverpflichtung, die eine ganze Palette an möglichen Kooperationspartnern einschließt - interessanterweise nicht nur Jugendhilfeträger, sondern explizit auch kulturelle Einrichtungen - findet sich im **Schulgesetz von Mecklenburg-Vorpommern:** *„Die Öffnung der Schulen gegenüber ihrem gesellschaftlichen Umfeld ist zu fördern. Sie kann durch Zusammenarbeit der Schule mit anderen Schulen, mit außerschulischen Einrichtungen und Institutionen geschehen, insbesondere mit den Trägern der örtlichen Jugendhilfe, Sport und anderen Vereinen, Kunst- und Musikschulen, Museen und Theatern, Schullandheimen, sonstigen staatlichen, kommunalen und kirchlichen Einrichtungen sowie mit Einrichtungen der Weiterbildung...*
Die Schule kann im Unterricht und bei anderen Schulveranstaltungen geeignete Personen zur Unterstützung unter Verantwortung der Lehrer einsetzen." [5]

Im Land Brandenburg lauten die in diesem Zusammenhang interessanten „Öffnungsklauseln": *„Die Schule ist ein Ort offener kultureller Tätigkeit. Sie hat dabei ihren gesetzlichen Auftrag zu wahren.*
Die Schulen sollen mit anderen Stellen und öffentlichen Einrichtungen, deren Tätigkeit sich auf die Lebenssituation junger Menschen und ihrer Familien auswirkt, im Rahmen ihrer Aufgaben und Befugnisse zusammenarbeiten. Sie können nach Zustimmung durch das staatliche Schulamt und den Schulträger Vereinbarungen, insbesondere mit einem Träger der Jugendhilfe, über die Durchführung von Sozialarbeit oder von Freizeitangeboten an der Schule treffen, soweit der Schulträger nicht selbst solche Vereinbarungen trifft." [6]

Auch der **Freistaat Thüringen** regelt explizit die Zusammenarbeitsverpflichtung zwischen schulischen und außerschulischen Bildungsträgern und definiert „außerunterrichtliche Angebote" für die schulfreie Zeit im Schulgesetz: *„Bei der Gestaltung des Erziehungs- und Schulwesens wirken das Land, die kommunalen Gebietskörperschaften und die freien Trä-*

ger mit den Eltern, den Lehrern, den Erziehern, den sonderpädagogischen Fachkräften, den Schülern sowie weiteren Vertretern von Einrichtungen, die an der schulischen oder außerschulischen Bildung und Erziehung beteiligt sind, zusammen.
Außerunterrichtliche Angebote werden entsprechend den personellen und sachlichen Voraussetzungen der Schule, den Bedürfnissen der Schüler und dem Wunsch der Eltern an den Nachmittagen ermöglicht. Dabei sind die territorialen Besonderheiten sowie die Angebote freier Träger zu berücksichtigen." [7]

Eine Besonderheit in den Schulgesetzen stellt die Integration der Musikschulen in die schulische Bildungsstruktur dar. Im **Berliner Schulgesetz** heißt es dazu: *„Die Musikschulen nehmen Aufgaben der Musikerziehung wahr. Sie bieten theoretischen und praktischen Unterricht, suchen und fördern Begabungen. Die Musikschulen pflegen und fördern Interesse und Verständnis für zeitgenössische Musik und Musik früherer Epochen. Sie bieten Gelegenheit zur musikalischen Betätigung und Weiterbildung."* [8]
In Vorbereitung einer neuerlichen Novellierung wird derzeit auch über eine mögliche Einbindung der Jugendkunstschulen in das Schulgesetz nachgedacht. Der Berliner Schulsenat fördert traditionell Jugendkunstschulen, 1997 werden 7 Jugendkunstschulen mit 9 Lehrerstellen gefördert. **Jugendkunstschulen werden erstmalig im Berliner Organisationsplan erwähnt und sind dementsprechend Teil der Berliner Schullandschaft.**

Auch der **„Bericht über Bestand und Perspektiven für die Berliner Jugendfreizeitstätten"** von 1996 (laut Bericht gibt es über 700 Jugendfreizeitstätten in 23 Berliner Bezirken) beschreibt, daß derzeit geprüft wird, inwieweit im Rahmen der Novellierung des Schulgesetzes die außerunterrichtlichen Angebote enger mit den Angeboten der Jugendämter und den mit ihnen partnerschaftlich verbundenen freien Trägern der Jugendarbeit verknüpft werden können. Besondere Bedeutung wird dabei den

Kooperationsverpflichtungen in den Schulgesetzen von Mecklenburg-Vorpommern, Brandenburg und Thüringen

Musikschule im Berliner Schulgesetz integriert

in ihrer Existenz bedrohten Schülerclubs beigemessen.

Die **Novellierung der Schulgesetzes in Sachsen-Anhalt** 1997 erbrachte ebenfalls eine Verankerung der Musikschulen. Im entsprechenden Landtagsbeschluß heißt es u.a.: *„Musikschulen sind Bildungseinrichtungen, deren wesentliche Aufgaben die Vermittlung einer musikalischen Grundausbildung, die Herausbildung des Nachwuchses für das Laien- und Liebhabermusizieren, die Begabtenfindung und Begabtenförderung sowie die mögliche Vorbereitung auf ein Berufsstudium sind."[9]*

Jugendgesetze

Die Zusammenarbeitsverpflichtung des Kinder- und Jugendhilfegesetzes § 81 wird in den Ausführungsgesetzen der neuen Länder durch Landesrechtsvorbehalt kaum differenzierter geregelt.

Lediglich das **Berliner Ausführungsgesetz**, welches erst 1995 verabschiedet wurde, regelt im ersten Abschnitt unter „Allgemeine Vorschriften" die Querschnittsverantwortung für die Jugendhilfe. Die Jugendhilfebehörden werden verpflichtet, *„die Bedürfnisse und Interessen junger Menschen fachübergreifend, insbesondere gegenüber den für Schule ... zuständigen Verwaltungen zur Geltung zu bringen."* Im Gesetzestext heißt es weiter: *„Schulbezogene Jugendarbeit soll durch eigene Bildungsmaßnahmen und freizeitpädagogische Angebote dazu beitragen, die unterschiedlichen Lebensräume der Schule, der Familie und der Freizeit zu verbinden. Die Träger der Jugendarbeit sollen geeignete Maßnahmen entwickeln und diese in Abstimmung mit den beteiligten Schulen den Schülerinnen und Schülern anbieten. Es soll darauf hingewirkt werden, daß Angebote und Projekte Entwicklungsmöglichkeiten im Rahmen des Schulalltags finden und sich die Schule zum Gemeinwesen hin öffnet."[10]*

In Land **Mecklenburg-Vorpommern** liegt der **Entwurf zu einem Kinder- und Jugend-**

förderungsgesetz vor, das schulbezogene Jugendarbeit als wesentlichen Aufgabenbereich der Kinder- und Jugendarbeit definiert.[11]

Die Mehrzahl der gültigen Ausführungsgesetze zum KJHG in den neuen Ländern haben den Charakter eines Organisationsgesetzes. Das heißt, wesentliche Zielstellungen der Landespolitik sind eher in den Landesjugendplänen, entsprechenden Verordnungen und Richtlinien geregelt. Dies zu betonen ist deshalb wichtig, weil die Praxisreflexion ein deutlich anderes Bild liefert und die scheinbare Zurückhaltung der Obersten Landesjugendbehörden nicht spiegelt: Das Engagement für Kooperationsmaßnahmen geht in der Praxis vor Ort eher vom außerschulischen Jugendarbeitsspektrum aus, sieht man von punktuellen Interessen der Schulen an Nachmittagsangeboten für die Hortbetreuung oder an Gestaltung von Projekttagen ab.

Jugend- und bildungspolitische Positionen der Landesregierungen

Unter der Überschrift **„Verstärkung der schulischen Bemühungen zur Förderung der kulturellen Bildung bei Kindern und Jugendlichen"** faßte die Landesregierung in Sachsen-Anhalt ihre bildungspolitischen Zielstellungen auf diesem Gebiet im **Kinder- und Jugendbericht des Landes Sachsen-Anhalt** von 1994 zusammen.

Die Landesregierung beabsichtigt eine schulformübergreifende Förderung und Hinführung zu kultureller Bildung. Diese soll sowohl im Unterricht durch Kenntnisvermittlung und sensible Rezeption sowie durch künstlerisch-praktische Tätigkeit als auch im außerunterrichtlichen Bereich durch schulbegleitende kulturelle Angebote geschehen. Dabei sind vor allem freie Träger gefragt. Die Landesregierung will sich um eine verstärkte Anregung für weitere Initiativen bei öffentlichen und freien Trägern „vor Ort" auf der Grundlage der Förderprogramme und andererseits um eine verbesserte „Hinführung" der Kinder und Jugendlichen zu den vorhandenen Freizeit- und Kulturangeboten der freien und öffentlichen Träger bemühen. Letztlich geht es darum, die Trennung zwischen der unterrichtlichen Arbeit am Vormittag und den Nachmittagsangeboten der öffentlichen und freien Träger zu überbrücken.[12]

So explizit wie in Sachsen Anhalt finden sich u.E. Aussagen zur kulturellen Bildung im Schnittfeld von Schule und außerschulischem Bereich in keinem anderen der neuen Länder.

Verbindliche Grundpositionen der Landesregierung sind auch im **Freistaat Sachsen** formuliert. In dem 1996 im Kabinett verabschiedeten **neuen Landesjugendplan** sind jugendpolitische Grundpositionen benannt, die u.a. auch Schwerpunkte für die Zusammenarbeit zwischen der Jugendarbeit in ihrer ganzen Vielfalt und Schulen definieren: *„Im engen Zusammenhang mit der Forderung nach Öffnung der Schule für die Jugendarbeit ist die Angebotsbreite zur Freizeitgestaltung für die Gruppe der 10- bis 14jährigen zu sehen. ... Die Formen des methodisch flexiblen, ganzheitlichen und situativen Lernens in der Jugendarbeit ermöglichen den Schülern eine neue Sichtweise, die wiederum zur Bereicherung des Schulalltags führt ..."*
Und weiter heißt es: *„... es geht jetzt um die Ausgestaltung, um die innere Reform des Schulsystems, um die Schule noch moderner und schülergerechter zu gestalten und um die Schüler dadurch auf eine leistungsorientierte, offene und auf sozialen Ausgleich bedachte Gesellschaft vorzubereiten. Unterstützend soll dabei auch ein verstärktes Miteinander von Schule und Jugendhilfe wirken."*[13]

Nach mehrjährigen Erfahrungen mit dem Aufbau der Jugendhilfe im **Freistaat Thüringen** und insbesondere auch mit dem dreijährigen Modellprojekt „Jugendarbeit an Thüringer Schulen" verabschiedete der Landesjugendhilfeausschuß 1997 **„Empfehlungen für fachliche Standards von Projekten für Jugendarbeit/Jugendsozialarbeit an und mit Thüringer Schulen".** Hier heißt es: *„Schule ist ein Sozialisationsort, der besondere Chancen für die Entwicklung von Partizipation und gesellschaftlicher Integration von Kindern und Ju-*

gendlichen bietet. ...
Durch die Entwicklung und Beförderung verbindlicher Kooperationsstrukturen zwischen Schule und dem Träger der Jugendhilfe sowie Eltern und Schülern soll dazu beigetragen werden, auftretende Probleme frühzeitig zu erkennen und gemeinsam zu lösen.
Die partnerschaftliche Zusammenarbeit zwischen Jugendhilfe und Schule setzt eine gemeinsame Zielstellung voraus. Dazu muß Jugendarbeit / Jugendsozialarbeit an und mit der Schule ein integraler Bestandteil der Konzeption und Zielsetzung der einzelnen Schule sein. Ziele und Inhalte der Kooperation zwischen Jugendhilfe und Schule sollten sowohl bei der örtlichen Jugendhilfeplanung als auch bei der Schulentwicklungsplanung Berücksichtigung finden."[14]

Landesjugendpläne

Spezielle Aussagen zur Förderung der Jugendarbeit trifft beispielsweise in **Mecklenburg-Vorpommern** der jährlich verabschiedete **Landesjugendplan**, der aus 14 einzelnen Programmen besteht. In den Richtlinien definiert das Land die Zusammenarbeit zwischen Schulen und Jugendhilfeträgern zur Bereitstellung von Freizeitangeboten für junge Menschen.

Neben der Förderung sportbezogener Jugendarbeit kann mit dem Programm 11 **„Förderprogramm für Maßnahmen von Trägern in der schulfreien Nachmittagszeit"** die gesamte Vielfalt an Freizeitangeboten freier Träger an Schulen bezuschußt werden; u.a. **Arbeitsgemeinschaften im kulturellen Bereich und musische und spielerische Aktivitäten**, wie es im Programm heißt. Dabei darf das Angebot 3 Wochenstunden nicht unterschreiten und die Gruppen müssen für Interessenten offen gehalten werden. Inwieweit die freien Träger Angebote machen können, ist sicher auch abhängig von der kommunalen Förderung, da sich das Land nur mit einem monatlichen Festbetrag von 100.- DM an der jeweiligen Maßnahme beteiligt[15]

Kooperationsprogramme im Landesjugendplan Mecklenburg-Vorpommern

Mit dem Programm 9a des Landesjugendplanes soll in Mecklenburg-Vorpommern **„schulbezogene Jugendarbeit"** gefördert werden: *„Dieses Programm trägt dazu bei, die Öffnung der Schule gegenüber ihrem Umfeld zu fördern, um eine Vernetzung mit Trägern der Jugendhilfe zu unterstützen. Zusätzliche Projekte erweitern die Angebotspalette sinnvoller Freizeitgestaltung."* Die Zuwendung des Landes beträgt im Einzelfall bis zu 15 TDM im Jahr pro Projekt.[16]

Das letztgenannte Programm wird gemeinsam mit der **Deutschen Kinder- und Jugendstiftung** realisiert. Aktivitäten der Stiftung gibt es in allen neuen Bundesländern, vorrangig bei der Gründung von selbstorganisierten Schülerklubs war sie aktiv; die Gründung und Begleitung von wirtschaftlichem Engagement in Schülerfirmen ist Gegenstand eines weiteren Projektes.

Richtlinien und Projekte in der Jugendförderung

Sächsisches Programm zur Schuljugendarbeit

Die Trägerschaft und die Verantwortung für die Umsetzung des folgenden Projektes „Schuljugendarbeit" liegt ebenfalls bei der Deutschen Kinder- und Jugendstiftung. Das umfangreiche und ausdifferenzierte Konzept des Freistaates Sachsen definiert Schuljugendarbeit als ein außerunterrichtliches Angebot. **Die Zielstellungen der Schuljugendarbeit sind wie folgt benannt:**

–   Schule muß sich aufgrund der veränderten Lebensbedingungen der Kinder und Jugendlichen zunehmend für außerunterrichtliche Ergänzungsangebote zur Stärkung der sozialen Erfahrungen und zum Aufbau bzw. zur Stabilisierung sozialer Verantwortung öffnen.
–   Der Lernort Schule soll als Freizeitmittelpunkt durch die Nutzung vorhandener Räume gestaltbar werden.
–   Die Schule soll sich weiter öffnen, die soziale Infrastruktur verbessert und die Eigeninitiative der Kinder und Jugendlichen gefördert werden.

Im Programm heißt es: *„Schuljugendarbeit sieht sich nicht als Schulsozialarbeit. Sie zielt daher nicht in erster Linie auf den Ausgleich vorhandener Defizite oder auf intervenierende Maßnahmen bei abweichendem Verhalten, sondern sie sieht sich als Angebot präventiver Jugendarbeit."*

Träger kultureller Jugendbildung dürfen sich als Kooperationspartner durchaus angesprochen fühlen, zumal das Konzept mit den Stichworten: Schülerzeitung, Schultheatergruppe, medienpädagogische Projekte, musisch-kreative Projekte, literarische Projekte, Projekte zur Gestaltung von Schulhof, Spielzimmern usw. zahlreiche Ansatzpunkte bietet. Bei den Zuwendungen des Kultusministeriums wird von einem Höchstbetrag von 35 TDM pro Projekt ausgegangen; zuwendungsfähig sind Sachkosten und Personalkostenzuschüsse bis zur Höhe einer halben Stelle (BAT Ost Vc) in Form einer Anteilsfinanzierung, sofern diese Stelle in die örtliche Jugendhilfeplanung eingeordnet ist.[17]

Ein weiteres interessantes Projekt in diesem Zusammenhang ist das **Landesprogramm Jugendarbeit an Thüringer Schulen**. Das Programm wurde vom Thüringer Ministerium für Soziales und Gesundheit mit einer Laufzeit von 3 Jahren (Januar 94 bis Dezember 96) aufgelegt. An 44 Thüringer Schulen (39 Regelschulen, 1 Förderschule und 2 berufliche Schulen) kamen innerhalb von 3 Jahren je 2 MitarbeiterInnen (nach § 249 h des AFG beschäftigt) zum Einsatz. Sachkosten für die gesamte Laufzeit konnten pro Standort in einer Höhe von bis zu 85 TDM übernommen werden. Das Programm zielte auf die Entwicklung neuer Formen der Jugendarbeit an, um und bei Thüringer Schulen. Weitere Anliegen waren die Verbesserung des sozialen Klimas im Umfeld der Schule, die Integration sogenannter Randgruppen in den Schul- und Freizeitalltag und die Verbesserung der Kooperation zwischen Schule, freien und öffentlichen Trägern. Das Programm war nicht auf spezielle „Randgruppen" und damit auf eine „Reparatureinrichtung" reduziert, sondern verfolgte einen bewußt offenen, präventiven Ansatz. Zu den im Konzept benannten Formen der Jugendarbeit an Schulen gehörten auch außerschulische Jugendbildung sowie Freizeit-, Kultur- und Sportangebote. Im Rahmen des Projektes wurde ein Medienmobil beim Landesfilmdienst angeschaft, welches von allen Projektorten genutzt werden konnte. Die Landesvereinigung kulturelle Jugendbildung Thüringen beteiligte sich mit 2 Standorten, einer Medienwerkstatt in Erfurt und einer Kunstwerkstatt in Altenburg an dem Projekt.

Erste Ergebnisse des Projektes wurden in der Zwischenbilanz vom Oktober 1995 zusammengefaßt:

Jugendliche brauchen spannende, kreative und erholsame Freizeitmöglichkeiten - 80 bis 100% der Standorte hielten diese Angebote vor.

Schule wird attraktiver, die Öffentlichkeit wird aufmerksam, Schulen bekommen Profil.

Es gibt in der Schule Leute, die immer ansprechbar sind - Gespräche mit Jugendlichen und die Beratung von SchülerInnen fanden in allen Projektstandorten statt.

Schule wird zum Lebensraum, Schule und Leben wachsen zusammen, Schule läßt das „Draußen" herein - dies war nur bei 54% der Projekte der Fall.[18]

Projektbeispiel: 4. Regelschule Gera Lusan, „Die Schule bekommt ein Gesicht" - Ein Projekt des Kollektivtheaters Mitte e.V. Im Projekt waren ein Theaterpädagoge und Schauspieler und eine Spielpädagogin tätig. Beide dachten daran, unterrichtsbegleitend zu arbeiten, Spiel und Theater in den Unterricht hineinzutragen, vorrangig in den Deutsch- und Ethikunterricht. Kleine Theaterstücke sollten erprobt, Interaktionsspiele eingesetzt werden. Das erste Projekt war die Gestaltung der ganzen Schule. Nach anfänglichen Verständigungs-

schwierigkeiten ergab sich ein gegenseitiges Akzeptieren und das Verständnis entwickelte sich, daß Schule nicht nur Wissensvermittlungsstelle, sondern auch als eine Art Lebensumfeld für die Kinder und Jugendlichen ist.

Der Schulleiter Michael Kosse über das Projekt: *„Wir sind an dieser Schule seit zwei Jahren sehr in der Diskussion über pädagogisch Grundsätzliches. Die Besinnung auf die Pädagogik und auf die Infragestellung des täglichen Tuns hat enorm zugenommen und brachte natürlich durch unsere außerschulischen Externen eine Menge Impulse. In diesem Gesamtentwicklungsprozeß ist das Theaterspiel, die Unterstützung von Theaterpädagogen ein Puzzle im Stein geworden. Wir haben Interaktionsübungen auch benutzt, um die Kommunikation innerhalb des Lehrerkollegiums auf eine andere Ebene zu stellen. Lehrern, die Einzelarbeiter sind, beizubringen, sich regelmäßig im Team, in Kleingruppen zu organisieren, sich über pädagogische Dinge kooperativ abzusprechen, sich gegenseitig in den Unterricht reingucken zu lassen, sich gegenseitig zu besuchen, bewußt zu versuchen, Frontalunterricht durch Gruppenarbeit zu ersetzen, das hat viel Diskussion gekostet...."*[19]

Eine Weiterführung des Programms „Jugendarbeit an Thüringer Schulen" über den Modellzeitraum hinaus wurde mit der **„Jugendpauschale"** 1997 verabschiedet. Der Freistaat Thüringen gewährt den örtlichen Trägern Zuwendungen zur Stabilisierung und zum bedarfsgerechten Ausbau im Bereich der Jugendarbeit, der Jugendverbandsarbeit, der Jugendsozialarbeit, des erzieherischen Kinder- und Jugendschutzes und der ambulanten erzieherischen Hilfen. Dabei geht es auch um die Schaffung von Dauerarbeitsplätzen. In diesem Zusammenhang verpflichtet das Land die örtlichen Träger zur Weiterführung bisheriger Förder- und Modellprogramme und zur Übernahme bisher über das AFG geförderter Personalstellen. Neben anderen Angeboten sind Maßnahmen der Kinder- und Jugendbildung einschließlich der kulturellen Jugendbildung ausdrücklich als förderfähig benannt.[20]

Neue Richtlinie in Thüringen soll Stabilität für Kooperationen mit Schule sichern

Richtlinien und Projekte im Bereich Schule

Im Länderbericht für die Jugendministerkonferenz hebt die Arbeitsgemeinschaft der obersten Landesjugendbehörden als besonders erwähnenswert hervor, daß Vertreter des Ministeriums für Soziales und Gesundheit und des Kultusministeriums in Sachsen-Anhalt Gespräche zur Kooperation zwischen Jugendhilfe und Schule führen, um u.a. die Neufassung von Förderrichtlinien zur Gewährung von Zuwendungen für sozialpädagogische Freizeiteinrichtungen zu erörtern.[21] Gleiches läßt sich aus Sicht der kulturellen Träger für die **Kooperationbereitschaft der Ressorts Schule, Kultur und Jugend in Sachsen-Anhalt** sagen.

Kooperations-bemühungen in Sachsen-Anhalt langfristig und verbindlich gestaltet

Interessant für Träger kultureller Jugendbildung ist das Engagement des Kultusministerium als oberster Schulbehörde in Sachsen-Anhalt. Verschiedene Richtlinien orientieren auf die Einbindung kultureller Träger und es gibt eine langfristige und verbindliche Zusammenarbeit zwischen der Behörde und landesweiten Fachverbänden, beispielsweise dem Landeszentrum für Spiel und Theater und dem Friedrich-Bödecker-Kreis.

Daneben existieren mehrere Richtlinien, die die Zusammenarbeit zwischen kulturellen Fachorganisationen und Schulen ausdrücklich hervorheben bzw. zu ihrer inhaltlichen Umsetzung bedingen.

1992 wurde die **„Richtlinie über die Förderung jugend- und bildungsbezogener Projekte zur Vermittlung von Lebensorientierungen"** erlassen. Im Rahmen der Richtlinie sollen *„Projekte und ihre Dokumentation gefördert werden, die im Sinne und zur Unterstützung des Bildungsauftrages der Schule geeignet sind, Kindern und Jugendlichen zu helfen, in der Phase des gesellschaftlichen Umbruches Orientierungen entsprechend ihren Fähigkeiten und Neigungen zu entwickeln."*
Auf die Möglichkeit der Entdeckung und Entwicklung eigener Interessen, Fähigkeiten,

Fertigkeiten und Neigungen mittels künstlerische Aktivitäten wird ebenfalls verwiesen.

Zuwendungsempfänger nach der Richtlinie können auch gemeinnützige Vereine sein. Die Zuwendungen erfolgen im Rahmen einer Projektförderung als Anteilsfinanzierung bis zu 90 v.H., förderungsfähig sind Verwaltungsausgaben, Sachmittel und Honorare. Die Landeszuwendung darf 40 TDM nicht überschreiten.[22]

Die Richtline **„Schulische Freizeiterziehung als Beitrag zur Sozialprävention an öffentlichen Schulen und durch freie Träger"** datiert von 1994. Die Ziele der Richtlinie sind wie folgt beschrieben: *„Kinder und Jugendliche benötigen Hilfen, um zu lernen, ihre Freizeit sinnerfüllt zu gestalten. Zahlreichen Kindern und Jugendlichen fehlen Orientierung und Mut, sich an vorhandenen Freizeitangeboten zu beteiligen. Zugleich hat aber auch die Schule nach dem Schulgesetz des Landes auf die Freizeit vorzubereiten. In dem sich die Schule der Aufgaben der Freizeiterziehung annimmt, kann auch einer einseitigen Leistungsanforderung entgegengewirkt und das Selbstwertgefühl bei Kindern und Jugendlichen gestärkt werden".* In der Richtlinie wird ausdrücklich auf die Chancen verwiesen, die die Kooperation mit außerschulischen Einrichtungen kommunaler und freier Träger bietet; angemahnt wird vor allem die Zusammenarbeit mit dem örtlichen Jugendhilfeträger.[23]

Die Richtlinie des Kultusministerium **„Gesundes Leben - Gesunde Umwelt: Ein Programm zur Unterstützung von Projekten in den Schulen des Landes Sachsen-Anhalt"** von Anfang 1993 wurde noch im gleichen Jahr (in einer gesonderten Richtlinie) um den Zusatz **„Schule als kultureller Lernort"** erweitert. Die urspüngliche Intention der Richtlinie - Schülerinnen und Schüler anzuleiten, ihr Leben in eigener Verantwortung und zugleich Gesellschaft und Umwelt verpflichtet zu führen - wurde um einen konkreten Förderbereich erweitert. Förderfähig nach der Richtlinie sind z.B. die

Förderung von Projekten zur Auseinandersetzung mit Themen wie „Buch und Lesen", die von Lesewochen über Schreibwerkstätten bis zu Buchherstellungen reichen können. Projekte in den Bereichen Theater, Musik, Film, Traditions- und Heimatpflege sind ebenso in die Förderung eingeschlossen. Projekte können innerhalb des Regelunterrichts, in Arbeitsgemeinschaften und wahlfreien Kursen, in schulischen Projekttagen oder Projektwochen aber auch in außerschulischen Arbeitsgruppen durchgeführt werden. Der fächerübergreifende Charakter der Projekte und die Verpflichtung zur Mitarbeit der Lehrkräfte ist verbindlich. Zuwendungen an die Schulen erfolgen über deren Träger als Projektförderung im Rahmen einer Anteilsfinanzierung bis zu 80 v.H., jedoch in der Regel nicht mehr als bis zu 1 TDM pro Haushaltsjahr und Schule.[24]

Eine Übersicht des Kultusministeriums Sachsen-Anhalt über die Förderung von kulturellen Projekten im Rahmen der Schulverwaltung in 1995 weist das große Interesse der Schulen an der Schultheaterarbeit aus. Neben der Förderung von Schultheatergruppen finden sich mehrere Theaterwerkstätten, thematische Theaterprojekte wie das eines Dessauer Gymnasiums zum Thema „Spätes Mittelalter" und Theatertourneen, die die professionellen Theater des Landes (Puppentheater, Landestheater Magdeburg, Thalia Theater Halle) an über 100 Schulen führte. Das Kultusministerium bezuschußt ebenfalls die Schülertheatertreffen. Beispiele für die ausdrückliche Einbeziehung freier Träger in bildungsbezogene Projekte zum Thema Lebensorientierung finden sich zahlreich, so zum Beispiel das Projekt „Traummaschine - Kinder stellen im Technikmuseum aus" der Jugendkunstschule Haus Kle in Magdeburg, „Mich versteht ja keiner", eine Schreibwerkstatt von Pelikan e.V., oder das Projekt „Klangwerkstatt - Begegnung mit einer anderen Kultur" von Kiez e.V. Dessau.

Hervorzuheben sind ebenfalls die Bemühungen des Kultusministeriums im Bereich Leseförderung. Literarische Großveranstaltungen wie die „Interlese" (landesweite Lesewochen mit internationalen Autoren) und thematische Projekte des Friedrich-Bödecker-Kreises werden bezuschußt; das jüngste Projekt beschäftigt sich mit dem Thema „Kindsein in Deutschland". Darüber hinaus und auf der Basis eines Vertrages mit dem Kultusministerium gestaltet der Bödecker-Kreis jährlich etwa 200 Autorenlesungen an den Schulen des Landes.

Herkommen-Hingehören, Erfahrungen von Fremdheit als produktives Moment theaterpädagogischer Arbeit mit schulischen und außerschulischen Jugendgruppen aus Thüringen und Hessen heißt ein Modellversuch, welchen das Thüringer Kultusministerium gemeinsam mit der Bund-Länder-Kommission für Bildungsplanung über drei Jahre (1995 bis 1997) unterstützt. Unterschiede und Gemeinsamkeiten ost- und westdeutscher Identität sind Themen des Projektes. Sechs Schultheatergruppen und sechs Gruppen aus dem außerschulischen Bereich beteiligen sich daran.

Theaterpädagogischer Modellversuch zwischen Ost und West, Thüringen und Hessen

Projektbeispiel: Ein Projektbeteiligter berichtet: *„Das Motto Herkommen-Hingehören war ursprünglich inhaltlich in Hinblick auf eine Ost-West-Beziehung länderübergreifend konzipiert worden. Gesucht werden sollte ein spezifisches Thema, das Jugendliche aus Ost und West existentiell berührt. Dies wurde von den Teilnehmergruppen des Modellversuchs unterschiedlich weit oder eng ausgelegt. Zwei Odenwälder Gruppen aus Hessen verwendeten beispielsweise Stoffe aus der Geschichte ihrer Region, eine Offenbacher Schultheatergruppe produzierte aus ihrer multikulturellen Zusammensetzung der Schulklasse heraus „Wußtest Du, daß Deutschland riecht?" - eine szenische Collage über Wahrnehmungen und Eindrücke von Kindern aus anderen Ländern, die in den letzten Jahren nach Deutschland kamen. Andere Gruppen, die Stücke aus der Theaterliteratur z.B. „Ein Sommernachtstraum", „König Ubu", „Der Zusammenstoß", eine groteske Oper von Kurt Schwitters oder wieder andere, die literarische Vorlagen bearbeiteten z.B. „Der kleine Prinz", „Kafka", „Erotische Ge-*

schichten aus 1001 Nacht", sowie unser Stück über die Nibelungen „Verbotene Liebe. Wie alles begann.", sahen in Herkommen-Hingehören möglicherweise in erster Linie die Auseinandersetzung mit dem kulturellen Erbe der Vergangenheit. Allen gemeinsam war die Erfahrung, daß Herkommen-Hingehören auch als eine Beschreibung der gruppendynamischen Prozesse in schulischen und außerschulischen Theatergruppen aufgefaßt werden kann...
Der Kontakt zu anderen Theatergruppen, die Neugier aufeinander, das Vergleichen und Bewerten der einzelnen Inszenierungen, aber auch das Miteinander in den Workshops und Nachbereitungen waren für uns sicherlich das Spannendste und Reizvollste innerhalb des Modellversuchs. Als Gruppe erlebten wir den Prozeß des Herkommen-Hingehören auch unter Einschluß des „Weggehens" und Hinzukommens" als eine intensive, erlebnis- und mitunter auch konfliktreiche gemeinsame Zeit, aus der wir alle sicherlich nicht unverändert hervorgehen."[25]

Die **Richtlinie des Thüringer Kultusministeriums zur Förderung von unterrichtsbegleitenden schulischen und außerschulischen Veranstaltungen** bildet die Grundlage für die Förderung im Theaterbereich. Bezuschußt werden Schultheateraktivitäten vor Ort und auch die Landesschultheatertage. Seit 1996 können auch Verbände und anerkannte freie Träger Anträge stellen, sofern sie in Kooperation mit Schulen derartige Angebote unterbreiten. Ein Beispiel dafür ist die **Landesausstellung der Kinder- und Jugendkunst in Schleusingen** auf Schloß Bertholdsburg. In Regie des Landesverbandes Thüringen des Bundes Deutscher Kunsterzieher konnten über tausend Schülerarbeiten aus allen Schulformen auf dem Gebiet der Malerei, Grafik, Plastik, der Fotografie, der Skulptur und andere Kunstobjekte präsentiert werden. Innerhalb der Richtlinie wurden auch Buchlesungen, Schulkonzerte, Chorarbeit oder Mal- und Kunstfeste gefördert.[26]

Zuwendungen für musisch-kulturelle Projekte an Schulen vergibt auch das Sächsi-

sche Staatsministeriums für Kultus mit einer gleichnamigen Richtlinie, in der es heißt: „Mit der Förderung musischer Interessen, Begabungen und Fähigkeiten der Schüler, die Gewährung von Spielraum für die Entwicklung von Subjektivität und künstlerischer Kreativität wird die Stärkung und Bereicherung der Persönlichkeit des Schülers im umfassenden Sinne angestrebt. Zugleich soll damit einer zeitgemäßen Allgemeinbildung und Erziehung entsprochen werden."

Gefördert werden einzelne Projekte wie Theateraufführungen, Chorprobenlager, Buchdiskussionen oder die Einrichtung einer Schulgalerie. Neben dieser aktiven Auseinandersetzung mit Kunst werden auch rezeptive Begegnungen mit Kunst wie Ausstellungs- oder Theaterbesuche mit anschließender Diskusssion gefördert. Antragsberechtigt sind Schulen bzw. Schulfördervereine über die jeweiligen Oberschulämter. Die Fördersumme ist begrenzt und auch sonst gibt es nach der Richtlinie kaum Spielräume für Kooperationen mit außerschulischen Trägern.[27]

Seit 1992 gibt es in Sachsen den **Modellversuch Mittelschulen** - darunter sind auch **Modellschulen mit musischem Profil.** Das Projekt wird ebenfalls durch die Bund-Länder-Kommission gefördert.
Das Projekt des Kultusministeriums **„Kooperation Mittelschule Jugendarbeit im musisch-kreativen Bereich"** wurde flankierend dazu entwickelt. In der Projektbeschreibung heißt es: „Die Forderung nach Öffnung von Schulen oder Schule als Lebensraum verlangt von denen, die dafür Bedingungen schaffen sollen, ein besonderes Engagement. Oft sind Hürden zu überwinden, die aus falsch verstandener Ressorttreue das gemeinsame Planen zwischen Trägern der Jugendhilfe verhindern.
Das Ministerium will ein Zeichen setzen und durch Förderung beispielhafter Kooperationen den politischen Willen unterstreichen. Damit verbunden ist die Aufforderung an die kommunalen Jugendämter, entsprechend des gesetzlichen Auftrages des § 81 KJHG, Jugendarbeit

auch in dieserart Vernetzung zu denken. Dadurch wird eine Auslastung der Kapazität entsprechender Einrichtungen / Träger der Jugendarbeit während der Unterrichtszeit möglich." Gefördert wurde (einmalig im Schuljahr 1995/1996) eine einjährige Partnerschaft zwischen einer Mittelschule und einem freien oder öffentlichen Träger der Jugendhilfe (Jugendkulturarbeit/Kulturpädagogik/künstlerische Werkstätten), die darauf gerichtet war, Unterrichts- und Schulprojekte zur Entwicklung des musisch-kreativen Profils gemeinsam zu initiieren, durchzuführen und zu dokumentieren bzw. bestehende Projekte zu vertiefen. Die Förderung umfaßte einen Personalkostenzuschuß (1 Stelle) und bis zu höchstens 20 TDM Sachkosten pro Träger.[28]

Die Landesvereinigung Kulturelle Jugendbildung versucht, die Impulse des Projektes aufzugreifen und Mittelschulen mit musischem Profil, die es in Regionen mit wenig kulturellen Traditionen und geringer Dichte kultureller Einrichtungen schwer haben, Fachpartner zu finden, zu unterstützen. Beginnend 1996 und gefördert aus dem Landesjugendplan veranstaltet sie regelmäßig **Kreativwochenenden an Mittelschulen mit musischem Profil.** Sie versteht sich als Anreger von Freizeitideen und möchte gerade HauptschülerInnen Lust machen auf selbstständiges Tätigsein über die Schulstunden hinaus. Die gastgebende Schule öffnet sich jeweils für andere Mittelschulen der Region. An einem Kreativwochenende beteiligen sich bis zu 200 SchülerInnen. Sie sind die Akteure, die sich unter Anleitung erfahrener Künstler, Sozialpädagogen, Tanz- und Theaterprofis - viele davon aus Mitgliedsverbänden der LKJ - zwei Tage ausprobieren können beim Video-Workshop, Fotografieren oder Schwarzlichttheater, in Rock ´n-Roll, Break-Dance und Graffiti oder beispielsweise beim Steinbildhauerworkshop. In der Auswertung der Projekte wird das Interesse der Jugendlichen an Gemeinschaftserlebnissen, die Lust am künstlerischen Erproben und auch deren Intensität in der Auseinandersetzung mit den künstlerischen Medien hervorgehoben. Interessant ist auch, daß die Prä-

sentationen der Arbeitsergebnisse von der jeweiligen städtischen Öffentlichkeit stark zur Kenntnis genommen wurden und die Aktionen in der Region Interesse für eigene kulturelle Projekte gemacht haben.

Kunst-Werkstatt-Experiment heißen die zentralen Künstlerischen Werkstätten in Berlin, in denen Jugendliche aus allen Schularten die letzte Woche vor den Sommerferien mit Künstlern zusammenarbeiten können. 1996 fanden sie zum neunten Mal statt und trotz Sparmaßnahmen waren es 40 Werkstätten mit 500 Schülern, die von der Senatsverwaltung für Schule finanziell unterstützt wurden. Im Grußwort der Senatorin ist zu lesen: *„Hier können Schülerinnen und Schüler unter fachkundiger Anleitung von Kunsterziehern und freischaffenden Künstlern zeichnen, malen, sprayen, bauen, bildhauern, fotografieren, filmen, schreiben, layouten, Theater spielen, musizieren; hier können sie sich sowohl geistig, als auch körperlich ausarbeiten, sich vor sich selbst und vor der Gruppe behaupten, müssen sich gleichzeitig auch unterordnen können; hier finden sie Bestätigung in ihrem individuellen künstlerischen Vermögen wie auch in ihrer persönlichen Eigenart; hier lernen sie Jugendliche aus grundverschiedenen Lebensumständen kennen, entdecken dabei gemeinsame Interessen und erhalten so die Chance, Vorbehalte und Vorurteile abzubauen. Wer mit solchem Engagement wie die meisten Jugendlichen die Höhen und Tiefen der gemeinsamen künstlerischen Arbeit in den Werkstätten miterlebt und erlitten hat, der hat eine Möglichkeit erfahren, durch künstlerische Betätigung ein Stück Sinnerfüllung zu erreichen."*[29]

Schlußbemerkungen

Eine zusammenfassende Bewertung der gesetzlichen Rahmenbedingungen, der Förderpraxis und Modellvorhaben in den neuen Ländern zum Thema „Kooperation zwischen Schule und Trägern kultureller Jugendbildung" fällt aufgrund der Unterschiedlichkeit schwer. Benannt werden sollen aber dennoch einige augenfällige Probleme, Schwerpunkte oder Im-

Senatsverwaltung für Schule in Berlin fördert künstlerische Werkstätten

pulse, die für zukünftige Entwicklungen Relevanz haben werden:

LehrerInnen für kulturelle Praxis motivieren: Wer Kultur an die Schule tragen will, muß die kulturelle Neugier von möglichst vielen Lehrerinnen und Lehrern wecken, formulierte Gabriele Vogt von der Bund-Länder-Kommission für Bildungsplanung in ihrem Beitrag für dieses Buch. Sie plädiert für Werkstattkonzepte in der Lehrerfortbildung, die zu Kreativität und Selbsterfahrung anregen und Lust auf Produktion und Gestaltung wecken.[30]

Für einen Einstieg in neue, aus der eigenen Schulerfahrung unbekannte kulturelle Angebote; für spartenübergreifende, an der populären Jugendkultur orientierte oder experimentelle Verfahren (Improvisation, Performance) in der Lehrerfortbildung votiert Elisabeth Braun in ihrem Beitrag. Sie vertraut auf die integrative Kraft eines partnerschaftlich organisierten, kulturell-ästhetischen Projektes. Die kulturellen Fachorganisationen sieht sie als geeignete Fortbildungsanbieter und Servicestellen für Schulen.[31]

Potenzen kultureller Träger in der Lehrerfortbildung nutzen

Wohl nicht nur für die neuen Bundesländer gilt, daß kulturelle Träger als Fortbildungsanbieter für LehrerInnen viel zu wenig zum Zuge kommen. Sicher liegt das auch an der Zurückhaltung der Lehrerfortbildungsinstitute in den Ländern oder an laufbahnrechtlichen Fragen. Eines der wenigen - wenngleich sehr interessanten - Beispiele läßt sich neben Mecklenburg-Vorpommern in Thüringen finden. Im Kontext mit der Einführung des darstellenden Spiels als Wahlpflichtfach im Gymnasium hat sich eine bereits mehrjährige, in einer **Kooperationsvereinbarung** geregelte Zusammenarbeit **zwischen der Landesarbeitsgemeinschaft Spiel und Theater sowie dem Thüringer Kultusministerium** bzw. dem Thüringer Institut für Lehrerfortbildung, Lehrplanentwicklung und Medien entwickelt. Gemeinschaftlich wurde am Konzept und wird an der Umsetzung einer berufsbegleitenden Weiterbildung für LehrerInnen (200 Stunden in

2 Jahren und praktische Projektarbeit) gearbeitet. Für die TeilnehmerInnen besteht damit die Möglichkeit, eine berufsorientierte Zusatzqualifikation für Schultheaterarbeit, für erlebnis- und gestaltungspädagogische Innovationsprojekte und für fächerübergreifende und fächerverbindende Unterrichtsgestaltung zu erwerben.

Ein weiteres interessantes Beispiel der Lehrerfortbildung findet sich in Brandenburg im **Modellversuch „Aktive Medienarbeit als Mittel der Verzahnung von Schule und Freizeit"**. Der Modellversuch der Bund-Länder-Kommission wird vom Medienpädagogischen Zentrum des Landes Brandenburg (Laufzeit 1994 bis 1997) durchgeführt. Er bildet mit dem Konzept der schulinternen Lehrerfortbildung ein integratives Konzept aktiver Medienarbeit. Neben der Verzahnung mit außerschulischen Partnern werden im Modellversuch exemplarisch medienpädagogische Schwerpunktbildungen an Schulen verfolgt. In schulinternen Lehrerfortbildungen wird der Kreis an Medienarbeit interessierter LehrerInnen erweitert und die Aufgeschlossenheit gegenüber aktiver Medienarbeit gefördert. Die dezentralen Veranstaltungen ermöglichen die inhaltliche Vernetzung vor Ort; lokale Besonderheiten und die technisch/logistische Ausstattung werden berücksichtigt, konkrete Projektideen können besser aufgegriffen werden.[32]

Kooperationsschwerpunkt Medienpädagogik: Der 1994 von der Bund-Länder-Kommission verabschiedete **Orientierungsrahmen zur Medienerziehung in der Schule** setzt auf kooperative Umsetzung der anspruchsvollen Ziele: *„Medienerziehung ist nicht an den Lernort Schule gebunden. Sie ist umfassende Hilfe zur Mediensozialisation, die von Familie, Schule und außerschulischen Einrichtungen gleichermaßen und möglichst aufeinander abgestimmt geleistet werden sollte."* Kooperationsnotwendigkeiten mit den Bereichen der Kinder- und Jugendarbeit sowie der Medienkulturarbeit werden vermerkt und es wird prognostoziert, daß die Kooperationspartner neben Beratung und technischem Service zunehmend auch als Fortbildungsanbieter für Schulen in Anspruch genommen werden.[33]

In der Praxis auf Länderebene werden **die medienpädagogischen Kompetenzen außerhalb von Schule, speziell die der Medienkulturarbeit, noch nicht den Möglichkeiten entsprechend mit schulischer Medienbildung verknüpft**. Auch im Konzept zur schulischen Medienerziehung im Freistaat Sachsen wird auf Kooperationsmöglichkeiten nur an untergeordneter Stelle verwiesen.[34]

Anders im bereits erwähnten Brandenburger Modellversuch Aktive Medienarbeit als Mittel der Verzahnung von Schule und Freizeit. Hier bildet die Kooperationsidee erst die Voraussetzung für medienpädagogische Erziehung in der Schule. An sechs Modellstandorten (unterschiedliche Schultypen) werden Kooperationsformen mittels aktiver Medienarbeit erprobt. Partner sind Kreisbildstellen, freie und kommunale Träger der Jugendhilfe, darunter die Medienwerkstatt Potsdam und die Kulturwerkstatt Cottbus, Lokalsender u.a. Nach Meinung der Fachleute bietet sich neben dem praktischen Austausch auch die Möglichkeit, die unterschiedlichen pädagogischen Ansätze beider Bereiche unter dem Gesichtspunkt einer „ganzheitlichen Pädagogik" zu verknüpfen.

Förderpraxis verbindlicher gestalten: Damit das künstlerisch ästhetische Lernen und Gestalten von Kindern und Jugendlichen mehr Raum und Gewicht bekommt; beispielsweise durch Beschäftigungsmöglichkeiten von Künstlern in Schule; durch Förderung von Jugendkunstschul- oder Musikschulprojekten mit Schülern, durch mehr Lehrerfortbildungsmöglichkeiten im Bereich der kulturellen Bildung, bedarf es einer grundsätzlichen **Öffnung der Förderpolitik**. Die im Text vorgestellten Richtlinien und Modellprojekte sollen nicht darüber hinwegtäuschen, daß es zumeist Ressortgrenzen sind, an denen die Motivation interessierter Lehrer und Lehrerinnen und das Engagement freier Träger erlahmen.

Wirkungsvolle Kooperationsbeziehungen zwischen Jugendhilfe und Schule brauchen diese Offenheit der Förderpraxis und sollten langfristig und verbindlich geregelt sein. Kooperationsmodelle wie beispielsweise zwischen Jugendberufshilfe und Schule könnten dafür Vorbild sein.

(Kulturelle) Jugendbildung als eigenständiger Bildungsbereich: Das Kinder- und Jugendhilfegesetz definiert Leistungen der Jugendhilfe nicht mehr als nachrangig gegenüber Schule sondern als eigenständige Leistungen für die Persönlichkeitsentwicklung von Kindern und Jugendlichen. Sinnvolle Kooperationsbeziehungen, so fordert der 9. Jugendbericht für die neuen Bundesländer, sollten deshalb immer mit dem Ziel der **Stützung der Eigenständigkeit der Jugendarbeit** verbunden sein. Wenn Jugend(kultur)arbeit als schulbezogenes Angebot vor dem Hintergrund leerer Kassen in den Kommunen und Ländern konzipiert wird, ist zu befürchten, daß die Entwicklung einer außerschulischen kulturellen Infrastruktur auf der Strecke bleibt, die Träger bei der Entwicklung außerschulischer Strukuren wenig Unterstützung erhalten. Und in der Schule besteht ebenfalls durch rigorose Spar- und Rationalisierungsmaßnahmen die Gefahr, daß die kulturelle Grundversorgung aller Kinder und Jugendlichen durch Streichungen in den künstlerischen Fächern, durch Unterrichtsausfall und Lehrermangel reduziert wird.

Kooperationsbeziehungen sollten deshalb die notwendige Eigenständigkeit von (kultureller) Jugendbildung als Qualitäts- und Methodenmerkmal eines spezifischen Bildungsbereichs sichern.

Kulturpädagogische Praxis ist mehr als ein interessantes Freizeitangebot: Auf das eingangs erwähnte Übergewicht der Schulsozialarbeit gegenüber Programmen der Jugendarbeit und dezidiert der Jugendbildung soll an dieser Stelle noch einmal verwiesen werden, da der Bericht dieses Verhältnis in der Textauswahl nicht spiegelt.

Kulturelle Einrichtungen dürfen durch Kooperation in ihrem Bestand nicht gefährdet werden

Kulturelle Bildung zur Koordinierung von Lernprozessen nutzen

Aber auch Modellmaßnahmen und Sonderprogramme der Jugendarbeit werden in den neuen Ländern oft mit der Argumentation aufgelegt, Schule sei der geeignete Ort für präventive Arbeit, Freizeitaktivitäten an Schule erreichten im Unterschied zu Jugendeinrichtungen auch gewaltbereites Klientel. Sicher ist es wünschenswert, daß kulturelle Träger Freizeitangebote an Schulen vorhalten. Letztlich verkürzt aber die Ausschließlichkeit mit der die Diskussion oft geführt wird, die Leistungsfähigkeit kultureller Jugendbildung. Kulturelle Praxis, da sind sich die Träger einig, kann neben handwerklichem Können, Anstrengungsbereitschaft, Lust am Erproben eigener Grenzen, Selbstkritik oder auch Selbstbewußtsein fördern. **Den Trägern kultureller Bildung geht es darum, ihre Potenzen für die Veränderung von Lernen, für die Umgestaltung von Schule in einen Lebensraum für Kinder und Jugendliche, für den Erwerb von Schlüsselqualifikationen einzusetzen.** Dabei sollte Kulturell-Ästhetisches nicht nur das Sahnehäubchen, die nette, spielerisch-kreative Zugabe bleiben. Im Rahmen des Programms „Jugendarbeit an Thüringer Schulen" scheint dieser Anspruch der Veränderung von Lernprozessen in der Kooperation der 4. Regelschule mit dem Kollektivtheater Mitte eingelöst - die Schule hat ihr Gesicht verändert (vgl. Projektbeispiel im Text Seite 75).

Partnerschaft zwischen Schule und kultureller Jugendbildung weiterentwickeln

Die Kooperations- und Kommunikationsbasis zwischen den Trägern kultureller Jugendbildung und Schulen kann sich dort am intensivsten entwickeln wo sich die Partner auf die Interessen von Kindern und Jugendlichen, auf deren optimale Entwicklungs-, Bildungs- und Lebenschancen beziehen. Denn dann darf sich die Schule nicht auf einen klasssischen Fächerkanon beschränken, sondern muß eine umfassende kulturelle Grundversorgung gewährleisten und vielfältige Chancen zum kulturellen Lernen als sinnstiftender, Solidarität fördernder und identitätsstabilisierender Faktor der Persönlichkeitsentwicklung ermöglichen. Und zum anderen dürfen die freien Träger kultureller Jugendbildung nicht mehr ihr Bild einer lebensfernen Schule pflegen, sondern müssen ihre Potenzen noch engagierter für die Sicherung der Zukunftsfähigkeit von Bildung und für die Erhöhung der Lebensqualität von Kindern und Jugendlichen kooperativ einsetzen.

Anmerkungen und Literatur

1. Neunter Jugendbericht, Bericht über die Situation der Kinder und Jugendlichen und die Entwicklung der Jugendhilfe in den neuen Bundesländern, BMFSFJ, Bonn 1994, S. 467 ff und S. 571 ff

2. ebenda

3. ebenda

4. Vgl. Schulgesetz für den Freistaat Sachsen. Textausgabe, Deutscher Gemeindeverlag, Dresden 1991, Inkrafttreten 1. August 1991

5. Schulgesetz für das Land Mecklenburg-Vorpommern, (SchulG M-V) vom 15. Mai 1996, GBL Nr. 223-3, § 40 (1) und (3)

6. Gesetz über die Schulen im Land Brandenburg (Brandenburgisches Schulgesetz-Gbg SchulG), Amtsblatt des Ministeriums für Bildung, Jugend und Sport, 5. Jahrgang, Nr. 7 vom 24.Mai 1996, § 7 (6) und § 9 (1)

7. Thüringer Schulgesetz (ThüSchulG) vom 6. August 1993, in Thüringer Kultusministerium, Thüringer Schulgesetz, eine Orientierungshilfe, Erfurt 1995, § 2, (2) und § 11

8. Schulgesetz für Berlin (SchulG) in der Fassung vom 20. August 1980, zuletzt geändert durch Artikel II des Gesetzes vom 26. Januar 1995 (GVBL. S. 26), § 54

9. Beschlußfassung des Landtages vom 24. April 1997, Artikel 1, Änderung des Schulgesetzes des Landes Sachsen-Anhalt, betrifft das Schulgesetz des Landes Sachsen-Anhalt in der Fassung vom 27. August 1996 (GVBL. LSA S. 281)

10. Gesetz zur Ausführung des Kinder- und Jugendhilfegesetzes (AG KJHG) vom 9.5.1995, in Gesetz- und Verordnungsblatt für Berlin Nr. 24 vom 18. Mai 1995, Erster Abschnitt, § 14 (1) und (2)

11. Entwurf des 3. Landesausführungsgesetzes zum Kinder- und Jugendhilfegesetz (Gesetz zur Förderung und Entwicklung der Kinder- und

Jugendarbeit, der Jugendsozialarbeit, des erzieherischen Kinder- und Jugendschutzes, der Freistellung ehrenamtlicher Mitarbeiter und der Fortbildung hauptberuflicher Fachkräfte und Mitarbeiter (Kinder- und Jugendförderungsgesetz), Entwurf des Kultusministeriums vom Oktober 1996, § 2 (4)

12. Landtag von Sachsen-Anhalt: Kinder- und Jugendbericht des Landes Sachsen-Anhalt, Drucksache 1/3775 vom 4.7.1994

13. Staatsministerium für Soziales, Gesundheit und Familie, Jugendpolitisches Programm der Staatsregierung, Landesjugendplan, Dresden 1996

14. Empfehlungen für fachliche Standards von Projekten der Jugendarbeit / Jugendsozialarbeit an und mit Thüringer Schulen, 12. Beratung des Jugendhilfeausschusses am 12. Mai 1997, Beschluß Reg.-Nr. 147/97

15. Richtlinien zum Landesjugendplan, Programm 11, Förderung der Jugendarbeit in Mecklenburg Vorpommern für das Haushaltjahr 1996, Erlaß der Kultusministerin

16. ebenda, Programm 9a

17. Konzept des Sächsischen Staatsministeriums für Kultus zur Schuljugendarbeit in Sachsen vom 20. Dezember 1996, in Amtsblatt des SMK Nr. 4 vom 7. April 1997

18. Thüringer Ministerium für Soziales und Gesundheit, Institut für berufliche Bildung, Arbeitsmarkt und Sozialpolitik, Mehr Bock auf Schule, - Landesprogramm „Jugendarbeit an Thüringer Schulen", Dokumentation

19. Auszug aus: „Die Schule bekommt ein Gesicht", Ein Projekt des Kollektivtheaters Miutte e.V. in: Thüringer Ministerium für Soziales und Gesundheit, Institut für berufliche Bildung, Arbeitsmarkt und Sozialpolitik, Mehr Bock auf Schule, Landesprogramm „Jugendarbeit an Thüringer Schulen" Dokumentation, Erfurt 1996

20. Richtlinie über die Gewährung von Zuwendungen an örtliche Träger der öffentlichen Jugendhilfe zur Stabilisierung und Schaffung von Dauerarbeitsplätzen im Bereich der Jugendarbeit, der Jugendsozialarbeit und der ambulanten erzieherischen Hilfen im Freistaat Thüringen - Jugendpauschale, Thüringer Staatsanzeiger, Nr. 27/1997, S. 1420 - 1422

21. Kooperation zwischen Jugendhilfe und Schule, Länderbericht der Arbeitsgemeinschaft der Obersten Landesbehörden für die Jugendministerkonferenz vom 13./14. Juni 1996. In: Forum Jugendhilfe 4/96

22. Kultusministerium des Landes Sachsen-Anhalt, RdErl. 2.4.1992, Richtlinie über die Förderung jugend- und bildungsbezogener Projekte zur Vermittlung von Lebensorientierungen, in MBL. LSA Nr. 20/1992

23. Kultusministerium des Landes Sachsen-Anhalt, RdErl. 21.6.1994, Schulische Freizeiterziehung als Beitrag zur Sozialprävention an öffentlichen Schulen und durch freie Träger, in MBL. LSA Nr. 53/1994

24. Kultusministerium des Landes Sachsen-Anhalt, Gesundes Leben - gesunde Umwelt - Schule als kultureller Lernort: Ein Programm zur Unterstützung von Projekten in den Schulen des Landes Sachsen-Anhalt, in MBL. LSA Nr. 56/1993

25. Auszug: Ulrich Mittelstädt, „Verbotene Liebe. Wie alles begann", Theater AG des Erfurter Gutenberg-Gymnasiums, in: Jugendkulturbericht Thüringen, unveröffentlichtes Manuskript

26. Richtlinie des Thüringer Kultusministeriums zur Förderung von unterrichtsbegleitenden schulischen und außerschulischen Veranstaltungen, veröffentlicht mit Schreiben des TKM vom 28.7.94, Az.: 28/51380/30

27. Förderrichtlinie des SMK zur Gewährung von Zuwendungen für musisch-kulturelle Projekte an Schulen des Freistaates Sachsen vom 15.9.1995 in Amtsblatt des Sächsischen Staatsministeriums für Kultus Nr. 13/1995 vom 10. Oktober 1995, S. 309

28. Ausschreibung für das Projekt Kooperation Mittelschule Jugendarbeit im musisch-kreativen Bereich, in Amtsblatt des SMK, Nr. 14 vom 4.Juli 1994, S. 418

29. Berliner Institut für Lehrerfort- und weiterbildung und Schulentwicklung, Kunst/Werkstatt/Experiment 1996, Dokumentation der Zentralen Berliner Künstlerischen Werkstätten, aus dem Grußwort von Ingrid Stahmer, Senatorin für Schule, Jugend und Sport

30. Gabriele Vogt, Kulturförderung durch Bund-Länder-Modellversuche - Konzeptionelle Vorstellungen und die Förderpraxis der Bund-Länder-Kommission für Bildungsplanung, siehe S. 87 in diesem Buch

31. Prof. Elisabeth Braun, Impulse oder mehr? - Zur Kooperation von außerschulischer kultureller Jugendbildung und Lehrerfortbildung

32. Zwischenbericht zum Modellversuch im Förderbereich Musisch-Kulturelle Bildung, Aktive Medienarbeit als Mittel der Verzahnung von Schule und Freizeit, vom 1.10.94 bis 31.5.95 am Medienpädagogischen Zentrum Brandenburg

33. Bund-Länder-Kommission für Bildungsplanung und Forschungsförderung, Orientierungsrahmen zur Medienerziehung in der Schule von 28. November 1994, K 94.48

34. Bekanntmachung des Sächsischen Staatsministeriums für Kultus, Konzept zur schulischen Medienerziehung im Freistaat Sachsen vom 14. Juli 1994, Amtsblatt des SMK, Nr. 16 vom 13. August 1994

Gabriele Vogt

Kulturförderung durch Bund-Länder-Modellversuche

Konzeptionelle Vorstellungen und die Förderpraxis der Bund-Länder-Kommission

Vorbemerkung

Wenn ich im folgenden die konzeptionellen Vorstellungen und die Förderpraxis der Bund-Länder-Kommission reflektiere, kann ich in meiner derzeitigen Tätigkeit im Hessischen Kultusministerium nicht auf lebendige Erfahrungen aus der täglichen Kulturarbeit mit Kindern und Jugendlichen zurückgreifen. Bei mir landet Kultur in Gestalt von Neuanträgen zu Modellversuchen im Bildungswesen auf dem Schreibtisch. Wie sich das in kulturelles Leben übersetzt, erfahre ich als Mitglied der Projektgruppe Innovationen der BLK allenfalls zufällig und meist gar nicht.[1]

Manchmal braucht man Bilder

Ein Beispiel: Auf einer Ausstellung, in der Kinder und Jugendliche eigene Fotos zeigen, sehe ich ein kleines Polaroid: Es sitzt ein bißchen schief in seinem weißen Rahmen und zeigt ein Eisentor und etwas Gebüsch, alles von unten fotografiert. Unter dem Polaroid klebt ein weißes Schildchen mit dem Namen der Fotografin, Carla, 9 Jahre und dem Titel des Fotos: „Der Hund heißt Caro." Erst ärgere ich mich ein bißchen, ich sehe keinen Hund. „Die haben den Text verwechselt", denke ich. Aber plötzlich erscheint dieser nicht existente Hund vor meinem inneren Auge. Jeden Morgen muß Carla auf dem Schulweg an ihm vorbei. Schon von weitem weiß sie: Gleich kommt das blöde Eisentor und dahinter steht wieder dieser Hund und lauert auf sie. Er knurrt und bellt und sie hält die Luft an und rennt vorbei. Ein einziges Mal hat sie sich gezwungen stehenzubleiben. Sie hatte eine Kamera dabei. Natürlich konnte sie nicht so richtig hingucken, sie hat nur schnell die Kamera hochgehoben und die Szene festgehalten, fast könnte man sagen: gebannt. Kurz danach zeigt sie das Foto den anderen Kindern. Es sind Grundschüler einer 4. Klasse und sie bereiten gerade eine Fotoserie vor: „Motive meines Schulwegs". Carla erzählt ihre Geschichte und alle lachen über Caro, den Hund, und Carla findet es dann auch nicht mehr so wichtig, daß er gar nicht drauf ist auf dem Foto.

Manchmal braucht man Bilder, um nicht zu vergessen, worum es eigentlich geht

Sie kennen solche Beispiele in X-Varianten. Sie wissen, daß Carla künftig etwas mutiger am Tor vorbeimarschieren wird und vielleicht ein bißchen genauer und neugieriger hingucken kann. Im Fachjargon wäre die Rede von persönlichkeitsbildenden und -stärkenden Potentialen, von Selbstvergewisserung, Wahrnehmungsschulung etc.- hier muß ich das nicht ausführen, aber ich sehe darin die Basis und Legitimation für alles Handeln im Bereich kultureller Praxis. Und das unter ästhetischen Aspekten vielleicht mißlungene, kleine Foto ist wie die Illustration eines für mich ganz wichtigen Prinzips der Kulturförderung im Bildungswesen: **Vorrangig geht es nicht darum, die Kunst voranzubringen, sondern den Menschen.**

Basis und Legitimation kultureller Praxis

Ich soll hier sprechen über die konzeptionellen Vorstellungen und die Förderpraxis der Bund-Länder-Kommission. Jeder, der sich davon ein Bild machen will, greift zur orangen BLK-Broschüre „Informationsschrift über Modellversuche im Bildungswesen", die Aufschluß gibt über die Kriterien der Förderung. Sie finden dort Sätze wie: *„Ziel der Förderung von Modellversuchen im Bereich musisch-kultureller Bildung ist es zu erproben, wie möglichst viele junge Menschen zu Kreativität und kultureller Selbstentfaltung angeregt und zur aktiven und* kritischen Teilnahme am Kunst- und Kulturleben befähigt werden können." Sie finden unter zu fördernden Maßnahmen Angaben wie: *"Entwicklung und Erprobung von Modellen der Aus- und Weiterbildung" oder „Entwicklung und Erprobung neuer didaktischer Materialien und Vermittlungsmethoden"* etc.

Diese sogenannten „Förderkriterien" sind so offen und allgemein formuliert, daß sich darunter vieles subsumieren läßt. Sie deuten konzeptionelle Vorstellungen allenfalls an, vermeiden aber dezidierte Aussagen darüber, was nun im engeren Sinne als besonders förderungswürdig angesehen wird.

Ein Blick auf die Liste der seit 1988 in diesem Bereich geförderten Modellversuche zeigt darum auch eine ungeheure Vielfalt und Bandbreite der Themen. Ich nenne, um Ihnen ein Bild zu geben, nur einige Titel:

Begegnung mit dem Fremden - Aufbau eines Netzwerks kleinerer und mittlerer Museen zur Entwicklung innovativer kulturpädagogischer Arbeitsformen (BW)

Geschichtspfad Blumenthal - Schüler erforschen die Geschichte ihres Stadtteils und dokumentieren sie mit künstlerischen Mitteln (HB)

Weiterbildungsmaßnahmen für Kunst- und Kulturpädagogen in kulturellen Werkstätten (HB)

Weiterbildungsangebot Kultur- und Bildungsmanagement (an zwei Hamburger Hochschulen)

Förderung musisch-kultureller Angebote in der beruflichen Bildung (He)

Clipper - das Videomagazin (NRW)

Pädagogische Konzepte zur Einrichtung und Nutzung eines Kinderumwelt-museums (NRW)

Entwicklung von Theaterarbeit an Schulen (NI) etc.

Für diese Vielfalt gibt es eine einfache Erklärung: Die Projektgruppe Innovationen ist ein Gremium, in dem sich Vertreter des Bundes und aller Länder versammeln. So ein Gremium tut gut daran, die Kulturhoheit der Länder zu respektieren, die sich in ihren bildungspolitischen Vorstellungen nicht durch allzu enge konzeptionelle Vorgaben gegängelt sehen wollen. Daher die Offenheit der Förderkriterien, die über alle Differenzen hinweg einen Konsens der Länder ermöglichen - und daher auch die Vielfalt der Themen.

Diese Offenheit hat aber auch ihre Probleme. Sie ist teilweise nur schwer vereinbar mit dem Anspruch der Projektgruppe, innovativ zu wirken. Innovation kann ja nicht heißen, jedem singulären Einfall mit Neuigkeitswert zu folgen. **Innovativ zu wirken bedeutet, daß man auch gezielt Einfluß nehmen kann auf aktuelle oder wiederkehrende Problemlagen und bislang kaum bearbeitete Fragen.** Das können wir im Moment nur sehr begrenzt tun, weil wir (noch) keinen Einfluß auf die Inhalte der Anträge haben. Wir können aber das Vorhandene strukturieren und daraus Orientierungen ableiten.

– Wir **bündeln z.B. Anträge mit ähnlicher Problemstellung**, so daß mehrere Länder an einem inhaltlichen Komplex arbeiten.
– Wir veranstalten **Fachtagungen** und leiten daraus Vorstellungen für künftige Schwerpunkte der Förderung ab.
– Wir bilden **Arbeitskreise** zu aktuellen Problemlagen und beschreiben, wo wir Forschungs- und Erprobungsbedarf sehen.
– Wir veranlassen **zusammenfassende Auswertungen** der Ergebnisse von Modellversuchen in den jeweiligen Förderschwerpunkten. So erscheint z.B. Mitte 1997 die zusammenfassende Auswertung zu Modellversuchen im musisch-kulturellen Bereich von G.Otto/ St. Kolfhaus bei der BLK.

Wir haben also in den letzten Jahren mehr und mehr strukturierend eingegriffen. Diese Tendenz wird sich künftig vermutlich noch verstärken, so daß man von einem Wendepunkt in der Modellversuchspolitik sprechen kann: Ein erheblicher Teil der MoV-Mittel wird schon ab 1997 in die Finanzierung sog. Programme gehen, die zu bestimmten Problemschwerpunkten und Defizitbereichen ausgeschrieben werden. **Es gibt also eine Art Paradigmenwechsel von Reagieren zum Agieren, vom Föderalismus in Reinkultur zu einem gemeinsamen Förderkonzept auf föderaler Grundlage.** Soviel zur Arbeitsweise der Projektgruppe.

Für Sie ist es wahrscheinlich wichtiger zu erfahren, was im Modellversuchsbereich inhaltlich passiert. Das Interessante daran sind m. E. nicht so sehr die Themen, sondern aktuelle und typische Problemlagen, die sich dahinter verbergen und die sich praktisch quer durch ganz unterschiedliche Themen ziehen. Diese „Tiefenstruktur" der Anträge ist es auch, an der wir uns bei der Bewilligung oder Ablehnung von Anträgen vorrangig orientieren.

Ich will Ihnen dafür ein paar Beispiele geben, und zwar vorwiegend aus dem schulischen Bereich, weil dort mein Haupterfahrungsfeld liegt. Betrachtet man die Ergebnisse der Modellversuche der letzten Jahre, so sind 5 Aspekte festzustellen:

Ästhetische Bildung an Schulen ist zunehmend kulturelle Praxis

Zur Verdeutlichung: Von 40 Modellversuchen, die seit 1988 im musisch-kulturellen Bereich durchgeführt wurden, beschäftigen sich allein 5 mit der Frage, wie man das aktive Musizieren an Schulen verstärken kann. Natürlich sind die Akzente dabei ganz unterschiedlich: In Baden-Württemberg („Verstärkte Musikerziehung an weiterführenden Schulen durch Zusammenarbeit mit außerschulischen Insitutionen") ging es vor allem darum, Schülerinnen und Schüler für die aktive Teilnahme am kulturellen Leben in ihrer Region zu motivieren. Das wurde erreicht

durch die Zusammenarbeit von Schule mit Musikschulen, Chören und Instrumentalgruppen aus der Gegend. Der hessische Modellversuch „Musik aktiv in Kassel-Ost" untersuchte eher die sozial-integrative Funktion gemeinsamen Musizierens. Im nordrhein-westfälischen Modellversuch „Orchesterspiel im Klassenverband" stand die verstärkte musikalische Praxis im Pflichtunterricht mit allen didaktisch-methodischen und organisatorischen Problemen im Vordergrund.

Interessant ist auch, daß ästhetische Praxis inzwischen nicht mehr nur im Reservat der Fächer Kunst und Musik stattfindet. Ästhetische Zugangsweisen werden immer häufiger im Unterricht aller Fächer als willkommene ganzheitliche Methode eingesetzt.

Ästhetische Bildung als ganzheitliche Methode willkommen

Alle Modellversuche zeigen, daß Kultur im Schulbereich nicht mehr so sehr als das dem einzelnen groß Gegenüberstehende wahrgenommen wird, sondern zunehmend als ein aktives Anliegen aller und jedes einzelnen. Das zeigt auch, daß man sich mittlerweile gelöst hat von dem Streit, ob nun Hoch-, Jugend- oder Alltagskultur in der Schule zu fördern sei. Ob Klassik oder Rockmusik, hohe oder Trivialliteratur, Collage oder Body-Painting: entscheidend ist, inwieweit es gelingt, sie in ihrer für Kinder und Jugendliche jeweils unterschiedlichen Bedeutung zu nutzen. Man sollte aber dabei bedenken, daß Schule nicht alles mitmachen muß, was im Unterhaltungs-und Freizeitbereich kulturell „abgeht". Was auf den ersten Blick attraktiv erscheint, bringt nicht viel weiter, wenn es eher auf Bestätigung hinausläuft und nicht die ernsthaften Ansprüche von künstlerischer Arbeit in den Vordergrund stellt.

Das Kardinalproblem der Lehrkräfte: die knappe Zeit

Mein zweiter Aspekt: Für alle Lehrkräfte, die im Bereich ästhetischer Praxis arbeiten, gibt es ein Kardinalproblem: Die Zeit dafür scheint viel zu knapp. Die wachsenden fachlichen und erzieherischen Ansprüche an Schule, die zunehmend als gigantischer „Reparaturbetrieb" verstanden wird, lassen es wenig wahrscheinlich erscheinen, daß für Fächer wie Kunst oder Musik einmal mehr Zeit zur Verfügung stehen wird. In der Randexistenz dieser Fächer spiegelt sich immer noch das gesellschaftliche Bewußtsein von Kultur als schönem, aber im Grunde überflüssigem Dekor.

Nun läßt sich aber gerade die ästhetische Praxis nur schwer in ein enges zeitliches Korsett zwängen, weil sie es eher mit offenen Prozessen als mit festgelegten Lernerträgen hält. An diesem Problem drohen viele kulturelle Aktivitäten in der Schule zu scheitern, es sei denn, man weicht auf Arbeitsgemeinschaften am Nachmittag aus.

Ich glaube, daß dieses Problem durch ein anderes Verständnis von Lernen zumindest teilweise aufgefangen werden kann. Ich will das an einem Beispiel erklären: Der 1991-93 durchgeführte Baden-Würtembergische Modellversuch „Persönlichkeitsbildung durch Einsatz spielerischer, bildnerischer und musikalischer Elemente in der Schule" beschäftigt sich mit der Frage, ob sich durch ästhetische Zugangsweisen z.B. in den naturwissenschaftlichen und sprachlichen Fächern eine neue Qualität des Lernens ergeben kann.

Die Antwort ist: ja. Aber nur, wenn man den spielerisch-kreativen Umgang mit einer Sache nicht als hübsches Additum begreift, das im Grunde nur der methodischen Auflockerung dient. Wenn das „eigentliche Lernen" immer noch vor allem auf der abstrakt-begrifflichen Ebene angesiedelt wird, muß man die Collage im Französischunterricht, das szenische Spiel, die Umsetzung eines literarischen Textes in Musik im Grunde als Zeitverlust empfinden.

Wenn man aber davon ausgeht, daß Lernen auch heißt, sich mit ganz unterschiedlichen Sichtweisen auseinanderzusetzen, auf das schnelle Bescheidwissen zu verzichten, Irritationen und Widersprüche auszuhalten, dann haben ästhetische Zu- gangsweisen eine ganz andere Chance. Sie signalisieren dann eine Abkehr von den sog. "Lernschnellwegen" (H. Rumpf) und von einem linear-ergebnisorientierten Denken. Wenn man den Erkenntniswert solcher Unterrichtsphasen ernst nimmt, stellt sich auch die dafür aufgewandte Zeit nicht mehr als Problem. Ich denke, daß es - auch über die wissenschaftliche Begleitung von Modellversuchen - noch nicht gelungen ist, diesen Aspekt ins allgemeine Bewußtsein zu heben. Das gilt auch für eine andere wichtige Funktion von kultureller Praxis an Schulen, die Karl Valentin mal mit dem treffenden Satz umschrieben hat: **Kunst ist schön, macht aber viel Arbeit.**

Wer keine persönlichen Erfahrungen mit künstlerischen Tätigkeiten verbindet, sieht offenbar nicht, daß **kulturelle Praxis eine Menge von Arbeitstugenden** fordert, die in der bildungspolitischen Diskussion inzwischen wieder hoch geschätzt werden: handwerkliches Können, z.B., aber auch die Bereitschaft, sich in Ruhe auf etwas einzulassen, außerdem Genauigkeit, Zähigkeit, planvolles Vorgehen und nicht zuletzt Distanz und Selbstkritik. Für unsere „Medienkinder", die auf schnell wechselnde Reize und fixen Konsum programmiert sind, liegt hier ein Bereich, in dem sie im eigentlichen Sinne des Wortes „Selbst-Bewußtsein" entwickeln können.

Öffnung von Schule

Ein dritter Problemkomplex, den wir in der Projektgruppe als prioritär betrachten sind alle Fragen, die sich mit den Stichworten „Öffnung von Schule" in das sogenannte „außer-schulische Umfeld" verbinden. Dieser Bereich tangiert Ihre tägliche Praxis wohl am meisten, weil hier die Zusammenarbeit mit kulturellen Institutionen und Kulturschaffenden angesprochen ist.

Daß Schule sich dem Leben öffnen soll, ist schnell gesagt. Ich meine aber, daß nicht alles, was Leben ist, auch Schule machen muß.

Allzu dankbar öffnen die Schulen manchmal die Tore für Vereine, die, geplagt von Mitgliederschwund und Überalterung, oft kostenlos und ehrenamtlich Betreuungsangebote machen, oder verhandeln mit Kunstschaffenden, die sich ein Zubrot verdienen müssen und sich allmählich als Handlungsreisende in Sachen Kultur an Schulen anbieten. Damit allein ist, so glaube ich, noch keine neue Qualität erreicht.

Ergebnisse von Modellversuchen zeigen z.B., daß nicht jeder Künstler, auch nicht der anerkannt gute, ein Garant ist für gelungene künstlerische Prozesse bei Schülern. Sie zeigen auch, daß unterschiedliche Interessenlagen möglichst im Vorfeld geklärt werden müssen. Wenn z.B. Mitarbeiter eines Offenen Kanals mit Schülerinnen und Schülern zusammenarbeiten, wollen sie in erster Linie schnell produzieren. Die kooperierenden Lehrkräfte sind dagegen eher an inhaltlich fundierter Arbeit und einer halbwegs soliden Qualifizierung der Schüler interessiert. Daß so etwas, wie in einem brandenburgischen Modellversuch zur aktiven Medienarbeit, zu Enttäuschungen führen muß, ist klar. Aber man kann, wenn man die Abschlußberichte von Modellversuchen studiert, immerhin daraus lernen.

Modellversuche zeigen auch, daß sich mit einer Öffnung von Schule nicht nur Anregungen verbinden. Für die Lehrerinnen und Lehrer ergeben sich oft recht komplexe und schwierige Anforderungen, zumindest da, wo ernsthaft kooperiert wird:

Sie müssen z.B. erleben, daß Künstler teilweise sehr empfindlich und ärgerlich auf ihnen aufoktroyierte pädagogische und fachliche Zielvorgaben der Lehrkräfte reagieren. Sie müssen auch ihre Rolle und ihr Selbstverständnis neu definieren. Plötzlich haben sie einen Experten neben sich, der anders und anderes lehrt als sie selbst, von dem sie aber auch lernen können. Sie werden weniger als sonst der Vermittler sein, sondern eher als Mittler zwischen den Schülern und „denen von außen" fungieren.

Sie wissen, daß inzwischen auch darüber nachgedacht wird, ob Experten von außen über diesen Gastrollen-Status hinaus eingesetzt werden sollten, um Lehrkräfte an Schulen zu ersetzen. Der hessische Modellversuch „Kooperation von Musikschulen und allgemeinbildenden Schulen" erprobt einen solchen Ernstfall. Die Ausgangssituation für den Versuch ist bundesweit ähnlich:

Wir haben - vor allem im Grundschulbereich - zu wenig Musiklehrer. Hinzu kommt, daß die für Schule ausgebildeten Musiklehrer sich für Instrumentalunterricht z.T. zu einseitig oder nicht genügend qualifiziert fühlen. Musikschullehrer, die über viel praktische Erfahrung verfügen, könnten da weiterhelfen. Die Bereitschaft dazu ist vorhanden, weil Musikschulen ihrerseits daran interessiert sein müssen, weitere Finanzierungsquellen zu erschließen. Musikschullehrer sind aber nicht für die Schule ausgebildet. Wenn nun beide an einer Schule, vielleicht sogar in einem Projekt gemeinsam arbeiten, müssen sie sich auf didaktisch-methodischer Ebene verständigen. Funktioniert das, wenn sich der eine praktisch besser ausgebildet fühlt und der andere pädagogisch versierter zu sein glaubt? Es gibt auch schulrechtliche und organisatorische Probleme, immerhin geht es um Kriterien für eine Unterrichtserlaubnis, um Notengebung, Aufsichtspflicht etc. Noch heikler ist die Frage: Kann eine Schule sich einfach einen Musikschullehrer kaufen? Und haben wir dann künftig ein Zweiklassen-System von Lehrern an Schulen, die Etablierten und die Außerschulischen?

Ich nenne das Beispiel, weil hier der enge Bezug von Modellversuchen zur bildungspolitischen Diskussion deutlich wird. Modellversuche, die im überschaubaren Rahmen einmal durchspielen, was z.B. Autonomie von Schule heißen kann, geben hier wichtige Entscheidungshilfen.

Alle bisher genannten Modellversuche haben eins gemeinsam: Sie nehmen die manchmal schwierigen Rahmenbedingungen, unter denen man in den Bildungsinstitutionen arbeitet, ernst. Sie gehen aber produktiv damit um, suchen nach Handlungsspielräumen, beschreiben vielleicht auch, wo man strukturell etwas ändern muß.

Damit erfüllen sie ein wichtiges Kriterium für die **Akzeptanz von Anträgen: Modellversuche müssen auf bundesweit erkennbare Problemstellungen Bezug nehmen. So können sie auch in den Ergebnissen übertragbar sein. Sie sollten auch so konzipiert sein, daß sie nach Wegfall der Fördermittel weiterleben können, also, wie es in der Sprache der Planungsgruppe heißt, -"in Regelpraxis überführbar" sein.**

Über drei inhaltliche Schwerpunkte habe ich gesprochen:

Die Verstärkung der ästhetischen Praxis.

das Problem der knappen Zeit und

die Konsequenzen einer Öffnung von Schule.

Zwei weitere will ich noch nennen.

Schule selbst zu einem kulturellen Ort machen

Eine wichtige Tendenz in Modellversuchen der letzten Jahre ist das Bemühen, **Schulkultur entwickeln zu helfen.** Ich meine damit, daß Schulen endlich auch als ein Lebensraum erfahren werden, den man selber mit gestalten kann: Man kann die äußere Umgebung verändern, Klassenräume, Flure oder Schulhöfe neu gestalten oder die Schule selbst zum kulturellen Ort für die Umgebung machen: eine Schülergalerie eröffnen, Lesungen eigener Texte veranstalten, eine Kinderlitfaßsäule bauen, eine akustische Zeitung für Sehbehinderte machen etc. Hier tritt die soziale Dimension von kultureller Praxis in den Vordergrund.

Lehrkräfte sind gerade in diesem Bereich

sehr auf gute Ideen und Anregungen angewiesen. Diese Ideen gibt es überall im Land, aber wie erfährt man davon? Das Problem lag offenbar in der Luft, denn wir haben in Hessen zeitgleich mit der BKJ eine Projektbank Kulturelle Praxis entwickelt, die in Teilen der BKJ-Projektbank vergleichbar ist. Sie wird betreut von zwei Mitarbeiterinnen, die erprobte und erfolgreiche Projekte an Schulen landesweit recherchieren und nach einem einheitlichen System, knapp, aber sehr anschaulich dokumentieren. Die Nachfrage nach dieser Veröffentlichung, die im Rahmen des Modellversuchs „Kulturanimation" publiziert wurde, ist groß. Sie scheint Lehrerinnen und Lehrern Mut zu machen, etwas Neues auszuprobieren. Zunehmend schicken sie auch eigene Projekte, die jetzt für die 2. Lieferung bearbeitet werden.

Neue Formen der Lehrerfortbildung

Mein fünfter und letzter Aspekt paßt in diesen Zusammenhang: **Wer Kultur an Schulen tragen will, muß die kulturelle Neugier von möglichst vielen Lehrerinnen und Lehrern wecken.** Wir brauchen daher im Bereich ästhetischer Bildung und kultureller Praxis neue Formen der Fortbildung und Unterstützung von Lehrkräften. Der Modellversuch „Kulturanimation" hat hier vor allem zwei interessante Ergebnisse gebracht:

Entscheidend für Beratungs-und Fortbildungsmaßnahmen ist, daß sie das ausstrahlen, was sie vermitteln wollen, nämlich die Möglichkeit zu Kreativität und Selbsterfahrung und die Lust an Produktion und Gestaltung. Darum sind **Werkstattkonzepte** in der Lehrerfortbildung von besonderem Wert, wo Lehrerinnen und Lehrer selbst als künstlerisch Arbeitende Erfahrungen sammeln - und zwar nicht nur mit der Produktionsaufgabe, sondern auch mit sich selbst.

Wer Lehrkräfte motivieren will, ästhetische Praxis zum selbstver-

ständlichen Bestandtteil von Unterricht zu machen, muß zu ihnen kommen und zeigen, wie's geht.
Auch hervorragende Unterrichtsmaterialien haben zunehmend nur noch dann eine Chance wahrgenommen zu werden, wenn sie auf persönliche Erfahrungen und Begegnungen zu beziehen sind.

Im Rahmen von Kulturanimation fährt darum ein (allerdings voll aus Landesmitteln) finanziertes „Kulturmobil" durchs Land, vollgepackt mit Anschauungs- und Aktionsmaterialien für alle Bereiche kultureller Praxis. Hier können sich Lehrer vom begleitenden Team einführen und beraten lassen oder einfach nur gucken oder aber an einem der über 30 Workshopangebote teilnehmen. Wenn das Kulturmobil auf dem eigenen Schulhof steht, senkt das, so die Erfahrung, die Schwellenangst für Lehrkräfte, die traditionell nur wenig Bezug zu kultureller Praxis haben. Das Mobil hat noch einen Vorteil: Das Team bringt nicht nur gute Ideen mit, sondern nimmt auch wieder welche mit nach Hause. Auf diese Weise - und hier schließt sich der Bogen zum Anfang meines Vortrags - hat auch Carla mit dem knurrenden Caro den Weg in die Projektbank gefunden.

Genug von der Schule. Über alle Bereiche, die ich nicht angesprochen habe, informiert Sie im nächsten Jahr die zusammenfassende Auswertung, auf die ich vorhin verwiesen habe. Sie wird auch Aussagen enthalten zu Bereichen, wo Erprobungen dringend erforderlich wären. Ich will aus meiner Sicht nur ein paar Aspekte andeuten:

Ausblick

Auch künftig werden Qualifikationsmodelle, v.a. im Rahmen der Fortbildung, eine wichtige Rolle spielen: Für Mitarbeiter in Kulturbetrieben wird es um Zusatzqualifikationen im Kulturmanagement gehen (insbesondere auf juristischer und betriebswirtschaftlicher Ebene). Für **Lehrkräfte stehen werkstattorientierte**, also praktische, auch fächerübergreifende Qualifikationen im Vordergrund. Für beide Seiten wird auf der inhaltlichen und Vermittlungsebene die **soziale und therapeutische** Dimension von kultureller Praxis einen noch höheren Stellenwert haben.

Qualifikation fördern

Ein interessantes Problem auf der didaktischen Ebene ist die Vermittlung zwischen Alltagskultur und sog. Hochkultur und die Frage, wie man durch kulturelle Praxis einen Zugang zu traditionellen Kunstformen, v.a. aber zur zeitgenössischen Kunst, Musik und Literatur schafft.

Die Förderung der ästhetischen Bildung und kulturellen Praxis an beruflichen Schulen ist ein wichtiges Feld für Entwicklungen: Die vielzitierten Schlüsselqualifikationen wie Flexibilität, Kreativität und Teamfähigkeit dürfen nicht nur als berufsbezogene, ökonomische Qualität verstanden werden. Wir brauchen nicht nur flexibel und effektiv Funktionierende, sondern Menschen, die eine Vorstellung von den gesellschaftlichen und ökologischen Auswirkungen der eigenen beruflichen Tätigkeit entwickeln. Dabei sind soziale Phantasie und Gestaltungskraft erforderlich, wie sie über kulturelle Aktivitäten entfaltet werden.

Ein weiteres Stichwort sind **regionale Netzwerke**: Angesichts der immer knapper werdenden öffentlichen Mittel wird zu erproben sein, wie man die Angebote kultureller Bildungseinrichtungen stärker aufeinander beziehen und Ressourcen flexibler und phantasievoller nutzen kann.

Ressourcen flexibler und phantasievoller nutzen

Ich gleite wieder ab in die etwas farblose Ebene behördlicher Abstraktion. Ich mache Schluß, auch deshalb, weil weitere Prognosen im Moment schwierig sind: Momentan ist nicht klar, in welcher Höhe künftig Mittel für Modellversuchsarbeit bereitgestellt werden. Sollten künftig vorrangig Programme ausgeschrieben werden, wird darauf zu achten sein, daß auch die Kultur dabei eine Chance hat und nicht nur die bildungspolitisch „heißen", publikumswirksamen Themen.

Lust auf Kultur

Für mich ist klar: Kulturelle Praxis ist nötiger denn je, weil sie immer auch ein Stück Gegenkultur darstellt : Die Kultur der Verlangsamung in einer Welt, die auf Beschleunigung ausgerichtet ist. Die Konzentration auf ein kleines, unscheinbares Detail in Zeiten von Überfluß und Überfülle. Die Lust, etwas anders zu sehen und umzugestalten inmitten einer scheinbar perfekt funktionierenden Maschinerie. Ich werde, so weit ich es kann, versuchen, diese Momente lebendig zu halten.

Literatur

1. vgl. **Otto, G. / Kolfhaus, S.:** Modellversuche zur Förderungsbereich „Musisch-kulturelle Bildung". Bericht über eine Auswertung, Materialien zur Bildungsplanung und zur Forschungsförderung. Hg. von der Bund-Länder-Kommission für Bildungsplanung und Forschungsförderung, Heft 59, Bonn 1997

2. s.o. **Otto, G. / Kolfhaus, S.,** 1997

Elisabeth Braun

Impulse oder mehr?

Zur Kooperation von außerschulischer kultureller Jugendbildung und Lehrerfortbildung

Vieles in den künstlerischen Fächern und viele „Kulturtechniken" können nur durch jahrelange Übung in Schul- und Hochschulausbildung erworben werden.

Dadurch werden Grenzen gezogen für die Vorstellung des schnellen Lernerfolges, was das praktische Musik-, Theater-, Kunst machen, Tanzen etc. angeht. Lehrerfortbildung[1] kommt da allemal zu spät. Ziel dieses Beitrags ist aber nicht der Nachweis, daß „Hans doch noch lernt, was Hänschen nicht lernen konnte", oder, „daß späte Meister vom Himmel fallen".

Es geht darum, die Chancen in der Kooperation von Lehrerfortbildung mit der Kinder- und Jugendkulturarbeit auszuloten, die Verbindungen außerschulischer und schulischer Aktivitäten aufzuzeigen und die gegenseitige Vernetzung als lohnende und notwendige Perspektive zu entwickeln.

Lehrerfortbildung ist für beide Bereiche nur eine „Zwischenstation", wird diese aber nicht wahrgenommen, kann es sein, daß Züge endgültig in nicht gewünschte Richtungen laufen. Stagnation, Abschottung, Fachegoismus auf der einen und Mißtrauen in schulisches Lernen, Angst vor Pädagogisierung (was immer dieses im Einzelfall sei) auf der anderen Seite sind solche toten Gleise.

Zum Allgemeinen der „Lehrerfortbildung"

Im folgenden wird zu zeigen sein, wo sich im Prozeß des life-long-learnings die „Zwischenstation Lehrerfortbildung" einordnen läßt und sich auch neue „Schienen" legen lassen.

Der **Begriff der Fortbildung** beinhaltet, daß es Personen gibt, die an irgendeiner Stelle die Lust oder Notwendigkeit spüren, daß sich etwas „Neues" tun soll. Die Frustration des alltäglichen Unterrichtens, die Erfahrung der Diskrepanz zwischen Schülerneigungen und Lehrplan, die Empfindung der eigenen „Jugenduntauglichkeit", aber auch der Wunsch, eigene Ausdrucksmöglichkeiten zu entdecken und weiterzuentwickeln, sind beispielsweise Antrieb, sich auf Fortbildungsformen unterschiedlichster Art einzulassen. Fortbildungen sind daher eine höchst persönliche Angelegenheit und werden umso erfolgreicher verlaufen, je mehr sie für die persönlichen Interessen passfähig gemacht werden können.

Lehrerfortbildung hat aber immer auch die Aufgabe, die Institution Schule, das Gesamtgefüge von Unterricht und Schulleben weiterzubringen. Welche Anforderungen, aber auch welche Angebote und Diskussionsebenen dazu die außerschulische Kulturarbeit mit Kindern und Jugendlichen einbringen kann, wird weiter unten an Modellfällen erläutert. In der schon 30 Jahre alten UNESCO-Empfehlung zum Status des Lehrers wird der Fortbildung und der Kooperation mit kulturellen Verbänden ein großer Stellenwert eingeräumt. Immer wieder wird auf die Notwendigkeit von Zusammenarbeit in Forschung und Praxis hingewiesen. *„Bei der Ausarbeitung der Bildungspolitik und ihrer einzelnen Ziele sollten die zuständigen Behörden, Lehrerverbände, Arbeitgeber- und Arbeitnehmerverbände, Elternvereinigungen sowie kulturelle Organisationen und Lehr- und Forschungseinrichtungen eng zusammenarbeiten"*[2]. Die Fortbildung steht also nicht nur im Zusammenhang mit der Neuorientierung einer einzelnen Lehrkraft, sondern auch im allgemei-

Vernetzung als lohnende und notwendige Perspektive

nen Gesamtzusammenhang von Schule, Kultur-, Jugend- und Bildungspolitik.

Zum Besonderen in der kulturellen Jugendbildung

Um auf die oben zitierten Sprichwörter zurückzukommen ist klar, daß Fortbildung nicht eine erste Ausbildung ersetzen kann. Was aber sind spezifische Chancen einer Lehrerfortbildung in Kooperation mit der kulturellen Jugendbildung? - Mit einer rein formalen Zusammenarbeit von Verbänden und Institutionen ist wahrscheinlich nicht allzuviel erreicht.

Chancen einer Lehrerfortbildung in Kooperation mit der kulturellen Jugendbildung

Erstens: Die Impulse der gemeinsamen Fortbildung richten sich in erster Linie an die **Person der Lehrkraft**. Die kulturelle Jugendbildung verfolgt in allen Kultursparten der „schönen", aber auch der „niedrigen Künste" (z.B. Zirkus, Straßentheater) und der „neuen Medien" zunächst die Erweiterung des praktischen Repertoires. Dazu wurden erwachsene Formen des Lehrens und Lernens entwickelt, auch wenn es sich um einfachste Kultur- und Darstellungstechniken handelt.

In allen Sparten der kulturellen Ausdrucksformen wie Musik, Tanz, Rhythmik, Theater, Spiel, Bild und Form, Literatur, auditiven, audiovisuellen und elektronischen Medien und vor allen Dingen in übergreifenden Bereichen werden die Teilnehmenden an Erfahrungen herangeführt, die sich an die eigene künstlerische Vorbildung, aber auch an die eigenen gegenwärtigen Möglichkeiten des Darstellens und Gestaltens anschließen.
Die Fortbildungsangebote richten sich also an die kreativen und künstlerischen Potentiale der einzelnen Lehrkräfte. Eine an der Person orientierte Fortbildung bietet:

die selbst gemachte Erfahrung, die Auseinandersetzung mit einer persönlich neuen „handwerklichen Technik",

die Gruppenimprovisation und Performance,

den im „Labor" erprobten eigenen Inszenierungsversuch...

Damit verbunden ist der **Einstieg in neue, aus der eigenen Schulerfahrung heraus unbekannte kulturelle Angebote**. Spartenübergreifende oder an der populären Jugendkultur orientierte Ausdrucksformen oder experimentelle Verfahren sind dafür Beispiele. Natürlich ist als learning-by-doing-Effekt eingeplant, daß diese eigenen Lernerfahrungen sich auf die Situation mit Kindern und Jugendlichen übertragen lassen.

Zweitens: Der Bereich der kulturellen Kinder- und Jugendarbeit stellt einen Zusammenhang her mit dem alltäglichen Umfeld von Schule und Unterricht, das heißt mit der Gestaltung und Erfahrung der nicht schulisch (genauer unterrichtlich) verplanten Zeit und mit dem Leben im Stadtteil.

Weniger wichtig wird bei dieser Aufgabe in der Lehrerfortbildung die reine Vermittlung neuer Methoden und „neuer Inhalte". Zentraler Punkt wird der **neu zu bestimmende Stellenwert**, den die **Kulturarbeit** mit Kindern und Jugendlichen in und außerhalb der Schule einnimmt und vor allem auch im Bewußtsein der Lehrkräfte einnehmen muß.

Hier lohnt sich ein kurzer Ausblick auf die geänderte Haltung gegenüber den kulturellen Angeboten und Ausdrucksformen von und für Kinder und Jugendliche:

Kulturelle Bildung geht nicht auf in einer Beschreibung privater Hobbies. Kulturelle Bildung endet nicht in einem Markt der Freizeitangebote, die nach Belieben konsumiert oder gewechselt werden können.

Kulturelle Jugendbildung versteht sich als ein Bildungsangebot mit dem Interesse, Kindern und Jugendlichen Wege zur Entwicklung von Lebensqualität zu eröffnen, sie an Entscheidungsprozessen mitwirken zu lassen, gemeinschaftliches Tun gegen den Trend zur Individualisierung zu setzen und den sogenannten aufrechten Gang zu lehren,[3] dieses alles in weitgehend sprachfreien und „sinnlich direkten" Formen.

Damit verbindet sich in der kulturellen Lehrerfortbildung die Notwendigkeit der Arbeit an den persönlichen Fähigkeiten genauso wie an dem Bewußtsein, zukunftsorientierte Basisqualifikationen bei Kindern und Jugendlichen entwickeln helfen zu können. Ob sich dadurch die schwierige Situation der Schule heute grundlegend ändert oder aber sich nur ein geschärftes Bewußtsein für die schwierige Situation von Kindern, Jugendlichen, Eltern und Lehrkräften erreichen läßt, kann hier noch nicht entschieden werden.

Das Besondere der Kooperation

Das Besondere der kulturellen Jugendbildung in ihren vielfältigen Erscheinungsformen könnte für die Lehrerfortbildung zur Chance werden, weil sie in der Kooperation drei wichtige Vorannahmen ernst nimmt:

1. Es gibt einen eigenen Bereich kulturell-ästhetischen Handelns, der pädagogischen Fachkräften für sich persönlich und ihr **methodisches Repertoire** die Chance vermittelt, gesellschaftliche Wirklichkeit in Alternativen zu denken und als gestaltbar zu erleben. Die Unmittelbarkeit künstlerischer Prozesse erfordert allerdings ein hohes Maß an eigener Motivation und die Bereitschaft, sich auf neues Wissen und Können einzulassen.

2. Es gibt ein **Schnittfeld von Schule und Kulturarbeit**, für das sich zur Zeit noch niemand ausschließlich verantwortlich fühlen kann. Hier kann die kulturelle Jugendbildung mit Praxismodellen dokumentieren, wie **Schulleben** aussieht, wenn es für Lernende und Lehrende

gemeinsame Interessen und Projekte gibt. Die integrative Kraft eines partnerschaftlich geplanten und durchgeführten Projektes, das auch die sozialpsychologische und sozialpädagogische Seite des Schullebens einbezieht, wird im Hinblick auf die Vereinzelung bei Lernvorgängen in der Schule immer wichtiger werden.

3. Es gibt eine kulturelle Bildung im Sinne von Vorbereitung, Propädeutik und „Prophylaxe", die sich zur Aufgabe setzt, Formen **zukünftiger Lebenspraxis** anzubahnen, die Kinder und Jugendliche „gesellschaftsfähig" macht und dazu die kulturellen Ausdrucksformen nutzt.

Dieser Beitrag versucht herauszufinden, mit welchen Formen der Fortbildung sich diese „Impulse" durch eine Zusammenarbeit zwischen außerschulischer kultureller Jugendbildung und Lehrerfortbildung inszenieren lassen.

Formen der Lehrerfortbildung

Hier wird ein formaler Rahmen als Systematisierungshilfe genutzt, denn die zeitlichen und räumlichen Bedingungen für die Fortbildung entscheiden unmittelbar über die „Intensität des Impulses", der von der Fortbildung ausgeht. Als Modell könnten die Fortbildungsangebote des TILLM[4] dienen, wo im Theaterbereich exemplarisch Angebote in unterschiedlichster Machart abfragbar sind. Außerdem existiert eine enge Kooperation dieses Lehrerfortbildungsinstitutes mit der LAG Spiel und Theater Thüringen e.V., die bereits zur Konzeption eines berufsbegleitenden Lehrganges zum/zur Spielleiter/in geführt hat. Die Fortbildungsbeispiele werden im folgenden mit ihrer Organisationsstruktur und ihrer speziellen Aufgabe (Absicht) beschrieben.

Schulinterne Fortbildung - SCHILF oder Pädagogischer Tag

Das ganze Kollegium einer Schule ohne Rücksicht auf die eigenen Fächer läßt sich auf ein

Wie die Intensität des Fortbildungsimpulses steigern?

Thema ein, das praktisch erarbeitet wird. Vorteil ist die unmittelbare und entlastende Gruppenerfahrung, weil „natürlich" bei einer solchen Fortbildung kein Spezialistentum gefragt ist. Die schulinterne Fortbildung bereitet aber den Boden für weiterreichende Aktivitäten, kann so auch die Zustimmung zu Lehraufträgen und Kooperationen vorbereiten. Ein eintägiger Workshop wirkt als Animation und Information auf eine ganze Schule oft so intensiv, daß vorher nicht aktzeptierte Projekte danach oft machbar erscheinen. **Beispiele:**

- Einführung in das „Bewegungs- und Körpertheater",
- Schulräume werden eingepackt (Projektrahmen: „Performance"),
- Werkstatt „Radio" - Einführung in journalistische Sendeformen.

Besuch einer regionalen Arbeitsgemeinschaft

Fachvertreter nützen ihr Know-how, um an mehreren (Nachmit-)Tagen handwerkliches und methodisches Können an KollegenInnen so zu vermitteln, daß es unmittelbar umgesetzt werden kann. Diese Arbeitsgemeinschaften leben von der Vermittlung von „Kollegen an Kollegen". (In Nordrhein-Westfalen sind im sogenannten GÖS-Programm ganze „Fortbildungskataloge" entstanden, in denen einzelne Lehrkräfte anbieten, sich als Referenten oder Sachberater zur Verfügung zu stellen.) **Beispiele:**

- Einführung in die Bandarbeit für Musiklehrer, Erarbeiten von Arrangements,
- Experimente in einer Graffiti-Werkstatt für Unterrichtende im Fach Kunst,
- erste Versuche mit literarischen Texten im Internet,
- Einarbeitung in Techniken des Musicals.

Fortbildungstagung in einer Lehrerakademie/an Landesinstituten etc.

Eine wichtige Funktion stellt die Befreiung von Unterricht und die örtliche Veränderung durch die Fahrt zur Fortbildungsakademie dar. Fortbildungsveranstaltungen an Akademien kön-

nen sich wie Projekttage gestalten, an denen mit äußerster Intensität und oft völlig unabhängig von der eigenen Fächerkombination gearbeitet wird. Die Erfahrung in einer Gruppe mit der Eigenständigkeit der eigenen Ideen und mit der Kraft von Gestaltungsfähigkeit ist bei Lehrkräften oft Auslöser zu neuer und intensiver Auseinandersetzung mit Themen der Kulturarbeit. Die Lehrkräfte profitieren von der Situation, selbst „Schüler" zu sein. **Beispiele:**

- Kompaktkurs: „Vom Text zur Szene",
- Seminar: „Musik und Medien",
- Lehrgang: „Radio zum Anfassen",
- Ausgangspunkt: „Kunst" - fächerübergreifender Unterricht zum Thema „Miteinander leben".

Längerfristige, bausteinartige und berufsbegleitende Fortbildungen

Der große Vorteil solcher Aufbau-Fortbildungen besteht in der Möglichkeit, daß die Eigenerfahrung im spielerischen und künstlerischen Tun jedes Mal mit „Erholung vom Schulalltag" verbunden wird, und andererseits der ständige Zuwachs an Können und Sicherheit sofort in der eigenen Schulpraxis überprüft werden kann. Das Problembewußtsein wächst und gleichzeitig die Bereitschaft, die methodischen Schwierigkeiten zu diskutieren und zu bearbeiten. Berufsbegleitende Fortbildungen enden z.T. mit Zertifikaten, die eine Qualifikation als Spielleiter, Tanzleiter oder eine Zusatzqualifikation in verschiedenen Bereichen von Musik und Rhythmik nachweisen. Der zeitliche Umfang ist enorm und erstreckt sich auf 4 - 7 Wochen in ca. 2 Jahren. Die Absolventen sind geeignete Ansprechpartner für ihre Kollegien, wenn es um übergreifende Projekte innerhalb der Schule geht.

Projekte, bei denen die Kooperation ausgedehnt wird

Die größere Reichweite solcher Kooperationen schlägt sich nieder in überregionalen Schultheatertreffen oder landesweiten Tagungen, in Kinder- und Jugendkulturtagen, bei denen die Fortbildungsidee vor allen Dingen besteht, daß die Lehrkräfte ihre Arbeit gegenseitig zur Kenntnis nehmen, in einen Erfahrungsaustausch eintreten und in Workshops weitere Ideen entwickeln. Die Präsentation z.B. von Schultheatergruppen bringt für Lehrende die Chance, sie als **neue Formen der Öffentlichkeitsarbeit** aus dem außerschulischen Bereich zu adaptieren. Nur mit viel „Tam-tam" wird normalerweise eine breitere Öffentlichkeit von kulturellen Aktivitäten in der Schule Kenntnis erhalten, Straßentheatertage dagegen sind ein Beispiel, wo diese Öffentlichkeit unmittelbar erreicht werden kann.

Eine weitere Form der übergreifenden Projektarbeit geht von der Integration aller verfügbarer Angebote der Kinder- und Jugendkulturarbeit in einer Stadt aus. **Als Beispiel dient das Projekt „fjutscha" aus Ulm 1996.** Alle in einer Stadt vorhandenen Initiativen, Schulen etc. arbeiten an einem gemeinsamen Thema. Die Aufführungsorte, die Veranstaltungsmachart, die Kooperationsformen werden von allen diskutiert, publiziert und in z.T. gemeinsamen Veranstaltungen der Öffentlichkeit präsentiert. Bei dieser themenbezogenen Kooperation wird eine neue Qualität der Lehrerfortbildung vor Ort erreicht und die Leistungsfähigkeit der gesamten Kinder- und Jugendkulturarbeit sichtbar gemacht.

Damit wird die beispielhafte Aufzählung von Fortbildungstypen abgeschlossen. Vollständigkeit war nicht beabsichtigt. Die bis hierher dargestellten Formen machen deutlich, daß Lehrende durch die Kooperation mit außerschulischen Fachkräften zu Katalysatoren für eine „neue", kulturell engagierte Schule werden.

Noch enthält diese Auflistung längst nicht alle praktizierten Formen. Die Einrichtung von Spielberatungsstellen und Fachmentoren sind eine weitere Form der Lehrerfortbildung. In Ansätzen haben sich im Bereich der LAGs und LKJs einzelner Länder auch „Vermittlungsdienste" herausgebildet, die künstlerische Referenten an Schulen vermitteln.

Ganz allgemein findet die Fortbildung von Lehrkräfte heute auch an anderen Orten statt:

der theaterpädagogisch betreute Vorstellungsbesuch mit einer Klasse,

Aktionen der museumspädagogischen Dienste,

die durch eigene Nummern erweiterten Zirkusprogramme kleiner Unternehmen,

ein Kinderkino- und / oder Hörspieltag.

Mitmachkonzerte und Mitmachspielaktionen sind Gelegenheiten, die Lehrenden illustrieren, wie Kultur kind- und jugendbezogen umgesetzt werden kann.

Fazit

Die Aufgaben der außerschulischen Partner der Schule sind gut erkennbar: Sie kompensieren, was die Schule selbst nicht leisten will und kann. Sie orientieren sich aber auch an den thematischen Vorarbeiten in der Schule.

Fachorganisationen werden zu Servicestellen

Die außerschulischen Partner der kulturellen Jugendbildung stellen ihre Methodenvielfalt zur Verfügung und nehmen Impulse auf, die gesellschaftspolitische Bedeutung des Lernens für eine kaum planbare Zukunft zu unterstreichen. Fachorganisationen werden zu Servicestellen, Schulen zu Gestaltungsorten, öffentliche Institutionen und Plätze werden zu kulturellen Lernorten; künstlerische, sozialpädagogische und unterrichtliche Arbeit mit Kindern und Jugendlichen kann zusammenfallen. In idealtypischer Weise entstehen Projektideen und Arbeitsvorhaben,

die das kulturelle Lernen dazu nutzen, die persönlichen Fähigkeiten der Lehrenden zu erweitern,

die schulischen Themen anders erscheinen zu lassen,

die Wirksamkeit kultureller Medien für

das öffentliche Interesse an der Schule zu
erproben,

die Kinder und Jugendlichen in ihrem
Gestaltungswillen zu unterstützen,

und sie durch Probehandeln auf
Partizipationschancen in der Gesellschaft
vorzubereiten.

Anmerkungen und Literatur

1.   Lehrerfortbildung umfaßt trotz der männlichen
     Sprachform natürlich alle Lehrkräfte, zudem sind
     die Grenzen zur Weiterbildung und „Ausbildung"
     jeweils fließend.

2.   zitiert nach Forum E, Zeitschrift des Verbandes
     Bildung und Erziehung 9/96, S. 11

3.   Vgl. Fuchs, M.: Kultur macht Sinn. Zeitschrift
     Gruppe und Spiel 2/96 S.5ff

4.   TILLM = Thüringer Institut für Lehrerfortbildung,
     Lehrplan und Medien, Arnstadt

Bundesvereinigung Kulturelle Jugendbildung e.V.
Dokumentationsstelle
Küppelstein 34
42857 Remscheid
Telefon 02191/ 794-380 o. 381
Telefax 02191/ 794-382

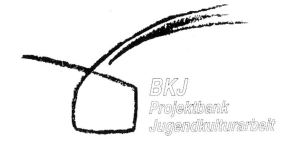

BKJ
Projektbank
Jugendkulturarbeit

PROJEKTBEISPIEL

Projekt-Nr.: 396	Kunstsparten: Tanz Musik Theater Bild.Kunst	Teilnehmer/innen: Schüler/innen Alter von 8 bis 18	Stichworte: Musical Schule Kunstschule Musikschule

Titel:

Träumen wie Tabaluga

Ein Singspiel entsteht durch die Zusammenarbeit von Schule mit einem
freien Träger

Kurzbeschreibung:

Im Schuljahr 94/95 bewarb sich die Mittelschule Altstadt Lößnitz um das vom
Kultusministerium ausgeschriebene Projekt "Zusammenarbeit von Mittelschulen mit Trägern
der freien und öffentlichen Jugendarbeit" und bekam als eine von sieben Schulen des
Freistaates Sachsen den Zuschlag.
Der Hauptkooperationspartner der Schule war die Kunst- und Musikschule des Landkreises
Aue-Schwarzenberg. In Anlehnung an Peter Maffays Erfolgsmusical "Tabaluga oder die Reise
zur Zukunft" entstand das Projekt "Träumen wie Tabaluga". Die Musik der Vorlage wurde
teilweise übernommen, doch die Rahmenhandlung nach den Ideen der Schüler/innen neu
entwickelt.
Der Wunsch der Schüler/innen, sich selbst darzustellen mit allen Problemen und Träumen,
Vorstellungen und Wünschen, stand im Vordergrund des Projektes:
Jonny, der Hauptdarsteller, gerät in Konflikte mit seiner unmittelbaren Lebenswelt und
begibt sich deshalb auf die Suche nach sich selbst und dem Sinn in seinem Leben. Den
Schüler/innen gelang es, die "reale Ebene" mit der zweiten, der "Traumebene", in der der
Drache Tabaluga auftaucht und die besonders durch Musik und Ballett dargestellt wurde,
geschickt miteinander zu verbinden, so daß das Ergebnis eine in sich geschlossene
Inszenierung wurde.
Die Mitwirkenden am Musical "Träumen wie Tabaluga" waren Schüler/innen der Mittelschule
Altstadt Lößnitz (Darsteller, Schauspiel, Gesang, Musik) und Jugendliche aus der Musik-
und Kunstschule des Landkreises (Ballett, Gesang, Musik, Kostüme, Bühnenbild).

Arbeitsvoraussetzungen:

Die technische Ausstattung war zunächst sehr einfach, konnte im Rahmen des Projektes
jedoch verbessert werden durch die Anschaffung einer Videokamera und Stereoanlage. Die
Proben fanden vorwiegend in den Räumen der Mittelschule statt, später konnte der
Theatersaal des Kulturhauses der Kreisstadt genutzt werden. Die Materialien wurden mit
Privat-PKWs beschafft. Die Fahrten der Schüler/innen zu Proben in die Kreisstadt mit
öffentlichen Busverbindungen konnten über das Projekt abgerechnet werden, auch wenn
diese Kosten in der Planung zu niedrig kalkuliert waren.

Kontaktadressen: a) Träger:	b) inhaltliche Arbeit:
Helga Krauße Mittelschule Altstadt	Helga Krauße Mittelschule Altstadt
Obergraben 29 08294 Lößnitz	Obergraben 29 08294 Lößnitz
Tel. 03771/35301	Tel. 03771/35301

Näheres zur Kulturarbeit:

Nach den ersten Treffen von Lehrkräften der Schule und der Musik- und Kunstschule des Landeskreises wurden Aufgaben verteilt:
- Die Musik-, Gesangs- und Instrumentallehrer/innen beider Einrichtungen erarbeiteten das musikalische Konzept. Welche Intrumente würden zum Einsatz kommen und von wem gespielt werden? Wer sollte im Chor singen, wer als Solist auftreten? Es wurde eine Mischung von Schüler/innen beider Schulen gefunden.
- Die Ballettmeisterin der Musikschule entwarf mit der Sport(Tanz)-Lehrerin der Mittelschule Choreographien für die Tänze und sie sammelten erste Ideen für Kostüme.
- Die Leiterin der Theatergruppe der Mittelschule fand durch die Vermittlung der Kunstschule einen kompetenten Partner in einem Chemnitzer Schauspieler, der die Inszenierung des Stückes mit übernahm.
- Kunststudenten der Fachhochschule für Bildende Kunst fanden sich mit der Kunstlehrerin der Schule zusammen. Es wurden Bühnenbilder, Kostüme, Entwürfe zu Programmheften usw. gestaltet.
- Die Mitarbeiter des Fotolabors der Kunstschule arbeiteten mit Schülern der Mittelschule zusammen und erstellten eine begleitende Dokumentation des Projektes mit Bildmaterial.
Immer mehr Bereiche und Arbeitsgruppen bildeten sich, in denen Schüler/innen beider Einrichtungen, Lehrkräfte, freie Mitarbeiter/innen und Experten der einzelnen Gebiete zusammenarbeiteten. "Nebenher" wurde Papier geschöpft, eine Stadtteilzeitung geschrieben und gedruckt; ein Puppenspiel samt Handpuppen entwickelt, geprobt und aufgeführt; ein Hörspiel einstudiert; der Umgang mit Video gelernt; eine transportable Theaterbühne gebaut; eine Modenschau entworfen und gezeigt; Skulpturen aus Papier, Ton und Stein gestaltet - kurz gefaßt: Der Umfang des Projektes nahm enorm zu und entwickelte sich ständig weiter.

Besondere Hinweise:

Das Lernen von den jeweiligen Experten, das Erkennen neuer Arbeitsgänge und -methoden, der Zuwachs an fachlichem Wissen trug nicht nur zur Persönlichkeitsentwicklung der Schüler/innen, sondern auch der Lehrkräfte bei. Eine Schülerin schrieb dazu: "Wir lernten, mit Leuten zusammenzuarbeiten, obwohl wir diese gar nicht kannten. Unsere Klasse hielt viel mehr zusammen, wir diskutierten über Probleme und verstanden uns immer besser".
Die Gesamtleitung hatte der Schulleiter, der gleichzeitig als Fachlehrer für Kunst aktiv am Prozess beteiligt war. Die Finanzierung war über die Projektmittel des Kultusministeriums gesichert. Die Kostenkalkulation konnte trotz interner Verschiebungen eingehalten werden. Die Resonanz bei den Mitwirkenden und der Öffentlichkeit war sehr positiv, was sich auch in der ausführlichen Presseberichterstattung niederschlug.

Kooperationen:

Am Projekt waren die Lehrkräfte des musischen Profils der Mittelschule mit Unterstützung der gesamten Schule einschließlich des "Erwachsenenzirkels" und des Schulfördervereins beteiligt. Kooperationspartner war die Kunst- und Musikschule des Landkreises Aue-Schwarzenberg, Studenten der Fachhochschule für angewandte Kunst Schneeberg, ein Schauspieler des Schauspielhauses Chemnitz und eine Mitarbeiterin des Landratsamtes Aue (Freiwilliges Soziales Jahr).

Dokumentation, Literatur:

Es wurde eine Fotodokumentation und ein Videofilm über das Projekt "Träumen wie Tabaluga" erstellt. Diese und eine ausführliche Beschreibung des Projektes können bei der Mittelschule Altstadt angefordert werden.

Bundesvereinigung Kulturelle Jugendbildung e.V.
Dokumentationsstelle
Küppelstein 34
42857 Remscheid
Telefon 02191/ 794-380 o. 381
Telefax 02191/ 794-382

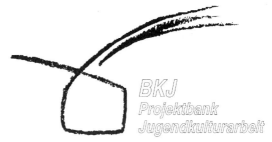

BKJ
Projektbank
Jugendkulturarbeit

PROJEKTBEISPIEL

Projekt-Nr.:	Kunstsparten:	Teilnehmer/innen:	Stichworte:
407	Spiel	Schüler/innen Alter von 6 bis 11	Spielaktion Spielplatz Schule Fortbildung

Titel:

Spielen auf dem Pausenhof

Das Spielmobil besucht den Pausenhof und vermittelt Schüler/innen
Lehrer/innen neue und alte Pausenhofspiele

Kurzbeschreibung:

Das Spielmobil der Stadt Flensburg, ein 10 Meter langer Bauwagen, ist mit Spiel- und
Bastelmaterial beladen. Ein Arbeitsbereich der drei pädagogischen Mitarbeiter/innen sind
Kinderspielplätze. Bei einer Bestandsaufnahme der Spielplätze in der Stadt wurde
deutlich, daß sie häufig in den Randbezirken zu finden sind, während Schulhöfe zentral
liegen und gut erreichbar sind. Die Anfrage einer Grundschule gab den Anstoß, neue
Spiele für den Schulhof zu entwickeln und alte Spiele wieder zu entdecken. Das Projekt
"Spiele auf dem Pausenhof" wurde bislang fast an allen Grundschulen incl. Sprachheil-,
Körperbehinderten- und Förderschulen in Flensburg durchgeführt.
Die Mitarbeiter/innen des Spielmobils spielten aber nicht nur mit den Schüler/innen im
Pausenhof. In der Lehrerkonferenz wurde über die Funktion von Schulpausen diskutiert.
Kleine Umgestaltungen des Schulhofes mit Unterstützung von Eltern, Lehrern und Schülern
sowie der Bau einer klasseninternen Spielekiste machten die Pausenhöfe attraktiver. Die
Nutzung des Schulgeländes auch außerhalb der Schulzeiten war ein wichtiges Anliegen,
denn ungefährliche Spielräume für Kinder waren in der Stadt nicht in ausreichender Zahl
vorhanden. Schulhöfe für Kinder als attraktive Spielräume zu entdecken und zu
entwickeln, war Ziel der Aktion.

Arbeitsvoraussetzungen:

In der Regel waren alle drei Mitarbeiter/innen des Spielmobils am Projekt "Spielen auf
dem Pausenhof" beteiligt. Beim Spielen mit den Schüler/innen wurde die 4. Station von
den Lehrer/innen besetzt.
Kreide, Steine, Seile und Bälle wurden als Spielmaterialien mitgebracht.

Kontaktadressen: a) Träger:	b) inhaltliche Arbeit:
Spielmobil Jugendamt der Stadt Flensburg Abt. Jugendförderung Junkerholweg 17 24939 Flensburg Tel. 0461/852079	Thomas Eckert Spielmobil Jugendamt der Stadt Flensburg Junkerholweg 17 24939 Flensburg Tel. 0461/852079

Näheres zur Kulturarbeit:

Das Projekt gliederte sich in jeder Schule in drei Schritte:
1. Lehrerkonferenz
Zunächst wurde ein Termin mit der Lehrerkonferenz vereinbart. Um die Schulpausen für die Schüler/innen attraktiver gestalten zu können, mußte die Akzeptanz aller Lehrkräfte am Projekt erreicht werden. Dazu das Projektteam: "Wir stellten die Funktion von Pause zur Diskussion. Bewegungs-, Kommunikation- und Entspannungsmöglichkeiten sind für die Schüler/innen zwischen den Schulstunden notwendig. Die Gestaltung vieler Schulhöfe bietet in dieser Hinsicht wenig Anregung. Wir stellten Beispiele von kreativer Umgestaltung von Schulhöfen mit wenig Mitteln vor und unterstrichen unser Anliegen, Schulhöfe als Spielräume für Kinder auch außerhalb von Schulzeiten zu öffnen."
Dann wurde der praktische Teil des Projektes vorgestellt: Teamer und Lehrer/innen waren sich einig, daß viele alte Straßen- und Hofspiele in Vergessenheit geraten sind, diese sollten, neben dem Kennenlernen neuer Spiele, wiederbelebt werden.
2. Spielen mit den Lehrer/innen
Der zweite Schritt war eine zweieinhalbstündige Fortbildung für das gesamte Lehrerkollegium. In der ersten Stunde standen Bewegungsspiele, New Games und Großgruppenspiele in der Turnhalle auf dem Programm, um (wieder) ein Gefühl für das Spielen zu bekommen. In der zweiten Stunde wurden auf dem Pausenhof neue und alte Spiele gelernt, die die Schüler/innen im 3. Schritt mitspielten.
3. Spielen mit den Schüler/innen
Jeweils zwei Klassen standen zwei Schulstunden zur Verfügung. Ein Einteilungsspiel bildete vier Gruppen mit je 8 bis 12 Kindern, die an vier Stationen jeweils drei Spiele kennenlernen konnten, und zwar Steinspiele, Ballspiele, Hüpfspiele, Seilspiele.

Besondere Hinweise:

Die Zusammenarbeit Schule und offene Jugendarbeit klappte sehr gut. Spaß am miteinander Spielen, an der Kommunikation mit anderen Mitteln war für das Lehrerkollegium oft eine neue Erfahrung. Nach der Spielaktion waren viele noch motiviert, das Projekt fortzusetzen, was jedoch leider nicht überall anhielt. Nicht in jeder Schule ging es weiter, oft scheiterte es nur am Aufmalen der Spiele auf dem Pausenhof.
Den Kindern machte die Spielaktion während des Unterrichts und in den Pausen großen Spaß, einige "alte" Spiele leben weiter, andere nicht.
Das "Spielen" sollte in der Ausbildung von Lehrer/innen ein Bestandteil sein. Ein Anfang wurde gemacht: Im Sommersemester 1996 führten die Mitarbeiter/innen ein Spielseminar an der Pädagogischen Hochschule Flensburg durch.

Kooperationen:

In einigen Grundschulen wurden auch Mitarbeiter/innen von Jugendzentren in das Projekt mit einbezogen. So konnten sie auf ihre Freizeitaktivitäten hinweisen und das Projekt in den Einrichtungen und/oder dem Schulhof fortsetzen.
Die Kooperation mit den Lehrkräften war bei der Umsetzung des Projektes sehr positiv und engagiert.

Dokumentation, Literatur:

Eine ausführliche Konzeption kann beim Spielmobil des Jugendamtes der Stadt Flensburg angefordert werden.

Bundesvereinigung Kulturelle Jugendbildung e.V.
Dokumentationsstelle
Küppelstein 34
42857 Remscheid
Telefon 02191/ 794-380 o. 381
Telefax 02191/ 794-382

PROJEKTBEISPIEL

Projekt-Nr.:	Kunstsparten:		Teilnehmer/innen:	Stichworte:
410	Literatur	Gestaltung	Schüler/innen Alter von 10 bis 13	Leseförderung Schule Stadtgeschichte Wettbewerb

Titel:

Konkurrenz für Kai?

Lektüre, Schauplatzsuche und künstlerische Umsetzung des Buches
"Kai aus der Kiste" von Wolf Durian

Kurzbeschreibung:

1926 erschien das Buch "Kai aus der Kiste" von Wolf Durian. Anläßlich des 70. Jubiläums
dieses Kinderbuchklassikers hatte das Berliner Zentrum für Kinder- und Jugendliteratur
"LesArt" einen Wettbewerb ausgeschrieben. 70 Berliner Schulklassen konnten sich anmelden
und erhielten je fünf Exemplare des Buches, die der Erika Klopp Verlag zur Verfügung
gestellt hatte. Nach der Lektüre sollten die Klassen einen literarischen Schauplatz des
Buches, den Nordbahnhof in Berlin Mitte, das Hotel Imperator in Berlin Charlottenburg
oder den Alexanderplatz, aufsuchen und Plakate entwerfen, die einen der literarischen
Schauplätze darstellten und Bezug zum Buch hatten.
Rund 2000 Kinder aus Berliner Grundschulen beteiligten sich mit Plakatentwürfen, eine
Jury wählte unter den Wettbewerbsbeiträgen je 7 Plakate pro Schauplatz - insgesamt 21
Plakate - aus. Die ausgezeichneten Beiträge wurden an öffentlichen Plakatwänden am
jeweiligen Schauplatz für eine Dekade ausgestellt. Außerdem erhielten alle Schulklassen
als Dank für die Teilnahme eine "Kai-Kiste" überreicht mit Lesezeichen, Schokolade,
Kai-Mützen und einem Buch für den geplanten Wettbewerb 1997 "Die Kinder aus Nr. 67" von
Lisa Tetzner.

Arbeitsvoraussetzungen:

Der Wettbewerb wurde in den Schulen ausgetragen, LesArt stellte für die Jury-Sitzungen
und für die große Informationsveranstaltung mit den Lehrer/innen Räume zur Verfügung.
Die Geschenke für 70 Klassen, die "Kai-Kisten", mußten in einem Raum zwischengelagert
werden und zum Abschluß des Projektes mit einem Kleinlaster an die literarischen
Schauplätze gefahren werden.
Die Planung, Organisation und Durchführung wurde von Mitarbeiter/innen von LesArt
übernommen.

Kontaktadressen: a) Träger:	b) inhaltliche Arbeit:
Caroline Roeder LesArt, Berliner Zentrum für Kinder- und Jugendliteratur Weinmeisterstr. 5 10178 Berlin	Caroline Roeder LesArt, Berliner Zentrum für Kinder- und Jugendliteratur Weinmeisterstr. 5 10178 Berlin
Tel. 030/2829747	Tel. 030/2829747

Näheres zur Kulturarbeit:

Der Wettbewerb wurde mit einer Sonderbeilage im Monatsprogramm von LesArt und über die Presse beworben. Interessierte Schulklassen konnten sich telefonisch anmelden, für Rückfragen wurden häufig auch die Privatnummern der Klassenlehrer/innen angegeben, was sich als günstig erwies. 70 Lehrer/innen wurden zu einem Informations- und Vorbereitungstreffen eingeladen. Die Teilnahme an dieser Veranstaltung war verbindlich, da hier ausführlich auf die Bedingungen des Wettbewerbs eingegangen und die notwendigen Materialien (jeweils fünf Buchexemplare und je 2 Plakate DIN A0) verteilt wurden. Ein Versand der Materialien war finanziell nicht möglich. Eine Grafikerin gab den Lehrer/innen Tips über mögliche Techniken und verwendbare Materialien. Für die Außenplakatierung (mit Kleister) mußte bei Collagen darauf geachtet werden, daß sie ganz fest geklebt sind, außerdem sollten keine wasserlöslichen Farben verwandt werden. Alle künstlerischen Umsetzungsmöglichkeiten waren allerdings erlaubt. Beim Informationstreffen suchten sich die Lehrer/innen auch einen der drei ausgewählten Schauplätze aus.
Die Umsetzung des Wettbewerbs in den Schulen war ganz unterschiedlich. Nach der Buchlektüre machten sich die meisten Schulklassen auf den Weg, um ihren literarischen Schauplatz vor Ort zu erkunden. Kein Problem war dies am Alexanderplatz, anders sah es am Nordbahnhof aus, der der nur noch durch ein kaputtes Fenster zu besichtigen war, da er sehr renovierungsbedürftig ist. Im Hotel Imperator war die Besitzerin ein Glücksfall, sie erlaubte über zwanzig Klassen, die wenigen Zimmer des Hotels in der 3. Etage des Hauses zu besichtigen.
Die meisten Schulklassen verwandten für ihre Plakatgestaltung Plakafarben, es entstanden aber auch viele schöne Collagen. Einige Schulen veranstalteten interne Wettbewerbe, da nur ein Plakat pro Klasse eingereicht werden konnte, andere machten eine Gemeinschaftproduktion oder setzten Einzeldarstellungen zu einem A0-Plakat zusammen.

Besondere Hinweise:

Ein Wettbewerb unter Beteiligung von 70 Schulklassen war ein großer organisatorischer Aufwand. Eine lange Vorlaufzeit für die Kooperation mit den Schulen war sinnvoll, Postsendungen erreichten Ihre Adressaten durch die Verteilung über die Schulämter oft spät, die Planung der Themen im Unterricht und die Abstimmung im Kollegium mußte berücksichtigt werden.
Frühzeitige Absprachen mit den Plakatierfirmen über technische Details waren positiv und hilfreich. Die von den Schüler/innen gefertigten Plakate mußten sorgfältig plakatiert werden, was durch die freundliche Unterstützung der Firmen auch möglich war.
Die Finanzierung war durch Sachspenden der Verlage und der Hausdruckerei gesichert. Die Personalkosten (eine Projektmitarbeiterin für circa vier Monate) wurden von LesArt übernommen.

Kooperationen:

Unterstützt wurde die Aktion vom Buchverlag Erika Klopp, der 400 Exemplare des Buches "Kai aus der Kiste" zur Verfügung stellte und sich anteilig bei den Kai-Mützen beteiligte. Unterstützung leistete auch der Deutsche Taschenbuch Verlag dtv. Ohne diese kostenlosen Exemplare wäre die Durchführung sehr schwierig gewesen.
Die beteiligten Schulen koordinierten die Durchführung des Projektes im Rahmen des Deutsch- und Kunstunterrichts, hier und da wurden auch in den Geschichtsstunden die zwanziger Jahre behandelt. Farben und sonstige Materialien sowie die Fahrtkosten wurden von den Schulen bzw. Eltern gestellt.

Dokumentation, Literatur:

Pressemitteilungen, Pressestimmen sowie Textzitate, die für die Schauplätze verwandt wurden, können über LesArt bezogen werden.
Eine Dokumentation über die Arbeitsweise von LesArt (darin enthalten die Veranstaltungsreihe "Literarischer Schauplatz Berlin" als konzeptionelle Grundlage auch für diese Aktion mit Praxisbeispielen) kann für DM 10,- bei LesArt Berlin bestellt werden.

Bundesvereinigung Kulturelle Jugendbildung e.V.
Dokumentationsstelle
Küppelstein 34
42857 Remscheid
Telefon 02191/ 794-380 o. 381
Telefax 02191/ 794-382

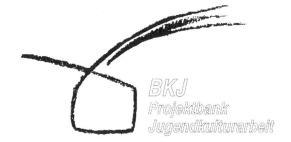

BKJ
Projektbank
Jugendkulturarbeit

PROJEKTBEISPIEL

Projekt-Nr.:	Kunstsparten:		Teilnehmer/innen:	Stichworte:
411	Medien Theater	Literatur	Schüler/innen Alter von 17 bis 19	Schreibförderung Interkulturell Schule Video-Magazin

Titel:

Schreibwerkstatt Roma und Deutsche

Erstellen einer Video-, Photo- und Textdokumentation

Kurzbeschreibung:

Eine Schüler/innen-Gruppe des Grundkurses Deutsch (12. Jahrgang) nahm an einer
Schreibwerkstatt zum Thema "Roma und Deutsche" teil. Durch Kontakte zum Theater an der
Ruhr wurde die Gruppe aufmerksam auf die Arbeit des Theaters Pralipe, das als
Roma-Theater seinen Sitz in Mülheim an der Ruhr hat. Die einwöchige Schreibwerkstatt
fand außerhalb der Schule mit Schüler/innen der Gustav-Heinemann- Schule und Mitgliedern
des Pralipe-Ensembles in der Evangelischen Akademie Mülheim statt. In Vorbereitung auf
das Thema informierten sich die Schüler/innen über die Arbeit mit
Roma-Flüchtlingskindern. Referenten und Zeugen zum Zeitgeschehen wurden eingeladen,
Dokumente und Bücher gesichtet.
Die Gustav-Heinemann-Schule beschäftigt sich bereits seit Jahren mit unterschiedlichen
Themenstellungen unter dem Motto "Lernen für Europa". Zwischen 10 und 15 Millionen Roma
wohnen in Europa, das ist jedoch den wenigsten Europäern bewußt. Das Projekt hatte zum
Ziel, auf die Leidensgeschichte der Roma von der nationalsozialistischen Herrschaft bis
in die heutige Zeit z.B. durch Angriffe auf Asylbewerberheime aufmerksam zu machen sowie
die Kultur kennen und verstehen zu lernen.

Arbeitsvoraussetzungen:

Eine Schreibwerkstatt sollte möglichst außerhalb der Schule stattfinden, die Atmosphäre
in der Evangelischen Akademie, dem Haus der Begegnungen, war für das Gelingen
entscheidend.
Eine intensive Vorbereitungsphase mit Gesprächen und Probenbesuchen bei den Ensembles
war Voraussetzung für das gemeinsame Arbeiten in der Schreibwerkstatt.
Zwei Betreuungspersonen/Moderatoren mit Fachkompetenzen sowie ein Dolmetscher standen
bei diesem Projekt zur Verfügung.

Kontaktadressen: a) Träger:

Kurt Tinius
Gustav-Heinemann-Schule

Boverstr. 150
45473 Mülheim an der Ruhr

Tel. 0208/455-4900

b) inhaltliche Arbeit:

Kurt Tinius
Gustav-Heinemann-Schule

Boverstr. 150
45473 Mülheim an der Ruhr

Tel. 0208/455-4900

Näheres zur Kulturarbeit:

Geplant war die Begegnung zweier Gruppen, den Mitgliedern des Theterensembles Pralipe und Schüler/innen des Grundkurses Deutsch, die im Rahmen einer Schreibwerkstatt gemeinsam eine Woche lang das Thema "Roma und Deutsche" bearbeiteten. Unterschiedliche Kulturen und Arbeitsweisen mußten berücksichtigt werden. Nach intensiver Vorbereitung wurde folgende Methode gewählt:
Der Einstieg in die Werkstatt erfolgte über das arbeitsteilige Anfertigen von Tonplastiken in kleinen "gemischten" Gruppen. Auf diese Weise konnte ein Dialog über gegenseitige Wahrnehmung eines gemeinsamen Kunstproduktes stattfinden, der über das Mittel der nicht-sprachlichen Kommunikation angegangen werden konnte.
Dann wurden zweisprachige Texte verfaßt und anschließend diskutiert. Als Dolmetscher stand Erol Begovic vom Pralipe Theater zur Verfügung. Michail Krausnick, Film-, Rundfunk- und Buchautor, vermittelte den Teilnehmer/innen Einblicke in die Arbeit der Profis, die auch Mühen aufwenden müssen, um sich dem freiwilligen "Schreibzwang" zu stellen.
Von der offenen Zusammenarbeit mit den Mitgliedern des Pralipe-Ensembles und den Betreuern eines Containerdorfes, die das Cingarol O Basno Theater gründeteten, haben die Schüler/innen sehr profitiert. Die sozialen Erfahrungen und der gemeinsame Prozeß wurden von den Schüler/innen als sehr positiv resümiert.

Besondere Hinweise:

Ein Autoren-Team des Kurses hat die redaktionellen Wünsche ausgewertet und in einer Dokumentation bewußt anonym veröffentlicht.
Das vor Ort gedrehte Videomaterial wurde bearbeitet und in der Schule präsentiert, ebenso die entstandene Fotodokumentation.
Die Fragmente der entstandenen Hörspiele und Theaterszenen sollen nachbearbeitet werden.
Durch die gemeinsamen Erfahrungen wandten sich die Schüler/innen mit einer Initiative an den Ministerpräsidenten des Landes Nordrhein-Westfalen u.a. mit der Forderung, Romanes als Schulfach anzuerkennen und als erste bzw. zweite Fremdsprache in öffentlichen Schulen anzubieten. Das Projekt und die Initiative stieß auf eine große Presseresonanz.

Kooperationen:

Die Gustav-Heinemann-Schule stellte die Schüler/innen für die einwöchige Schreibwerkstatt frei, die Ideen zum Projekt und die Umsetzung wurden vom Studienleiter der Evangelischen Akademie Mülheim unterstützt. Mitglieder des Theaters an der Ruhr und des Pralipe Theaters sowie vom Cingarol O Basno Theater waren während der Vorbereitungsphase Ansprechpartner und an der Umsetzung auch aktiv beteiligt.

Dokumentation, Literatur:

Eine ausführliche Projektbeschreibung und eine 15-minütige Videodokumentation kann über die Gustav-Heinemann-Schule bestellt werden.

Bundesvereinigung Kulturelle Jugendbildung e.V.
Dokumentationsstelle
Küppelstein 34
42857 Remscheid
Telefon 02191/ 794-380 o. 381
Telefax 02191/ 794-382

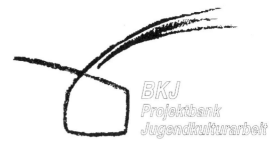

PROJEKTBEISPIEL

Projekt-Nr.:	Kunstsparten:	Teilnehmer/innen:	Stichworte:
416	Medien	Schüler/innen Alter von 15 bis 18	Radio Schule Information

Titel:

Radio in der Schule

Schüler/innen verschiedener Schularten machen selbst Radio und wählen
ihre Themen für Sendungen

Kurzbeschreibung:

Die Landesvereinigung Kulturelle Jugendbildung Baden-Württemberg (LKJ) wurde immer
wieder von Schulen angefragt, ob es möglich sei, Radioprojekte durchzuführen. Im
Landkreis Esslingen wurde das Projekt "Radio in der Schule" für alle Haupt- und
Realschulen sowie Gymnasien (Klassen 8 bis 12) ausgeschrieben.
Der Privatsender Radio 7 ES (Landkreis Esslingen/Neckar) war sofort zu einer
Zusammenarbeit bereit. Aus den eingegangenen "Bewerbungen" wurden vier Schulen (zwei
Realschulen, eine Hauptschule und ein Gymnasium) ausgewählt. Es konnten aber auch
klassenübergreifende Arbeitsgruppen mitarbeiten.
Die Vorbereitung dauerte vier Monate, die Projekte wurden über sechs Monate
durchgeführt. Mit jeder Schule waren ca. 6 Termine geplant, am Ende jeder Projekteinheit
sollte eine "Sendung" stehen.
Ziele des Projektes waren:
-die Schüler/innen sollten praktische Erfahrungen mit dem Medium Hörfunk machen und
dadurch Schwellenängste abbauen
-sie sollten die Wirkungsmechanismen des Mediums und die Arbeitsrealität in einem Sender
kennenlernen
-sie sollten radio-journalistische Elemente erarbeiten und eine Sendung konzipieren.

Arbeitsvoraussetzungen:

Die Jugendlichen wurden von den Klassenlehrer/innen der vier beteiligten Schulen, einem
Mitarbeiter von Radio 7 ES und einer Referentin (Radiojournalistin) der LKJ betreut. Als
technische Ausstattung brachten die Referent/innen Reporter-Geräte und einen
Cassetten-Recorder mit, die Produktionen (Schnitt etc.) wurden im Studio von Radio 7 ES
realisiert. Nötige Fahrten erledigten die Schüler/innen mit öffentlichen
Verkehrsmitteln, Räume waren in den Schulen vorhanden.

Kontaktadressen: a) Träger:

Prof. Elisabeth Braun
Landesvereinigung Kulturelle
Jugendbildung Ba-Wü e.V.
Rosenau 1
73730 Esslingen

Tel. 0711/3167161

b) inhaltliche Arbeit:

Ingrid Bounin
Landesvereinigung Kulturelle
Jugendbildung Ba-Wü e.V.
Geschwister Scholl Str. 26
73207 Plochingen

Tel. 07153/27534

Näheres zur Kulturarbeit:

Bei den ersten Treffen wurde den Schüler/innen das Projekt vorgestellt und nach einer
Einführung in den Radio-Journalismus (kleine Formenlehre und erste Übungen mit dem
Reportergerät) die Themenauswahl mit den Schüler/innen diskutiert und Arbeitsgruppen
gebildet. Bei den weiteren Treffen wurden radio-journalistische Darstellungsformen
wiederholt, einzelne Beiträge vorbereitet, die "Hausaufgaben" (z.B. Interviews und
Umfragen) verteilt.
Nach einer Zwischenauswertung in den Arbeitsgruppen wurden gemeinsame Texte festgelegt,
Produktionstermine vereinbart, der Sendeablauf geplant und die Musikauswahl getroffen.
Die Endredaktion und Produktion der "Sendung" fand in allen Fällen in Echtzeit im Studio
von Radio 7 ES statt, d.h. Musik, Moderation und Beiträge der Schüler/innen wurden unter
realen Bedingungen auf Kassette produziert. Die Kassetten konnten dann in der Schule
vorgespielt werden, einige Beiträge waren so gut, daß sie von Radio 7 ES ins Programm
aufgenommen wurden. Folgende Themen hatten die Schulgruppen ausgewählt: Portrait einer
Rockgruppe; Blondinen-Witze; Raucherecke an der Schule - ja oder nein?; Obdachlosigkeit;
Ecxtasy; Markenklamotten müssen her; berufliche Perspektiven von Hauptschülern (Menschen
zweiter Klasse?); Body-Piercing und Tätowierungen; Verwahrlosung von Schulhäusern.
Die Schüler/innen arbeiteten weitgehend selbständig. Reportagen und Berichte wurden in
kleinen Arbeitsgruppen erarbeitet und organisiert. Es mußte die Technik überprüft
werden, Termine mit Interviewpartnern vereinbart, gesammeltes Material abgehört und eine
Auswahl getroffen, Texte geschrieben und ein Produktionstermin vereinbart werden.
Während des Projektes zeigten einige Teilnehmer/innen erstmals neue Fähigkeiten, die
bisher noch nicht zutage kamen: gute Stimme, sprachlicher Witz, Moderationskünste vor
dem Mikrophon, Organisationstalent, Eifer beim Erstellen eines computergestützten
Musikprogramms.

Besondere Hinweise:

Die Landesvereinigung Kulturelle Jugendbildung und das Radio 7 ES arbeiteten bereits in
der Vorbereitung eng zusammen, gemeinsam wurden die Anschreiben an Schulen verfaßt und
eine Auswahl getroffen. Die Resonanz von seiten der Schulen und der Öffentlichkeit (z.B.
Printmedien) war sehr positiv. Die Zusammenarbeit mit den beteiligten Lehrer/innen und
Jugendlichen klappte gut, bei jedem Treffen war eine Referentin der LKJ und ein
Mitarbeiter von Radio 7 ES mit Rat und Tat dabei.
Das Projekt mit einer Projektdauer von knapp einem Jahr (inklusive Vorbereitungsphase)
wurde von der Landesanstalt für Kommunikation Baden-Württemberg finanziert.

Kooperationen:

Kooperationspartner waren vier Schulen (zwei Hauptschulen, eine Realschule und ein
Gymnasium) aus dem Landkreis Esslingen. Für die Durchführung waren die LKJ
Baden-Württemberg und der Privatsender Radio 7 ES verantwortlich.
Das Projekt "Radio in der Schule" wurde von der Landesanstalt für Kommunikation
Baden-Württemberg finanziell mitgetragen.

Dokumentation, Literatur:

Das Programm von "Radio in der Schule" kann über die LKJ Baden-Württemberg e.V.
angefordert werden.
Eine Dokumentation über alle Radioprojekte der Landesvereinigung Kulturelle
Jugendbildung kann ab Frühjahr 97 angefordert werden.

Bundesvereinigung Kulturelle Jugendbildung e.V.
Dokumentationsstelle
Küppelstein 34
42857 Remscheid
Telefon 02191/ 794-380 o. 381
Telefax 02191/ 794-382

BKJ
Projektbank
Jugendkulturarbeit

PROJEKTBEISPIEL

Projekt-Nr.: 418	Kunstsparten: Medien Spiel	Teilnehmer/innen: Schüler/innen Alter von 10 bis 12	Stichworte: Video Kunstaktion Schule

Titel:

VIDEO PUR

Ein Videoatelier für Kinder

Kurzbeschreibung:

Das bundesweite Schülerfilm- und Videozentrum e.V. Hannover und der Landesfilmdienst
Niedersachsen e.V. organisieren bereits seit 1992 Video-Ateliers "Video pur" als freie
Kursangebote für Kinder und Jugendliche zwischen 10 und 14 Jahren. Im Herbst 96 konnte
ein Atelierraum im Leibniz-Gymnasium Hannover eingerichtet werden. An sieben
Nachmittagen nutzen jeweils 10 bis 12 Schüler/innen das Video-Atelier. Das Videoatelier
ist als Spielwerkstatt für Kinder konzipiert, in der die Möglichkeiten des Mediums im
Spiel mit Farben, Materialien, optischen und elektronischen Phänomenen und mit dem
eigenen Körper-Abbild erlebt werden konnten.
Video pur ist ein Konzept, das speziell für Kinder im Alter von zehn bis zwölf Jahren
und ihre Fähigkeiten des Phantasierens, des Forschens im Spiel, der Improvisation und
Neugier entwickelt wurde. Es geht darum, die Kinder mit der elektronischen Bildwelt, mit
Kameras, Monitoren, Mischpulten, Mikrophonen, Lampen etc. in kreativen Kontakt zu
bringen.

Arbeitsvoraussetzungen:

Jedes Projekt/jeder Kurs wird von drei Betreuer/innen geleitet. Als Atelier-Raum konnte
1996 ein ca. 80 qm großes Klassenzimmer eines Gymnasiums in Hannover genutzt werden.
An Geräten standen zur Verfügung: 4 Videokameras, 3 Videorecorder, 2 Videomischpulte, 5
große Monitore, diverse Mikrophone, Leuchten und vor allem vielfältiges "Spielmaterial",
wie Folien, Pappen, Textilien, Farben und Farbpulver, Kleinteile, Fundstücke und
Spielzeuge. Bei den Videogeräten handelte es sich teilweise um gebrauchte Geräte oder
Leihgaben.

Kontaktadressen: a) Träger:

Burkhard Inhülsen
Bundesweites Schülerfilm- und
Videozentrum e.V.
Postfach 1967
30019 Hannover

Tel. 0511/661102

b) inhaltliche Arbeit:

Andreas Holte
Landesfilmdienst Niedersachsen e.V

Podbielskistr. 30
30163 Hannover

Tel. 0511/627842

Näheres zur Kulturarbeit:

VIDEO PUR orientierte sich ästhetisch an Formen der Videokunst. VIDEO wurde hier PUR
eingesetzt, nicht als Ersatz für den Zelluloidfilm, sondern als eine elektronische
Technik zum Bildermachen. "In diesem Sinne ist Video das simultane Bild auf dem Monitor.
Es verändet Sichtbares unter den Bedingungen der Optik und Elektronik einer Kamera. Die
Magnetaufzeichung auf dem Band ist wiederum veränderbar, ebenso wie das Bild auf dem
Monitor von einer weiteren Kamera erneut aufgenommen nochmals veränderbar ist und so
fort. Video ist ein Kreislauf von Aktionen und Motiven zwischen Kameras und Monitorbild,
zwischen Betrachtung und verändernder Reaktion. Jede Station in diesem Kreislauf ist
offen für Eingriffe. Die Erschließung des Mediums Video geschieht nicht auf dem Weg der
Filmproduktion."
Denn was den Kindern angeboten wurde, ist ein unter Vorgaben frei gestaltbares
Experimentierfeld. Die Motive vor der Kamera entstanden aus farbigen Folien, flüssigen
Farben und Farbpulvern, Spiegeln, Lampen, selbstgemalten Hintergründen, Pappfiguren usw.
Das alles arrangierten die Kinder selbst vor der Kamera, versetzten es in Bewegung und
kamen dabei auch selbst als Akteure ins Bild, z.B. um sich elektronisch zu "bemalen" und
zu verfremden.
VIDEO PUR benutzte Installationen aus Kameras, Monitoren und Spielmaterialien. Innerhalb
dieser Installationen wurden im Spiel simultane Bilder auf dem Monitor geschaffen, auf
die reagiert werden konnte, an denen die Kinder "weiterspinnen" konnten. Die Spiele
wurden aufgezeichnet und konnten für neue Experimente eingesetzt werden. Geräusche, Töne
und Musik wurden immer live aufgezeichnet und begleiteten die Experimente. Der
"Soundtrack" entstand aus den Äußerungen der Kinder mit Hilfe von Heulschläuchen, leeren
Flaschen, einer alten Gitarre, Keyboard etc. Am Ende eines Kurses wurden die schönsten
Aufzeichnungen montiert zu einem Video-pur-Film/Clip.

Besondere Hinweise:

Das Konzept VIDEO PUR fand bei Eltern und Pädagogen eine große und positive Resonanz.
Die Projektleiter (Andreas Holte und Karin Inhülsen) sowie die Betreuer (Lehrer/innen)
wollten gerne immer noch etwas verbessern, immer auch mit dem schwierigen doppelten
Ziel, sowohl dem Spiel mehr Zeit zu geben als auch das Lernen zu vertiefen. Ein
wirkliches Problem aber war die Stabilisierung dieses Angebotes. Es ist bisher ein
unregelmäßig stattfindendes Projekt geblieben, das von Mal zu Mal um seine Finanzierung
bei verschiedenen Stellen kämpfen muß.
Der halbjährige Kurs in Kooperation mit dem Leibniz-Gymnasium (2. Halbjahr 96) wurde
thematisch mit der Schule abgestimmt und mit dem ambivalenten Begriff "Vielseher"
bezeichnet.

Kooperationen:

Kooperationspartner des Projektes VIDEO PUR waren das Bundesweite Schülerfilm- und
Videozentrum e.V., Hannover, der Landesfilmdienst e.V., Hannover und das
Leibniz-Gymnasium.

Dokumentation, Literatur:

"Video pur - Ein Video-Atelier für Kinder", Andreas Holte, Reihe: Medienarbeit
praktisch, Heft 4, hrsg. von der Niedersächsischen Landesmedienstelle, 1994 mit
VHS-Begleitkassette. Bezug: Niedersächsisches Institut für Fort- und Weiterbildung im
Schulwesen, Dezernat 4. Stiftstr. 13, 30149 Hannover.
"Farbspiele auf dem Monitor und das Bild im Bild", Andreas Holte, in: Kunst und
Unterricht, Heft 201, April 1996, Verlag Erhard Friedrich in Velber/Seelze

Bundesvereinigung Kulturelle Jugendbildung e.V.
Dokumentationsstelle
Küppelstein 34
42857 Remscheid
Telefon 02191/ 794-380 o. 381
Telefax 02191/ 794-382

PROJEKTBEISPIEL

Projekt-Nr.:	Kunstsparten:	Teilnehmer/innen:	Stichworte:
420	Bild.Kunst Gestaltung	Schüler/innen Alter von 6 bis 18	Kunstschule Geschichte Kunstaktion Ausstellung

Titel:

Von Angesicht zu Angesicht

Phantasievolle Kunst zu biblischen Geschichten - Jüdische Geschichte
und Kultur - ein Projekt der Kunstschule Potsdam e.V. für Schulen

Kurzbeschreibung:

Künstler/innen der Kunstschule Potsdam e.V. erarbeiteten in Kooperation mit
Lehrer/innen, der Synagoge Berlin und Historikern das Thema: "Schüler/innen begegnen
jüdischem Schicksal in der Geschichte". Im Rahmen von Projektwochen setzten sich die
Schüler/innen in der Kunstschule im Kulturhaus Babelsberg mit der jüdischen Geschichte
auseinander. Die Konfrontation mit dem Holocaust ließ sie künstlerische Arbeiten in
Malerei, Grafik und Textilgestaltung schaffen.
Im Rahmen von Projekttagen waren bislang sieben Schulklassen aus Grundschulen,
Gesamtschulen und Gymnasien beteiligt.
In der Kunstschule entstanden plastische Arbeiten aus Pappmasche, die die biblische
Geschichte darstellen, textile Wandbehänge, großflächige Malereien auf Zeichenkarton,
Linolschnitte, Keramiken, Radierungen und Collagen. Die Ergebnisse des Projektes "Von
Angesicht zu Angesicht" wurden in den beteiligten Schulen, in der Galerie der
Kunstschule und in der Nikolaikirche Potsdam ausgestellt. Die Ausstellung stand unter
dem Motto "Wie macht man etwas Unsichtbares, einen Verlust sichtbar?"

Arbeitsvoraussetzungen:

Die Schulklassen nutzten für das Projekt "Von Angesicht zu Angesicht" die Räume der
Kunstschule Potsdam e.V. im Clubzentrum Babelsberg. Die Kunstschule verfügt über vier
Arbeitsräume, einen Materialraum, ein Büro und ist mit einer Druckwerkstatt, einem
Keramikbrennofen, Nähmaschinen und einem Kopierer ausgestattet.
Farbe, Leinwände etc. wurden zur Verfügung gestellt. Die fünf Künstler/innen der
Kunstschule betreuten die Schulklassen, vermittelten Techniken und halfen bei der
Ausstellungsvorbereitung in der Schule.

Kontaktadressen: a) Träger:	b) inhaltliche Arbeit:
Monika Olias Kunstschule Potsdam e.V. im Clubzentrum Babelsberg Karl-Liebknecht-Str. 135 14482 Potsdam Tel. 0331/710224	Monika Olias, Eva Kowalski Kunstschule Potsdam e.V. im Clubzentrum Babelsberg Karl-Liebknecht-Str. 135 14482 Potsdam Tel. 0331/710224

Näheres zur Kulturarbeit:

Die Kunstschule Potsdam e.V. nahm Kontakt mit Schulen auf und stieß mit ihrem Anliegen, die jüdische Geschichte mit künstlerischen Mitteln zu bearbeiten, auf großes Interesse bei Lehrer/innen und Schüler/innen. Der Projektverlauf in der Kunstschule Babelsberg beschränkte sich in der Regel auf vier Tage, anschließend wurden die Arbeiten in der Schule gezeigt.

Am ersten Tag stand der Besuch einer historischen Stätte (Synagoge, Friedhof, Sammlung Judaicum) auf dem Programm bzw. wurden Geschichten aus dem Alten Testament vorgelesen. Nach einer Einführung entwickelten die Schüler/innen Ideen für eine künstlerische Umsetzung und machten erste Skizzen. Am zweiten Tag wurden die Arbeitsgruppen eingeteilt. Die Schüler/innen konnten ihre Idee mittels verschiedener Techniken umsetzen, z.B. Skulpturen und Reliefs aus Pappmasche, Textilgestaltung, Malerei, Druckgrafik, Installationen, Collagen und Keramikarbeiten.

Die Themenbereiche waren: die Geschichte Israels, Religion, Holocaust, Israel heute. Während der dreitägigen Arbeitsphase entwickelten sich zwischen den Schüler/innen, ihren Lehrer/innen und den Künstlern intensive Gespräche.

Am letzten Tag (dem 4. bzw. 5. Projekttag) wurde die Ausstellung der entstandenen Werke in der Schule vorbereitet.

Besondere Hinweise:

Die Projektkoordination lag bei der Kunstschule Potsdam e.V., die auch die Materialbeschaffung und Finanzierung übernahm.

Die Projektwochen wurden mit den Schulen geplant und in der Kunstschule umgesetzt. Jede beteiligte Schulklasse konnte die Ergebnisse an ihrer Schule ausstellen. Eine Auswahl der entstandenen Werke aller beteiligten Schüler/innen konnte auf Initiative der Kunstschule im Kulturhaus Babelsberg und in der Nikolaikirche Potsdam ausgestellt werden.

Die öffentliche Resonanz von Presse und Besuchern war sehr positiv, alle waren von der Phantasie und gestalterischen Kraft der Schüler/innen begeistert. Eine Fortsetzung des Projektes ist geplant.

Kooperationen:

Das Projekt "Von Angesicht zu Angesicht" der Kunstschule Potsdam e.V. wurde in Kooperation mit der Synagoge Berlin, Historikern und dem Wannseehaus entwickelt. Die Projektumsetzung wurde mit Schulen diskutiert und geplant.

Dokumentation, Literatur:

Das Programm der Kunstschule Potsdam e.V. umfaßt viele Projekte für Schulklassen, z.B. Maskenbau, großformatige Malerei, Plakatgestaltung, Romantik, "Russen in Potsdam", Weben mit Naturmaterialien, "Engel, Teufel, Monster und Menschen" - Plastisches Gestalten mit Verpackungsmaterial, Papier und Kleister, "Schlösser, Burgen, Tempel, Kathedralen" - architektonische Modelle, "Italien in Potsdam - der Traum von der Antike" etc. Die Projektbausteine können bei der Kunstschule Potsdam e.V. angefordert werden.

Bundesvereinigung Kulturelle Jugendbildung e.V.
Dokumentationsstelle
Küppelstein 34
42857 Remscheid
Telefon 02191/ 794-380 o. 381
Telefax 02191/ 794-382

PROJEKTBEISPIEL

Projekt-Nr.: 422	Kunstsparten: Tanz Theater Musik Rhythmik	Teilnehmer/innen: Schüler/innen Alter von 12 bis 18	Stichworte: Gewalt Interkulturell Schule

Titel:

Gewalt.., Gewalt gegen.., Gewalt gegen Ausländer

Sensibilisierung für die individuelle Gewaltbereitschaft als Basis für
gewaltfreie Konfliktlösungsprozesse

Kurzbeschreibung:

Die Kulturprojekttage wurden initiiert vom Bürgerhaus Kalk, einer soziokulturellen
Einrichtung im rechtsrheinischen Köln. Teilnehmer/innen des Projektes waren 130
Schüler/innen der Jahrgangsstufen 7 bis 10 der Hauptschule Hachenburger Straße, die von
insgesamt 11 Referent/innen betreut wurden. Die jüngeren Altersklassen setzten sich über
einen Zeitraum von zehn Wochen innerhalb des Klassenverbandes mit der Themenstellung
auseinander, die höheren Jahrgangsstufen hatten dagegen eine einwöchige Kompaktphase und
konnten sich einer Gruppe zuordnen, die das Thema Gewalt mit einem Medium bearbeitete,
das ihrem eigenen Interesse entsprach. Angeboten wurden Tanz, Musik, Masken- und
Skulpturenbau, Schatten- und Bewegungstheater. Für jeden dieser Bereiche stand eine
qualifizierte Referent/in zur Verfügung. Die Gruppen waren innerhalb des Bürgerhauses
und der teilnehmenden Schule untergebracht. Leider konnten aus Platzgründen nicht alle
Gruppen außerhalb der Schule arbeiten.
Der spielerische Zugang zum Thema Gewalt über den Tanz, die Musik, das Theater und die
Bildende Kunst sollte die Schüler/innen anregen, den eigenen Wert zu erkennen und sich
selbst zu akzeptieren, d.h. eigene Stärken und Schwächen anzunehmen und seine eigenen
Grenzen kennenzulernen. Grundgedanke des Projektes war, die Wahrnehmung der
Schüler/innen zu fördern, damit Vertrauen in die eigene Individualität aufgebaut werden
kann. Denn der eigenen Wahrnehmung vertrauen zu können, führt letztendlich zu mehr
Selbstsicherheit und damit auch zu gewaltfreien Konfliktlösungsmöglichkeiten.

Arbeitsvoraussetzungen:

Die Gesamtorganisation einschließlich der Konzeptplanung ging vom Bürgerhaus Kalk aus.
Eine Kontaktlehrerin der beteiligten Schule sorgte für den notwendigen Informationsfluß.
Die Planung, Durchführung und Organisation des Projektes wurde von einem Koordinatorium
des Bürgerhauses in enger Anbindung an die Schule verantwortlich übernommen.
Räumlichkeiten beider Projektpartner konnten genutzt werden. Werkzeuge und Materialien
wurden aus dem Projektfonds finanziert.
Nach Abschluß des Projektes übernahm das Bürgerhaus die Auswertung und Dokumentation,
wobei sich die beteiligten Lehrer/innen und Referent/innen als Interviewpartner zur
Verfügung stellten.

Kontaktadressen: a) Träger:	b) inhaltliche Arbeit:
Frau Schaefer Stadt Köln Bürgerhaus Kalk Mülheimer Straße 58 51103 Köln	Frau Schaefer Stadt Köln Bürgerhaus Kalk Mülheimer Straße 58 51103 Köln
Tel. 0221/9876020	Tel. 0221/9876020

Näheres zur Kulturarbeit:

Die Gruppenstärke betrug maximal 15 Schüler/innen. Eine größere Anzahl von Teilnehmer/innen hätte die Konzentration der Gruppe und die Empathiemöglichkeit der Referent/in überfordert. Mit unterschiedlichen künstlerischen Mitteln wurde das Thema Gewalt bearbeitet.
Hier ein Beispiel der AG "Im Schatten der Gewalt - experimentelles Schattentheater". Die Referentinnen machten zunächst Rollenspiele zum Thema Interessenkonflikte. Es wurden Gewaltbegriffe ausgetauscht, persönliche Erfahrungen und der Umgang mit Formen von Gewalt betrachtet. Bei allen Spielen und Übungen war es wichtig, Bilder, Erfahrungen und Aussagen zu entwickeln und einige davon dann theatral in Szenen weiterzuverarbeiten. Es wurde intensiv diskutiert, welche Aussagen/Erfahrungen sich mit welchen Mitteln ausdrücken lassen.
Als Ergebnis konnten sich schließlich Körpersilhouetten auf Schattenleinwänden bewegen, auch selbstbemalte Dias, Musik, eigene Gedichte sowie das Spiel mit Figuren und Materialien aus Tageslichtprojektoren waren weitere Möglichkeiten, das Gruppenthema bildhaft umzusetzen. Die Teilnehmer/innen haben einen Teil der zahlreichen Möglichkeiten des Schattentheaters bei der Präsentation am Abschlußtag eindrucksvoll in Szene gesetzt und sie hatten Gelegenheit, die Arbeitsergebnisse der 120 Mitschüler/innen, die das Thema Gewalt beim Maskenbau, Bewegungstheater, Skulpturenbau, im Tanzprojekt oder im Musikworkshop umgesetzt hatten, kennenzulernen.

Besondere Hinweise:

Das Projekt wurde von der Stadt Köln finanziell gefördert. Die Presse wurde im Vorfeld und während des Projektes kontinuierlich informiert. Die Abschlußveranstaltung wurde von den Stadtzeitungen besucht und ausführlich kommentiert.
Die schönste Resonanz, neben den positiven Äußerungen der Jugendlichen, war die Verleihung des Deutschen Jugendhilfepreises 1996 (Hermine Albers-Preis) von der Arbeitsgemeinschaft für Jugendhilfe, über die auch eine Dokumentation zu bestellen ist.

Kooperationen:

Wichtigste Kooperationspartner für das Bürgerhaus waren die Lehrer/innen der beteiligten Schule. Die konzeptionellen Inhalte des gemeinsamen Projektes wurden im Vorfeld ausführlich diskutiert, und nachdem die Zielsetzungen und Methoden feststanden, wurden die ausgewählten Referenten in die inhaltliche Planung mit einbezogen. Während des gesamten Projektverlaufs erwies sich ein "runder Tisch" als freiwilliges Gesprächsforum für alle Beteiligten als sinnvoll und inspirativ.

Dokumentation, Literatur:

Die Projektdokumentation "Gewalt.., Gewalt gegen.., Gewalt gegen Ausländer" wurde über die Arbeitsgmeinschaft Jugendhilfe (Hrsg.) - Modelle und Konzepte der Partizipation von Kindern und Jugendlichen-, Bonn 1996, ISBN 3-922975-49-6 veröffentlicht.

Bundesvereinigung Kulturelle Jugendbildung e.V.
Dokumentationsstelle
Küppelstein 34
42857 Remscheid
Telefon 02191/ 794-380 o. 381
Telefax 02191/ 794-382

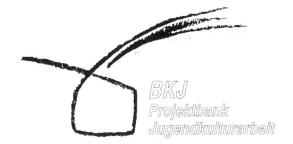

PROJEKTBEISPIEL

Projekt-Nr.: 424	Kunstsparten: Medien Spiel Musik Theater	Teilnehmer/innen: Schüler/innen Alter von 14 bis 16	Stichworte: Umwelt Schule Stadtteil Ländlicher Raum

Titel:

Der Takt der Stadt

Schülerinnen und Schüler erschließen sich ihre Umwelt

Kurzbeschreibung:

Der Verein Kreative Kinderwerkstatt e.V. plant und realisiert kulturelle Projekte mit
Kindern und Jugendlichen. Da Kinder aus sozial schwachen Verhältnissen kulturelle
Angebote kaum nutzen, entschlossen sich fünf Künstlerinnen des Vereins,
Jugendkulturarbeit im Schulalltag zu wagen und durch Einbeziehung öffentlicher Räume
nach außen wirksam zu werden.
Über einen Zeitraum von 1 1/2 Jahren erkundeten zwei 7. und 8. Klassen von zwei
Sekundarschulen ihre Lebensbereiche, sie wurden zur Auseinandersetzung mit ihrer Umwelt
angeregt und versuchten, Alltägliches anders als gewohnt wahrzunehmen. Durch dem Einsatz
künstlerischer Mittel und Methoden erschlossen sich die Jugendlichen neue Möglichkeiten,
ihre Bedürfnisse zu reflektieren und ihre Sichtweisen zu formulieren.
Inhaltliche Schwerpunkte waren: Der TAKT DER STADT - eine akustische Erkundung; SPUREN
UND STRUKTUREN - eine Materialsammlung optischer und sonstiger Botschaften;
LEBENS(T)RÄUME - was für Menschen leben hier - wo, wie und warum "so"; DER MENSCH UND
SEINE KISTE - eine Auseinandersetzung mit dem Auto; HALLE HAT EIN HERZ AUS SAHNE!?
Werbung im Zusammenhang mit Architektur und Medien.

Arbeitsvoraussetzungen:

Das Projekt wurde von vier Künstlerinnen und einem Theaterpädagogen der Kreativen
Kinderwerkstatt e.V. entwickelt und durchgeführt. Vorrangig fanden die Aktionen in den
Räumen der Schulen und dem städtischen sowie ländlichen Umfeld statt. Zusätzlich fanden
Exkursionen zu spannenden Orten wie dem Wasserwerk oder der Werkstatt des Vereins statt.

Die technische Ausstattung (Fotoapparate, Videokamera, Mikrophone, Kassettenrecorder,
Schallpegelmesser u.v.m.) wurde aus Fördermitteln des Kultusministeriums Sachsen-Anhalt
finanziert und blieb im Besitz der Schulen.

Kontaktadressen: a) Träger: Arne-Grit Gerold Kreative Kinderwerkstatt e.V. Böllberger Weg 188 06110 Halle Tel. 0345/2311719	b) inhaltliche Arbeit: Doris Behm Kreative Kinderwerkstatt e.V. Böllberger Weg 188 06110 Halle Tel. 0345/2311719

Näheres zur Kulturarbeit:

Die Arbeit am Projekt fand ab März 94 in einer 7. und 8. Klasse in Wallwitz (Dorf bei Halle) und ab August 94 zusätzlich in einer 8. Klasse in Halle statt. Dabei war auch der Vergleich zwischen Stadt und Land interessant. Die Angebote fanden jeweils an einem Vormittag anstelle einiger Unterrichtsstunden statt; eine enge Zusammenarbeit mit den Fachlehrerinnen wurde angestrebt.
"Es entstanden großformatige Malereien zu Musik, grafisch reizvolle Fotobücher über einen Steinbruch, Zeichnungen und Frottagen, umfangreiche Geräuschsammlungen, Umfeldmodelle. Arbeitsmittel waren unterschiedlichste Medien wie Fotografie, Videofilm, Interview, außerdem wurden Schallpegelmessungen durchgeführt und Wasserproben untersucht. Als Höhepunkt und Abschluß des Projektes in Halle besprühten die beteiligten Schüler einen Straßenbahnwagen, der noch immer durch die Stadt fährt."
"Eigentlich gefällt es uns hier, sagten die Wallwitzer, wir haben ringsrum Natur - nicht so wie in der Stadt. Gemeinsam erkundeten wir die Gegend. Was auffiel war der triste, mit großen Betonplatten belegte Platz vor der Schule, Hofpausenort. In einer Reihe ein paar Plastikbänke, viel zu weit voneinander entfernt, um richtig quatschen zu können. Ursprünglich entstand die Idee, eine Skulptur als Zeichen zu errichten, als Wegbegleiter für die Zeit des Projektes, als Behältnis für Erwartungen und Wünsche. Aber welche Form sollte sie haben, welches Material und vor allem wohin damit?"
Es wurde damit begonnen, den Bänken Gesellschaft zu bauen, so daß man zusammensitzen, sich in die Augen sehen kann dabei, nicht schreien muß beim Reden. Steine aus der Umgebung wurden verarbeitet, Seile aus der Turnhalle (die herrlich zum Spielen animierten, aus Sicherheitsgründen so aber nicht hängen bleiben durften), Stricke, Gurte, Hölzer. Langsam entstanden Räume, deren gewebte Wände vielleicht bald ganz dicht vom Knöterich überwuchert werden.

Besondere Hinweise:

Das Projekt erforderte von den Schulen einen hohen organisatorischen Aufwand und zusätzliches Engagement. Es war nicht ganz einfach, für die Projektarbeit mehrere zusammenhängende Unterrichtsstunden zu finden, die regelmäßig zur Verfügung gestellt werden konnten.
Finanziert wurde das Projekt innerhalb eines Modellversuchs des Kultusministeriums mit dem Titel "Umwelterziehung und Umweltgestaltung für Kinder, Jugendliche und Erwachsene in den neuen Ländern". Gefördert wurden dabei nur Sachkosten, die Personalkosten wurden über Projektförderung abgedeckt. Gemeinsam mit den Schülern wurde jeweils eine Ausstellung in den Schulen erarbeitet, die mit großem Interesse aufgenommen wurde.

Kooperationen:

Das Projekt lief im Rahmen des vom Kultusministeriums geförderten Modellversuchs "Umwelterziehung und Umweltgestaltung für Kinder, Jugendliche und Erwachsene in den neuen Ländern".

Dokumentation, Literatur:

Eine vom Kultusministerium erarbeitete Projektdokumentation ist enthalten im Heft "Fächerübergreifendes Lernen im Sekundarbereich I" (S. 50 ff), herausgegeben vom Kultusministerium Sachsen-Anhalt, 1995, Bestell-Nr. 0006.
Weitere Materialien sind in Vorbereitung und können beim Verein Kreative Kinderwerkstatt bezogen werden.

Bundesvereinigung Kulturelle Jugendbildung e.V.
Dokumentationsstelle
Küppelstein 34
42857 Remscheid
Telefon 02191/ 794-380 o. 381
Telefax 02191/ 794-382

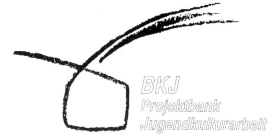

BKJ
Projektbank
Jugendkulturarbeit

PROJEKTBEISPIEL

Projekt-Nr.:	Kunstsparten:	Teilnehmer/innen:	Stichworte:
427	Gestaltung Bild.Kunst	Schüler/innen Alter von 6 bis 15	Kunstaktion Schule Umwelt Handwerk

Titel:

Wir machen Pause!

Veränderung und Gestaltung des Schulhofs unter Beteiligung der
Nutzerinnen und Nutzer

Kurzbeschreibung:

Schulhöfe sind nicht nur Pausenhöfe. Sie sind Treffpunkte, Kommunikationsorte, große
Flächen, die vielseitig nutzbar sind. 1994 wurden daher die meisten Karlsruher Schulhöfe
nachmittags zum Spielen geöffnet. Damit sie vielseitig genutzt werden können, müssen sie
anregend und unter Beteiligung von Kindern gestaltet werden.
In einer Projektwoche im Juni 95 bearbeiteten 650 Schüler/innen der Grund- und
Hauptschule Oberreut in Karlsruhe ihren Schulhof. Der Schulhof sollte zu einem "Ort für
Kinder" werden, zu einem Ort, an dem interessantes Spiel und sinnliche Erfahrungen
möglich sind, der Bewegungsmöglichkeiten und vielseitig nutzbaren Unterrichtsraum
bietet. Ziel war eine längerfristig veränderte Nutzungs- und Gestaltungspraxis, auch
über die eigentliche Projektwoche hinaus. Deshalb bestand das Projekt aus mehreren
Bereichen: Sinnes- und Bewegungserfahrung, künstlerisch-kreative Angebote und
verschiedene Baubereiche.
Das Kinderbüro der Stadt Karlsruhe organisierte den Gesamtrahmen inklusive des Großteils
der Finanzierung und der Abstimmung mit den zuständigen Ämtern. Das städtische
Gartenbauamt unterstützte durch Mitarbeiter, Werkzeug und Maschinen. Die Freiburger
pädagogische Ideenwerkstatt BAGAGE e.V. hatte das ganzheitliche Konzept entwickelt,
leitete die Projektwoche und betreute die Bau- und Kunstbereiche. Die Mobile Spielaktion
des Karlsruher Stadtjugendausschusses e.V. war für den Sinnes- und Bewegungsbereich
verantwortlich. Die Schule organisierte zusammen mit den Eltern das Projekt schulintern,
stellte zu Sponsoren Kontakt her und führte das Projekt im folgenden Schuljahr weiter.

Arbeitsvoraussetzungen:

Am Schulhofprojekt waren das Kollegium, die Schüler/innen und viele Eltern beteiligt
sowie qualifizierte Mitarbeiter/innen von Bagage e.V. (3 Sozialpädagogen mit
handwerklich-künstlerischen Erfahrungen bzw. Ausbildung, 1 Architekt, 1 Gartenbauer, 1
Schreiner); 10 Mitarbeiter/innen der Mobilen Spielaktion (Sozialpädagog/innen,
Erzieher/innen, 1 Zivi, Praktikant/innen); 70 Studierende der PH Karlsruhe und die
Ausbildungsgruppe des Gartenbauamtes. Die Gesamtkoordination lag bei einer
Diplom-Pädagogin des Kinderbüros Karlsruhe.

Kontaktadressen: a) Träger:

Dr. Christine Dörner
Stadt Karlsruhe
Kinderbüro
Stephanienstr. 16
76133 Karlsruhe

Tel. 0721/133-5111

b) inhaltliche Arbeit:

Thomas Stadelmann
Pädagogische Ideenwerkstatt
BAGAGE e.V.
Habsburgerstr. 9
79104 Freiburg

Tel. 0761/555752

Näheres zur Kulturarbeit:

Vorbereitet wurde das Projekt von einer Arbeitsgruppe bestehend aus der Schulleitung, Lehrer/innen, Vertreter/innen des Gesamtelternbeirats, des Kinderbüros, der BAGAGE e.V. und der Mobilen Spielaktion. Das Gartenbauamt unterstützte das Projekt durch seine Ausbildungsgruppe, Material, Werkzeug und Maschinen. 70 Studierende der Pädagogischen Hochschule arbeiteten in allen Bereichen im Rahmen ihres Projektstudiums mit.
Es entstanden u.a. ein Freiluftklassenzimmer und ein luftiger Bambus-Pavillon mit einem Plexiglasdach. Insbesondere die jüngeren Kinder bauten eine Mosaikschlange aus Bauschutt, Beton und bunten, selbst zurechtgeklopften Kacheln. Die älteren Schüler/innen arbeiteten an einer Sitzlandschaft aus Natursteinen, die um zwei Bäume herum gebaut wurden und halfen auch am Pavillon mit. Als Kunstwerke entstanden Ytongskulpturen, Webteppiche, Gipsmasken, Holzskulpturen, Stuhlobjekte und Tonziegel, die im Eingangsbereich und im Innenhof der Schule ausgestellt wurden. Im Erfahrungsfeld der Sinne luden verschiedene Materialien zum Erleben und Experimentieren mit allen Sinnen ein. Hören, Fühlen, Riechen, Schmecken, das Thema Gleichgewicht - jeder Tag war einem anderen Sinn gewidmet.
In der Bewegungsbaustelle konnten die Kinder mit einfachen Materialien wie Schläuchen, Kisten, Holz, Wippbrettern, Stoffen, Seilen etc. ihre eigenen Bewegungsanlässe schaffen. Hier wurden Klassen- und Schulkisten entwickelt, die nach der Projektwoche angeschafft wurden, um mehr "Bewegung" in die Pause zu bringen. Gearbeitet wurde täglich zwischen 10.00 und 12.30 Uhr mit allen Klassen. Vorher versammelten sich die Kinder in ihren Klassen, um Erfahrungen zu erzählen und sich auf den neuen Tag einzustimmen. Nachmittags von 14.00 bis 16.00 Uhr kamen viele Kinder zur Mitarbeit in ihrer Freizeit.
Im Juni 1996 führte die Schule die Gestaltung in Eigenregie weiter. Das grüne Klassenzimmer erhielt zur Stabilisierung Holzpalisaden. Weitere Verschönerungen und Reparaturen wurden durchgeführt.

Besondere Hinweise:

Die Finanzierung erfolgte aus Mitteln des Kinderbüros, hinzu kam Unterstützung von Eltern und Sponsoren. Die Vorbereitung und Abstimmung mit allen Beteiligten dauerte ein Jahr. Das Projekt war ein Pilotprojekt innerhalb des Programms "Gestaltung von Schulhöfen unter Beteiligung der Nutzerinnen und Nutzer", deshalb wurden auch alle Hausmeister zu einer Dienstbesprechung zum Schulhofprojekt eingeladen. Alle Karlsruher Schulen (jeweils Kollegium, SMV, Elternbeirat), Ämter und andere Interessierte waren vom Kinderbüro über das Projekt informiert und zu Führungen eingeladen worden. Die Resonanz war sehr groß. Außerdem fand für den Jugendhilfeausschuß eine Führung statt. Schüler/innen einer 7. Klasse machten eine Schülerzeitung zum Thema und die Presse berichtete mehrmals über das Projekt. Inzwischen gibt es eine ämterübergreifende Schulhofprojektgruppe, die ein Konzept zur Förderung des neuen Ansatzes erarbeitet hat und Schulen unterstützt und berät.

Kooperationen:

Das Kinderbüro sicherte die Finanzierung und war verantwortlich für die Presse- und Öffentlichkeitsarbeit, die Koordination aller Mitwirkenden und Besucher/innen sowie die Abstimmung mit den Ämtern. BAGAGE e.V. übernahm die Leitung der Projektwoche, die Ausstellung, den Werkstatt- und Kunstbereich. Die Mobile Spielaktion betreute die Bewegungsbaustelle und den Sinnesbereich und organisierte die Materialbeschaffung. Das Gartenbauamt stellte Werkzeug, Material und die Ausbildungsgruppe zur Verfügung. Schule und Elternschaft bereiteten das Projekt schulintern vor. Das Schulverwaltungsamt organisierte die Dienstbesprechung der Hausmeister.

Dokumentation, Literatur:

Dokumentation "Wir machen Pause" (DM 7,-) Herausgeber und Bezug: Kinderbüro Karlsruhe, Sozial- und Jugendbehörde Stadt Karlsruhe / Pädagogische Ideenwerkstatt BAGAGE e.V. Freiburg
Presseberichte sind im Kinderbüro erhältlich. Artikel "Mit Feuereifer zusammengearbeitet" von Christine Dörner In: tps 2/1996

Aud Riegel-Krause

Schulkultur in Münster

Bestandsaufnahme und Perspektiven

Kultur ist, wenn man freiwillig liest!

ELTERN fragten Schülerinnen und Schüler: Was ist Kultur?

"Kultur kann man nicht sehen. Kein Mensch weiß, was das ist. Nur unser Lehrer weiß es. (Silke, 9 Jahre)

Mein Opa hat einen Bücherschrank. Darin stehen die Bücher von Karl May, von Wilhelm Busch und eine alte Bibel. Jeder sieht so, daß er Kultur hat. (Tim, 11 Jahre)

Kultur ist ein Fremdwort, das soviel heißt wie affengeil auf Bücher, Bilder, Funk, Fernsehen und Computer. (Susanne, 13 Jahre)

Kultur ist, wenn man mit Serviette ißt und trotzdem nicht schlabbert. (Philip, 9 Jahre)

Mit Kultur wird man museumsreif. (Paul, 12 Jahre)

Wer keine Kultur hat, dem fehlt an irgendeiner Stelle was Bestimmtes. (Tina, 10 Jahre)"

Die neue Bedeutung der Kultur

Kinder und Jugendliche merken mehr oder minder bewußt, daß zum Menschwerden, Menschsein und Menschbleiben die Kultur gehört.

Auch die Gesellschaft, Stadt und Staat, kennen den Wert, Sinn und Nutzen von Kultur. Die Gesellschaft braucht kreative, kritische, engagierte und phantasievolle Menschen - mit einem Wort ganzheitlich gebildete Menschen, die Stadt und Staat aktiv mitgestalten, jetzt und in Zukunft.

Dem von welcher Seite und aus was für Gründen auch immer formulierten Wunsch nach ganzheitlich gebildeten Menschenkindern muß Schule Rechnung tragen. Das heißt auch, die Kreativität von Kindern und Jugendlichen zu fördern und ihnen Wege zu erschließen / Möglichkeiten zu öffnen, die Welt in ihrer Vielfalt, Bandbreite und Komplexität zu begreifen, sie in Besitz zu nehmen und zu gestalten.

Kulturelle Bildung: Schlüssel für Persönlichkeitsbildung

Kulturelle Bildung und Schulkultur eröffnen genau diese Zugänge, sind sozusagen der Schlüssel für eine umfassende Persönlichkeitsbildung.

Projekte von Schulkultur in Münster

In Münster sind die Strukturen, Arbeitsformen und -methoden im Bereich der kulturellen Bildung und Schulkultur vielfältig und breit entwickelt. Kennzeichnend ist das Mit- und Nebeneinander unterschiedlicher Ansätze und Konzepte. Kultur in der Schule: Das ist nicht nur der Musik- und Kunstunterricht, sondern auch der Lesezirkel in der Literatur-AG, die Mädchen-Rockband in der Aula, die Skulpturenausstellung auf dem Schulhof.

In Münster ist die Schulkultur - und das ist ein großer Unterschied zu anderen Städten - zudem auch öffentlich. Sie begegnet Passanten beim Schaufensterbummel, auswärtigen Besuchern im Museum, dem Spaziergänger auf der Promenade. Lehrer und Schüler bereichern die Theaterspielpläne, den Konzertkalender und das Programm in Galerien - in denen z.B. unter dem Titel „Schulkunst" für zwei Wochen Arbeiten von Schülerinnen und Schülern in der Bürgerhalle zu bewundern sind.

Das dies so ist, ist in erster Linie dem Engagement von Lehrern, Schülern und Eltern zu verdanken. Nicht zu vergessen in diesem Zusammenhang: der Schulhausmeister, der einfach „mitspielen" muß, wenn die Theater-AG nachts um 22.00 Uhr immer noch probt, oder der Schul-Rockband mal wieder ´ne Sicherung durchgeknallt ist. Warum dieses Engagement?

Ziele von Schulkultur / Wirkungen von Schulkultur

Warum dieses Engagement für Schule und Kultur?

Nun, die Betreiber / Macher von Schulkultur haben eines erkannt:

Schulkultur fördert die kindliche und jugendliche Kreativität.

Schulkultur weckt die Begeisterung für Kultur, animiert Kinder und Jugendliche, am kulturellen Leben der Stadt auch nach der Schule teilzunehmen.

Schulkultur führt Lehrer und Schüler zu selbst gewählten Projekten zusammen, fördert die Leistungsbereitschaft die Freude am gemeinsamen Tun.

Schulkultur hilft den Schulen, ein Profil zu entwickeln, eine eigene Identität zu finden.

Bei aller Begeisterung und Euphorie für Schulkultur kann und darf eines jedoch nicht vergessen werden. **„Kunst ist schön, macht aber viel Arbeit"** (Karl Valentin).

Können Sie sich vorstellen, wieviel Mühe es macht, an den Lieblingsautoren von Schülerinnen und Schülern heranzukommen, ihn vielleicht sogar für eine Klassenlesung zu gewinnen? Wissen Sie, welche Bühnen, Plätze, Ausstellungsflächen in Münster Schulen für Auftritte und Ausstellungen kostenlos zur Verfügung stehen? Wissen Sie, wie und in welcher Form man Kindern klar machen kann, was daran Kunst ist, wenn man Ochs´ und Pferd einfach

nur verkehrt herum auf den Ludgerikreisel stellt? Wenn Sie nur auch eine ungefähre Vorstellung von alldem haben, dann wissen Sie nicht nur bereits einiges über Art und Umfang von Lehrerinnen - und Lehrerengagement im Bereich Schulkultur; Sie wissen auch schon einiges über Art und Umfang der Arbeit der Pädagogischen Arbeitsstelle in einem **Teilbereich ihres Tätigkeitsfeldes** - nämlich in dem Bereich Schulkultur.

Fördermöglichkeiten der Stadt: Die erweiterte kommunale Schulträgerschaft

Katharina Grosse, Achim Schreiber und ich haben gemeinsam überlegt, wie wir Ihnen die Service- und Leistungpalette der Pädagogischen Arbeitsstelle am besten verdeutlichen können. Wir haben uns für ein Puzzle entschieden. Sie werden gleich feststellen warum.

Der Leistungsumfang der Pädagogischen Arbeitsstelle ist auch im Bereich „Schulkultur" durch drei Segmente / Bausteine gekennzeichnet.

Baustein 1: Information / Beratung / Vermittlung. Bleiben wir beim Beispiel „Autorenlesung". Sie kennen die positiven Effekte, die die direkte, persönliche Begegnung zwischen Schriftstellern und Schülern hat. Wie aber an den Autoren zum Anfassen herankommen?

Sie wälzen Kataloge, schreiben Verlage an, führen unzählige Telefonate. All dies kostet nicht nur Kraft und Nerven, sondern vor allen Dingen Zeit - und damit ist Schule nun weiß Gott nicht üppig ausgestattet. Ein Anruf bei der Pädagogischen Arbeitsstelle kann da zeitsparend wirken. Wir unterhalten nicht nur vielfältige Kontakte, z.B. zur Stadtbücherei, zum Literaturverein oder zur Stiftung Lesen. Wir haben auch das Verzeichnis des Friedrich-Bödecker-Kreises, einem Verein, der kostengünstig Autoren in Schule vermittelt - Anruf genügt!

Oder Sie möchten, daß die Arbeiten Ihrer Schüler aus dem Kunstunterricht nicht nur die Eingangshalle der Schule zieren, sondern auch einmal der interessierten nicht-schulischen Öffentlichkeit zugänglich gemacht werden. Doch wie an kostenlose Ausstellungsmöglichkeiten herankommen? Zum Beispiel durch die von der Pädagogischen Arbeitsstelle herausgegebene Broschüre „Schulkultour", in der fast 70 für Schulen kostenlose Bühnen, Plätze und Ausstellungsflächen aufgelistet sind.

Oder Sie bedauern, daß Sie erst immer nachträglich aus der Zeitung erfahren, welche kulturellen Veranstaltungen anderer Schulen stattgefunden haben. Gern hätten Sie einmal die „Biedermann und die Brandstifter"-Inszenierung Ihres Kollegen gesehen oder sich kollegiale Anregungen für die nächsten Projekttage geholt. Auch kein Problem: Seit gut zwei Jahren informiert die Pädagogische Arbeitsstelle mit dem Faltblatt „Schulkultur aktuell" regelmäßig alle drei Monate über die schulkulturellen Aktivitäten der Schulen

Baustein 2: Lehrerfortbildung. Nicht alle Lehrerinnen und Lehrer, die im Bereich Schulkultur engagiert sind, sind dafür auch ausgebildet. Das gilt vorrangig für den Grundschulbereich, in Teilen auch für die Sekundarstufe I. Anregungen und Hilfen für die unterrichtliche Praxis erhalten Lehrerinnen und Lehrer u.a. über die kommunale Lehrerfortbildung. Beispiele aus dem aktuellen Jahresprogramm:

Lernort Museum - Anregungen und Impulse für den Unterricht

Schulräume - Spielräume: Hilfen und Hinweise für die Theaterarbeit in der Schule

Damit jeder Tag ein Tag mit Büchern wird - Anregungen für die Leseförderung in der Grundschule

Baustein 3: Projektentwicklung und -durchführung. An Ideen mangelt es in der Schule nicht. Doch zwischen Unterricht und Konferenzen, Klassenarbeiten und Haushalt fehlt es Lehr-

kräften manchmal an Zeit, sie auch umzusetzen.

Die Pädagogische Arbeitsstelle begleitet Lehrkräfte auf dem Weg von der Idee über das Konzept hin zur Realisierung. Auf Wunsch die ganze Strecke oder auch nur ein kleines Stück. Aber wir werden auch selbst initiativ. Auch dafür 3 Beispiele:

Dienstleistungen der Pädagogischen Arbeitsstelle

Spezielle Projekte der Pädagogischen Arbeitsstelle

„Kunst direkt": Moderne Kunst verlangt viel vom Betrachter: Unvoreingenommenheit, Neugierde, neue Sicht- und Denkweisen. Klassische Erklärungsversuche schlagen in der Regel fehl. Das soll Kunst sein? Was hat sich der Künstler dabei bloß gedacht?

Was liegt näher, als die Macher moderner Kunst zur Beantwortung solcher u.ä. Fragen zu Rate zu ziehen. Gemeinsam mit dem Kulturamt haben wir das Projekt „Kunst direkt" entwickelt. Es funktioniert folgendermaßen: Jedesmal, wenn in der städtischen Ausstellungshalle am Haverkamp eine neue Ausstellung zu sehen ist, laden wir Schulklassen zu Ausstellungsbesuchen ein. Anwesend ist immer der ausstellende Künstler. Ihn dürfen die Schülerinnen und Schüler mit Fragen löchern, Rolf Bier z.B. fragen, was daran Kunst ist, wenn er 20 schwarze Luftballons in ein weißes Spannbettlaken packt.

Ganz nebenbei erfahren sie aber noch einiges mehr und das sehr viel authentischer, als dies Lehrbücher leisten können: z.B., daß Künstler nicht vom Himmel fallen, welchen Mechanismen und Machenschaften der Kunstbetrieb unterliegt, und wie schwierig es sein kann, von Kunst leben zu müssen.

Anläßlich der Skulpturenausstellung 1997 wollen wir das Projekt ausweiten. So ist u.a. daran gedacht, bildende Künstlerinnen und Künstler zu finden, die über einen bestimmten Projektzeitraum mit Schülern in der Schule zusammenarbeiten. Arbeitstitel: „Art-Ort-Schule".

129

„Schule tanz!" kennen Münsterländer bereits aus dem Projekt „Den Sinnen nach: Projekte zur musisch-kulturellen und motorischen Förderung von Kindern und Jugendlichen". Zur Erinnerung: Über einen Zeitraum von einem Schuljahr unterrichten professionelle Tänzerinnen und Tänzer Schülerinnen und Schüler nach der Methode des Tanztheaters. Den Unterricht gestalten sie im Wechsel mit den beteiligten Lehrkräften. Die Lehrkräfte werden sorgfältig geschult: In Workshops vor und während des Projektes und im ständigen Austausch mit den Tanzpädagogen. Den Abschluß des Projektes bildet eine Arbeitsdemonstration in den Städtische Bühnen. Diese ist eingebunden in eine überregionale Fachtagung zum Thema „Schule tanz!".

mitSprache - Lebendige Literatur an Münsters Schulen: Die überaus positiven Erfahrungen mit der direkten Begegnung zwischen Schülern und Autoren, z.B. während des Lyrikertreffens - wir sind stolz, daß die Frankfurter Rundschau die Schullesungen als die bewährteste Institution des Lyrikertreffens eingestuft hat - haben zur Initiierung des Projektes „mitSprache" geführt. Ziel ist es, Schülerinnen und Schülern auf möglichst vielfältige - z.T. auch ungewöhnliche Art und Weise - Zugänge zur zeitgenössischen Literatur zu ermöglichen - durch Lesungen, durch bildnerisches Gestalten, durch Aktionskunst. Mit im Boot: die Stadtbücherei, die Kunstakademie und Frau Dr. Schulte - eine der Hauptverantwortlichen für das Lyrikertreffen.

Selbstverständlich gerät bei allem Engagement für die zeitgenössische Literatur die „alte" Literatur nicht ins Hintertreffen. Den Wunsch von Annette von Droste-Hülshoff, auch noch hundert Jahre nach ihrem Tod gelesen zu werden, erfüllen wir anläßlich ihres 200. Geburtstages im Jahr 1997 gemeinsam mit zahlreichen Kooperationspartnern - mit Workshops für Schüler und Fortbildungsangeboten für Lehrer.

Die notwendigen Bedingungen für Schulkultur „auf Dauer"

Gerade der Bereich „Projektentwicklung und -durchführung" macht eines deutlich: Kulturelles Engagement in und für Schulen ist ohne Kooperationspartner nicht oder nur schwer möglich!

Unsere unmittelbaren Kooperationspartner sind zunächst die Schulen und dort in ganz besonderem Maße die sogenannten **Kultur-Kontakt-Personen**, die es auf Anregung der Pädagogischen Arbeitsstelle seit vier Jahren an jeder Schule in Münster gibt. Für uns und unsere Arbeit sind die Kultur-Kontakt-Personen unendlich wichtig:

Sie informieren uns über die Wünsche und Bedürfnisse der Schule im Bereich „Schulkultur",

sie sind bezogen auf unsere Angebote und Angebote Dritter kritische Ansprech- und Austauschpartner, und

sie sorgen dafür, daß unsere Aktivitäten den richtigen Mann / die richtige Frau im Kollegium erreichen.

Was aber wäre unsere Arbeit und die Arbeit in den Schulen ohne den großen Kreis der **außerschulischen Kooperationspartner?** Hierzu gehören u.a.

z.B. Regina Wegmann von den Münsterschen Filmtheater-Betrieben. Sie ist neben der Filmwerkstatt und der Landesbildstelle unsere Kooperationspartnerin im Bereich „Schule und Film". Zusammen mit der Filmwerkstatt und der Landesbildstelle haben wir im letzten Jahr das Projekt „100 Jahre Film" auf die Beine gestellt. Regina Wegmann hat auch dafür gesorgt, daß der Film „Fremdsein in Deutschland" nach Münster gekommen ist, gemeinsam mit der Pädagogischen Arbeitsstelle und dem

Stadtarchiv werden die Münsterschen Filmtheaterbetriebe zum 350jährigen Jubiläum des Westfälischen Friedens eine Filmreihe initiieren. Arbeitstitel: Toleranz, Dialog und Engagement.

z.B. Christian Heek. Er ist Kulturreferent an den Universitätskliniken und u.a. für das Projekt „Kultur imPulse" verantwortlich. Kultur imPulse ist ein Kulturprogamm für die Patientinnen und Patienten der Uni-Kliniken. Seit diesem Schuljahr wird dieses Kulturprogramm auch von den Münsteraner Schulen bestritten. Motto: Schulkultur ins Krankenhaus.

z.B. Ute Kocks und Monika van Roje von der Stadtbücherei. Gemeinsam haben wir schon viele Dinge auf die Beine gestellt: Fortbildungsveranstaltungen, Ausstellungen, Schullesungen, z.Zt. aktuell die Schullesungen im Rahmen des deutsch-niederländischen Projektes Dialog cultuur.

z.B. Antje Dalbkermeyer von der Kunstakademie und Dr. Susanne Schulte vom Literaturverein. Sie sind gemeinsam mit der Stadtbücherei Kooperationspartnerinnen im Projekt „mitSprache".

Langjährige Kooperationserfahrungen verbinden die Päd. Arbeitsstelle und Detlef Heidkamp vom Kreativ-Haus. Im Fortbildungsbereich „Kulturmanagement" erhielten wir vom Kreativ-Haus wertvolle Hilfen und Anregungen. Ebenfalls einer intensiven Zusammenarbeit beider Dienststellen entspringt das vom Kreativ-Haus konzipierte Projekt „Mehr als ein Spielraum", auch bei der Realisierung des Projektes „Art-Ort-Schule" setzt die Päd. Arbeitsstelle u.a. auf Know-how und Engagement des Kreativ-Hauses.

z.B. das Kulturamt. „Kunst direkt" ist ein Beispiel für eine gelungene Zusammenarbeit.

Der Initiative und dem Engagement von Christine Grunert, Tänzerin, Tanzpädagogin und Initiatorin der Internationalen Tanzwochen ist es zu verdanken, daß sich an dem Projekt „Schule tanz!" auch Schülerinnen und Schüler der Schule für Körperbehinderte beteiligen konnten. Christine Grunert gehört zu den wenigen Tänzerinnen, die über Erfahrungen im Bereich Tanz mit Körperbehinderten verfügen.

Viele musikalische Fortbildungsveranstaltungen im Rahmen der Kommunalen Lehrerfortbildung hätte es ohne den Verein Musifratz nicht gegeben. Im Moment denken Musifratz, die Fachhochschule Münster und wir über ein, wie ich finde, sehr interessantes Kooperationsprojekt nach. Arbeitstitel, soviel sei schon verraten: SPIEL UND MUSIK mobil.

Wirkung und Bedeutung von Kultur ernst nehmen - Schulkultur fördern!

So, nun wissen Sie einiges mehr über die Arbeitsweise der Pädagogischen Arbeitsstelle im Bereich Schulkultur. Sie ahnen vielleicht, warum das Schulleben in Münster soviel bunter, vielfältiger und kreativer ist, als in anderen Städten. Sie kennen die Bedingungen, die dafür sorgen, daß jemand freiwillig liest, ohne Not ins Theater geht, museumsreif oder affengeil auf Bilder und Film wird. Nutzen Sie Ihren Einfluß und sorgen Sie mit dafür, daß das auch so bleibt - damit nicht irgendwann etwas Bestimmtes fehlt an irgendeiner Stelle - Ihnen und den Kindern und Jugendlichen in Münster und anderswo.

Schulkultur braucht Kooperationspartner!

Karl-Heinz Wenzel

Schule und Jugendkultur: Teil eines kulturpädagogischen Netzwerks

Chancen der Kooperation zwischen Schule und außerschulischen Trägern kultureller Jugendbildung

Bremen ist im Vergleich mit den übrigen Bundesländern ein „armes" Land. Der Einsatz fließenden Geldes war und ist hier begrenzter als anderswo. Aus diesem Grund war es in Bremen schon immer eine Frage der konsequenten Nutzung der vorhandenen Ressourcen, seien sie finanzieller, materieller oder personeller Natur, wollte man ein ausreichendes Angebot im Bereich der Kulturpädagogik machen.

Der hohe Grad an Dezentralität, der Bremen von seiner geographischen Gegebenheit her auszeichnet, erforderte von Anfang an eine entsprechende Planung, um den Menschen in den weit auseinanderliegenden Stadtteilen ein ihrer Mobilität entsprechendes stadtteilnahes Kulturangebot bereitzustellen. Dementsprechend wurde eine hohe Dichte an stadtteilkulturellen Einrichtungen mit sehr spezifischen Profilen angestrebt, die durch eine ebenso hohe, kulturpädagogische Projektdichte in Bezug auf die Einwohnerzahl ergänzt wurde.

Durch den Charakter des Stadtstaates hat sich im Verlauf der Jahre in allen Bereichen der kulturellen Arbeit traditionell eine spezielle Form der Kooperation von behördlichen Stellen untereinander und zwischen betroffenen Behörden und freien Einrichtungen ergeben. Von den für Bildung und Kultur zuständigen Ressorts sind darüber hinaus immer wieder Impulse für die Belebung jugendkultureller Arbeit in allen schulischen und außerschulischen Bereichen ausgegangen.

Der folgende Überblick erhebt nicht den Anspruch auf Vollständigkeit, sondern soll an verschiedenen Beispielen lediglich den Charakter des kulturpädagogischen Netzwerkes verdeutlichen, das in den vergangenen Jahren entwickelt wurde.

Behördliche Förderfelder: Kultur

Bei der Förderung einer soziokulturellen Grundstruktur ließ sich das Kulturressort, beziehungsweise die Kulturabteilung in den vergangenen Jahren von der Zielvorstellung leiten, die kulturelle Versorgung der einzelnen Stadtteile, je nach ihrer spezifischen Situation zu gewährleisten. Dies beinhaltete:

Die Förderung von entsprechenden Einrichtungen (Kulturbüros, -läden und -zentren),

die Ausstattung dieser Einrichtungen mit den erforderlichen Personal- und Sachmitteln für eine **kontinuierliche** Arbeit,

die Förderung von impulsgebenden Aktivitäten (z.B. allgemeine Projektförderung, Förderung von Modellprojekten, die über den Tag hinaus zu einer Initialzündung für eine dauerhafte soziokulturelle Entwicklung werden können).

Die Kulturbehörde hat dabei den Aspekt der Jugendkulturarbeit in den vergangenen Jahren nicht unbedingt als Teil ihrer Regelaufgabe angesehen, er wurde aber in die Konzepte und Strukturen der geförderten Einrichtungen und Projekte grundsätzlich als Möglichkeit mit eingeplant.

Kulturpädagogische Überlegungen von außen gaben dieser Handlungsebene den Boden und die Voraussetzungen. Die originär handlungsorientierten Kompetenzen der Kulturpädagogen geben diesem Bereich in seiner konkreten Umsetzung sein Profil.

In diesem Feld ist somit die außerschulische Kompetenz der Kulturpädagogen gefragt, die schulische Pädagogen infolge ihrer Unterrichtsverpflichtung und ausgeprägten Fachlichkeit eher selten besitzen.

Schaffung von Kooperationsstrukturen

Allgemeines Kulturanimationsprojekt: Bereits Ende der 80er Jahre wurde von der damaligen Kulturabteilung in Kooperation mit der Volkshochschule ein Modellversuch durchgeführt, der das Ziel hatte, die für die bereits vorhandenen und neu geplanten soziokulturellen Strukturen benötigten Kulturpädagogen für ihre Arbeit fachgerecht zu qualifizieren. Die einzelnen spartenspezifischen Qualifikationen der MacherInnen waren dabei eingebunden in die Überlegungen einer allgemeine Animationspädagogik. Ein Teil dieser ausgebildeten Vermittler arbeitet inzwischen in den einzelnen Einrichtungen und Vereinen und hat mit dazu beigetragen, eine hochgradig entwickelte Szenerie von semi-professionellen Anbietern entstehen zu lassen.

Modellversuch Neubaugebiete: Aus diesem behördlich initiierten Modellversuch entstand im Bremer Stadtteil Kattenturm, einem klassischen Neubaugebiet mit den bekannten kulturellen Defiziten, der frühere, behördennahe 'Verein zur Förderung kultureller Breitenarbeit e.V.' (Heute: 'Quartier e.V.'), bestehend aus vier Kulturbüros, die auf der kulturpädagogischen Projektebene sowohl stadtteilübergreifend arbeiten, als auch in ihrem jeweilig eigenen Stadtteil ein entsprechendes, spezifisch ausgerichtetes Programm anbieten.

Im Rahmen eines Sanierungsprogrammes 'Neubaugebiete' wurden zuallererst die erforderlichen Kommunikationsstrukturen innerhalb der Stadtteile entwickelt: Eine Stadtteilkonferenz zwischen den kulturellen Einrichtungen im Stadtteil wurde ins Leben gerufen, deren Ziel die kulturelle Kooperation zwischen Schulen, Kindertagesstätten, Bürgerhäusern, Ortsämtern und anderen Einrichtungen mit den Kulturbüros beziehungsweise dem 'Quartier e.V.' war. Innerhalb dieses Kooperationsnetzes entwickelte sich ein Kulturpädagogischer Dienst mit einem breitgefächerten Programmangebot.

Projektarbeit: Die Kooperation zwischen dem Kattenturmer Kulturbüro 'Kulturpunkt e.V.' beispielsweise und verschiedenen Stadtteil-Kindertagesstätten führte unter anderem zu den ersten Kinderkulturprojekten in den benachteiligten Stadtteilen.

In dem Projekt 'Schreibwerkstätten' schrieben Kinder einer Grund- und Sonderschule in einem benachteiligtem Stadtteil unter fachkundiger Anleitung ein eigenes Buch mit dem Titel „Die Reise nach Freiland". Viele verschiedene Nationen mit ihren entsprechenden Sprachproblemen wurden in diesem interkulturellen Projekt zusammengeführt. Ein Team, bestehend aus einem Kulturpädagogen, einer Kinder- und Jugendbuchautorin, einem Regisseur und einer Kunstpädagogin gingen in die Schule und haben mit Lehrern zusammen, für die diese Arbeit Fortbildungscharakter hatte, das Projekt durchgeführt.

Der Qualifizierungsaspekt der möglichen Multiplikatoren ist ein ganz grundsätzlicher Aspekt der Projektarbeit, da nur durch eine sich ständig wiederholende und erweiternde Qualifizierung Kontinuität in die Arbeit der Projekte gebracht werden kann.

Weitere, ganz unterschiedliche Jugendkulturprojekte mit den Schulen in diesen Stadtteilen folgten, da die Kooperation mit den kulturellen Stadtteileinrichtungen - auch und besonders mit den Schulen - ein wesentlicher Teil des kulturpolitischen Auftrages dieses Vereins ist (z.B. die Theaterprojekte 'Die Konferenz der Tiere', 'Mukona' u.a.). Die Projekte werden den Schulen von den Theaterpädagogen angeboten und dann in einem gemeinsamen Entwicklungsprozeß zur Aufführung gebracht. Musik-, kunst- und spielpädagogische Projekte werden den

Kulturbüros koordinieren Zusammenarbeit kultureller Träger

Schulen und anderen kulturellen Einrichtungen in ähnlicher Weise angeboten und gemeinsam im Stadtteil oder stadtweit durchgeführt (z.B. „Stein auf Stein, Bauhütte der Kinder am Bremer Dom 1996").

Allgemeine Stadtteilprojekte folgten, wie das Theaterprojekt „Don Quichote", das um einen von Kulturpädagogen vorentwickelten inhaltlichen Kern verschiedene kulturelle Aktivitäten aus dem Stadtteil gruppiert und zu einem Gesamtprojekt verbindet. Der Kern kann dann von Stadtteil zu Stadtteil wandern und sich vor Ort jeweils mit den spezifischen Aktivitäten des jeweiligen Stadtteils neu auffüllen.

Dezentrale Kulturreferenten in den Stadtteilen Bremens - angebunden an die jeweiligen Ortsämter - sind darüber hinaus Impulsgeber und zuständige Kooperartionspartner für stadtteilorientierte Kulturaktivitäten.

Auch in anderen Stadtteilen gibt es ähnlich umfassende Kooperationsstrukturen. Das „Bremer Viertelparlament für Kinder und Jugendliche" beispielsweise im Ostertor- und Steintorviertel bietet Kindern und Jugendlichen in Zusammenarbeit mit dem Ortsamt die Möglichkeit einer lokalpolitischen Interessenvertretung im Stadtteil. „Rausch der Sinne" war ein weiteres kulturpädagogisches 'Viertelprojekt', das in Zusammenarbeit von Kulturpädagogen aus den verschiedensten Sparten, dem Referat für Suchtprävention vom Senator für Bildung, Wissenschaft, Kunst und Sport, dem Theaterbüro des Kontorhauses und kulturell aktiven Gruppen aus verschiedenen Schulen des Ostertor- und Steintorviertels entstand.

Förderfeld: Bildung

'Pipelines' zu den soziokulturellen Einrichtungen legen

Das Konzept früherer Kooperationsüberlegungen zwischen 'Schule' und 'Außerschule' lautetete: Schulen - besonders in sogenannten benachteiligten Stadtteilen (z.B. im Bremer Westen) sollten 'Pipelines' zu den soziokulturellen Einrichtungen legen und deren Angebote und Programme gezielt von Schulseite aus nutzen. Natürlich war diese erste Kontaktaufnahme noch keine Kooperation, denn es gab auf diesem Feld noch keine gemeinsame Handlungsebene!

Erst als sich die Erkenntnis durchsetzte, daß es außerhalb der Schule so etwas wie einen eigenständigen Bereich der Selbstbildung gibt, daß dort Lernprozesse ablaufen, wenn auch häufig eher ungesteuert - zum Beispiel im gesamten medialen Bereich - wurden im Rahmen einer Gesamtkonzeption „Schulöffnung" in diesem Sinne Aktivitäten in den und aus den Schulen hinaus entwickelt. In gleicher Weise begannen Schulen immer mehr, sich professionelle Hilfe in ihren Bereich hereinzuholen für Felder, die sie fachlich nicht selbst abdecken können. **Sogenannte Betreuungsschulen**, die neben dem klassischen Unterrichtsangebot ein nachmittägliches Freizeitangebot machen, ziehen hierzu in zunehmendem Maße außerschulische Anbieter der Kulturpädagogik zu Rate.

Schulöffnungsprojekte

In vermehrtem Umfang entstanden in den Schulen unter diesem Stichwort beispielsweise Theaterprojekte, die sich nicht mehr in der schuleigenen Aula verschanzten, sondern von Anfang an als schulübergreifende oder sich in den Stadtteil hinein öffnende Projekte geplant wurden.

Besonders Schulen in benachteiligten Stadtteilen wurden bei diesen Unternehmungen behördlicherseits zu solchen Projekten nicht nur ermuntert, sondern auch personell und finanziell unterstützt. Kollegen und Kolleginnen mit der Zusatzqualifikation als Theaterpädagoge entwickelten Kooperationsprojekte und begannen die außerschulischen stadtteilkulturellen Einrichtungen und jugendkulturellen Aktivitäten miteinander zu vernetzen. Über die reine Spartenfachlichkeit hinaus war nun die soziokulturelle Vernetzungsfähigkeit der ProjektleiterInnen gefragt.

Sprayergruppen aus den Kirchengemeinden, Seniorengruppen aus dem Fortbildungsbereich der VHS, Musikinitiativen aus Kulturzentren wurden nach und nach in das Netz der Projektstruktur eingebunden und machten die bis dahin isoliert arbeitende Lerneinrichtung 'Schule' zum Teil einer lebendigen Stadtteilkultur.

Besonders geeignete Kulturzentren wurden für die Proben- und Aufführungszeit zum kreativen **'Dritten Ort'** für ein ursprünglich rein schulisches Projekt.

Die offene Projektform beinhaltet allerdings **auch Schwierigkeiten und Probleme**, derer man sich bei der Arbeit bewußt sein sollte. Zum einen ist die angestrebte Kooperation schon im schulübergreifenden Bereich nicht unbedingt einfach, denn viele Schulen sperren sich gegen eine zu starke Öffnung und benötigen häufig eine lange Gewöhnungszeit, die manchmal so lange ist, daß sie Projekte auch schon mal scheitern läßt. Zum anderen sollte man realistischerweise daran denken, den Radius der Schulöffnung nicht zu weit zu spannen und nicht die originäre Arbeit der Schule zu vergessen, die in vielen Fällen nicht produktionsorientiert sein kann.

Außerschulische Kooperationspartner

Um die Kontakte nach draußen zu erleichtern, wurden seitens der Bildungsbehörde fachlich kompetente Kontaktlehrer in die verschiedensten kulturellen Einrichtungen geschickt oder halfen, diese ins Leben zu rufen. Einige Beispiele mögen dies verdeutlichen.

Theater: Die meisten größeren Theater verfügen auf diese Weise über einen/eine KontaklehrerIn oder Theaterpädagogen, der/die für eine enge Verbindung zwischen den Einrichtungen sorgt. Die Einbeziehung von Theatererlebnissen in die schulische Unterrichtspraxis wird bei allen gemeinsamen Unternehmungen stets in besonderem Maße berücksichtigt.

Freie Kunstschule Bremen: Sie ist eine außerschulische Bildungseinrichtung und wird als

Freie Unterrichtseinheit geführt. Sie entstand mit Förderung des Senators für Bildung, Wissenschaft, Kunst und Sport und bietet Kunstkurse im nachmittäglichen Freizeitbereich für Kinder, Jugendliche und Erwachsene an, die größtenteils autonom durchgeführt werden, zum Teil aber auch in Kooperation mit Schulen.

Jugendmusikschule: Die Jugendmusikschule ist eine nachgeordnete Dienststelle im klassisch, traditionellen Sinn. Sie verfügt über ein eigenes Orchester und bietet Einzel- und Gruppenunterricht für die verschiedensten Instrumente an. Ihre Struktur ist dezentral angelegt, was bedeutet, daß sie in allen Stadtteilen Ansprechpartner vorhält.

MOKS-Theater: Von der **Bildungsbehörde** 1976 im Rahmen des bundesweiten 'Modellversuchs Künstler-Schüler' eingerichtet, mit dem Ziel, Möglichkeiten der Zusammenarbeit zwischen Künstlern und Schülern zu erkunden und „das musisch-kulturelle Defizit vor allem bei Hauptschülern" auszugleichen. 1982, nach Ablauf des Modellversuchs als eine Einrichtung des Senators für Bildung als Kinder-und Jugendtheater übernommen, die sich neben dem klassischen Vorspieltheater in besonderem Maße mit der Entwicklung des Mitspieltheaters befaßt. Auch das MoKS-Theater versteht sich als „Dritter Ort", an dem - außerhalb der Schule, aber in Kooperation mit der Schule - ästhetisches Lernen ermöglicht wird.

Gruppe Kaleidoskop: Zusammengefaßt in der Arbeitsgruppe „Musisch-kulturelle Bildung" haben Lehrerinnen und Lehrer im Auftrag des Senators für Bildung, Wissenschaft, Kunst und Sport in allen künstlerischen Sparten Angebote für Kinder und Jugendliche entwickelt, in denen ästhetisches Lernen fern aller institutionellen Zwänge möglich ist. Vorhandene Zusatzqualifikationen der Anbieter in den einzelnen künstlerischen Sparten werden auf diese Weise genutzt und weiter entwickelt. Im Sinne einer Überwindung von Schulgrenzen und der Öffnung der Schulen in ihre Stadtteile und das kulturelle Gesamtumfeld der Stadt sind alle angebotenen Aktivitäten bewußt außerhalb der Schule angesiedelt, wirken aber durch die dort gemachten intensiven Erfahrungen der SchülerInnen wieder unmittelbar zurück in die offiziellen Lernorte und die unterrichtliche Gestaltung. Die Angebote erstrecken sich auf die Bereiche Theater, Literatur, Bildene Kunst, Musik, Film und Video.

Ressortübergreifende Kooperationsformen

Nach langen Jahren relativer Einzelförderung im jugendkulturellen Bereich haben die dafür zuständigen Ressorts Bildung, Kultur, Jugend und Soziales begonnen, Formen der gemeinsame Förderung jugendkultureller Arbeit zu entwickeln.

*Jugend-
kulturförderung ist
Querschnittsaufgabe*

Ziel der Kooperation ist es, die jugendkulturelle Arbeit als Querschnittsaufgabe zu begreifen und dementsprechend die verschiedenen Ressourcen (räumlich, personell und finanziell) übergreifend nutzbar zu machen. Voraussetzung sind dabei selbstverständlich ressortübergreifende, konsensfähige konzeptionelle Überlegungen. Langfristiges Ziel ist es ebenfalls, möglicherweise einen gemeinsamen Finanztopf zu schaffen, aus dem gemeinsame Projekte finanziert werden können. Die Überlegungen zur Kooperation beziehen sich sowohl auf die gemeinsame Konzipierung und Förderung einzelner jugendkultureller Projekte als auch auf ein gemeinsames Konzept für die Weiterqualifizierung von Multiplikatoren im gesamten Bereich der Jugendkultur.

Professionelle Freie Tanz- und Theaterszene

Neben den außerschulischen Trägern kultureller Jugendarbeit und den behördlichen Initiativen entwickelt sich in Bremen die Freie Tanz- und Theaterszene immer mehr zu einem kompetenten Kooperationspartner im Bereich der Kulturarbeit mit Jugendlichen im schulischen und außerschulischen Bereich. Interessenvereine der beiden Sparten treten von sich aus verstärkt an die Schulen heran und suchen

den Kontakt über gemeinsame Projekte oder spartenspezifische Serviceleistungen. Diese beziehen sich sowohl auf den Bereich der Weiterqualifizierung schulischer Multiplikatoren (sprich interessierter Lehrer und Lehrerinnen) als auch auf die konkrete Fachberatung von Theater- und Tanzprojekten im schulischen Umfeld.

Das vorgestellte kulturpädagogische Netzwerk, das versucht, alle interessierten und betroffenen Kooperanten mit in die gemeinsame Arbeit einzubeziehen, ist verständlicherweise kein statisches Gebilde, sondern ständig inhaltlich und strukturell in Veränderung begriffen: zum Teil zum Guten, zum Teil - bedingt durch die überall erforderlichen Sparzwänge der öffentlichen Kassen - eher zu dessen Gegenteil. Die Gefahr besteht, daß das soziokulturelle Netz großmaschiger wird, wodurch besonders der Bereich der außerschulischen kulturellen Jugendbildung in Mitleidenschaft gezogen werden könnte.

Wieder einmal stellt sich die Frage, wie - trotz leerer Kassen - den Jugendlichen der Anteil kultureller Bildung zur Verfügung gestellt, beziehungsweise erhalten werden kann, der sie befähigt, „sich mit Kunst, Kultur und Alltag phantasievoll auseinanderzusetzen" und wie „sie (dadurch) zur aktiven und verantwortlichen Mitgestaltung der Gesellschaft ermutig werden können"(KJHG).

Rolf Eickmeier

Schule und Medienkulturarbeit

Aufbau regionaler Netzwerke

Grundlagen einer integrativen und kooperativen Medienbildung

Viele Lebens- und Arbeitsbereiche sind bereits von den Veränderungen durch Medien und neue Kommunikationstechnologien erfaßt worden. Veränderungsprozesse erzeugen zwar immer auch Unsicherheit bei den Betroffenen. Veränderungsprozesse ermöglichen jedoch auch neue Formen der Beteiligung und Erprobung und des Aufbaus neuer Lebens- und Arbeitsformen. Sie erfordern kontinuierliches Zusatzlernen, will man sich nicht die Chancen verbauen, aktiv handelnd in diese Prozesse integriert zu bleiben oder zu werden.

Ich möchte exemplarisch beschreiben, daß regionale „Netzwerke" neue Chancen eröffnen können in den Herausforderungen der „Informationsgesellschaft" - Chancen zu selbstbewußt-kritischem und selbständigem Umgang mit den neuen medialen und kommunikativen Möglichkeiten.

Dies ist im übrigen eine zentrale bildungspolitische Herausforderung unter dem Aspekt der Chancengleichheit, um zu verhindern, daß nur eine Elite von Medienkompetenten die neuen Möglichkeiten nutzt. Es kommt darauf an, daß möglichst **alle** in ihrer schulischen Grundbildung und schließlich in allgemeiner und beruflicher Weiterbildung die Chance haben, alle Medien eigenständig zu nutzen.

Dabei können sich neue Formen der Zusammenarbeit von Jung und Alt, von Profis und Laien, von Fachleuten aus Wirtschaft und Schule oder Erwachsenenbildung und Autodidakten ergeben - wenn dafür der organisatorische Rahmen entwickelt wird, Impulse gegeben werden und Zusammenarbeit organisiert wird.

Schulen und Schulzentren können zu zentralen Knotenpunkten solcher Netzwerke werden, bieten sie doch häufig schon jetzt ein großes Potential an technischer Infrastruktur und an Know-how bei Lehrern und Schülern. Schulen müssen sich dabei in vielfacher Weise öffnen:

Neue Formen der Zusammenarbeit

intern mit der Entwicklung neuer Formen der Zusammenarbeit der LehrerInnen, auch mit neuen Formen der Zusammenarbeit mit Schülern und Schülerinnen und deren selbst organisierter Zusammenarbeit;

lokal in der Zusammenarbeit mit Kinder- und Jugendeinrichtungen, mit Vereinen und insbesondere mit Betrieben;

regional in der Zusammenarbeit mit anderen Schulen, mit Medieneinrichtungen und den regionalen Massenmedien wie Tageszeitung und Lokalradio;

global durch Informationssammlung und Austausch von Informationen und Diskussionen im weltweiten Netz.

Initiativen zur „Gestaltung des Schullebens und Öffnung von Schule" werden in Nordrhein-Westfalen inhaltlich, organisatorisch und finanziell gesondert gefördert. Die staatlichen Einrichtungen der Kinder- und Jugendarbeit sind schon jetzt gehalten, mit den Schulen zu kooperieren. Mit der Novellierung des Kinder- und Jugendhilfegesetzes soll diese Zusammenarbeit verbindlich gemacht werden. Durch Projektförderungsmittel des Landes werden lokale Initiativen unterstützt. Dadurch wird ein verläßliches Ganztagsangebot für Kinder und Jugendliche durch verschiedene Träger mit unterschiedlichen inhaltlichen und pädagogischen Akzentsetzungen, vielleicht auch in verschiedenen Einrichtungen angestrebt. Angesichts allgemeiner Finanzknappheit werden Synergieeffekte erhofft.

Kooperationen entwickeln

Um die Entwicklung neuer Kooperationsformen zu ermöglichen, sind Unterstützungssysteme aufzubauen, die von der Grundqualifizierung in Organisationsentwicklungsfragen bis zur Bereitstellung zusätzlicher personeller Ressourcen reichen müssen. Gegenseitige Anregung, Stärkung und Sicherheit sind in einem stabilen Netz der Zusammenarbeit zu finden.

Um integrierte Medienerziehung fundiert und systematisch stattfinden zu lassen, sollten bereits entwickelte Instrumente zur Einordnung der Unterrichtsvorhaben und Projekte angewandt werden. Damit können sie nach medienpädagogischen Aufgabenfeldern, Medienarten, Schulfächern und Jahrgangsstufen eingeordnet werden, um planvoll Grundbildung und Lernprogression zu organisieren.

Es muß einen festen organisatorischen Rahmen für die Zusammenarbeit der verschiedenen Partner geben, möglichst auch in einem festen Standort mit multimedialen Einrichtungen und Anwendungsmöglichkeiten. Die sich überschneidenden Interessen verschiedener Partner müssen klar herausgearbeitet werden, um gleichrangige Kontakte und Vereinbarungen mit gegenseitigen Leistungen vereinbaren zu können.

Entwicklung eines fest vereinbarten Schulprogramms

Grundlage in den beteiligten Schulen müßte die Entwicklung eines fest vereinbarten Schulprogramms sein. Dabei sollte ein Konsens über wesentliche Schwerpunkte schulischer Arbeit erzielt werden, um Medienbildung zum Grundbaustein des Schulprogramms zu machen.

Medienbildung in der Region

Wie sich diese Entwicklungsschritte in einer ländlich strukturierten Region in Nordrhein-West-

falen vollziehen, soll im folgenden beschrieben und erläutert werden.

Regionalstruktur: Ausgangsbedingungen

Es handelt sich um eine ländlichen Region mit nur zwei kleinen städtischen Zentren, darüber hinaus mit einer Vielzahl kleinerer Ortschaften, die zu jeweils einer Großgemeinde zusammengeschlossen sind. Fünf dieser Großgemeinden in dieser Region kooperieren im Zweckverband der Volkshochschule Lippe-Ost. Es handelt sich um eine Region mit insgesamt 60.000 Einwohnern und ca. 400 qkm an Ausdehnung.

Ich weise aus zwei Gründen ausdrücklich darauf hin: Zum einen legt diese ländliche Struktur die Schaffung dezentraler Arbeitsbereiche nahe, in denen Formen der Vernetzung entwickelt werden müssen, zum anderen ist die Schaffung einer modernen Infrastruktur ein wichtiges Element einer aktiven kommunalen Arbeitsmarkt- und Wirtschaftsförderungspolitik. Dies kann ein Element aktiver Strukturpolitik sein, durch die die Vorteile städtischer Zentren als Wirtschaftsstandorte zunehmend aufgehoben oder ausgeglichen werden. Es ist zunehmend möglich, daß sich Betriebe, zumal kleinere, in ländlichen Regionen ansiedeln, ohne die Vorteile weltweiter Kommunikation zu verlieren.

Es sollen vor allem die Rahmenbedingungen und die Organisation von Medienarbeit in zwei Schulen dieser Region aus Lippe vorgestellt werden. Ich möchte die Arbeit im Schulzentrum der Stadt Blomberg und im Schulzentrum der Gemeinde Extertal beschreiben, die 25 km voneinander entfernt sind und gelegentlich im Rahmen der Medienarbeit kooperieren. Den Schulzentren sind weitere Schulen eingegliedert, in Blomberg die Real-, Haupt- und Sonderschule, in Extertal die Hauptschule.

Medienarbeit in Blomberg

Aktive Medienarbeit gibt es in Blomberg seit langem, in der Anfangszeit vor allen Dingen aktive Videoarbeit, in den letzten Jahren zunehmend ergänzt durch Radioarbeit, immer aber auch mit unterschiedlichen Formen der Leseförderung und der Integration von Schreibanlässen.

In der Anfangszeit dieser Arbeit stellten sich natürlich auch am Gymnasium in Blomberg die vielen praktischen Fragen, mit denen auch andere Schulen, teilweise auch heute noch, zu kämpfen haben: Wohin mit den Geräten? Wo schaffen wir uns Raum und Zusatzgeräte, um Video- oder Audioaufnahmen nachzubearbeiten? Wie und wann kann diese über den Unterricht hinausgehende Arbeit geleistet werden?

Wie wahrscheinlich überall, werden dann schrittweise die Rahmenbedingungen verbessert, möglicherweise, wie in Blomberg, indem zunächst das Elternsprechzimmer zweckentfremdet wird, schließlich aber immerhin auch so, daß erste bauliche Voraussetzungen geschaffen werden, um mit Medien arbeiten und sie nachbearbeiten zu können. Immer wieder wichtig natürlich auch die Modernisierung und Ergänzung der technischen Voraussetzungen. Es werden Anträge auf Unterstützung gestellt, innerhalb der Schule, an Fördervereine, an die Stadt und andere Partner.

Dabei hat es sich als hilfreich herausgestellt, wenn zunächst einmal mediale Produktionen entstanden waren, die auch vorgeführt werden konnten, auf Interesse und Zustimmung der Eltern auch dadurch stießen, daß sie erfuhren, wieviel Spaß das Arbeiten in Medienprojekten ihren Kindern bereiten konnte. Wenn gar die Entscheidungsträger selbst (z.B. der Bürgermeister) in Ton und Bild zu sehen waren, erleichterte dies häufig die Entscheidung bei den Anschaffungswünschen.

Wenn in den vergangenen Jahren „Computer" angeschafft werden sollten, auch wenn es Schnittcomputer für die Videonachbearbeitung waren, war die Bereitschaft zudem relativ hoch, auch zusätzliche Fördermittel zu bewilligen.

In der letzten Zeit ist der Rückenwind bei Anschaffungswünschen dadurch noch stärker geworden, daß auf Landesebene in Nordrhein-Westfalen und auf Bundesebene die **Initiative „Schulen ans Netz"** gestartet worden ist. In Nordrhein-Westfalen werden dadurch alle Schulen der Sekundarstufe I mit Multimedia-Arbeitsplätzen und Internet-Zugängen ausgerüstet, wobei die Telekom unentgeltlich den Schulen einen ISDN-Anschluß legt und jährlich 1.600,- DM an Leitungskosten freistellt. Außerdem erhält jede beteiligte Schule einen Multimedia-Rechner bei zunächst relativ geringer Eigenbeteiligung.

Es kommt allerdings dabei darauf an, die neuen Möglichkeiten mit verbesserter Ausstattung einzubinden in ein integratives Konzept von Medienbildung, sie also zu verbinden mit Lese- und Schreibförderung sowie mit den technischen Medien im Video- und Audiobereich.

Ein integratives Konzept von Medienbildung anstreben

Einrichtung einer Medienwerkstatt: Im Schulzentrum in Blomberg ist auf diese Weise, also schrittweise und in Jahre dauerndem Aufbau eine Medienwerkstatt entstanden. Darunter muß man sich einen Raum vorstellen, der im größeren Bereich die Möglichkeit zu Ton- und Bildaufnahmen bietet, also mit entsprechenden Verkabelungen, Mikrophonen, notwendiger Beleuchtung und Schalldämpfungs- sowie Dekorierungsmöglichkeiten versehen ist. Dort müssen jedoch auch die PCs untergebracht werden, über die Recherche und Informationssammlung mit CD-Roms oder INTERNET möglich ist, vor allem aber Textverarbeitung und -gestaltung stattfindet.

Für die selbst gestalteten Texte und Ton - Bild-Collagen (z.B. zu Buch-und Gedichtvorstellungen) müssen entsprechende Präsentationsflächen im Raum und außerhalb, z.B. in den Schulfluren, geschaffen werden.

Im kleineren Regie- und Nachbearbeitungsraum sind die sogenannte „Radiowerkstatt" der Volkshochschule Lippe-Ost und der Video-Schnittplatz der Schule untergebracht. „Radiowerkstatt" bedeutet, daß die Volkshochschule Lippe-Ost Geräte mit einem technischen Mindeststandard angeschafft hat, um Produktionen für den privaten Lokalsender „Radio Lippe" zu erstellen. Diese „Radiowerkstatt" ist von der Landesanstalt für Rundfunk in Düsseldorf als Produktionsstätte für den Lokalfunk anerkannt. Die Sendungen, die im Bürgerfunk zur Ausstrahlung kommen, werden mit einer geringen Gebühr bezahlt. Der privat organisierte Lokalsender ist verpflichtet, 15% seiner täglichen Sendezeit für den Bürgerfunk, also für freie Gruppen und Initiativen, zur Verfügung zu stellen. Diese Einrichtungen der „Radiowerkstatt", also Bandmaschinen, Zuspielgeräte und Mischpult, inzwischen auch mit digitalen Nachbearbeitungsmöglichkeiten, sind ganz bewußt verbunden mit den schulischen Möglichkeiten der Videobearbeitung. **Dadurch findet sich der integrative Ansatz schulischer Medienarbeit auch in den technischen Konstellationen wieder.**

Integration der Medienerziehung in den Unterricht und „Öffnung von Schule": In der Regel ist es ja so, es sollte jedenfalls so sein, daß im Unterricht Themen und Fragen behandelt werden, die für die Schülerinnen und Schüler wichtig sind, bei ihnen auf Interesse stoßen und sie zu eigener Arbeit und zur Auseinandersetzung motivieren. Wenn dies, in welchem Fach auch immer, so ist, dann liegt die Absicht nahe, die Arbeitsergebnisse darzustellen und sich darüber mit anderen auszutauschen. Also stellt sich die Frage, wie dies am sinnvollsten, also dem Inhalt und der Aussageabsicht entsprechend, geschehen kann, und wie es am geschicktesten, also die Zielgruppen auch ansprechend, geschehen kann. Dann also stellt sich die Frage: Mit Hilfe welcher Medien kann dies am besten geschehen?

Wenn eine Medienwerkstatt die unterschiedlichen Möglichkeiten der Darstellung, Gestaltung und Präsentation bietet, können die Schülergruppen sinnvolle Entscheidungen über die Medienart und über Gestaltungsfragen treffen. Es ergeben sich dadurch auch vielfältige,

eine ganze Klasse mit möglicherweise 30 Schülerinnen und Schülern einbeziehende Formen differenzierten Arbeitens, wenn eine Gruppe ihre Arbeitsergebnisse als Wandzeitung, eine andere in einem Beitrag für ein Radiomagazin oder eine weitere mit Hilfe einer Video-Präsentation darstellen will. Die Wichtigkeit und Bedeutung des eigenen Lernens wird auf diese Weise unterstrichen.

Radiowerkstatt der Volkshochschule Lippe-Ost im Städtischen Gymnasium: Vielfältige Schüleraktivitäten gehen immer wieder aus der Unterrichtsarbeit hervor. Nicht selten nämlich werden Unterrichtsvorhaben in der unterrichtsfreien Zeit zu Radioproduktionen oder auch Videoproduktionen weiterentwickelt und weiterverarbeitet: 150 Radiosendungen sind in den vergangenen Jahren für den Bürgerfunk von Radio Lippe entstanden. Es werden kulturelle Aktivitäten und Ereignisse vorgestellt, es werden kommunalpolitische Fragen behandelt, gelegentlich werden schulische Ereignisse aufgegriffen, manchmal auch Hörspielsequenzen produziert - es läßt sich eine breite inhaltliche und formale Streuung in den Produktionen feststellen.

Häufig auch findet eine Zusammenarbeit mit Vereinen statt, die sich selbst und ihre Leistungen vorstellen wollen oder auf größere Veranstaltungen hinweisen bzw. über sie berichten wollen. Die schwierigste Form einer solchen Zusammenarbeit findet bei größeren Veranstaltungen dann statt, wenn Schülergruppen zusammen mit den organisierenden Vereinen den Ablauf einer Veranstaltung planen, die Moderation besprechen und es schließlich übernehmen, die Veranstaltung aufzunehmen, möglichst schnell nachzubearbeiten und kurze Zeit darauf im Bürgerfunk zur Ausstrahlung zu bringen, so daß eine solche Sendung Live-Charakter behält. Dazu ist das entsprechende Know-how notwendig, um vor Ort die Aufnahme- und Wiedergabetechnik verfügbar zu machen, Interview- und Moderationstechniken zu beherrschen und den dramaturgischen Aufbau einer Veranstaltung und einer Sendung dabei

140

zu beachten. Auch die Beschäftigung mit den örtlichen Gegebenheiten und Hintergründen solcher Aktivitäten ist dabei unerläßlich und die Entwicklung vielfältiger sozialer Kontakte, in der Regel im übrigen zwischen jüngeren und älteren Personen.

Nicht immer wird mit diesem hohen Aufwand produziert. In der Regel werden Magazinbeiträge produziert, die in einem regionalen Radiomagazin im Bürgerfunk ausgestrahlt werden können.

In der Radiowerkstatt soll im übrigen die analoge Bearbeitung mit dem handwerklichen „Schneiden" so lange wie möglich beibehalten werden, ohne daß die neuen digitalen Schnittmöglichkeiten mit erweiterten Eingriffsmöglichkeiten bei der Nachbearbeitung ausgeschlossen werden.

Videoarbeit in der Medienwerkstatt: Dies gilt nicht nur für die Ausstattung der Radiowerkstatt, sondern auch für die Video-Nachbearbeitung. Sie befindet sich auf einem relativ hohen semi-professionellen Niveau, so daß auch Kopien noch vorzeigbar sind, nutzt aber auch schon die sich allmählich entwickelnden Möglichkeiten digitalen Schnitts.

Wie bei der (schul-)öffentlichen Präsentation von Texten, bei der es selbstverständlich ist, daß Schreibfehler vermieden werden müssen („integrierter Rechtschreibunterricht"), ist es auch bei Videoproduktionen für die Schülerinnen und Schüler unmittelbar einsichtig, daß ein Qualitäts-Mindeststandard erreicht werden muß und daß grundlegende dramaturgische Kenntnisse vorhanden sein müssen. Nicht selten müssen diese Kenntnisse im Planungs- oder Entstehungsprozeß medialer Eigenproduktionen erworben werden. Dabei leisten immer wieder die Schülerinnen und Schüler der Medien-AG wertvolle Hilfe. Teilweise organisieren die Schülergruppen diese Art der gegenseitigen Unterstützung selbständig. Sehr vorteilhaft ist es, wenn Selbstlern-Übungsmaterialien vorhanden sind, so daß Schülergruppen differenziert und arbeitsteilig

zur Vorbereitung ihrer eigenen Arbeitsvorhaben die jeweils wichtigen (Grund-)Kenntnisse erwerben oder auffrischen können.

Herstellung von Öffentlichkeit

Für die medialen Schüler-Eigenproduktionen muß Öffentlichkeit hergestellt werden können. Es mag die Pinwand im Schulflur für wirkungsvoll gestaltete Texte, Plakate, Fotos und Collagen ausreichen, reizvolle Möglichkeiten gibt es bei Radioproduktionen im Bürgerfunk der Lokalsender, es sollte aber zunächst einmal die Möglichkeit geschaffen werden, daß alle Schüler-Eigenproduktionen in der Schulbücherei zur Ausleihe gebracht werden können. Ergänzt werden die Möglichkeiten sicher dann, wenn eine Schülerzeitung herausgegeben wird oder auch durch die Kooperation mit den regionalen Tageszeitungen, die in gesonderten Projekten Schülergruppen unterstützen und ihnen die Möglichkeit zur Veröffentlichung eigener Beiträge bieten, wie z.B. im Projekt „Zeitung in der Schule".

Die medialen Schüler-Eigenproduktionen veröffentlichen

Vereinbarungen zum Sonderprojekt „Zeitung in der Schule" (ZISCH)

1. An dem Sonderprojekt nehmen folgende Schulen teil:
   Hauptschule Extertal
   Realschule Extertal
   Hauptschule Blomberg
   Realschule Blomberg
   Gymnasium Blomberg

2. Die Lippische Landeszeitung macht folgende Unterstützungangebote:
   - Belieferung mit Tageszeitungen während des gesamten Schuljahres
   - Einführende Informationsveranstaltungen
   - Bereitstellung von Schulungsmaterialien
   - Beratung innerhalb oder außerhalb der Schule durch eine RedakteurIn
   - Unterstützung bei der Organisation von außerschulischer Recherche

Projektbeispiel: "Zeitung in der Schule"

- Zugang zu Archivinformationen und Nachrichtenagenturen
- Möglichkeiten zur Veröffentlichung eigener Artikel

3. Ablaufplan:
   - Informationen an die Schulleitungen in der letzten Ferienwoche
   - Informationen an die Schülervertretungen in der ersten Schulwoche
   - Informationsveranstaltungen für interessierte Lehrerinnen und Lehrer in der 3. Schulwoche
   - Informationsveranstaltungen für interessierte SV-Vertreter in der 4. oder 5. Schulwoche
   - Beginn der Belieferung mit Tageszeitungen und Beginn von Unterrichtsprojekten nach den Herbstferien

4. Die Beratung in unterrichtlich-pädagogischen Fragen kann bei Bedarf durch die Leitung des Modellversuchs geschehen. Auch die Auswertung von Erfahrungen aller beteiligten Schulen kann durch den Leiter des Modellversuchs erfolgen. In den zwei beteiligten Modellversuchsschulen sollte das „ZISCH"-Projekt zu den erklärten Schwerpunkten gehören. Die Auswertung durch die Lippische Landeszeitung wird der Modellversuchsleitung zur Verfügung gestellt.

5. In den einzelnen Schulen sollte Wert darauf gelegt werden, daß die Tageszeitungen für möglichst viele Schülerinnen und Schüler erreichbar sind und daß versucht wird, in den Schulen Orte mit einer gewissen Leseatmosphäre zu schaffen.

6. Durch die eigenständige Einbeziehung der Schülervertretungen sollte versucht werden, Schüler-Eigenprojekte anzuregen und zu unterstützen.

Lokale Treffpunkte mit Medien

Neu ist die Konzeption für den Ausbau der Schulzentrums-Bücherei und ihres Umfeldes zu einem **„Medien-Bistro"**. Im Umfeld der Bücherei (auch in Nähe zu der oben beschriebenen Medienwerkstatt) soll die Gelegenheit geschaffen werden, Medienproduktionen zu präsentieren, über sie zu diskutieren, neue Medien und Kommunikationsmöglichkeiten kennenzulernen und auszuprobieren, indem das Angebot der Bücherei bei CD-Roms erweitert wird, Internet-Zugänge geschaffen werden, dabei auch gezielte Qualifizierungsangebote gemacht werden - und dies alles in relativ lockerer Bistro-Atmosphäre, gelegentlich auch bei gutem Essen und Trinken.

Da für ein solches Zentrum Investitionen von geschätzten 50.000,- DM notwendig sind, die in den Schuletats z.Zt. jedenfalls nicht zu finden sind, ist es sinnvoll und notwendig, diese Möglichkeiten nicht nur Schülerinnen und Schülern, sondern auch Erwachsenen über Volkshochschulangebote zu bieten.

Da aber auch in den Betrieben in der Region ein hoher Informations-, Orientierungs- und Qualifizierungsbedarf besteht, werden diese Betriebe angesprochen, um sich an der Ausstattung finanziell zu beteiligen. Dies gilt insbesondere für die Betriebe, die mit Hilfe neuer Kommunikationsmöglichkeiten ihre Dienstleistungsangebote erweitern und sich, unterstützt durch solche lokalen Zentren, Märkte schaffen können. Es müßte einsichtig sein, daß sich diese Betriebe an der Finanzierung einer entsprechenden Infrastruktur beteiligen. Gespräche hierüber sind gestartet und teilweise schon mit erfolgreichen Kooperationsvereinbarungen abgeschlossen worden.

Die Kooperation zwischen staatlichen Einrichtungen und der Privatwirtschaft, die bei der Ausstattungsinitiative „Schulen ans Netz" auf Bundes- und Landesebene begonnen worden ist, sollte auch auf lokaler Ebene realisiert werden. Über die Volkshochschule werden den Betrieben zudem zusätzliche Qualifizierungsangebote vermittelt, die auf ihre speziell betrieblichen Anforderungen und Notwendigkeiten zugeschnitten sind. Die Volkshochschule tritt dabei als Dienstleistungsanbieter auf, die solche Maßnahmen in den Betrieben oder auch in den schulischen Zentren gelegentlich mit eigenem Personal anbietet, häufiger jedoch sachkundiges Personal für diese Maßnahmen organisiert und vermittelt. Es versteht sich von selbst, daß diese Angebote kostendeckend organisiert werden müssen.

Medienarbeit in Extertal

Im Schulzentrum Extertal, insbesondere in der dortigen Realschule, findet seit Jahren im Wahlpflichtbereich aktive Videoarbeit statt. Natürlich gibt es auch vielfältige Angebote im Informatikbereich, an beiden Schulen mit zwei gut ausgestatteten Informatikräumen, daneben gibt es seit kurzem das Angebot, eigene Radioproduktionen zu erstellen. Die Radiogruppen werden dabei vom Sozialarbeiter des **Vereins „Jugend und Kultur Extertal e.V."** betreut. Dieser Verein ist in der Gemeinde Extertal für die gesamte Kinder-, Jugend- und Kulturarbeit zuständig, wird gefördert aus Kreis- und Landesmitteln der Jugendförderung und hat **mit den Schulen einen Kooperationsvertrag geschlossen**, nach dem nachmittags Kursangebote und Projekte im Rahmen offener Jugendarbeit im Schulzentrum stattfinden.

Neue Formen der Kooperation: Deshalb ist im Schulzentrum Extertal seit kurzem eine Nebenstelle der anerkannten Radiowerkstatt der Volkshochschule Lippe-Ost entstanden, in der zunächst mit den transportablen und flexibel einsetzbaren Geräten gearbeitet wurde. Diese Radioarbeit wird inzwischen durch zwei weitere Förderprogramme unterstützt. Zum einen handelt es sich um die Projektförderung des Ministeriums für Arbeit, Gesundheit und Soziales, das als Landesbehörde für Jugendarbeit zuständig ist. Zum anderen wird diese Arbeit verbunden mit den Projekten zur „Gestal-

tung des Schullebens und Öffnung von Schule", die vom Land Nordrhein-Westfalen in gesonderter Weise unterstützt werden.

Die Realschule Extertal ist im Rahmen dieses Programms „Impulsschule" geworden, weil regelmäßig ein regionales Radio-Magazin entstehen soll, für das im Schulzentrum Extertal und im Schulzentrum Blomberg Einzelbeiträge von den Schülern oder in der Kooperation von Schülergruppen und Vereinen produziert werden, die dann zu einem gemeinsamen Magazin mit Musik und Moderation zusammengeführt werden. Eine solche Präsentationsform bietet für alle Fächer interessante Möglichkeiten, Unterrichtsergebnisse darzustellen. Diese konkreten Unterstützungsangebote und Ergänzungsmöglichkeiten für den Unterricht werden allen Fachlehrern und Lehrerinnen unterbreitet.

Es ist damit schon angedeutet worden, wie die Möglichkeiten unterschiedlicher Institutionen in gemeinsamen Projekten gebündelt werden können und wie dadurch eine effektive Form der „Mischfinanzierung" zustande kommen kann.

Kooperation mit der Privatwirtschaft: Die Schulzentrumsbücherei wird z.Zt. als Kernbereich des „Bürger- und Kommunikationszentrums" Extertal ausgebaut. Immer auch mit dem Interesse an verstärkter Ausstattung mit Büchern und den damit verbundenen Möglichkeiten der Leseförderung wird auch dort die Ausstattung durch CD-Roms ergänzt. Es sind dort sechs neue Multimedia-Arbeitsplätze entstanden. Diese Multimedia-Arbeitsplätze sind wiederum von lokalen Unternehmen finanziert oder aber leihweise zur Verfügung gestellt worden. Diese Bereitschaft ist verbunden mit dem Angebot, Betriebsangehörigen in der schulfreien Zeit Nutzungsmöglichkeiten - eventuell über die Volkshochschule organisiert - zu bieten.

Bei diesen Kooperationsgesprächen sind interessanterweise weitere Pläne zur Kooperation von Betrieben und Schule im Bereich der Berufswahlorientierung entstanden. So sind z.B. mit dem örtlichen Maschinenbaubetrieb gemeinsame Projekte entwickelt worden, in denen Physikklassen ihre Themen praxisnah zeitweise im Betrieb bearbeiten können oder aber betriebliche Fachleute in die Schule kommen. Es ist auch die Idee entwickelt worden, daß die betrieblichen Auszubildenden zur Grundqualifizierung im Bereich der Textverarbeitung und Tabellenkalkulation die Möglichkeiten des Schulzentrums nutzen könnten.

Bei der Frage betrieblicher Darstellungsmöglichkeiten im INTERNET ist mit dem Energieversorgungsunternehmen vereinbart worden, daß Schülergruppen Web-Seiten zum Thema „Energiesparen" erstellen, diese dann dem Unternehmen zur Verfügung stellen und das Unternehmen im Gegenzug eine entsprechende finanzielle Zuwendung gibt.

Auch mit einem örtlichen Provider sind Verhandlungen geführt worden, da ein solches Dienstleistungsunternehmen in besonders starkem Maße von den **Vorteilen eines solchen „Bürger- und Kommunikationszentrums"** profitieren kann. Es ist vereinbart worden, daß er der Schule möglicherweise eine Online-Verbindung kostengünstig zur Verfügung stellt, wenn durch diese Arbeit Kunden für seine Dienstleistungen gewonnen werden können.

Es versteht sich fast von selbst, daß eine der Banken als erstes Unternehmen bereit war, einen Multimedia-Arbeitsplatz in der Schulbücherei zur Verfügung zu stellen.

Z.Zt. werden Verhandlungen mit der Kommunalverwaltung bzw. mit dem Kommunalen Rechenzentrum geführt, um die erweiterte Nutzung des bereits existierenden Rats- und Verwaltungsinformationssystems erproben zu können. Denkbar ist der Zugang auf alle wichtigen und interessanten kommunalen und regionalen Informationen in einem solchen Zentrum. Wenn all diese Arbeitsmöglichkeiten und Angebote eröffnet werden und kontinuierlich er-

halten bleiben sollen, ist eine zusätzliche personelle Betreuung des „Medien-Bistros" und des „Bürger- und Kommunikationszentrums" notwendig. Dies soll zunächst über eine Arbeitsbeschaffungsmaßnahme versucht werden, allerdings mit dem Ziel, daß sich die Finanzierung dieser Arbeitsstelle durch die Einnahmen für Qualifizierungsmaßnahmen ermöglichen läßt. Eine solche Arbeitskraft hätte, wie auch der nächsten Seite dargestellt, folgende Aufgaben.

Unterstützungssysteme: Beteiligung der Kreisbildstelle

Die Kreisbildstellen könnten wertvolle Unterstützung bieten. Diese Unterstützung müßte sich, eingeordnet in ein Konzept integrativer Medienbildung, insbesondere auf drei Bereiche erstrecken:

1. Es geht darum, schlecht ausgestattete Schulen für die Durchführung von Projekten mit Technik zu bedienen, für die besser ausgestatteten Schulen sollten Geräte, die nicht ständig gebraucht werden, über die Kreisbildstelle zeitweise zur Verfügung gestellt werden können. Die Kreisbildstelle kann sicher auch das entsprechende Know-how erwerben und es weitergeben, um die technische Ausstattung auf die schulischen Notwendigkeiten zuzuschneiden. Schulen brauchen robuste und leicht bedienbare Geräte, die möglichst flexibel oder gar multifunktional eingesetzt werden müßten.

   Eine solche Kreisbildstelle würde dadurch ihrer Aufgabe gerecht, dezentral Unterstützung zu bieten. Sie würde Teil eines Gesamt-Unterstützungssystems, in das auch andere Einrichtungen der Lehrerfortbildung und Weiterbildung eingebunden sein müßten.

2. Es kommt darauf an, die unterschiedlichen Ressourcen zur Unterstützung der Schulen so zu bündeln, daß eine bedarfs-

Bürger- und Kommunikationszentrum Extertal

Arbeitsbereiche mit Multimedia-Arbeitsplätze im Schulzentrum

* Bibliothek: 6 Pcs mit Internet-Zugängen
* Medienraum: 1 PC für Radio- und Videoschnitt
* Informatikräume: 26 PCs mit Internet-Zugängen,
  u.a. Aufbau und Pflege einer Schadstoff-Datenbank
* Lehrerarbeitsraum: 1 PC mit Netzzugang und interner Vernetzung für
  Unterrichtsvorbereitung

Aufgabenbeschreibung für eine BKZ-Arbeitsstelle

1. **Technisch-organisatorische Aufgaben:**

   - Betreuung der Bibliotheksarbeitsplätze (Bereitstellung für außerschulische Nutzer)
   - Betreuung PC im Medienraum (insbes. bei Radioproduktionen)

2. **Organisatorisch-planerische Aufgaben:**

   * Aufbau und Pflege der Zusammenarbeit mit
   - Lehrern und Schülern
   - Jugendhilfe (Kurse für Zeitungs- und Radioarbeit)
   - Volkshochschule Lippe-Ost (Grundbildungs- und Fortgeschrittenenkurse)
   - Kommunales Rechenzentrum und Gemeindeverwaltung
     (Aufbau eines Rats-, Verwaltungs- und Bürgerinformationssystems)
   - Unternehmen (Grundqualifikationen und betriebsinterne Fortbildung)
   - Verbänden (Zielgruppenangebote: z.B. Auszubildende, Mädchen und Frauen)
   - Online-Diensten (Beratung und Vermittlung von Dienstleistungen)

   * Regelmäßige öffentliche Informationsveranstaltungen
   * Aufbau von Informationssystemen und Datenbanken

3. **Qualifizierungsaufgaben:**

   * Organisation von
   - Kennenlernmöglichkeiten neuer Kommunikationswege (Internet-Cafe)
   - allgemeinen Qualifizierungsangeboten
   - betriebsinternen Fortbildungen
   - Radiogruppen mit Bürgerfunkbeiträgen

4. **Dokumentation und Evaluation:**

   Zusammenarbeit mit
   - Fachhochschule oder Universität
   - Modellversuch „Differenzierte Medienerziehung"

und projektorientierte Qualifizierung möglich wird, die als Grundlage allerdings auch immer die Selbstqualifizierung in schulischen Zusammenhängen hat. Es ist nach allen Erfahrungen relativ erfolglos, wenn im Bereich der Medienbildung und -arbeit „Fortbildung auf Halde" organisiert wird, aus der sich in aller Regel nur schwer konkrete schulische Umsetzungsmöglichkeiten ergeben. Es ist vielversprechender und erfolgreicher, wenn Unterstützung dann möglich wird, wenn konkrete Unterrichtsvorhaben und Projekte anstehen, bzw. wenn diese Arbeit stattfindet. Es müßte also ein System bedarfs- und projektorientierter Lehrerfortbildung und -qualifizierung entwickelt werden.

3. Es wäre sehr wichtig, wenn die Kreisbildstelle phasenweise die personelle Unterstützung von Unterrichtsprojekten anbieten oder organisieren könnte. Dies wäre eine wichtige Hilfe für die in Medienprojekten stark belasteten LehrerInnen.

4. Kreisbildstellen sollten in ihrer Region kontinuierlichen Erfahrungsaustausch und „Workshops" organisieren. LehrerInnen könnten Ideen austauschen und vor allem auch Kooperation und Medien- und Erfahrungsaustausch zwischen Schülergruppen organisieren. In „Workshops" könnten eigene praktische Kenntnisse und Fertigkeiten weitergegeben und weiterentwickelt werden.

Einbettung in ein Konzept integrativer Medienerziehung

Diese erweiterten Möglichkeiten schulischer und regionaler Medienbildung und Medienarbeit sind nur denkbar innerhalb eines Konzeptes zur integrativen Medienbildung.

Im Rahmen des Modellversuchs „Differenzierte Medienerziehung als Element all-gemeiner Bildung" (Modellversuch der Länder Nordrhein-Westfalen und Sachsen) bedeutet dies zum Beispiel die Realisierung folgender Ziele:

Es sollen die unterschiedlichen Medien eigenständig und zielgerichtet genutzt werden, wobei neben den Printmedien schwerpunktmäßig mit den elektronisch-auditiven und den audio-visuellen Medien gearbeitet werden soll.

Um Ungleichgewichte in der Mediennutzung zu vermeiden, sollte auch die „Leseerziehung" Beachtung finden. Der Umgang mit Texten und die Textproduktion behalten in Planungsphasen von aktiver Medienarbeit, bei kritischer Auseinandersetzung über Inhalte und Wirkungen von Medien sowie als Elemente eigener Medienproduktionen besondere Bedeutung.

In der Medienerziehung sollen die vielfältigen Möglichkeiten der Arbeitsteilung und inneren Differenzierung genutzt werden. Dabei bietet die Computernutzung zunehmend die Möglichkeit, vielfältige Informationen zu beschaffen, Einzelarbeitsergebnisse in die Gruppenprozesse einzubringen und Arbeitsergebnisse in Netzwerken mitzuteilen.

Die Einzelvorhaben sollen die in den jeweiligen Richtlinien vorgegebenen Prinzipien der Erfahrungs- und Handlungsorientierung verwirklichen.

Alle am Projektverbund beteiligten Schulen sollen Medienerziehung im Fachunterricht durchführen, dabei projektorientiert oder in Projekten arbeiten und fächerübergreifendes Arbeiten erproben, so daß eine systematische Medienerziehung in das Schulprogramm integriert werden kann.

Die Schulen sollen die Möglichkeiten der Kooperation mit benachbarten Schulen und mit außerschulischen Partnern wie Betrieben, Vereinen, Volkshochschulen oder Kinder- und Jugendzentren nutzen.

Die schulspezifischen Schwerpunkte im Rahmen des Modellversuchs mit der Planung für die Einzelprojekte orientieren sich an den schulischen Gegebenheiten und Entscheidungen, sollen aber auch eine differenzierte und arbeitsteilige Erprobung im Gesamtprojekt gewährleisten.

Es sollen praxisnahe Fortbildungsveranstaltungen durchgeführt werden.

Die Einzelvorhaben des Modellversuchs sollen geeignet sein, Medienerziehung in der „Normalsituation", d.h. ohne herausgehobenen Ausstattungsaufwand und ohne grundlegende Veränderungen der allgemeinen Rahmenvorgaben zu erproben.

Die Realisierungsmöglichkeiten von Medienerziehung sollen durch eine effektive Nutzung vorhandener Ressourcen sowie durch Erfahrungsaustausch und Kooperation mit internen und externen Partnern verbessert werden. Dafür müssen die organisatorischen Rahmenbedingungen geschaffen werden.

Die schulische Arbeit sollte dadurch systematisiert werden, daß sie in ein Raster mit fünf Arbeitsbereichen eingeordnet werden kann.
- Erkennen und Aufarbeiten von Medieneinflüssen;
- Verstehen und Bewerten von Medienbotschaften;
- Auswählen und Nutzen von Medienangeboten;
- Eigenes Gestalten und Verbreiten von Medien;
- Analyse und Einflußnahme im gesellschaftlichen Kontext.[1]

Dadurch ist es jeder Schule möglich, Schwerpunkte und Leerstellen zu erkennen, um ein ausgewogenes und fundiertes Schulprogramm zu erstellen und eigenständig und eigenverantwortlich Evaluations- und Planungsprozesse zu steuern.

Wenn die jeweiligen FachlehrerInnen qualifiziert würden, in ihrem Unterricht die verwendeten Medien kritisch einzusetzen und ihre Funktion reflektieren zu lassen, könnte Medienerziehung ein selbstverständliches Element eines jeden Unterrichts werden.

Um die Anknüpfung an die Ziele und Inhalte der einzelnen Fächer anzustoßen, wäre es wünschenswert, wenn alle Fachkonferenzen die Fragen diskutieren würden, welche Rolle ihr Fach in den Medien spielt, welche verbesserten Unterrichtsmöglichkeiten sich mit Hilfe von Medien ergeben könnten und welche Möglichkeiten der Darstellung und Präsentation von Unterrichtsergebnissen entwickelt werden könnten. Dies wäre ebenfalls ein wichtiger Anstoß zur Schulprogrammentwicklung jeder Schule.

Leerstellen erkennen und Planungsprozesse bewußt steuern

Partner in regionalen Kooperationsnetzen

Um noch einmal die vielfältigen Möglichkeiten, kommunale Netze zu knüpfen, anzudeuten, seien die Kooperationspartner in den regionalen Netzwerken Ost-Lippes aufgezählt:

Partner im regionalen Netzwerk Lippe-Ost:
- 7 Schulen in 2 Schulzentren
- 13 Schulen in NW und Sachsen im Rahmen des Modellversuchs „Differenzierte Medienerziehung als Element allgemeiner Bildung" und „assoziierte" Schulen
- Lehrerfortbildungsdezernate im Regierungspräsidium
- Beratungsstelle für Neue Technologien
- Landesinstitut für Schule und Weiterbildung
- Lehrerausbildung Universität Bielefeld

- Unterrichtsinformationsstelle Universität Gesamthochschule Paderborn
- Partnerschulen über e-mail
- Volkshochschule Lippe-Ost
- Kommunalverwaltungen und Kommunales Rechenzentrum
- Kreisbildstelle
- Verein „Jugend und Kultur Extertal e.V."
- Lippische Landeszeitung („ZISCH")
- Radio Lippe
- Provider und Server (u.a. „Lippe-online")
- Betriebe der Region
- Vereine und Initiativen

Zusammenfassung: Vorteile regionaler Netzwerke

Die Vorteile des Aufbaus regionaler Netzwerke lassen sich durch folgende Überlegungen zusammenfassen:

Eine fundierte Konzeption einer integrativen Medienbildung als Grundlage der Arbeit erweitert die Möglichkeiten schulischer und außerschulischer Arbeit.

Es werden Synergieeffekte durch multifunktionale Nutzung der technischen und organisatorischen Infrastruktur und durch Kooperationsvereinbarungen ermöglicht.

Es kann eine Mischfinanzierung durch unterschiedliche staatliche Projektförderungen und durch die Partnerschaft mit der Privatwirtschaft angestrebt werden.

Es können lokale Treffpunkte bzw. Kommunikationszentren geschaffen werden mit Diskussions- und Qualifizierungsangeboten.

Es kann eine breite Öffentlichkeit einbezogen werden (schulintern, mit Eltern, Vereinen, allgemeiner Öffentlichkeit durch Zeitung und Radio oder die Beteiligung an größeren Aktionen).

Wenn Verwaltungsabläufe die Realisierung von Projekten und neue Organisationsstrukturen behindern oder nicht zulassen, können neue Strukturen geschaffen werden, oder es kann Umweg- und Entlastungsstrategien geben.

Eine solch vernetzte Medienarbeit wird so lebendig und entwicklungsfähig sein, daß dabei Formen der selbstbestimmten Evaluation entwickelt werden können, in denen nicht einschränkende zahlenmäßige Ergebnisse, sondern Arbeitsprozesse und der Aufbau sozialer Beziehungen entscheidend sind.

Fazit

In regionalen Netzwerken ist es möglich, Umwege zu gehen, Arbeit und Finanzierung zu teilen. Es ist möglich, zeitweise gemeinsam zu agieren, man kann jedoch immer auch zurückkehren zu Einzelaktionen, man kann in die Zusammenarbeit einsteigen, man kann sich wieder ausklinken. Ein Netzwerk bietet vielen die Möglichkeit, neue Knoten zu knüpfen bzw. sich am Knüpfen zu beteiligen. Nicht zu unterschätzen sind dabei die neuen Erfahrungen, die in einem Prozeß des Kontakteknüpfens und der Zusammenarbeit gewonnen werden. Ein Netzwerk ist selbst bei Schädigungen in einzelnen Bereichen wieder zu reparieren, die Belastungen können verlagert werden. Die zentralen Knoten dürfen dabei nicht überlastet werden, aber ein Netzwerk bietet prinzipiell die besten Voraussetzungen für Entlastungsstrategien.

Anmerkung

1. vgl. Tulodziecki „.G.: Medienerziehung in Schule und Unterricht. 2. Aufl. Bad Heilbrunn 1992

Thomas Hirschle

Aktive Medienarbeit als Mittel der Verzahnung von Schule und Freizeit

Erfahrungen im BLK-Modellversuch in Brandenburg

Der Modellversuch der Bund-Länder-Kommission (BLK) „Aktive Medienarbeit als Mittel der Verzahnung von Schule und Freizeit" wird seit Oktober 1994 vom Medienpädagogischen Zentrum (MPZ) des Landes Brandenburg an sechs Schulen durchgeführt. Es kooperieren drei Gesamtschulen, zwei Gymnasien und eine Realschule mit außerschulischen Institutionen wie Medien- und Kulturwerkstätten, Lokalsendern oder Kreisbildstellen an sechs Orten im Lande. Am Modellversuch nehmen insgesamt ca. 250 Schüler der Sekundarstufe I aus 12 Klassen sowie 14 Lehrer und 9 außerschulische Mitarbeiter teil. Hier soll ein erstes Resümee gezogen werden.

Der Modellversuch stellt sich vor

Schülerinnen und Schüler verschiedener Klassen der Sekundarstufe I arbeiten begeistert mit der Kamera und stellen fest, daß das Schneiden ihres Videofilms Arbeit macht. Die Lehrerin notiert in ihrem Tagebuch, das sie während des Modellversuchs führt: „... *auf die Schüler positiv wirkte, daß der Unterricht außerhalb der Schule stattfand*" und ihr Kollege registriert erstaunt, daß er die Schüler ja so gar nicht kennt! Ein Filmemacher, Mitarbeiter in einer Jugendkulturwerkstatt, zeigt den Schülern die Kniffe beim „Geräuschemachen" und weiht sie in die Geheimnisse der Animation am Tricktisch ein.

In der örtlichen Kreisbildstelle holen sich mehrere Filmteams einer Klasse ihre Videokamera und werden dort bei ihrer Projektplanung, beim Schnitt und bei einer angemessenen Präsentation ihrer Ergebnisse unterstützt. An der Schule verursacht die Projektarbeit der Klasse einige Unruhe und Schwierigkeiten: Das Telefon im Sekretariat ist nicht für Recherchen der Projektgruppe gedacht; ein alarmgesicherter Raum zur Aufbewahrung der Technik ist nicht vorhanden, und es ist schwierig im Fach Kunst, das nur eine Stunde in der Woche unterrichtet wird, Projekte Aktiver Medienarbeit mit der ganzen Klasse zu realisieren. Soweit einige Momentaufnahmen aus der praktischen Arbeit.

Das Hauptaugenmerk im Modellprojekt liegt auf der Machbarkeit eines kooperierenden öffentlichen Systems aus Schule und Freizeitorganisationen oder -initiativen. Die Öffnung der Schule nach außen - in die gesellschaftliche Realität - und nach innen - zum Beispiel im Rahmen fächerübergreifender Arbeitsformen - kann mit dazu beitragen, Schule nicht nur als Unterrichts- und Lernort, sondern auch als Identifikationsort für Kinder und Jugendliche erfahrbar und erlebbar zu machen. Dies ist für die neuen Bundesländer mit der Umstrukturierung des gesamten Schul- und Freizeitbereichs von enormer Bedeutung. Der Einsatz verschiedener Medien, mit dem Schwerpunkt auf der Videoarbeit, soll den Schülern und beteiligten Pädagogen vielfältige Erfahrungs- und Handlungsmöglichkeiten für unterrichtliche Zwecke und Freizeitbelange eröffnen.

Schule als Identifikationsort für Kinder erlebbar machen

Der Modellversuch orientiert sich an folgenden Zielsetzungen:

Etablierung Aktiver Medienarbeit in der Schule als Möglichkeit der projektgebundenen Umsetzung alltags- und jugendspezifischer Themenbereiche,

Erprobung unterschiedlicher Kooperationsformen zwischen Schulen und außerschulischen Partnern,

- Bildung lokaler Netzwerke und Partizipation an lokaler Öffentlichkeit,

- Transparenz der unterschiedlichen Systeme Schule und Jugendhilfe durch Kooperationsmöglichkeiten der schulischen und außerschulischen Pädagogen in Fortbildungen und Projekten,

- Vertiefung der Wahrnehmung und Sensibilisierung der beteiligten Pädagogen für eine andere Medienbiografie und -sozialisation bei Kindern und Jugendlichen heute; Einbeziehung der Freizeitbedürfnisse und -themen sowie Probleme der Lebensbewältigung von Kindern und Jugendlichen in und außerhalb des Schulalltags,

- Entwicklung von Handreichungen für die medienpädagogische Arbeit in Schule und Freizeit.

Zum Verlauf des Modellversuchs

Konzeptbestandteile: Lehrerfortbildung, fächerübergreifende Projekte, Kooperationen

In der Anlaufphase des Modellversuchs wurden die Lehrer zunächst in zentralen und dezentralen Fortbildungen in Aktiver Medienarbeit qualifiziert. Einige außerschulische Partner unterstützten die Schulen durch ihre Kenntnisse und Erfahrungen, die sie teilweise aus professioneller Film- und Videoarbeit mitbrachten, andere partizipieren selbst an den Fortbildungsveranstaltungen als Lernende. Dadurch wurden auch Kontakte zwischen Lehrern und Mitarbeitern außerschulischer Einrichtungen an den einzelnen Modellstandorten aufgebaut oder intensiviert. Zusätzlich wurden prozessbegleitende Schüler-Lehrer Fortbildungen durchgeführt und erste Projekterfahrungen mit Video in den Fächern Deutsch, Kunst, Politische Bildung und in Arbeitsgemeinschaften gesammelt. An einer Schule auf dem Lande wurde während der Schulzeit ein mehrtägiges Video- und Freizeitcamp mit „schwierigen" Jugendlichen, die mit Einverständnis der Schulleitung aus dem Unterricht herausgelöst wurden, veranstaltet.

Im zweiten Jahr des Modellversuchs lagen die Schwerpunkte auf fächerübergreifenden Projekten sowie themen- und genrespezifischen Herangehensweisen. Durch die fortgeführte Zusammenarbeit mit außerschulischen Partnern wurde der kooperative Ansatz zwischen Schule und Freizeit stabilisiert.

Im dritten Jahr wird die praktische Arbeit auf weitere Medienbereiche, insbesondere Multimedia, ausgedehnt und Varianten in verschiedenen Klassen erprobt. An mehreren Schulen sind Projektwochen zum Schwerpunktthema „Medien" geplant. Hierzu wurden spezielle schulinterne Lehrerfortbildungen zum Projektlernen, in Aktiver Videoarbeit, zur Fotografie und zu Möglichkeiten von Multimedia durchgeführt. Die dezentralen Fortbildungen für ganze Lehrerkollegien und die Durchführung von „Medienprojektwochen" sollen dazu dienen, die Akzeptanz Aktiver Medienarbeit an der gesamten Schule zu erhöhen und die Bedeutung der **Medienerziehung als ein integratives Prinzip für alle Fächer** hervorzuheben. Besonderer Wert wird bei der Durchführung der Projektwochen auf die Kooperation mit außerschulischen Partnern vor Ort gelegt, um so auch einem breiteren Kreis von Pädagogen Perspektiven einer partnerschaftlichen Arbeit im Stadtteil zu eröffnen.

In bisher 15 Videoprojekten und einem Fotoprojekt wurden Themen wie Umwelt, Freizeitmöglichkeiten vor Ort, Landschaftsverbrauch und -gebrauch, der Stadtteil und seine Bewohner, Selbstporträts, eine Videofassung des Theaterstücks der „Klassenfeind" und anderes mehr bearbeitet sowie ein Spiel- und Trickfilm und ein live aufgezeichnetes Videomagazin produziert. Mit mehreren Beiträgen nahmen die Schülergruppen an Wettbewerben teil und konnten auch einzelne Preise gewinnen.

Die Projekte wurden mit ganzen Schulklassen, in Arbeitsgemeinschaften und in Interessengruppen im Freizeitbereich realisiert. Bei der Themenfindung wurden zunächst neben den Ideen der Jugendlichen auch stark unterrichtlich geprägte Inhalte und Themenimpulse der Lehrer berücksichtigt. Im weiteren Verlauf wich diese Herangehensweise einer offeneren Form, in der stärker am Erlebnisbedürfnis der Schüler angesetzt wurde. Die Schüler wurden ermuntert, Themen aus ihrer Lebenswelt aufzugreifen und darzustellen.

Hier zeichnete sich auch ein Wandel in den Einstellungen der Lehrkräfte ab: *„Bei den Schülern ist viel Kreativität vorhanden, da wäre es eigentlich schade, dies durch das vorgegebene Ziel (ein Theaterstück filmen, d. Verf.) einzuengen. Vielleicht sollten sie doch Gelegenheit bekommen, eigene Filme zu drehen."*

Insgesamt zeigte sich, daß die Motivation steigt, je weniger das Thema aufgesetzt ist und je mehr Ideen der Schüler integriert werden konnten. Gerade in Schulen, an denen noch wenig Erfahrung mit Aktiver Medienarbeit vorhanden ist, werden die Projekte oftmals für Selbstdarstellungszwecke der Schule instrumentalisiert. Das schuleigene Theater, die Projektwoche und eine Schulfeier zu dokumentieren, oder zum Beispiel einen Werbefilm über die Schule für die Austauschschule zu drehen, sind häufige Anliegen der Lehrer oder der Schulleitung, die sich hiervon eine gute Möglichkeit der Außendarstellung der Schule verspricht. Diese Anlässe können zwar einen Einstieg in Medienprojekte bilden, sie sollten aber auf keinen Fall von vornherein ein Projekt darauf festlegen.

Trotzdem sind Themenvorgaben nicht ohne weiteres abzulehnen, vorausgesetzt, der Pädagoge entwickelt das richtige Gespür für eine fruchtbare „Reibung" mit den Schülern. Medienprojekte sind in der Regel doch so aufwendig, daß es für das Gelingen geradezu notwendig ist, daß sich die Produktionsgruppe mit Inhalt und Ziel der Aufgabe identifiziert. Eine Anfängergruppe benötigt auf jeden Fall Hilfe bei der Strukturierung des Themas und bei der Planung des Projekts. Dazu muß sichergestellt werden, daß das Vorhaben überschaubar bleibt und das Ziel (Mitteilung und Zielgruppe) geklärt ist. Gute Hilfe leistet eine Visualisierung

der Planung (Arbeitsplan, Storyboard), die allen während des gesamten Arbeitsprozesses die einzelnen Schritte „vor Augen führt".

Die Erfahrungen im Modellversuch zeigen, daß die Technik von Schülern relativ schnell und leicht angeeignet wird. Den vermeintlichen technischen Vorsprung der Jungen holen die Mädchen schnell dadurch auf, daß sie aufmerksamer den Anleitungen der Pädagogen folgen.

Hier zeigte sich auch, daß die Unterstützung durch außerschulische Partner oder „Profis" und das Aufsuchen außerschulischer Lernorte für die Jugendlichen sehr motivierend ist. Eine sich so einstellende „professionelle" Atmosphäre mit der Orientierung auf ein Produkt konzentriert den Arbeitsprozeß. Gerade in der Zusammenarbeit mit „Profis" ist hier aber auch ein pädagogisches Korrektiv gefordert, das heißt, daß den Schülern genügend Zeit eingeräumt werden muß, im Prozeß Erfahrungen zu sammeln, Handlungsalternativen auszuhandeln und daß auch Fehler zugestanden werden.

Außerschulische Partner und außerschulische Lernorte motivieren Jugendliche

Schulorganisatorische Voraussetzungen

Unseren Erfahrungen im Modellversuch nach sind mehrere Faktoren Voraussetzungen dafür, daß Aktive Medienarbeit als Mittel der Verzahnung von Schule und Freizeit greift: Zuallererst muß die Aktive Medienarbeit in der Schule selbst etabliert werden. Hier kann die Unterstützung durch außerschulische Partner eine gute Hilfestellung leisten, sofern ein Verständnis für die Logik schulinterner Abläufe und die Intention ihres Auftrages hergestellt werden kann. Aktive Medienarbeit muß von Lehrern zunächst als probates Mittel der Unterrichtsgestaltung innerhalb des eigenen Fachunterrichts wahrgenommen werden. Eine im Modellversuch noch nicht abschließend beantwortete Fragestellung ist, wie es erreicht werden kann, daß die Lehrkräfte Aktive Medienarbeit und medienerzieherische Fragen insgesamt nicht bloß als zusätzlichen Aufwand zu ihrem Fach interpretieren, der nur eine Mehrbelastung mit sich bringt, die im Schulalltag kaum leistbar ist?

In der Projektarbeit hängt viel vom persönlichen Engagement der einzelnen Lehrer ab und davon, wie aufgeschlossen sie für gesellschaftliche Belange im lokalen Umfeld insgesamt, also über den „Binnenraum" von Schule und Unterricht hinaus, sind.

Aktive Medienarbeit verändert Schule: das Schulklima, die Lehrerrolle, das Lernen und die Lerninhalte

Als zweiter wichtiger Faktor spielt das „Klima" an einer Schule eine große Rolle. Welche Einstellungen gegenüber der produktiven Unruhe, die Projektarbeit mit sich bringt, dominieren im Lehrerkollegium? Wie groß ist die Bereitschaft (und auch die Rückendeckung seitens der Schulleitung) vermeintliche „kleine" Risiken auf sich zu nehmen, das heißt zum Beispiel eine teure Videotechnik auch ohne Aufsicht in Schülerhände zu geben, die Bereitschaft trotz möglicher Haftungsrisiken mit Schülern Lernorte aufzusuchen, die außerhalb des Schulgeländes liegen usw.? Welches Selbstverständnis der Lehrerrolle herrscht vor? Liegen Erfahrungen mit eher partnerschaftlichen und moderierenden Modellen der Vermittlung von Wissen vor, welche Verunsicherungen des Lehrers sind im Kollegium akzeptiert, angesichts eines in manchen Gebieten (z.B. der Informations- und Kommunikationstechnologien) nicht mehr gewährleisteten Wissensvorsprunges?

Wie ist die Fähigkeit zur Teamarbeit entwickelt? Lehrer agieren in der Regel als „Einzelkämpfer" vor der Klasse. In der Projektarbeit und im fächerübergreifenden Arbeiten sowie in der Kooperation mit außerschulischen Partnern sind auch Modelle des gleichberechtigten Co-Teachings und der Gruppenarbeit gefragt. Wie hoch ist die Akzeptanz anderer Vermittlungsformen, die stärker eine ganzheitliche Sichtweise auf Schüler berücksichtigten, also neben kognitiven Aspekten auch stärker soziale und emotionale Dimensionen des Lernens mit einbeziehen? Eine Erkenntnis im Modellversuch scheint auch, daß es wichtig ist, sich Jugendlichen mit ihren spezifischen Befindlichkeiten und Vorlieben, ihren jugendkulturellen Ausdrucksweisen und ihrer doch wesentlich anders gelagerten (Medien-)Biografie zu nähern, um die hinter der Ebene von Phänomenen liegenden grundlegenden Sinnmuster und Bedürfnisse zu entdecken.

In der Schule insgesamt müssen Freiräume vorhanden sein oder geschaffen werden, die über den Fachunterricht hinausweisen: Möglichkeiten fächerübergreifenden Arbeitens müssen bereits in der Stundenplangestaltung und in Absprachen über die Plazierung des Lernstoffes im Verlauf des Schuljahres berücksichtigt werden. Projekttage und Projektwochen, Medienarbeitsgemeinschaften, die Möglichkeit, einzelne Schüler für Projekte aus dem Unterricht herauszulösen, und die Möglichkeit des Zutritts zum Schulgebäude auch in den späteren Nachmittagsstunden können die Schule in Richtung eines Erfahrungs- und Erlebnisraums für Schüler öffnen.

Der übliche Dreiviertel-Stundentakt behindert in der Regel projektorientiertes Arbeiten. Durch eine geschickte Stundenplangestaltung können Spielräume entfaltet werden. Der Unterricht in Fächern, in denen Projektarbeit geplant ist, sollte in Doppelstunden abgehalten werden, die möglichst als Randstunden am Ende des Unterrichtsvormittags plaziert sind, damit eine Verlängerung des Projekts in den Freizeitbereich hinein möglich wird. Eine Kopplung dieser Stunden mit einem Fach, das fächerübergreifend einbezogen werden soll, vergrößert zusätzlich das zur Verfügung stehende Zeitbudget. In Fächern, die nur einstündig unterrichtet werden, müssen die Möglichkeiten des epochalen Unterrichts mit bedacht werden.

Aktive Medienarbeit an Schulen, als eine geeignete Methode projektorientierten Arbeitens, wird eher über einen Kreis besonders engagierter Kollegen hinaus als günstige Lernform angenommen, wenn auch materielle und räumliche Voraussetzungen, zum Beispiel kurze Wege der Entleihe etc., gegeben sind. Eine Grundausstattung an Medientechnik (z.B. Videokamera, Stativ, externes Mikrofon, Ersatzakku) sollte vorhanden und die Wartung der Technik gewährleistet sein. Darüber hinaus muß die Technik sicher verwahrt und flexibel ausgeliehen werden können. Ideal wäre ein kleiner Medienraum, der für bestimmte Schüler auch ohne Lehrer zugänglich sein sollte. Für Recherchen sollte von der Schule aus telefoniert werden können und ein kleiner Posten zur Übernahme von Materialkosten muß vorhanden sein.

Schule und Jugendhilfe, Schule und Freizeit

Die Zusammenarbeit von Schule und außerschulischen Einrichtungen zum Beispiel der Jugendhilfe wird ebenso verstärkt werden müssen wie das Aufgreifen von klassischerweise eher im außerschulischen Bereich angesiedelten Freizeitaspekten im Unterricht der Schule. Schule ist zunehmend mit Problemen wie Aggressivität und Gewalt sowie Konzentrations- und Motivationsschwierigkeiten, die im Gefolge einer Konsum- und Medienwelt entstehen, konfrontiert. Die Vermittlung der Fachinhalte in gewohnten Unterrichtsstrukturen ist schwieriger geworden, da ein gesichertes Wissen aufgrund des schnellen technologischen und gesellschaftlichen Wandels so nicht mehr erkennbar und vermittelbar bleibt.

In den neuen Bundesländern sind aber gerade nach der Wende viele Möglichkeiten, sich in der Freizeit in Jugendräumen zu treffen oder kulturell zu betätigen, weggefallen oder kommerzialisiert worden. Freizeitangebote, die zuvor teilweise von der Schule abgedeckt wurden, sind nicht mehr vorhanden. Außerschulische Institutionen, insbesondere auch in den alten Bundesländern, konstatieren immer öfter, daß die alte Struktur der „Häuser der offenen Tür", die darauf baut, daß Jugendliche einfach kommen, wenn ihnen zu bestimmten Zeiten geöffnete Räume angeboten werden, so nicht mehr funktioniert.

In den letzten Jahren ist deshalb eine stärkere Zusammenarbeit der Systeme Schule und Jugendhilfe diskutiert und für notwendig erachtet worden. Im **Orientierungsrahmen zur „Medienerziehung in der Schule"** der Bund-Länder-Kommission wird außerschulischen Partnern, wie zum Beispiel kommunalen Bildstellen, eine wichtige, die Schule ergänzende Funktion innerhalb eines umfassenden Auftrages der Hilfe zur Mediensozialisation zugeschrieben. Außerschulische Einrichtungen können „Ansätze integrativer Medienarbeit (in der Schule) entwickeln helfen, Netzwerkeffekte unterstützen und Öffentlichkeit ‚organisieren'".

In der Erklärung der Kultusministerkonferenz „Medienpädagogik in der Schule" vom Mai 1995 wird Schule aufgefordert, vorhandene Infrastrukturen, wie Bildstellen, Rundfunkanstalten, Offene Kanäle, Einrichtungen der Kinder- und Jugendarbeit sowie öffentliche und private Weiterbildungseinrichtungen verstärkt für die medienpädagogische Arbeit zu nutzen.

Erklärung der Kultusminister-konferenz

Die Jugendministerkonferenz, die am 13./14. Juni 1996 in Hamburg tagte, *„bittet die Kultusministerkonferenz, die Zusammenarbeit zwischen Jugendhilfe und Schule in den Ländern im Bereich der Medienpädagogik zu unterstützen und zu fördern."* Im Weiteren hält sie auch interdisziplinäre Fortbildungen für Mitarbeiter der Jugendhilfe und Lehrer sowie eine Vernetzung zur Ressourcenbündelung für sinnvoll.

Bereits 1993 empfahl die Bundesarbeitsgemeinschaft der Landesjugendämter in einer ausführlichen Schrift die Zusammenarbeit von Jugendhilfe und Schule. Auch der Neunte Jugendbericht folgt dieser Empfehlung. Im Brandenburger Schulgesetz sollen die Schulen *„mit anderen Stellen und öffentlichen Einrichtungen, deren Tätigkeit sich auf die Lebenssituation junger Menschen und ihrer Familien auswirkt, im Rahmen ihrer Aufgaben und Befugnisse zusammenarbeiten."* Ressourcenbündelung, auf die ganze (Medien-)Sozialisation von Kindern und Jugendlichen bezogene kooperierende Systeme von Schule und Jugendhilfe, lokale Netzwerke, die der Fragmentierung der Lebens-

Empfehlung der Landesjugendämter

zusammenhänge entgegenwirken sollen, sind Argumente, die letztendlich auf eine „community education" zielen. Die Notwendigkeit wird allgemein postuliert, im Einzelnen fächert sich der Verzahnungsaspekt von Schule und Freizeit unterschiedlich auf: In einer unterrichtlichen Dimension kann Aktive Medienarbeit neue Lernformen und Lehrmethoden anregen und eine ganzheitliche Sichtweise auf Schüler, in der kognitive, emotionale, soziale und handlungsorientierte Aspekte verschränkt sind, befördern.

In einer inhaltlich-thematischen Dimension ermöglicht Aktive Medienarbeit die Thematisierung des außerschulischen Erfahrungs- und Erlebnisbereichs der Schüler und von Inhalten, die zur Bewältigung ihrer Lebenssituation eine Rolle spielen. In einer Dimension des Schullebens können übergreifende Lernzusammenhänge und kulturelle Aktivitäten stimuliert werden. Eine Profilierung der Schule nach außen einerseits und eine Öffnung nach innen, in der Schule auch als Identifikationsort und Lebensraum für Schüler wichtig wird, kann durch die medienpraktische Arbeit und die Veröffentlichung ihrer Ergebnisse initiiert werden.

In einer Dimension der Außenkontakte und des lokalen Umfeldes ermöglicht die Zusammenarbeit mit Fachleuten, das Aufsuchen außerschulischer Lernorte, die Partizipation an der lokalen Öffentlichkeit, Perspektiven des lebendigen wirklichkeitsnahen Lernens und Einmischens, also letztendlich verantwortliches und demokratisches Handeln.

In einer administrativen und strukturellen Dimension wird deutlich, daß trotz vieler Willenserklärungen noch viele kleine Schritte notwendig sind, um alltägliche Hindernisse beiseite zu räumen, die einerseits rechtlicher, struktureller und finanzieller Natur sind und andererseits im föderalistischen System der Bundesrepublik Deutschland begründet liegen. Der Schulbereich ist der wichtigste autonome Politikbereich der Länder (Kulturhoheit) und daraus folgt, daß nicht nur die *„ressortübergreifende Kooperation von Schul-, Jugend- und Sozialpolitik auf*

Landesebene erschwert wird, sondern auch die praktischen Kooperationen von kommunal organisierten und örtlich zuständigen Jugendhilfeträgern mit örtlichen Schulen, die in die zentrale Schulverwaltung des Landes eingebunden sind." (9. Jugendbericht, S. 470)

Der Modellversuch in Brandenburg ist ein wichtiger Anstoß in der Praxis zur Öffnung von Schule in den Freizeitbereich der Kinder und Jugendlichen und zur Kooperation mit außerschulischen Jugend- und Bildungseinrichtungen.

Anmerkungen und Literatur

1. Die bibliographischen Angaben zu den genannten Empfehlungen der BLK, der Kultusministerkonferenz usw. finden sich in der Literaturübersicht in diesem Buch auf S. 165 ff.

2. Eine weitere, stärker medienpädagogisch ausgerichtete Reflexion zur „Aktiven Medienarbeit als Mittel der Verzahlung von Schule und Freizeit" von Herrmann Flau, ebenfalls ehemaliger Mitarbeiter des BLK-Modellversuchs in Brandenburg, findet sich in der BKJ-Veröffentlichung zur Auswertung des BMBF-Modellversuchs „Entwicklung und Erprobung von Weiterbildungsmaßnahmen für MitarbeiterInnen in der Kinder- und Jugendkulturarbeit in den neuen Ländern", Remscheid 1998

3. Dieser Text von Thomas Hirschle basiert auf einem Beitrag in der Zeitschrift Schul*Verwaltung* MO Nr. 2/97. In den Ausgaben Nr. 6/97 und Nr. 7/8/97 dieser Zeitschrift finden sich weitere Erfahrungsberichte zum BLK-Modellversuch von Kerstin Schaffrath und Elvira Wittig.

Iris Stauch

Das Schulklassen-Programm der Internationalen Jugendbibliothek München

Am Beispiel der Jugendbuchausstellung „Cold World"

Die Internationale Jugendbibliothek hat als weltweit einzigartige Bibliothek für Kinder und Jugendliteratur ein weitgefächertes Aufgabenspektrum. Ein jährlich erscheinendes Programmleporello gibt Auskunft über die zahlreichen Buch- und Illustrationsausstellungen, fachspezifischen Angebote für Erwachsene - Literaten, Vermittler, Forscher u.a. - sowie über die unterschiedlichen Programme für Kinder und Jugendliche. Eine wesentliche Rolle spielt dabei das in den letzten Jahren ausgebaute Schulklassenprogramm. Ihr Schulklassenprogramm versteht die Internationale Jugendbibliothek als Modell, das unterschiedlichen Bedingungen und Anforderungen angepaßt werden kann: in Schulen oder anderen Einrichtungen, die die Wanderausstellungen der Internationalen Jugendbibliothek übernehmen. Wir bemühen uns, jede Veranstaltung des Programms zu einem individuell wirksamen Büchererlebnis für Schüler - und auch für die Lehrkräfte - werden zu lassen. Das Rahmenprogramm zur Ausstellung **„Cold World - Kalte Welt", Gewalt in amerikanischen Jugendromanen,** soll dies veranschaulichen.

Jugendbuchausstellung: Cold World

Im Unterschied zu vielen anderen Buchausstellungen konnten wir von einer starken und unmittelbaren Beziehung der Schüler zum Thema ausgehen: Gewalt gehört auch zu ihrer eigenen Wirklichkeit und ihrer Umgebung. Dies wollten wir nutzen, um ihre Aufmerksamkeit für die Gestaltung ihnen bekannter Vorgänge und Situationen in der Literatur zu wecken und das Erlebnis solcher Lektüre über die Ausstellung anzuregen.

Die jugendlichen Besucher erhielten zunächst einen Überblick über die Bücher der Ausstellung. Dabei wurden einzelne Titel mit knappen Leseauszügen vorgestellt. Anschließend konnten die Schüler in verschiedenen Formen ihre Positionen und Fragen zum Thema Gewalt und seiner literarischen Gestaltung äußern und umsetzen.

Konzeptionelle Aspekte unsere literaturpädagogischen Arbeit

Gespräche über Gewalt in literarischen Texten anhand ausgewählter Titel: Z.B. Susanne Hintons „The Outsiders" oder „The Chocolate War" von Robert Cormier. Mitarbeiter der Internationalen Jugendbibliothek hatten für die Gespräche Textauszüge und Fragen vorbereitet, anhand derer die Glaubwürdigkeit/ Angemessenheit der Darstellung wie auch die eigenen Erfahrungen, etwa zu Gewaltproblemen in der Schule, diskutiert werden konnten (z.T. in englischer Sprache). Den Lehrern waren die Titel der Bücher und ihr wesentlicher Inhalt bekannt. Die Gespräche mit den 14- bis 16jährigen Schülern dauerten etwa 45 Minuten.

Diskussion mit einem Jugendbuch-Verleger: Klaus Humann, Programmleiter der „Fischer Schatzinsel", in der Robert Cormiers „Schokoladenkrieg" kürzlich als Taschenbuch erschienen war, erläuterte die Verlagsentscheidung für dieses Buch bis hin zu gestalterischen Überlegungen. Er ging auch auf die abweisende Reaktion deutscher Kritiker gegenüber diesem Buch (schon in seiner Hardcover-Ausgabe) ein, das Gewalt an einer Schule äußerst krass darstellt und den Widerstand dagegen sinnlos erscheinen läßt. Im Verlauf der Diskussion äußerten die Jugendlichen generelle

Meinungen zu Jugendbüchern, die sie zu pädagogisch oder verharmlosend finden. Besonders bei diesem Thema, so die Schüler, seien die pädagogischen Absichten von Autoren und Verlagen sehr auffällig.

Filmgespräch: Ein Vergleich zwischen dem Buch und seiner Verfilmung, als Beispiel dient „Die Outsider" nach der gleichnamigen Vorlage von Susanne Hinton. Nach dem gemeinsamen Videoerlebnis geht es im Gespräch um die verschiedenen künstlerischen Mittel von Buch und Film, denselben Stoff, dieselben Szenen, Figuren usw. darzustellen. Anhand einer Szene erläutert ein Medienpädagoge technische und dramaturgische Details des Films. Die Schüler lesen dann die entsprechende Textstelle vor und vergleichen Details. Es stellte sich heraus, daß sie die Buchversion als eindringlicher empfanden, weil sie ihnen die Personen, ihren persönlichen Hintergrund und ihr Verhalten näherbringe.

Gestaltung von Schutzumschlägen: Beim Thema Gewalt kommt dem Äußeren des Buches, seiner Titelabbildung besondere Bedeutung zu, um die Aufmerksamkeit der Leser zu gewinnen. Die Jugendlichen entwarfen zu einigen Büchern, deren optische Aufmachung sie nicht interessant oder als verharmlosend empfanden, eigene Versionen von Schutzumschlägen bzw. Titelbildern. Die Arbeiten der Schüler fielen zum großen Teil deutlich provokativer aus als die ausgestellten „verkaufsfördernd" gestalteten Titel. Ein Teil dieser Schülerarbeiten wird im Rahmen einer Ausstellung der Internationalen Jugendbibliothek im Herbst 1996 mit anderen „BücherBildern von Kindern und Jugendlichen" gezeigt, die während der Rahmenprogramme zu anderen Ausstellungen entstanden sind.

Großstadtvisionen: In den meisten Büchern der Ausstellung ist die Großstadt Ort von Gewalt, aber auch aus unzähligen Filmen kennen die Münchner Schüler Gewaltdarstellungen an den Schauplätzen einer Großstadt. Daher lag die Idee nahe, die Schüler selbst ausdrücken zu lassen, was die Großstadt zum Ort von Angst

und Schrecken werden läßt. Ein Bild von Andy Warhol, in dem er Wahrzeichen von New York mit Eindrücken vom Leben in der amerikanischen Metropole schlechthin verbindet, liefert ihnen die Anregung zu einer Gemeinschaftsarbeit.

Zur Vorbereitung

Bereits in der Vorbereitung zur Ausstellung konnten einige aktive Lehrer für die Mitwirkung gewonnen werden: 15- und 16jährige Schüler eines Gymnasiums gestalteten unter ihrer Anleitung ein großformatiges Bild einer Großstadt, andere produzierten mit Schülern eine **Klang- und Geräuschcollage**, die mit dem Thema verbundene Assoziationen herstellen sollte. Schüler eines Literatur-Leistungskurses schrieben ihre Gedanken und Erfahrungen zum Problem (selbsterlebter) Gewalt **in Gedichten und kurzen Prosastücken** nieder. Diese konnten alle Besucher der Ausstellung an einer Pinnwand lesen.

Eine 15jährige Schülerin wirkte an der Eröffnung der Ausstellung mit: Sie bestritt mit Mitarbeitern der Bibliothek die ***booktalks***, durch die den Gästen ausgewählte Titel nach der eigenen Lektüre vorgestellt wurden.

Zur Vielfalt und Wirkung unseres Angebots

Das Beispiel der Ausstellung „Cold World" zeigt, welche Vielfalt und welche Wirkungen wir anstreben:

Die Themen unserer Ausstellungen bieten Anregungen für Lektüre des Literatur- und Fremdsprachenunterrichts. Beim Besuch in der Ausstellung können die Schüler selbst herausfinden, welche Bücher zum Thema sie ansprechen. Lehrer nutzen dies, um die Schüler Lektürevorschläge unterbreiten und begründen zu lassen. Sei es Lektüre für die gesamte Klasse oder verschiedene Bücher, die von einzelnen Schülern gelesen und dann im Unterricht gegenübergestellt werden. Die Lehrer bestätigen, daß ein ungestörter Umgang mit einer so großen Auswahl von Büchern vor allem für ältere Schüler eine seltene Möglichkeit ist. (Problem: Mangel an Schulbibliotheken)

Bei der Vorbereitung der jeweiligen Rahmenprogramme werden Schwerpunkttitel, nach Möglichkeit noch im Handel erhältliche, bestimmt. Diese werden den Klassen bei der Einführung in die Ausstellung vorgestellt. Entscheidend ist auch, daß die einzelnen Programmangebote Bezug auf diese Titel nehmen.

Um den Lehrern die Möglichkeit zu geben, den Ausstellungsbesuch und die Anschlußaktivitäten inhaltlich vorzubereiten (etwa in Form von Schüleraufträgen, Arbeitsblättern), sind diese Schwerpunkttitel auf der Einladung bereits aufgeführt. Weiterhin können die Lehrer eine Liste mit den im Handel erhältlichen Titeln aus der Ausstellung anfordern.

Einbeziehung unterschiedlicher Medien, da den Schülern die Darstellung der angesprochenen Themen und Stoffe zunächst meist aus den elektronischen Medien bekannt ist. Im Vergleich Film - Buch beispielsweise wird die literarische Darstellung nicht als die wertvollere dargestellt. Vielmehr sollen die Schüler erkennen, daß die Medien mit jeweils anderen künstlerischen Mitteln dieselben Themen und Probleme ansprechend und eindringlich zu gestalten vermögen, und daß sie selbst einschätzen müssen, welche Darstellung ihnen mehr Verständnis oder einen neuen Zugang zur Thematik eröffnet. Daß der Film / das Video und die literarische Vorlage gleichzeitig zur Verfügung stehen, regt sie stärker zu einer Gegenüberstellung an. Das kann ihre Bereitschaft erhöhen, das eigene Urteil über die filmische /

literarische Gestaltung kritisch zu sehen. Andere Medien, d.h. auch Theater in seinen vielen Formen, Musik und Hörspiel, Stabpuppen, Masken, Bühnenbilder und Papierkostüme bis hin zum Schatten- und Rollenspiel gehören zu dem Spektrum der Möglichkeiten in der Internationalen Jugendbibliothek für eine eindrucksvolle, erlebnishafte Auseinandersetzung der Schüler mit Figuren, Geschichten und Bildern der Buch- und Illustrationsausstellungen. Die hier entstehenden Arbeiten werden häufig bei Schulfesten aufgeführt bzw. vorgestellt oder im Klassenzimmer ausgestellt.

Die Rahmenprogramme geben Anregungen für die **fachübergreifende Beschäftigung mit Literatur** in den Schulen oder **spartenübergreifende Aktivitäten** anderer Veranstalter, die Wanderausstellungen der Internationalen Jugendbibliothek übernehmen. Sehr stark nutzen unsere Aktivitäten die Beziehungen zwischen Literatur(unterricht) und künstlerischer Betätigung. Häufig setzen sich die Schüler z. B. auch mit der äußeren Gestaltung, der Aufmachung der Bücher, auseinander und entwerfen Schutzumschläge oder Titelabbildungen. Eine ähnliche Aufgabe ist die Gestaltung von Buchplakaten. Gerade in der Ausstellung „Cold World - Kalte Welt" war dies für die Schüler eine hervorragende Möglichkeit, eigene Gedanken und Stimmungen nach dem Besuch der Ausstellung umzusetzen.

Die Erfahrung zeigt, daß auch der Geographie-, Sozialkunde- und Ethikunterricht von diesen Ausstellungen profitieren kann. Die Bücher vermitteln über das Faktenwissen des sachbetonten Unterrichts hinaus ein anschauliches Bild von den Menschen und der Kultur bestimmter Länder und Regionen. Als Beispiel sei die Ausstellung „Kinder- und Jugendliteratur aus Israel" genannt. Hier

*Buchausstellungen
sind Gesprächs-
anlässe und geben
Einblicke in anderes
Leben, andere
Kulturen*

bedeutet der Ausstellungsbesuch eine Ergänzung, die der Fachlehrer oft selbst nicht leisten kann. Die Aufmerksamkeit der Schüler auch für nichtliterarische Themen kann durch Ausstellungsbesuche gefördert werden.

Eine Ausstellung bietet zudem oft den Rahmen oder Anstöße für Gespräche, die im Unterricht nicht zustandekommen. In diesem Zusammenhang sehen wir es auch als wichtig an, für Gespräche mit den Schülern kompetente Personen aus unterschiedlichen Bereichen zu gewinnen. Nicht allein Autoren, die oft von den Schulen selbst eingeladen werden, sondern auch Verleger und Illustratoren, die von ihrer konkreten Arbeit im literarischen Bereich berichten, können das Interesse und Verständnis der Schüler für die Besonderheiten der literarischen Gestaltung fördern.

Kulturpolitisch gesehen leistet unser Programm einen **Beitrag zur außerschulischen Jugendbildung**. Es zielt auf unterschiedliche Folgeaktivitäten ab und eröffnet den Kindern und Jugendlichen neue Einsichten zum Verständnis künstlerischer, auch außerliterarischer Lebenswelten und Ausdrucksformen. Sei es im schöpferischen Umsetzen literarischer und künstlerischer Anregungen der Ausstellungen, im Freiraum der Bibliothek oder im Gespräch mit „Buchleuten" aus verschiedenen Bereichen. Im Gegenzug können wir aus den Gesprächen und den Meinungsäußerungen der jungen Ausstellungsbesucher neue, „jüngere" Sichtweisen gewinnen, die wir in die eigene Arbeit einfließen lassen und ebenso an die Institutionen weitergeben, die unsere Ausstellungen in ihre Konzepte und Programme einbinden.

Die Vermittlung von Büchern und Literatur hat heute eine neue Brisanz erhalten. Das Schul-

klassenprogramm reflektiert die gegenwärtige literarisch-kulturelle und gesellschaftliche Situation vor Ort in Verbindung mit Veranstaltungspartnern in der ganzen Bundesrepublik.

Joachim Reiss

Die Initiative der Schule: Das theaterpädagogische Zentrum Rhein-Main

Aus der Arbeit des Schultheater-Studios Frankfurt am Main

Die eigentlich als Begründung für außerschulische kulturpädagogische Zentren gedachte Theorie des „dritten Orts"[1] findet im „Schultheater-Studio Frankfurt/M" eine gewisse Bestätigung, aber auch einen klaren Widerspruch.

Kreativität, die aus der Schule kommt

Das Schultheaterstudio hat sich in den fast fünf Jahren seines Bestehens zu einem theaterpädagogischen Zentrum für die Region Rhein-Main entwickelt, also zu einem soziokulturellen Zentrum, das aber aus der Schultheaterarbeit und den Frankfurter Schultheatertagen hervorgegangen ist, also nicht das Ergebnis außerschulischer kultureller Jugendbildungsträger ist. Es widerspricht damit vehement der gängigen Vorstellung, daß soziokulturelles Engagement außerhalb der Schule von entsprechenden Profis entwickelt wird und dann heilsam in die Schule hineinwirkt.

Das Schultheaterstudio in Frankfurt hilft, als überschulische städtische Einrichtung, durch Ausleihe von Theatertechnik verschiedenster Art und durch Beratung und praktische Betreuung den Schulen in der Region, ihre Schultheaterarbeit zu machen. Es wird von einem Verein von LehrerInnen, dem Kreidekreis e.V., getragen, der für die theaterpädagogische Fortbildung von LehrerInnen und die Betreuung von Schülertheaterprojekten mit freien, professionellen Theaterpädagogen, Schauspielern, Studenten etc. zusammenarbeitet. Stadtschulamt und Kultusministerium tragen es finanziell.

Im Schultheaterstudio finden regelmäßig (jährlich ca. 40) Gastspiele interessanter Kinder- und Jugendtheater aus der Freien Szene statt. Auch beispielhafte und anregende Schülerinszenierungen bzw. solche zu wichtigen, aktuellen Themen werden im Schultheaterstudio häufig präsentiert.

Drei Theatergruppen arbeiten derzeit regelmäßig im Schultheaterstudio, andere kommen gelegentlich für ein oder zwei Projekte dazu:

Das Freie Schülerensemble, eine überschulische Jugendtheatergruppe.

Die Tanztheatergruppe LayOut, ebenfalls schulübergreifend.

Die Gruppen des Studios für Theater und Tanz, einer freien, professionell betriebenen Privatschule im Frankfurter Westend.

Dazu kommen völlig freie Jugendprojekte, die ganz eigenständig arbeiten, meist nicht länger als ein oder zwei Jahre existieren und die sonst keine Unterstützung erhalten. Sie können im Schultheaterstudio proben und aufführen.

Gelegentlich hat auch schon einmal das städtische KOMM-Theater, das mittlerweile wieder geschlossene Kinder- und Jugendtheater Frankfurts, im Schultheaterstudio eine Produktion erarbeitet („Ikarus").

Bei Theaterfortbildungen für Lehrer engagiert das Schultheater-Studio erfahrene LehrerInnen, Theaterprofis und andere Theaterpädagogen.

In Kooperation mit den Städtischen Bühnen bietet eine Theaterpädagogin des Schultheaterstudios, eine seit zwei Jahren hier angestellte, praxiserfahrene Diplom-Theaterwissenschaft-

Eine Einrichtung, getragen von Lehrern, gefördert vom Stadtschulamt und vom hessischen Kultusministerium

159

lerin, theaterpraktische Vor- und Nacharbeit zu Inszenierungen des Schauspielhauses an. Im Stadtteil wird die Kooperation mit der Volkshochschule, dem Nord-West Zentrum und der Fachhochschule gesucht.

Dieser unvollständige Einblick in die Aktivitäten des Theaterpädagogischen Zentrums Rhein-Main zeigt, daß soziokulturelle Aktivitäten auch von der Schule initiiert werden können. Darstellendes Spiel in der Schule drängt zur Öffnung von Schule und ist nicht darin zu halten. Schön wäre es, wenn mehr Menschen in Kultusministerien, Kulturministerien, Einrichtungen außerschulischer Jugendbildung, Jugendämtern, Medien und Theatern das einsehen und wahrnehmen würden.

Aber genau so schwer wie die Öffnung von Schule scheint die Öffnung für die Angebote und Leistungen von Schule zu sein.

Anmerkungen

1. vgl. Ruping, B.: Zum „dritten Ort". In: 10 Jahre Schultheater der Länder 85 - 95, Horgau 1995

Klaus Hoffmann / Florian Vaßen u.a.

Theater und Schule

Gegensätze, gemeinsame Möglichkeiten, pädagogische und ästhetische Ansprüche

Theater und Schule - kann man sich einen größeren Gegensatz vorstellen? Hier eine ästhetische und soziale Verhaltensweise, eine kreative Ausdrucks- und Darstellungsform, da eine Institution mit Obligatorik, Hierarchie, Verrechtlichung und pädagogischer Zielgerichtetheit.

Und in der Tat - trotz historischer Beispiele einer engen Verbindung von Theaterspiel und Schule - existierte über Jahrhunderte eine gegenseitige Ausgrenzung, Mißachtung und Ablehnung. Theater war von jeher unbotmäßig gegenüber Autoritäten, denn zu seinen Grundfunktionen gehörte es, Konflikte zu benennen und die kontrovers und auch provokativ zu verhandeln. Das Bürgertum machte es zwar zum „Musentempel", aber das Anrüchige der Fahrenden Leute, der Gaukler und Spaßmacher, das Bedrohliche des Fremden und das Amoralische der Verstellung und „Täuschung" blieb in den Köpfen - auch der Schulpädagogen. Bildende Künstler und Musiker hatten da einen leichteren Stand.

Selbstverständlich ist auch die Pädagogik und mit ihr die Schule entsprechend gesellschaftlicher Veränderungen in einem ständigen Wandel begriffen und mit der Reformpädagogik erhielt auch das Schulspiel, später das Rollenspiel und heute das Darstellende Spiel eine stärkere Bedeutung in der Schule; Theaterspielen findet in allen Schulformen und allen Schulstufen statt; in manchen Bundesländern kann es im Wahlpflichtbereich alternativ zur Bildenden Kunst gewählt werden, aber es ist noch immer kein in allen Bundesländern durchgesetztes Schulfach.

Neben historischen und ideologischen Ursachen,

z.B. auch die starke, oft „übergriffige" Stellung des Deutschunterrichts, scheinen folgende Gründe von besonderer Bedeutung (Widerspruch seitens der Kunst- und Musiklehrer wird erwartet): Theater spielen ist die ästhetisch-kreative Tätigkeit, die dem Menschen am unmittelbarsten ist und zugleich in ihren Ausdrucksformen am komplexesten, denn Theater ist primär ein künstlerischer Ausdruck des menschlichen Körpers, der Sprache und der Mimik, die sich in einer vielschichtigen Struktur mit Musik und Bildender Kunst (Bühnenbild, Figuren, Kostüme, Maske etc.), neuerdings auch mit Film/Video/Elektronik sozusagen zu einem „Gesamtkunstwerk" verbinden. Also größte Nähe zum Menschen, eine Nähe, die durchaus auch Unsicherheit und Angst erzeugen kann, denn die Spielenden müssen sich sehr direkt und intensiv mit sich selbst und der Gruppe auseinandersetzen, und Vielschichtigkeit der künstlerischen Mittel, die in verschiedenster Art und Weise aufeinander bezogen sind, hervorgehoben werden oder sich miteinander vermischen.

Beides, Nähe und Komplexität, bietet zusammen große kreative Möglichkeiten, ist aber sicherlich ebenfalls Ursache für Abwehr, Unsicherheit und Ablehnung - auch in der Schule.

Als Schulfach wäre Theater ein künstlerisches Fach, das wie Musik und Bildende Kunst eine ästhetische Erziehung zur Aufgabe hätte. Die Arbeit würde sich vor allem auf den aktiven, gestaltenden Umgang mit den Ausdrucksmitteln des Mediums Theater konzentrieren und sich als dramatisches Gestalten - wie das Unterrichtsfach in Bayern heißt - aus dem Deutschunterricht lösen. Das bedeutet, daß

161

gerade auch im theatralen Arbeitsprozeß (mit dem Ziel einer Aufführung) soziale Erfahrungen neben den kreativ künstlerischen Aktivitäten von großer Bedeutung sind. Daneben wären Aspekte der Rezeption, d.h. Kriterien der sog. „Zuschaukunst", der Theatertheorie und -geschichte von Bedeutung.

Zielsetzung und Intentionen von Theater in Schule

Wirft man einen Blick auf die verschiedenen existierenden theatralen Vorgehensweisen und Konzepte in der Schule, dann lassen sich folgende Zielsetzungen und Intentionen unterscheiden:

Motivation der SchülerInnen für ein unspezifisches Thema (die SchülerInnen „in Schwung" bringen): Spielaktionen;

Interessen an einem spezifischen Thema: Spielaktionen, szenisches/darstellendes Spiel, Rollenspiel, szenische Interpretation;

Interesse an sozialen Einstellungen, Haltungen, deren experimentelle Erforschung und theatrale Reflexion: Integrationsprozesse erlernbar und durchschaubar zu machen, alternative Verhaltensweisen zu erproben, Konflikte zu bearbeiten und gruppendynamische Bedingungen des Unterrichts zu verbessern, mit den o.g. Methoden sowie Boals Theater der Unterdrückten, Brechts Lehrstücke;

Interesse an theatraler Kreativität und ästhetischer Praxis: Spiel mit Sprache und theatralem Ausdruck als Erprobung und Aneignung einer ästhetischen Ausdrucksform zur Persönlichkeitsentwicklung jenseits einer rein kognitiven Lern- und Ausdrucksform, Freisetzen kreativer, gestalterischer Kräfte;

schauspielerisches und inszenatorisches Interesse im Blick auf eine Aufführung: teilweise die o.g. Methoden, Training von Stimme, Mimik und Bewegung, Raumkonzeption und Bühnenbild, Beleuchtung, Musik, Maske und Kostüm;

Fächerübergreifende Funktion: Einbindung von Literatur, Bildender Kunst, Musik, Film etc.

Das Theaterspielen ermöglicht Empathie und Nähe (auch körperliche) und zugleich Distanz. Es beinhaltet Reflexion und Perspektivwechsel als Voraussetzung kritischer Auseinandersetzung mit gesellschaftlichen Widersprüchen, und es kann helfen, Haltungen, Vorstellungen und Empfindungen, Gedanken und Ansichten zu entwikkeln und zu verändern.

All diese Aspekte realisieren sich im Spielprozeß in Bildern, die Dimensionen eröffnen können, die der Sprache allein, zumal einer diskursiven, kaum zugänglich sind. Diese Bilder sind oft eingebettet in literarisch-theatrale Strukturen, gelegentlich auch in poetische Text-Konfigurationen. Als Ganzes ermöglicht der theatrale Spielprozeß eine Vielfalt von sozialen und ästhetischen Erfahrungen.

Da es an den Schulen immer noch an theaterpädagogisch qualifizierten Lehrern fehlt, können allzuoft diese pädagogischen und ästhetischen Ansprüche nicht eingelöst werden. Ohne entsprechende Fachkräfte wird dem künstlerischen Fach Theater deshalb letztlich doch die Anerkennung versagt bleiben. **Eine Aufgabe ist deshalb die Einrichtung von Studiengängen** Theaterpädagogik/Darstellendes Spiel an den Hochschulen.

Trotz vieler organisatorischer, struktureller und finanzieller Widerstände bewegt sich was. Auf Bundesebene, initiiert von der Bundesarbeitsgemeinschaft Spiel und Theater und dem Bundesverband Theaterpädagogik, gibt es curriculare Überlegungen und Entwürfe für eine Ausbildung zum Theaterlehrer. In den Ländern, in denen Darstellendes Spiel/Theater Schulfach ist, wächst das Interesse der SchülerInnen und werden Bemühungen intensiviert, das Fach auf alle Schulstufen auszuweiten.[1]

Freie Theater und Schule

Die Zusammenarbeit von Freien Theatern und Schule erweist sich prinzipiell als schwierig. Auf der einen Seite arbeiten die Freien Theater extrem projektorientiert, das heißt langfristige Planungen sind nur bedingt möglich, Organisation und Verwaltung werden zugunsten der künstlerisch-kreativen Arbeit auf ein Minimum reduziert. Auf der anderen Seite stellt sich die Schule als eine Institution mit wenig Spielraum abseits der bestehenden, starren Strukturen dar. Dennoch ist deutlich, daß im besonderen das Freie Kinder- und Jugendtheater interessiert ist, im Bereich Schule aktiv zu sein.

Bezüglich des Engagement von Freien Theatern in der Schule ist grundsätzlich dreierlei zu unterscheiden:

Gastspiele von Freien Theatern in Schulen bzw. Theaterbesuche von Schulen in den Räumlichkeiten der Freien Theater: Die Freien Theater wollen an der ästhetischen Bildung von SchülerInnen mitwirken. Innovative und experimentelle Theaterformen sollen den SchülerInnen dargeboten werden. Von LehrerInnen wird an die Freien Theater allerdings immer noch die Forderung nach einem didaktischen Theater, „dem Stück zum Proben", herangetragen. Hier wäre ein größeres Bewußtsein für die ästhetische Auseinandersetzung im Medium Theater wünschenswert.

Kontinuierliche Theaterarbeit mit SchülerInnen in Schulen: Leider gibt es zur Zeit in den Schulen keinerlei Geldmittel, mit denen Theaterprojekte in Schulen finanziert werden könnten, die nicht von LehrerInnen angeleitet werden. Die Konzeption „KünstlerInnen im Unterricht" wird aber seitens der Freien Theater nach wie vor als aktuell und wünschenswert beurteilt.

Auch die Einrichtung eines Projektmitteltopfes auf Länderebene für Modellprojekte und eine ressortübergreifende Zusammenarbeit von Kultus- und Kulturministerien wäre förderlich und deshalb anzustreben.

Tätigkeit einzelner Mitglieder von Freien Theatern in der LehrerInnen Fort- und Weiterbildung: Theater soll in der Schule an Bedeutung gewinnen; Theater sollte als Schulfach etabliert werden. Mitgliedern der Freien Theater sollte es möglich sein, ihre Fertigkeiten in die Fort- und Weiterbildung einzubringen. In Hildesheim wird dies im ersten Halbjahr 1994 in der regionalen LehrerInnenfortbildung bereits praktiziert.[2]

Aspekte theaterpädagogischer Arbeit am Theater

Die Zusammenarbeit, bzw. der Kontakt zwischen dem Niedersächsischen Staatstheater Hannover und der Schule geht zurück bis an den Anfang der 70er Jahre, d.h. seitdem ein spezielles theaterpädagogisches Programm vom Schauspiel angeboten wird. Kontinuität und Intensität der Arbeit hingen und hängen aber immer wieder ab vom Engagement einzelner Theaterleute und vor allem einzelner Lehrerinnen und Lehrer.

Erfahrungen der Zusammenarbeit mit dem Niedersächsischen Staatstheater Hannover

War der Anlaß zur Einrichtung spezieller Stellen am Staatstheater auch die (frühe!) Erkenntnis, sich rechtzeitig um potentielle junge Theaterbesucher kümmern zu müssen bzw. sie überhaupt ins Theater zu „locken", so ist der grundlegende Effekt: eine Öffnung und eine größere Transparenz der Theaterarbeit. Eine größere Offenheit und die schulintern gewährleistete Möglichkeit, die theaterpädagogischen Angebote auch sinnvoll zu nutzen, sind deshalb auch von seiten der Schule erforderlich.

Haben sich die Methoden, Schwerpunkte und pädagogischen Intentionen der Arbeit mit Schulen auch in den Jahren verändert - das Ziel ist doch nach wie vor, Begeisterung für das Medium Theater im allgemeinen und Interesse und Verständnis für Produktionen und Inszenierungen des Staatstheaters im besonderen zu wecken.

Dies scheint in „Konkurrenz" zur immer schnelleren Bilder- und Medienwelt ständig schwieriger zu werden, wird aber gerade deshalb nicht nur wichtiger, sondern kann in der Arbeit oft besonders spannend sein. Obwohl und gerade weil der Zugang für die Jugendlichen häufig schwer ist, ist die Begeisterung mitunter um so größer für ein „lebendiges Medium", das sich dem schnellen Konsum entzieht, oft sperrig und nicht gefällig ist. Das Theater präsentiert in der Regel eben keine fertigen Antworten, sondern stellt eher Fragen; es zeigt die Menschen auf der Suche, erzählt aber auch von unseren Sehnsüchten, Wünschen und Utopien. Die Besinnung darauf und auf den Umstand, daß Theater immer wieder neu und ein spannendes Wagnis ist, scheint mir auch für die Beschäftigung mit diesem Medium in der Schule wichtig zu sein.

Theater in Schule: ein spannendes Wagnis

Haben sich Schüler und Lehrer erst einmal wirklich eingelassen auf dieses „Wagnis", so können sich, meiner Erfahrung nach, intensive und motivierte Auseinandersetzungen auch über Inhalte ergeben, die über die einfache Lektüre und deren Besprechungen im Unterricht nicht zugänglich sind. - Der Spaß und die Lust am Zuschauen sind natürlich ebenfalls ein wichtiges Ergebnis.

Seitens des Theaters gibt es verschiedene **theaterpädagogische Angebote, die die „Lustweckung" unterstützen** und Anregungen geben zu einem solch vertiefenden Herangehen an Theatertext und Inszenierung. Schwerpunkte sind dabei stückbezogene Projekte. Spielpraktische Versuche z.B. zu Text, Themen und Figuren erleichtern einerseits den Zugang zu einer Aufführung und können andererseits helfen, Eindrücke und Erfahrungen nach dem Besuch gemeinsam zu verarbeiten.

Spielplanbegleitende Angebote wenden sich am Staatstheater zwangsläufig vor allem an die Sekundarstufe I und II, da keine eigene Sparte Kinder- und Jugendtheater existiert - wenn auch zunehmend Stücke und Inszenierungen

für jüngere und jüngste Zuschauer auf dem Programm stehen.

Das Entdecken ungewohnter Sichtweisen oder auch das Wiedererkennen eigener Erfahrungen scheint mir allerdings in Werken, die nicht der direkten Erlebniswelt der Schüler entstammen, oft zumindest ebenso gut zu gelingen wie in Theatertexten, die dezidiert heutige Jugendliche und deren Lebenswelt thematisieren. - Selbstverständlich soll damit die Sinnhaftigkeit und Bedeutung von guten Jugendstücken und -theatern nicht in Frage gestellt werden. - Doch die Distanz durch eine ungewohnte Sprache und eine historische Situation erleichtert manchmal sogar den Einstieg in ein Thema und eröffnet darüber hinaus neue Perspektiven.

Die Schulrealität steht solcher Intention häufig entgegen. Die zeitliche Möglichkeit, sich intensiv mit einem Theaterstück zu befassen, scheint z.T. nicht gegeben, zumindest die theatralische Dimension eines Bühnentextes wird oft ganz vernachlässigt. Der Aufführungsbesuch gerät so mitunter zur bloßen „netten" Auflockerung des Deutschunterrichts und „Bebilderung" der Lektüre oder findet gar nicht statt. Es ist dann kein Wunder, wenn die Schülerinnen und Schüler eine sehr festgefügte, traditionelle und eindimensionale Vorstellung von Theater entwickeln.

Die Erfahrung zeigt, daß je eher junge Menschen für theatrale Prozesse sensibilisiert werden, um so leichter und selbstverständlicher wird ihr Zugang zu dem Medium. So werden auch die jüngeren mit einigen speziellen - auf das eigene darstellende Spiel bezogenen - Angeboten an das Theater herangeführt. Die eigenen kreativ-gestalterischen Versuche der Kinder und Jugendlichen wie z.B. im Schultheater sind grundsätzlich wichtige und entscheidende Auseinandersetzungen mit diesem vielfältigen Medium.

Die Veranstaltung „Jugend spielt für Jugend" - in Zusammenarbeit mit der „Gesellschaft der

Freunde des Hannoverschen Schauspielhauses e.V." - versucht als ein Forum für Schülertheater vor allem ein experimentierfreudiges, jugendspezifisches Theater zu fördern. Das Staatsschauspiel stellt dafür an drei Tagen seine Ballhof-Bühne zur Verfügung. Workshops und Diskussionen begleiten diesen alljährlich stattfindenden Theater-Treff. Lehrer und Theaterleute im Organisationsteam sind hier immer wieder bemüht, Kriterien zu entwickeln und Vorhaben zu unterstützen für ein Theaterspiel, das in Form und Inhalt nicht professionelle Arbeit kopieren will, sondern sich auf die eigene kreative Qualität besinnt.

Die Lust am eigenen Spiel, am eigenen Suchen und Erproben - ob aufführungsorientiert oder im Rahmen des Deutschunterrichts - dient der Erfahrung mit sich selbst und der Gruppe und fördert eben auch die Zuschauerkompetenz; offene und kritische Zuschauer benötigt das Theater dringend. Den Lehrerinnen und Lehrern sind, meiner Erfahrung nach, aber häufig nicht nur Formen des szenischen Interpretierens und Spielens unbekannt, sondern auch die Arbeitsweisen eines Theaters. Blicke hinter die Kulissen und „kleine" Einblicke in den Arbeitsalltag vermitteln so oft nicht nur den jungen Menschen eine erste Begegnung mit und eine Ahnung von den Möglichkeiten des Mediums und der Institution Theater - und deren Grenzen.

Bei allem grundsätzlichen Öffnungswillen und aller Kooperationsbereitschaft des Theaters stehen die konkreten Bedingungen des Produktionsalltags der Umsetzung von Projekten und Aktionen doch bisweilen im Wege. Manche Wünsche und Forderungen, wie solche nach Einblicken in möglichst alle Arbeitsbereiche, Räume und in Proben, und das womöglich nur in bestimmten Unterrichtsstunden, sind nicht umzusetzen - und oft auch nicht sinnvoll.

Andererseits sind die Zwänge und Bedingungen von Schule ebenfalls den Theatermachern zu vermitteln, um manche Projekte überhaupt erst zu ermöglichen. Vor diesem Hintergrund

scheint gegenseitiges Verständnis und Offenheit vor allem durch gute Kenntnisse der Arbeitsbedingungen und durch Wahrnehmen der Ernsthaftigkeit gegenseitiger Bemühungen erreichbar zu sein.

Kontaktlehrerinnen und -lehrer als Multiplikatoren und als Gewähr für die Kontinuität der Arbeit sind deshalb notwendig als Adressaten für Informationen, „Stammtische" und Workshops.

Die grundsätzliche Resonanz auf die theaterpädagogischen Angebote ist groß, der Wunsch und das Bedürfnis nach Begegnung weitet sich ständig aus. Inzwischen gibt es immer mehr Lehrerinnen und Lehrer, die ihre Unterrichtsplanung auch in Anlehnung an den Spielplan und in Kooperation mit dem Theater gestalten. Es wäre wünschenswert, wenn dies noch intensiver geschehen könnte und auch anderen Mut machte, die Angebote des Theaters phantasievoll zu nutzen. Vielleicht entstünde dann ja in vermehrtem Maße die Bereitschaft und die Möglichkeit, auch einmal größere organisatorische, zeitliche und inhaltliche Mühen auf sich zu nehmen, die ein intensiveres Theaterprojekt oft kostet. Dies setzt aber langfristig voraus, daß Lehrerinnen und Lehrer für die Umsetzung ihrer theaterbezogenen Arbeit einen angemessenen zeitlichen und inhaltlichen Rahmen in der Schule erhalten - und entsprechend ausgebildet werden.

Die Institution Theater kann und sollte mit der jeweils speziellen Konzeption und Ausrichtung des Hauses sich der Diskussion stellen, Hilfestellungen geben, für eine Kooperation zur Verfügung stehen und weiterhin eigene Angebote machen.

Die eigentliche Überwindung der noch vorhandenen Kluft zwischen Theater und Schule kann m.E. nur durch sachkompetente und kontinuierliche Beschäftigung mit dem Medium Theater in einem Schulfach „Theater" geschehen, das nicht nur im Darstellenden Spiel Formen des eigenen Ausdrucks untersucht, sondern

Überlegungen, die Kluft zwischen Theatern und Schule zu überwinden

165

auch die Institution Theater - in ihrer künstlerischen Arbeit - einbezieht.

Anmerkungen und Literatur

Die Texte sind dem Buch des Literaturrates Niedersachsen entnommen: Theater und Schule - Konzepte
und Materialien. Hg. von Florian Vaßen und Klaus
Hoffmann, Hannover 1995

1. Hoffmann, K. / Vaßen, F., ebd., S. 1ff.

2. Dieser Textteil „Freie Theater und Schule" ist von
    Geesche Watermann, BUFFO-Theater e.V.,
    Hildesheim und berichtet aus der Arbeitsgruppe,
    ebd, S. 35 ff.

3. Der Textteil „Aspekte theaterpädagogischer
    Arbeit am Theater" stammt von Schiermacher,
    E., Theaterpädagogin am Staatstheater
    Hannover, ebd., S. 81 ff.

Ulrich Wüster u.a.

Musikschulen als Kooperationspartner

Neue Wege in der Musikschularbeit

Kooperationen

sind für Musikschulen von wachsender Bedeutung. Wo sie sich als ein „unverzichtbarer Teil des kulturellen Angebots" ihres kommunalen Umfeldes behaupten wollen, wird es immer wichtiger, die Unterstützung von Partnern zu suchen, die freilich gleichzeitig Unterstützung durch die Musikschule erfahren. Gemeinsam stark sein heißt aber auch: die Effektivität von Kulturarbeit, von kultureller Jugendbildung, von musikalischer Erwachsenenbildung, von musikalisch begleiteter Jugend- und Sozialarbeit zu erhöhen. „Gemeinwesenarbeit" und „Vernetzung" sind hier die aktuellen Stichworte, die aber mit konkretem Inhalt gefüllt werden müssen.

Die Organisationsform als Projekt wird für die Zusammenarbeit mit anderen Trägern die Regel sein, da die Partner ihre inhaltliche, personelle und finanzielle Eigenständigkeit behalten wollen. Projekte sind geeignete „Pilotphasen" für weitergehende Zusammenarbeit, können bei Bedarf verlängert oder institutionalisiert werden. Engere Liaisonen sind etwa im Bildungssektor, also der Zusammenarbeit mit allgemeinbildenden Schulen, aufgrund ihrer längerfristigen Verläßlichkeit und Konzeptualität unabdingbar.

Musikschulen haben mit ihrer Arbeit am Menschen und mit ihrem Gegenstand Musik zu den unterschiedlichsten gesellschaftlichen Bereichen und deren Einrichtungen ideale Anknüpfungspunkte. Daß sie diese Chancen nutzen und damit wichtige Standbeine aufbauen, zeigen die Ergebnisse der Initiative „Neue Wege": Die Zusammenarbeit von Musikschulen untereinander in der Region bis hin zu internationalen

Verbindungen liegt sozusagen auf gleicher Ebene. Bei Kooperationen mit den allgemeinbildenden Schulen – zur Zeit offensichtlich ein wichtiger Schwerpunkt mit diversen Möglichkeiten – bewähren Musikschulen vor allem im Unterrichtsbereich ihren Anspruch als Bildungseinrichtung mit schulischer Struktur. Ihre Funktion als kulturtragende Einrichtung eines Gemeinwesens wird mit Partnern im Kulturbereich hervorgekehrt. Und ihre Fähigkeit, sozial fördernd und integrativ zu wirken, beweisen Musikschulen in der Zusammenarbeit mit Trägern der Jugend- und Sozialarbeit.

Kooperation bereichert das Schulleben und stärkt die Rolle der Musikschulen

Die „verläßliche Halbtagsgrundschule"

bietet den Rahmen für eine Kooperation zwischen der Musikschule Hamburg und den Hamburger Grundschulen. Die Hamburgische Bürgerschaft hat nun einem Modell des Senats und der Parteien zugestimmt, das „die schrittweise Verwirklichung der Halbtagsgrundschule mit Betreuung innerhalb fester Zeiten", nämlich von 8 bis 13 Uhr, vorsieht. Im Schuljahr 1995/96 wurde an 7 Pilotschulen mit der bis zum Jahr 2000 geplanten Realisierung begonnen.

Der zugrundeliegende Senatsentwurf betont, „daß die verläßliche Halbtagsgrundschule nicht als Ausdehnung des Unterrichts mißverstanden werden darf, sondern mehr Zeit und Raum für die Entwicklung der Kinder auch zu eigenständigem Handeln hin" fördern soll. „Um der Betreuungsfunktion, den Integrationsaufgaben, den gestiegenen Bildungserwartungen der Eltern und der Prävention von Lernversagen durch Frühförderung gerecht werden zu können, sieht die Konzeption (...) einen erheblich erweiterten Zeitrahmen mit täglich gleichbleibenden, verbindlichen Anfangs- und Schluß-

Kooperationsbeispiel aus Hamburg

zeiten vor, in denen Unterricht, Spiel und individuelle Förderung in kindgerechten Organisationsformen integriert werden". „Erweiterte pädagogische Angebote" sollen vor allem im „erlebnis- und erfahrungsorientierten Lernen sowie mit kindgerechten Arbeits- und Sozialformen" gemacht werden.

„Neu in die Stundentafel aufgenommen werden Unterrichtszeiten für freie Gestaltung", die je nach pädagogischem Akzent der Schule „für Freiarbeit, gemeinsames Spiel, musische und künstlerische Erziehung, Übungsphasen, Bewegungserziehung" usw. genutzt werden können. „Ebenfalls neu ist die Einrichtung eines Wahlpflichtbereiches in allen vier Klassen für unterschiedliche Angebote musischer Erziehung (z. B. Chor, Rhythmik, Instrumentalspiel usw.)." – Nach dieser Beschreibung des Zielkonzepts begründet dann der entscheidende Passus: „Für die Umsetzung eines qualitativ hochwertigen Angebots bietet sich auch eine Kooperation mit der Staatlichen Jugendmusikschule an." Für die Musikschule bedeutet die Realisierung des Konzepts langfristig einen personellen Zuwachs von bis zu maximal 40 Lehrerstellen, mit denen der „erforderliche Bedarf an qualifizierten Musiklehrerinnen und -lehrern gedeckt werden" soll.

Das Hamburger Grundschulmodell sieht wöchentlich 27 „Schülergrundstunden" vor, die sich wie folgt aufteilen (in Klammern die derzeitige Stundenzahl):

	Fachunterricht	Freie Gestaltung	Wahlpflicht	Gesamt
1. Klasse	20 (19)	6 (0)	1 (0)	27
2. Klasse	21 (20)	5 (0)	1 (0)	27
3./4. Klasse	24 (23)	2 (0)	1 (0)	27

Die Hamburger Staatliche Jugendmusikschule hat ihre Beteiligung an dem Unternehmen seit langer Zeit gründlich organisatorisch und konzeptionell vorbereitet. Die denkbaren Angebote werden jeweils in Abstimmung mit den Grundschulen eingerichtet:

1./2. Klasse

– Elementare Musikerziehung
– Rhythmikkurse
– Singklasse
– Tanzkurse

3./4. Klasse

– Kinderchor (mit Instrumenten)
– Rhythmikkurse
– verschiedene Tanzangebote: Folklore, Tanzgestaltungen usw.
– verschiedene Instrumentalgruppen: Orff-Spielkreis, „Orchester Kunterbunt", Blockflötenkreise, Gitarrengruppen, Percussionsgruppen
– Instrumentalunterricht in der Schulklasse (in Halbklassen von 10-12 Schülern)
   a) einjährig
   b) zweijährig
      Streichinstrumente, Keyboards, Blockflöten
      Gitarren, Holz- und Blechbläser
– Kleingruppenunterricht (je 4 Schüler) im Anschluß an Instrumentenkarussell
– Schnupperangebote

Weiteres

– Improvisation (gemischt instrumental – vokal – Theater – Tanz)
– Elementares Musiktheater
– Musik am Computer
– Instrumentenkarussell

Bis zu einer reibungslosen Umsetzung des Konzepts sind sicher noch viele Probleme zu lösen. So erhalten die Musikschullehrer bei normaler Vergütung weniger Bezahlung als ihre Kollegen an den Grundschulen. Da dies nicht einfach zu ändern sein wird, muß über eine Verringerung des Pflichtenhefts diskutiert werden: Unterricht höchstens mit halben Klassen, keine Pausenaufsichten, keine Vertretungen für anderen ausfallenden Unterricht als den von der Musikschule zu verantwortenden. Dagegen werden sie an Projektstunden/-tagen/-wochen teilnehmen und als „Musikschulpaten" zur Verfügung stehen: als Ansprechpartner der Musikschule im Wohnbezirk, als musikalischer Vertrauens- und Beratungslehrer. Musikschullehrkräfte unterstehen auch weiterhin der Leitung der Jugendmusikschule.

Skepsis und Widerstände der Schulmusiker, z.B. Verärgerung über den Wegfall einer Unterrichtsstunde Musik/Kunst in der Hamburger Stundentafel der Grundschulen für die 4. Klasse zugunsten des Wahlpflichtbereichs oder über eine befürchtete Wegnahme der „schönen Musikangebote", die in der Schulpraxis begehrt und selten sind, sollen in einem von der Musikschule eigens eingerichteten Diskussionsforum zu diesem Thema abgebaut werden: Die Musikschule will den – übrigens nur gering erteilten – Schulmusikunterricht der Grundschulen nicht „ersetzen", sondern ergänzende Angebote machen.

Vorteile aus der Hamburger Großkooperation sieht die Musikschule nicht hauptsächlich in der Vergrößerung ihres Kollegiums um bis zu 40 Planstellen und auch nicht darin, daß die zusätzlichen Unterrichtsstunden von der Hansestadt bezahlt werden. Wichtiger ist da schon der Aspekt des festen, gesetzlich abgesicherten Standbeins und der allgemeine Statusgewinn, der auf die breite Akzeptanz der Musikschule zurückwirkt. Auch hier ist mit der musikschulpolitischen Öffentlichkeitswirkung eines nahezu lückenlosen Bekanntheitsgrades der fach- und bildungspolitische Aspekt der musikalischen Breitenarbeit verbunden; und hier spielt eine große Rolle, daß dieser Unterricht für die Grundschulkinder kostenfrei ist: „Viel mehr Kinder als bisher werden mit Musik in Berührung kommen, die Musikschule wird morgens mehr von jenen Kindern ansprechen, die nachmittags normalerweise nicht von ihren Eltern zur Musikschule gebracht werden, wird also breitere soziale Schichten erreichen."

Übrigens werden ab 1996/97 auch die Sonderschulen in das Konzept „verläßliche Halbtagsgrundschule" einbezogen. In allen Stufen werden neben dem Schulunterricht 6 Lehrerwochenstunden pro Klasse für Differenzierung, Therapie und Förderung ausgewiesen werden.

Auch in diesem Bereich, wo die musikalische Arbeit außerordentlich segensreich wirken kann, ist die Musikschule in der Lage, spezielle Angebote zu machen. „Ein Meilenstein der Schul- und Kulturpolitik, ein Meilenstein auch der Musikschulpolitik".[1]

Dieses Modell entstand infolge der Reformierung eines allgemeinbildenden Schultyps, und die Musikschule wurde als Kooperationspartner hinzugezogen – zweifellos aufgrund ihrer anerkannten Fachkompetenz. Bemerkenswert ist die Tatsache, daß im Senatsentwurf die Jugendmusikschule als einziger von möglichen Kooperationspartnern namentlich und konkret bezeichnet wird – ja, vielmehr noch: daß die Zusammenarbeit mit der Musikschule in diesem Bereich ein „qualitativ hochwertiges Angebot" sicherstelle. Diese hohe Anerkennung der Musikschularbeit, die ohne weiteres in eine staatliche Pflichtschule als ebenbürtiges pädagogisches Angebot integriert werden kann, kann gar nicht genug herausgestellt werden: Allein dieser Umstand ist ein „Modell", nämlich ein wichtiges „Argumentationsmodell" für das Selbstbewußtsein und die Selbstdarstellung von Musikschularbeit generell.

Bei einer zunehmenden Bestimmung der allgemeinbildenden Schule über die Tageszeit ihrer Schüler dort, wo die Tendenz auf mehr Nachmittagsunterricht oder Ganztagsbetrieb mit vielen Frei- und Verfügungsstunden geht, kann eine Kooperation, bei der die Musikschule innerhalb von Freiräumen im Stundenplan ein auch räumlich nahes Angebot machen kann, für viele Schüler die einzige Möglichkeit sein, am Musikschulangebot überhaupt teilzunehmen. Im übrigen sind vielleicht auch manche Musikschullehrer nicht undankbar, wenn sie einen Teil ihrer Stunden auch vormittags erteilen und ihr Nachmittags- und Abendkontingent entlasten könnten.

Beim Hamburger Modell, das eine weitgehende Verzahnung der Musikschule im Unterrichtsbereich mit den Grundschulen bedeutet, können – bei aller Zufriedenheit aus Musikschul-

Fachkompetenz macht Musikschulen interessant als Partner

sicht – drei Problemfelder modellhaft beobachtet werden:

Drei Problembereiche, obwohl die Verzahnung der Musikschulen im Unterrichtsbereich der Grundschule grundsätzlich positiv bewertet wird

1. **Die Konsequenzen für die Musikschulstruktur:** Durch Angebote in den Grundschulen verlagert die Musikschule ihre eigenen Aktivitäten in diesem Altersbereich (Musikalische Grundausbildung, Orientierungsangebote, elementare Spielkreise, Kinderchöre, Rhythmik usw.) wenigstens temporär nach „außen". Zwar erweitert die Musikschule ihre obere Grundstufe um ein Erhebliches, aber unter anderen Rahmenbedingungen. Es ist die Frage, wie deutlich es für die Kinder und die Eltern bleibt, daß ihr Schulfach Musik ein für sie kostenloses Angebot der Musikschule ist, also ob die Musikschule als eigene Einrichtung wahrgenommen wird. Sicher werden die Interessierten auch noch zusätzlich zur Musikschule gehen und dort Instrumentalunterricht, Vororchester oder was auch immer in der Musikschule verbleibt, zu besuchen. Ob sich tendenziell die Zahl derjenigen Schüler erhöhen wird, die nach Abschluß der Grundschule weiter an der Musikschule Unterricht nehmen werden, bleibt abzuwarten. Die damit einhergehende Umstellung von einem kostenfreien Angebot zu einer gebührenträchtigen Ausbildung wird hoffentlich nicht nur denen gelingen, die ihre Kinder sowieso in die Musikschule geschickt hätten.

2. **Die Konkurrenzsituation der Schulmusiker:** Gerade in der Primarstufe hat der Schulmusikunterricht weitgehend noch einen praktischen Bezug im Singen, Spielen und elementarem Musizieren – wo er denn erteilt wird, muß hinzugefügt werden. Hier kommt es auf arbeitsteilige Zusammenarbeit mit den Schulmusikern an. Ihnen soll kein Orff-Spielkreis, keine Gitarrengruppe, kein Kinderchor weggenommen werden. Auch wenn dort, wo wie in Hamburg die Situation

des Schulmusikunterrichts ungünstig ist, Musikschulangebote eingerichtet werden – und sei es auch nur im „Wahlpflicht"- oder Verfügungsbereich –, darf die Schulmusik damit nicht als „ersetzt" gelten. Das Hamburger Modell sieht vor, daß die Schulen bestimmen, was sie von der Musikschule haben wollen. Die Musikschule soll vertiefen, Gelegenheit zur Spezialisierung geben, erweitern, ergänzen, das Musikangebot vielfältiger und attraktiver werden lassen.

3. **Die Aufgabenzuweisung an die Musikschule:**[2] Sie bleibt weiterhin „Ergänzungsschule", auch wenn sie im Stundenplan untergebracht wird. Ihre Angebote sind ja weiterhin im „Wahlbereich" angesiedelt. Im Sinne des Anspruchs auf eine feste Integration musikalischer Bildung im Kanon der Allgemeinbildung sollten auch die Musikschulen immer wieder darauf hinweisen: Als Angebotsschule kann und darf Musikschule nicht zur „Ersatzschule" werden, selbst wenn die im Schulbereich erteilten Musikschulunterrichtsanteile vom zuständigen Schulträger (hier vom Stadtstaat) übernommen werden.

Musikinstrumente in die Schule tragen

Eine einfache, aber wirkungsvolle Idee, mit der zum Beispiel die Musikschulen Mosbach und Cuxhaven eine Kooperations-Schnittstelle schaffen.

Mosbach hat zum Schuljahr 1995/96 erstmals sämtlichen Schulen des Einzugsgebiets angeboten, daß eine Lehrkraft der Musikschule zusammen mit fortgeschrittenen Schülern Musikinstrumente vorstellt. Diese besondere Instrumentendemonstration kann entweder zu besonderen Anlässen als Projekt der jeweiligen Schule angesetzt oder aber in den laufenden Musikunterricht an der Schule eingebaut werden. Die Auswahl der Instrumente, Inhalte und

Dauer der „Leihdarbietung" werden individuell mit dem jeweils zuständigen Musiklehrer der zu besuchenden allgemeinbildenden Schule abgesprochen.[3]

In Cuxhaven hat man 1995 den zweiten Anlauf genommen, nachdem mündliche Angebote überraschenderweise nicht ankamen. Auf die Ausschreibung im Musikschul-Programm hin – „Wir kommen mit unserem Team vormittags in Ihre Schule" – häufen sich jetzt die Anfragen nicht nur von Musiklehrern fast aller Cuxhavener Grundschulen. Die Termine reichen weit ins nächste Jahr. „Das Team" besteht aus 4 Lehrkräften, die mit ihren Instrumenten und einem kleinen Repertoire (z. B. Arrangements aus *Peter und der Wolf*) eine dreiviertel Stunde lang die Kinder aus ein bis zwei Schulklassen begeistern. Oft erfolgt kurze Zeit später eine weitere Einladung derselben Schule! Für die meisten Kinder sind Originalinstrumente und klassische Musik eine staunenerregende „neue Konfrontation", die sie sonst kaum geboten bekommen. Das Interesse macht sich schon jetzt in gestiegenen Schülerzahlen an der Musikschule bemerkbar. Um auf das vermehrte Interesse und eventuell andere Erwartungshaltungen reagieren zu können: arbeitet man an Konzepten, die mit „einem relativ kurzen, aber intensiven" musikalischen Eingehen auf die Schüler rechnen.[4]

Eine solche Kooperation ist für beide Partner vorteilhaft: Der Musiklehrer der allgemeinbildenden Schule kann in seinen Unterricht interessante und lebendige Stunden einbauen, die Musikschule hat Gelegenheit, Eigenwerbung zu betreiben, die ganz über die Sache erfolgt: Viele Jugendliche sind noch nie so hautnah mit aktivem Musizieren in Berührung gekommen, haben noch nie Gleichaltrige Musik machen gehört, haben noch nie ein Instrument angefaßt oder ausprobiert.

Ob man nun den Erfolg auf seiten der Musikschule in vermehrten Anmeldungen sieht oder darin, daß die Grundschulen als Multiplikatoren der öffentlichen Meinung über Musikschule wirken – in jedem Fall werden auf diese Weise die Kinder **aller** sozialen Schichten mit Instrumentalspiel und Musikschule bekannt gemacht.

„Musikpraktische Aktionen ...

... in Zusammenarbeit von Musik- und Hauptschulen" – mit diesem etwas unhandlichen Namen wurde vor gut 10 Jahren eine Kooperation der **Musikschule Bonn mit dem Schulamt** getauft. Von der Organisationsform her ein Projekt, hat es freilich über die Jahre eine gewisse Permanenz und damit beinahe einen Unterrichtsstatus gewonnen. „Mit dem Angebot sollen Jugendliche angesprochen werden, die normalerweise nicht von der Musikschule erfaßt werden, die vom Elternhaus her nicht die Möglichkeit haben, an die praktische Musikausübung herangeführt zu werden, die aber ein spontanes Interesse an der Ausübung eines Instrumentes zeigen."

In jedem Stadtbezirk wurde eine Hauptschule als Partner geworben. Entscheidend für den Erfolg des Projekts war neben dem Einsatz der Musikschulpädagogen vor allem das Engagement der an den Hauptschulen verantwortlichen Lehrkräfte bzw. der Schulleiter (Betreuung durch Unterrichtsbesuche, Ensemblearbeit usw.). Für die interessierten Schüler in allen Altersstufen zwischen 10 und 16 Jahren ist der Unterricht kostenfrei, das Schulamt der Stadt übernimmt die Kosten für die Musikschulstunden. Auch Leihinstrumente können auf Wunsch ohne Entgelt zur Verfügung gestellt werden; ihre Anschaffung erfolgte seinerzeit mit Unterstützung des Instituts für Bildung und Kultur (Remscheid). Momentan nehmen insgesamt 30 Hauptschüler und 5 Lehrkräfte an dem Projekt teil. Das Unterrichtsangebot besteht zur Zeit in Trompete, Schlagzeug und Klarinette, zeitweilig auch Gitarre.

Die Lernform des Gruppenunterrichts (2 bis 4 Schüler) wurde von Beginn an als die geeignetste Motivationsebene für diese Zielgruppe angesehen. Insgesamt wird von anderen Voraussetzungen als in der „normalen" Musikschularbeit ausgegangen und werden andere Zielsetzungen angestrebt: „Der Lernprozeß läuft über das spontane Klangerlebnis. Es müssen mit kleinen Lernschritten möglichst schnell Erfolgserlebnisse vermittelt werden." Die Schüler haben in der Regel keine Notenkenntnisse und kein allgemeines Musiklehrewissen. Das gemeinsame Musizieren in der Gruppe als wichtigste Motivations- und Erlebnisgröße wird auch durch die Einbeziehung von Improvisationstechniken ermöglicht. Zu verbinden ist damit stets die individuelle Anleitung zum richtigen Umgang mit dem Instrument. Inzwischen werden einzelne Schüler auch vorübergehend im Einzelunterricht gefördert.

Die beteiligten Schüler treten sowohl regelmäßig bei Schulveranstaltungen mit musikalischen Darbietungen auf, und einmal im Jahr kommen alle Projektschüler der 3 beteiligten Hauptschulen zusammen, um ein gemeinsames Programm zu proben und aufzuführen. Auch außerhalb von Schule und Musikschule sollen Kontakte zu musizierenden Gruppen, etwa Fanfarenzüge und Musikvereine, hergestellt werden, in denen die Schüler insbesondere nach Abschluß der Schulzeit weiter mitwirken können. Trotz der zahlenmäßig scheinbar geringen Beteiligung lohnt sich die Arbeit: „Die Erfahrung hat gezeigt, daß die Schüler in der Beschäftigung mit ihrem Instrument einen Halt und im Musizieren eine Möglichkeit der Selbstdarstellung erhalten."[5]

Ein „neuer Weg" ist das Bonner Hauptschulprojekt trotz seiner nun schon 10jährigen Laufzeit immer noch und wird es auch – so läßt sich aus den bisherigen Erfahrungen ableiten – bleiben. Dies liegt zweifellos an der schwer zu betreuenden Zielgruppe der Hauptschüler, für die oft allein schon ein kontinuierliches, mit von außen (vom Instrument, von der Musik, vom Erfordernis des Zusammenspiels) herangetragenen Leistungsansprüchen verbundenes Lernen einen neuen Weg mit sich selbst darstellt, einen Weg, den sie auch gegenüber ihren Mitschülern und nicht selten auch gegenüber ihrem Elternhaus durchzuhalten lernen müssen.

Insofern ist die Arbeit der hier tätigen Musikschulpädagogen nicht hoch genug anzuerkennen. Als wichtiger Ermöglichungsfaktor des Zugangs zum Instrumentalunterricht wirkt zweifellos die vollständige Beseitigung monetärer Schwellen: also die Ausleihe eines Instruments und der kostenlose Unterricht.

Daß die Stadt trotz vollständig ausfallender Einnahmen in diesem Projektbereich an der ständigen Fortsetzung dieses Angebots festgehalten hat, ist eine wichtige jugendpolitische Verantwortung. Zugleich aber ist es das Anerkenntnis, daß die Musikschule durch ihre Arbeit dieser jugendpolitischen Verantwortung mit ihren Möglichkeiten gerecht zu werden vermag.

Zum Kulturtag der Realschulen

In Mannheim war von den Veranstaltern 1993 die Städtische Musikschule eingeladen. Nach dem großen Erfolg der Kulturtage der Mannheimer Realschulen in den vergangenen beiden Jahren wurde die Reihe fortgesetzt mit dem Thema „Die Welt der Blasinstrumente". Organisiert wurde die Veranstaltung vom Leiter der Schülermitverwaltungen in Zusammenarbeit mit den Schulen, dem Schulverwaltungsamt und dem Oberschulamt Karlsruhe, die sich auch als Förderer engagierten. Die Musikschule wurde mit dem Sinfonischen Jugendblasorchester und dem Jungen Blechbläserensemble eingeladen.

Rund 1000 Schüler aus 14 Schulen bevölkerten den Mozartsaal im Rosengarten. Sie konnten schon eine Stunde vor dem Konzert der Generalprobe beiwohnen und erleben, wie man sich mit Anspielproben und Ausschnitten schwieriger und wichtiger Stellen auf so einen Auftritt vorbereitet – kurz: etwas von der Arbeit und Zusammenarbeit mitbekommen, die im Konzert dann hinter dem Ergebnis zurücktritt. „Die meisten Kids haben noch nie ein sinfonisches Konzert miterlebt", so der Initiator, „und können hier sogar hinter die Kulissen schauen". Der Dirigent vermittelte dem Publikum nämlich nicht nur ein faszinierendes vielseitiges Programm mit Werken von Händel, Grieg, Mendelssohn, Bernstein und Webber (*Jesus Christ Superstar*) sowie modernen *Cantica sacra* des Mannheimer Komponisten Hanno Haag. Er erklärte auch mit viel Moderationstalent die Charakteristika und Aufgaben der einzelnen Instrumente.

Nach dem Konzert standen die jungen Musiker in kleinen Workshops, die im Foyer des Rosengartens aufgebaut wurden, bereit, die von ihnen gespielten Instrumente den interessierten Mitschülern zu demonstrieren und ihnen auch eine erste Kontaktnahme zu erlauben. So mancher blies bei dieser Gelegenheit wohl seinen ersten selbst erzeugten Ton. Insbesondere das Schlagzeug war umlagert.

Zum 5. Kulturtag der Mannheimer Realschulen 1995 war die Musikschule erneut zu Gast. Diesmal mit dem Jugend-Sinfonie-Orchester Mannheim.[6]

Das Konzept dieser Kulturtage scheint aufzugehen: den Schülern auf eine Weise „Kultur" – in diesem Fall Musik – nahezubringen, die ihre Interessen und ihre Neugier anspricht. Die Unterschiede zu einem „normalen" Konzert lassen darauf schließen: Zunächst ist es ein Konzert von Schülern für Schüler und dazu noch von Schülern organisiert. Sodann ist das Programm wichtig – übrigens: Klassik kann ruhig dabei sein, aber die Ansprache muß stimmen.

Konzeptionell am wichtigsten erscheint aber, daß mit dem vorgeschalteten Probenbesuch, der Moderation während des Konzerts und dem nachgeschalteten Instrumenten-Workshop eine Öffnung des ansonsten recht hermetischen Konzertgeschehens stattfindet, eine Öffnung, zu der der beobachtende Einblick, die Informationsvermittlung und das Erlebnislernen mit persönlichen Kontakten zu den jungen Musikern beitrugen. Daß dies auch bei den „Kids" nur ankommt, wenn es von Qualität und Kompetenz getragen ist, ist ein unbedingter Pluspunkt für die Musikschule.

Ein Modellversuch

findet in Zusammenarbeit der Musikschule Meerbusch und der Maria-Montessori-Gesamtschule seit 1995 statt. Eine großzügige Spende des Rotary-Clubs brachte die Musikschulleiterin auf die Idee, für Schüler der Gesamtschule Instrumentalunterricht anzubieten. Das Interesse war erstaunlich groß, und die eingerichteten fünf Gruppen mit insgesamt 24 Schülern decken bei weitem nicht die Nachfrage.

Die Entsendung von Lehrern und auch Leih-Instrumenten durch die Musikschule hat Vorteile für die Schüler: Der Unterricht findet im Anschluß an den Schulunterricht statt, Anfahrt und erhöhter Zeitaufwand entfallen. Außerdem kann durch die Spende eine erhebliche Gebührenerleichterung gewährt werden, so daß die Eltern nur 10 DM im Monat zuzahlen müssen. Nicht alle jedoch haben dies in Anspruch genommen, sondern sind bereit, den regulären Betrag von 35 DM (Großruppe Blockflöte) bzw. 45 DM (zwei Gruppen Violine und zwei Gruppen Blechbläser) zu entrichten.

Die teilnehmenden Schüler bekommen die Teilnahme auf ihrem Sommerzeugnis der Schule bescheinigt und auch benotet als schulische Leistung. Gemeinsames Ziel, auf das im Gruppenunterricht auch stets hingearbeitet wird, ist der Aufbau von Ensembles, worauf die Gesamtschule größten Wert legt. Wird der Modellversuch ausgedehnt, bleibt die weitere Finanzierung freilich noch zu klären. „Eine Zeitlang reicht das Geld noch", so die Musikschule. Der Kulturdezernent hat bereits eine unbürokratische Handhabung versprochen. Und die Gesamtschule sieht in dem Modellversuch „eine Bereicherung unseres Schullebens; unabhängig von der Fortdauer der Zuschußmöglichkeiten möchten wir ihn in jedem Fall fortsetzen."[7]

Hier sei die Einschätzung von seiten der Gesamtschule zitiert, weil sie wichtige Erkenntnisse formuliert, die optimistisch stimmen und zugleich Anlaß zum Nachdenken geben: *„Erstaun-*

Musikschule und Gesamtschule kooperieren

lich ist für uns vor allem gewesen, in welchem Maße die Kinder für dieses Angebot ansprechbar waren. Dabei sind die meisten Familien – ohne Ansehen der individuellen finanziellen Verhältnisse – bereit gewesen, den vollen Regelsatz für den Unterricht aufzubringen. Auch das ist ein Indiz für den nach wie vor großen ‚Markt‘ klassischer musikalischer Bildung; freilich ist ebenso deutlich, daß Warten auf die ‚Kundschaft‘ nicht mehr reicht. Dort hingehen, wo die Kinder und Jugendlischen arbeiten und einen Gutteil ihres Tages verbringen, muß die Devise werden."

Die räumliche, zeitliche und organisatorische Anbindung an diese Lebenswelt der Schüler setzt offensichtlich die vorhandenen Hemmschwellen erheblich herab. Die Anerkennung als schulische Leistung wertet in diesem Umfeld den Instrumentalunterricht auf. Andererseits: Musikschule möchte auch eine andere Lebenswelt eröffnen, ein freiwillig bestimmtes Lernen und Erbringen von Leistung, ein Kennenlernen neuer Freunde und Musizierpartner ermöglichen. Durch pädagogisches Geschick und musikalische Begeisterungsfähigkeit läßt sich beides vereinbaren: Die Instrumentalausbildung gewinnt an Ernsthaftigkeit durch schulische Einflüsse, die Schule gewinnt einen lebendigen, humanen Aspekt hinzu.

Der „Modellversuch Musikpraxis"

war 1994 der erste Schulversuch dieser Art an einem deutschen Gymnasium: als Kooperation der **Musikschule des Kreises Schaumburg und dem Wilhelm-Busch-Gymnasium in Stadthagen**. Entstanden ist diese Initiative aus gemeinsamen Interessen, die 1993 bei der Umwandlung des Gymnasiums in eine Ganztagsschule mit Unterricht bis 15.30 Uhr zur Sprache kamen: Die Musikschule möchte ihre Schüler zeitlich entlasten, das Gymnasium seine musikalischen Aktivitäten erweitern.

Der Musikunterricht in den Klassen 7, 9 und 11 ist laut Stundentafel des Gymnasiums zweistündig. Ursprünglich war daran gedacht, eine der

beiden Stunden als Klassenunterricht in Musiktheorie, die zweite als „musikpraktischen Unterricht" in klassen- oder auch jahrgangsübergreifenden Gruppen durchzuführen, so daß eine ständige Durchdringung von Theorie und Praxis erfolgt. Von diesem Modell ließ sich das Kultusministerium, nicht aber die Bezirksregierung überzeugen – die Bedenken richteten sich auf die Konkurrenz zur Schulmusik.

Man einigte sich, den musikpraktischen Unterricht außerhalb des Regelstundenplans in Form einer der beiden AGs im Wahlpflichtbereich der Schüler anzubieten. Im musikpraktischen Unterricht wählen die Schüler entweder eine kostenfreie Unterrichtsveranstaltung des Gymnasiums oder eine kostenpflichtige aus dem Angebot der Musikschule. Hier übernahm die Elternpflegschaft des Gymnasiums die anfallenden Gebühren im Bereich der Großgruppen-/Klassenunterrichte im Instrumentalbereich (nach dem Modell der Akademie für Musikpädagogik, vgl. S. 71. Die Instrumente wurden vom Bundesverband Deutscher Musikinstrumentenhersteller breitgestellt, der den Modellversuch unterstützt). Schülern, die bereits Instrumentalunterricht an der Musikschule erhalten, wird dies als „musikpraktischer Unterricht" angerechnet. Konsequenz dieser Lösung: eine Stärkung der Schulmusik. Das durch die Kooperation ermöglichte Musik-Angebot brachte das Fach „Musik" in die aktuelle Diskussion, wodurch die Schulleitung in der Lage war, einen weiteren Musiklehrer zu beschäftigen!

Vor Beginn des Schuljahres wurde eine Bedarfsermittlung durchgeführt, damit die Musikschule die gewünschten Fächer auch anbieten kann. Neben dem herkömmlichen Instrumental-Gruppen-/Einzelunterricht wurden neue Fächer wie Komponieren am Computer, Keyboardgruppe, JazzDance, ein gemischter Musizierkreis usw. eingerichtet. Auch können die Gymnasiasten in Gruppen und Ensembles der Musikschule mitwirken.

Über 60 Schüler haben (trotz Gebührenpflicht)

Angebote der Musikschule gewählt, 11 Musik-schulpädagogen sind beteiligt. Zahlreiche Konzerte und musikalische Umrahmungen zeigten die positiven Ergebnisse der gemeinsamen Arbeit: An der Schule konnten nun wieder zwei starke Chöre, fünf Bands und ein Kammerorchester aufgebaut werden. Das Ergebnis des Modellversuchs ist seine künftige Institutionalisierung! Außerdem wurde die Integrierte Gesamtschule in Stadthagen aufmerksam und begann eine ähnliche Kooperation mit der Musikschule, zunächst im Bereich „Instrumentaler Klassenunterricht" nach dem Mainzer Modell.

Besonders wichtig ist bei der neuen Zielgruppe der allgemeinbildenden Schule eine neue Orientierung der Instrumentallehrkräfte: „Es steht nicht unbedingt das perfekte Erlernen des Instruments für den Schüler im Vordergrund." Aber gerade hierin sieht man – eine gute pädagogische Arbeit immer vorausgesetzt – eine Chance, Schülern, die sonst nie zur Musikschule gekommen wären, ein sinnvolles Angebot zu machen im Sinne einer „musikpraktischen Allgemeinbildung", die in vielen Fällen durch weitergehende Ausbildung in der Musikschule vertieft wird.[8]

Ein „Musikzweig am Tannenbusch"

ist mehr als ein botanisches Wortspiel: Die Musikschule Bonn ist Partner beim Aufbau eines Musikzweiges am Gymnasium im Stadtteil Tannenbusch. „Damit schaffen wir in Bonn und im weiteren Umkreis eine einmalige Einrichtung, die die Freude an der Musik in den Mittelpunkt stellt, um auf diesem Wege möglichst viele Begabungen zu fördern."

Das Gymnasium hatte die Initiative ergriffen, um durch diesen besonderen Akzent sein Image entsprechend der langjährigen erfolgreichen Schulmusikarbeit anzupassen. Die Stadt Bonn ging mit der Musikschule auf diese Perspektive ein, weil die Kultur- und Beethovenstadt ein entsprechendes Angebot machen und mit den Musikschul-Zuschüssen auch mitfinanzieren will. Die Konzeption wurde in mehrjähriger Arbeit

entwickelt, wobei man sich an Erfahrungen des Kölner Humboldt-Gymnasiums orientierte; das Genehmigungsverfahren ging dann bis hin zum Kultusminister. Auf beiden Seiten – Stadt und Land – heißt es dabei: derzeit keine personelle Aufstockung.

In jeder Jahrgangsstufe soll es nach der Aufbauphase eine „Musikklasse" geben, in die Schüler mit ausgeprägter Neigung und Begabung zur Musik aufgenommen werden. Eine Eignungsprüfung dient auch der Beratung von Eltern und Schülern, wobei ein Instrument noch nicht gespielt werden muß. „Die Empfehlung durch die Musikschule ersetzt die Eignungsprüfung."

Grundsätzlich gilt die Stundentafel der Gymnasien, doch wird abweichend davon auch in der Mittelstufe das Fach Musik durchgehend 2stündig unterrichtet. In der Oberstufe kann Musik als 3stündiger Grund- oder 6stündiger Leistungskurs gewählt werden.

Zusätzlich zu diesem vertieften Musikunterricht belegen die Schüler drei Pflichtfächer im Nachmittagsunterricht:
1. Ein Instrument
2. a) Klassen 5-7: Ganzheitliche Ausbildung (Rhythmik/Bewegungsimprovisation, Atemschulung, Gehörbildung)
   b) Klassen 8-10: Musiktheorie mit Gehörbildung, Harmonielehre
3. Chor oder Orchester (zweig- und altersübergreifend).

Darüber hinaus können Wahlfächer belegt werden:
– ein zweites Instrument
– das gesamte Ensemble-/Ergänzungsfach-Angebot der Musikschule.

Die pädagogische Aufgabenteilung weist die Verantwortung für die Pflicht- und Wahlfächer der Musikschule zu, doch behalten die Schulmusiker Chor, Orchester und Musiktheater.

Für die Schüler entsteht eine Mehrbelastung

von 3 Wochenstunden, die jeweil an zwei Nachmittagen liegen. Der Instrumentalunterricht findet derzeit noch in Musikschulgebäuden (extern) statt, bis eventuell einmal die Einrichtung einer Außenstelle der Musikschule am Gymnasium eingerichtet werden könnte. Die Kosten für den Musikunterricht hat im Bereich Schulmusik der Schulträger, für den Instrumentalunterricht melden die Schüler sich bei der Musikschule an und zahlen dort die reguläre Gebühr, die den freien Besuch von Ensemble-/Ergänzungsfächern einschließt. Schüler, die ihr Instrument nicht in der Musikschule lernen, zahlen für das 2. Pflichtfach 15 DM. Chor, Orchester und Musiktheater sind als Veranstaltungen des Gymnasiums kostenfrei.

Übrigens gehen die musikalischen Leistungen nicht in die schulischen Zeugnisse ein – eine Benotung des Musikschulunterrichts erfolgt nicht. Man setzt dagegen auf indirekte pädagogische Impulswirkungen: Von der Gemeinschaft Gleichgesinnter in der Musikklasse erwartet man nicht allein eine größere Motivation für das Musiklernen, sondern eine starke soziale Komponente, die die schulische Leistungsmotivation insgesamt verbessern müßte, sowie eine Auswirkung der lernpsychologischen Vorteile einer musikalischen Ausbildung.[9]

Das Doppelziel – „Freude an der Musik" und „Begabungen fördern" – ist eine der Leitvorstellungen der Musikschulen par exellence. Wenn sich eine Schule dazu verstehen kann, von einem zensurenorientierten Leistungsdenken weg und zu einer lebensbereichernden, freudvollen Leistungsförderung hin zu kommen, dann steht die Partnerschaft von Gymnasium und Musikschule unter einem sehr guten Vorzeichen.

Musikzweige, bei denen der integrierte Musikschulunterricht nicht zuungunsten der Schulmusik angeboten wird, machen deutlich, worin die Unterschiede bestehen und daß es auf deren fruchtbares Neben- und Miteinander ankommt: Musik als Schulfach in geistesgeschichtlichen, gesellschaftlichen und historischen Bezügen und Musik als Musizieren, als Ausdrucksform in der Musikschule. Und daß die Musikschule den Schulmusikern nicht Chor, Orchester und Musiktheater aus der Hand nimmt, ist ebenfalls ein Siegel solcher Partnerschaft: Diese Ensembles sind wichtig für die Integration des Schullebens und die Repräsentation der Schule nach außen wie innen. Eine „Usurpation" durch die Musikschule hätte kontraproduktive Folgen für das zu fördernde Kulturbewußtsein auch bei den „normalen" Schülern. Vielmehr ist die Musikschule besser beraten mit der Rolle desjenigen, der diese Schulaktivitäten durch seine Zuarbeit ermöglicht.

Bildungsziel eines solchen Modells ist es, fernab von einer „Elitenbildung" den „wachen, vielseitig interessierten Musiker" zu bilden – einen musikalisch gebildeten, musisch orientierten Menschen, „den unser Kulturleben in Zukunft benötigt", wie man in Bonn formuliert. Hinzugefügt werden darf der Wunsch, „Kulturleben" in diesem Sinne nicht zu eng zu verstehen. Nicht allein das Leben und Überleben von Kultur, sondern eine Kultur des (privaten wie gesellschaftlichen) Lebens hängt von der Erreichung dieses Bildungsziels ab.

Insofern stünde es dem Schulträger gut an, auch mehr Finanzmittel für den kostenintensiven Musikausbildungsbereich aufzuwenden, der für die Schüler immerhin „Pflichtbereich" heißt. Dies müßte sich auch im Pflichtenheft des Kultusministers niederschlagen, die Gebühren für den Unterricht durch deutliche Zuschüsse wirksam zu senken.

Als Wahlpflichtfach

erkennt das Land Sachsen-Anhalt den Instrumentalunterricht an, den die **Musikschule Zeitz am Christophorus-Gymnasium in Droyßig** (zugleich Außenstelle der Musikschule) erteilt. Das Gymnasium wurde vom Christlichen Jugenddorfwerk Deutschlands e.V. 1990 in freier Trägerschaft gegründet, und von seiten der

Schulleitung wurde von Anfang an Wert gelegt auf den Ausbau künstlerischer Ausbildung. Nur auf dieser Grundlage war das Modell überhaupt realisierbar.

Die Schulordnung sieht aufgrund der für Gymnasien verbindlichen Stundentafeln vor: „Alle Schüler bis zur 10. Klasse nehmen verpflichtend, d. h. zusätzlich zum normalen festgeschriebenen Unterricht im Sinne eines Wahlpflichtfaches an einer Arbeitsgemeinschaft teil."

Die Zahl der Schüler, die das künstlerische Wahlpflichtfach als aktive Musikausbildung im Instrumentalunterricht der Musikschule abdecken, liegt zur Zeit bei etwa 50 und nimmt stetig zu. Ensembles, wie zum Beispiel ein Bläserensemble, befinden sich ebenfalls im Aufbau. Die Zeugnisse der Musikschule werden vom Gymnasium als Bewertungsrichtlinien im Bereich des Wahlpflichtfachs anerkannt.

Das Gymnasium stellt die Räumlichkeiten und teilweise die Instrumente (vor allem Tasteninstrumente) und übernimmt die Werbung für das Angebot der Musikschule, wobei deren Unterrichtszeiten in der Gesamtplanung berücksichtigt werden. Die Schüler entrichten die satzungsmäßige Unterrichtsgebühr an die Musikschule, deren Träger – der Landkreis – auch die Lehrkräfte bezahlt. „Im Augenblick ist die Zurverfügungstellung von Deputatstunden durch das Land Sachsen-Anhalt (also: Stunden des Gymnasiums, Anm. d. Red.) für Lehrer der Musikschule nicht möglich."

„Die Schülerzahlen und die gemeinsame Arbeit zeigen, daß dieses Modell tragfähig ist." Gemeinsame Musicalprojekte und Konzerte der Musikschule in der Schule ergänzen die Zusammenarbeit, die das Schulleben ebenso bereichert wie sie die Rolle der Musikschule stärkt. Die guten Erfahrungen führen in Zeitz zu der Überzeugung, „daß die Zukunft der Tätigkeit der Musikschulen zunehmend auch in solchen Kooperationsmodellen liegt".[10]

Anmerkungen

1. Kontaktpersonen: Wolfhagen Sobirey, Staatliche Jugendmusikschule Hamburg, Katharinenkirchhof, 20457 Hamburg, Tel. 040/3681 2322

2   Die bildungspolitischen Grundlagen, die während der Bildungsreform zum Verhältnis zwischen Musikschulen und allgemeinbildenden Schulen erarbeitet wurden, sind seitdem in zahlreiche bis heute gültige Erklärungen eingegangen. Die genannten Schriften sind beim VdM erhältlich:
    – AGMM (Arbeitsgemeinschaft Musikerziehung und Musikpflege des Deutschen Musikrats): Schulische und außerschulische Musikpädagogik und Musikpflege. In: Deutscher Musikrat (Hg.), Referate/Informationen, Heft 32 (Juli 1976), S. 2-17, und Sonderdruck (gutachterliche Stellungnahme für die Bund-Länder-Kommission für Bildungsplanung)
    – AGMM: Richtlinien zur Koordinierung des Musikunterrichts der allgemeinbildenden Schulen mit dem der Musikschulen und selbständigen Musiklehrer in der Ganztagsschule, Bonn 1971
    – VdM und VDS (Verband deutscher Schulmusiker): Musikunterricht an allgemeinbildenden Schulen und Musikschulen (gemeinsame Erklärung), Bonn 1976

3. Kontaktpartner: Martin Daab, Musikschule Mosbach e.V., Hauptstraße 27, 74821 Mosbach, Tel. 06261/5903

4. Kontaktadresse: István und Maria Barta / Siegfried Schillack/Volker Schneider, Jugendmusikschule Cuxhaven e.V., Grodener Chaussee 11, 27427 Cuxhaven, Tel. 04721/23731, vgl. S. 65 und S. 103

5. Kontaktpartner: Hartmut Stemann (Koordinator), Musikschule der Bundesstadt Bonn, Kurfürstenallee 8, 53142 Bonn, Tel. 0228/774898

6. Kontaktpartner: Stefan Fritzen (Sinfonisches Jugendblasorchester)/Hanno Haag (Jugend-Sinfonie-Orchester)/Helmuth Weinland, Städtische Musikschule, E 4, 14, 68159 Mannheim, Tel. 0621/2939-464

7. Kontaktpartner: Wolfgang Richter, Städtische Musikschule Meerbusch, Kaustinenweg 1, 40641 Meerbusch, Tel. 02159/80526

8. Kontaktpartner: Michael Schmidt, Kreisjugendmusikschule des Landkreises Schaumburg, Klosterstraße 26, 31737 Rinteln, Tel. 05751/42014

9. Kontaktpartner: Hartmut Stemann (Koordinator),
    Musikschule der Bundesstadt Bonn, Kurfürsten-
    allee 8, 53142 Bonn, Tel. 0228/774898

10. Kontaktpartner: Mathias Büttner, Musikschule
    Zeitz „Anna Magdalena Bach", Nicolaiplatz 1-3,
    06712 Zeitz, Tel. 03441/2962

Literatur

Alle die zuvor genannten Kooperationsprojekte und
weitere Beispiele finden sie in der Arbeitshilfe des
Verbandes deutscher Musikschulen (Hg.): Neue Wege
in der Musikschularbeit. Red.: Ulrich Wüster,
Bonn 1996

Wulf Schlünzen

Schule öffnen - auch im Schultheater

Positionen der BAG für das Darstellende Spiel in der Schule

Die Forderung nach Öffnung der Schule reagiert auf die veränderte Lebenswelt unserer Schülerinnen und Schüler und ist daher ein Kernpunkt in der pädagogischen Diskussion über Schulreform. „Öffnung der Schule" fordert dazu auf, die Schranken der „pädagogischen Provinz" Schule zu öffnen, die außerschulischen Erfahrungen der Schülerinnen und Schüler wirklich ernst zu nehmen, Lernorte in der Umgebung aufzusuchen, Kompetenzen auch außerhalb der Schule für die Schülerinnen und Schüler zu nutzen und die Schule zum Bildungs-, Kultur- und Freizeitzentrum für die um die Schule herum wohnende Bevölkerung zu machen.

Auf der Zentralen Arbeitstagung der „BAG für das Darstellende Spiel in der Schule" setzten sich 1993 die Vertreter aller Bundesländer mit dem Thema auseinander und machten deutlich, daß in den nächsten Jahren nicht nur das Thema der Institutionalisierung des Darstellenden Spiels als Fach, sondern auch das allgemein diskutierte Thema „Öffnung der Schule" für die bundesweite Fachdiskussion von Bedeutung ist. Hierzu einige Überlegungen:

Das Spannungsverhältnis von ästhetischem und sozialem Lernen

Schultheater als soziales Ereignis kann das soziale Lernen gar nicht unberücksichtigt lassen. Im Prozeß von der Gruppenfindung über die Suche nach Thema und Form bis hinein in die eigentliche Gestaltungsarbeit, die in dem Produkt Aufführung mündet, sind immer soziale Kontexte gegenwärtig.
Der Gruppenprozeß ist der offensichtlichste, jeder Spielleiter wird erfahren haben, wie stark die Probleme, die Jugendliche von außen in die

Gruppe tragen oder die in der Gruppe entstehen, sich auf die Stückgestaltung auswirken: Wenn sie als Störung empfunden werden, manchmal zerstörerisch, wenn sie als Anregungspotential angenommen werden, manchmal produktiv.

Das Annehmen der Probleme ist nicht einfach ein Akt des guten Willens, sie können so gravierend sein, daß sie die gesamte Arbeit gefährden. Wir müssen lernen, mit Kindern und Jugendlichen mit immer größer werdenden Schwierigkeiten umzugehen und mit ihnen zusammenzuarbeiten. Auch die Entwicklung der sozialen Kompetenz gehört zu unseren Aufgaben als Spielleiter. Die Lehrerausbildung qualifiziert uns hierfür bislang nur unzureichend.

Der Erwartungskontext an das Schultheater von den Menschen, die in der Spielgruppe zusammenarbeiten, und den Menschen, denen die Spielgruppe in der Aufführung ihr Ergebnis präsentiert, bestimmt mehr oder weniger bewußt den Gestaltungsprozeß. Die Erwartungen sind zum Teil nicht ästhetischer Art, beziehen sich eher auf die besonderen sozialen Beziehungen zwischen derTheatergruppe und ihrem Schulpublikum, das das öffentliche Auftreten von Schülerinnen und Schülern selbst dann zu würdigen weiß, wenn das Theaterstück, unter ästhetischem Aspekt betrachtet, eher mißraten ist. Dieser Aspekt des Schultheaters wird zu Unrecht unter Spielleitern häufig beklagt, macht er doch deutlich, daß Schultheater eben auch ein soziales Ereignis ist.

Öffnung zur Jugendkultur

Wir alle agieren vor unserem historischen und sozialen Hintergrund, der unser Denken und

Im Schultheater sind soziale Kontexte immer gegenwärtig

179

unser Kulturverständnis bestimmt. Lehrer haben schon aufgrund ihres Lebensalters und ihrer Ausbildung auch in ästhetischer Hinsicht andere Auffassungen als die Kinder und Jugendlichen, die stark von der Jugendkultur geprägt sind. Die dadurch in der Theaterarbeit auftretenden Konflikte sind nicht durch die Macht des „Experten" Spielleiter zu entscheiden. Wenn wir die These, daß das Schultheater den Kindern und Jugendlichen zu ihrem eigenen Ausdruck verhelfen will, glaubwürdig vertreten wollen, kann es nur darum gehen, sich auch in Gestaltungsfragen mit den Vorstellungen der Gruppe ernsthaft auseinanderzusetzen.

Das verlangt von den Spielleitern eine Öffnung in Richtung auf die Jugendkultur, also den Teil unserer Kultur, den Jugendliche als ihre eigene Kultur empfinden, als wichtigen Teil ihrer Identität. Jugendkultur ist heute durchaus vielgestaltig. Das Darstellende Spiel kann das, was die Jugendlichen aus ihrer Jugendkultur „mitbringen", thematisieren und mit dem Verhaltensrepertoire, der Sprache, Musik und Mode arbeiten. In den Klischees und genormten Idolen stekken im Kern die Wünsche, Sehnsüchte und Ziele der Jugendlichen. Wir sollten sie daher nicht vorschnell abwerten, sondern ebenso zum Material unserer Arbeit an der ästhetischen Form machen wie die uns vertrauteren Elemente der Erwachsenenkultur.

Dies ist nicht als Plädoyer für die distanzlose oder sich gar bei den Jugendlichen anbiedernde Übernahme von Klischees der Jugendkultur zu verstehen. Der Ausgangspunkt für die Arbeit ist nicht mit dem Endprodukt gleichzusetzen, denn die Arbeit an der szenischen Form schafft auch Distanz zum Ausgangsmaterial. Und nicht zu vergessen ist, daß Jugendliche sich natürlich auch in Themen, Figuren und Stoffen der heutigen Erwachsenenkultur wiederfinden können.

Öffnung zur Schule

Naheliegend ist es, die „Theaternische" in Richtung auf die anderen Fächer und das „übrige" Schulleben zu öffnen. Pausentheater, Schulhof-

aktionen, Schulfernsehen, Mitwirkung bei feierlichen Schulanlässen, all das sind schon mehr oder weniger praktizierte Formen. Immer ist dabei zu berücksichtigen, daß das Schultheater hier nicht für ganz andere Zwecke instrumentalisiert werden darf (Erhöhung der Anmeldezahlen, Beweihräucherung eines Schulrates oder Politikers usw.), sondern daß der zentrale Grundsatz des Schultheaters gewahrt wird: Wir gehen von den Interessen, den Themen, den Empfindungen der Schülerinnen und Schüler aus. Wenn sie sich in einem Anlaß der Schule wiederfinden können, desto besser!

Daß das Darstellende Spiel als Methode auch in anderen Fächern für einige Lerngegenstände ein lustvolleres Lernen ermöglicht, das sollten wir als Theaterlehrer unseren Kollegen in schulinterner Fortbildung vermitteln. Auch wir sollten also aus unserer manchmal belächelten, manchmal beneideten Theaternische im Kollegium herauskommen.

Eine andere Möglichkeit ist das Aufbauen einer Theatergruppe, die nur noch lose an die Schule gebunden ist, in der Schüler, Lehrer, Ehemalige, Eltern und weitere Interessierte aus der Umgebung mitmachen können. Der Übergang zum Amateurtheater ist fließend, zumal wenn sogar noch die Schule verlassen wird und im Gemeindesaal, Bürgerhaus oder vielleicht unter der Leitung von professionellen Schauspielern gar auf der Probebühne des Theaters geprobt und gespielt wird. Jung und Alt, Lernende und Lehrende, „Laien" und Profis begegnen sich neu in einem gemeinsamen Arbeitszusammenhang. Auch hierfür gibt es schon Beispiele.

Öffnung zur Schultheater

Wenn wir über den Schulzaun hinausblicken, ist am naheliegendsten der Austausch, die lebendige Begegnung mit anderen Schultheatergruppen. Dies ist mit zahlreichen regionalen Schultheatertagen, Landes- und Bundesfestivals schon weit entwickelt. Aber auch unterhalb dieser Ebene gilt es, den Austausch mit anderen im In- und Ausland zu entwickeln: gegenseitiges Vorstellen der Produktionen, Austausch im Gespräch, gemeinsame Produktion einer Aufführung, gemeinsames Besuchen eines Workshops, hier sind Möglichkeiten schulübergreifender Kooperation und Begegnung.

Öffnung zum professionellen Theater

Die Öffnung zum professionellen Theater hin wird an vielen Orten schon praktiziert. Das Theater kann ein Lernort werden, an dem die Schülerinnen und Schüler nicht nur Theateratmosphäre bei Führungen und Probenbesuchen schnuppern, sondern auch unter den Bedingungen des Theaters selbst spielen können. Häufig wird dies mit der Schultheatergruppe bei Schultheatertagen sein, es gibt aber auch an vielen Theatern schon Theaterclubs, in denen Jugendliche unter professioneller Anleitung ohne Bezug zu einer bestimmten Schule Theater machen. Das Schultheater muß dabei seine Interessen wahren, es kann seine eigene Zielsetzung nicht dem Eigeninteresse der Theater nach Abonnentenwerbung oder Bemühung um ein jugendliches Publikum unterordnen.

Vielerorts arbeiten seit Jahren Spielleiter mit professionellen Theaterleuten im Rahmen von Workshops bei landes- und bundesweiten Schultheaterfestivals zusammen. Dies hat viele wertvolle Anregungen für die Schule gebracht. Selten ist dagegen noch die Arbeit von Theaterprofis mit Schülerinnen und Schülern in der Schule. Im Rahmen eines Schulfachs Darstellendes Spiel können dies auch nur zusätzliche Angebote sein, der Unterricht wird wie in jedem Fach von einem Lehrer erteilt. Und der sollte - wie in jedem anderen Fach- fachlich und pädagogisch qualifiziert sein.

Öffnung zu den Menschen der Umgebung

Die Öffnung des Schultheaters zu den Menschen, die im Ort oder Stadtteil leben, hat sehr unterschiedliche Aspekte. Zum einen geht es

den auf öffentliche Präsentation ihrer Arbeit ausgerichteten Theatergruppen darum, für ihre Aufführung eine über die Schule hinausgehende Öffentlichkeit überhaupt zu erreichen. In den Medien, vor allem im Fernsehen, ist das Schultheater unterrepräsentiert, kommt auch in Zeitungen über Ankündigungen meist nicht hinaus. Auch „Hofberichterstattung" wie sie in der Lokalpresse auftritt, nimmt das Schultheater nicht wirklich ernst. Gerade schon länger arbeitende Schultheatergruppen wünschen sich ehrliche Kritik.

Es gibt durchaus Schultheatergruppen, die in ihrem Stadtteil oder ihrer Gemeinde aufgrund fehlender professioneller Theater oder nur sporadisch auftretender Tourneetheater die Aufgabe wahrnehmen, die „kulturelle Grundversorgung" mit Theater zu leisten. Wünschenswert ist allerdings, daß nicht das Schultheater in die Lage kommt, den Lückenbüßer spielen zu müssen, wenn weitere professionelle Theater wegen der Finanznot der öffentlichen Haushalte geschlossen werden. Schultheater mit seiner pädagogischen und ästhetischen Zielsetzung kann das der Theaterkunst verpflichtete professionelle Theater nicht ersetzen.

Zu Feiern und Anlässen der Gemeinde, der Stadt wird bei Schultheatergruppen häufig angefragt, ob sie nicht auch etwas beitragen könnten. Wenn dieser Anlaß zum Anlaß der Schüler wird, ist dies eine lohnende Gelegenheit, sich zu beteiligen. Problematisch ist es, wenn diese Beteiligung lustlos oder äußerlich bleibt, wenn vielleicht sogar Auflagen gemacht werden, die jede Provokation vermeiden sollen, die Schülerinnen und Schüler also nur den „netten Rahmen" garantieren sollen.

Öffnung zu den Menschen der Umgebung bedeutet aber auch, sich mit seiner Gruppe aus der Schule heraus in dieser Umgebung zu präsentieren, sich einzumischen. Dies reicht von den Möglichkeiten des Straßentheaters über Marktplatzaufführungen oder andere Freilichtaufführungen bis hin zu Aktionen an öffentlichen Orten oder in Altenheimen, Gefängnis-

Schultheater: leisten kulturelle Grundversorgung, sollten aber nicht zum Lückenbüßer werden

181

sen, Bürgerhäusern. All dies gibt es seit vielen Jahren an vielen Orten, auch wenn weiterhin die Aufführung in der Schulaula die Regel ist.

Selten wagen sich Schultheatergruppen mit inhaltlich brisanten Themen in ihre Umgebung: theatrale Aktionen zu den Forderungen nach Verkehrsberuhigung, „Speaker`s Corner" in der Nähe eines Drogenumschlagplatzes, unangekündigtes Aktionstheater zum Thema des aufgebrochenen Fremdenhasses in einem Stadtteilfest, Unsichtbares Theater zum Thema Obdachlosigkeit in der Wohlstandsgesellschaft direkt in einer Einkaufspassage. Diese Einmischung in die Probleme der Umgebung der Schule eignen sich natürlich auch als Themen für die auf die Schulbühne ausgerichtete Arbeit einer Schultheatergruppe.

Sich öffnen - auch zu gesellschaftlich brisanten Themen und Orten

Öffnung um jeden Preis?

Bei allen Überlegungen und Strategien zur Öffnung sollten wir immer daran denken, daß wir uns nicht übernehmen, daß wir uns nicht überfahren lassen, daß wir planen, Schritt für Schritt vorgehen, daß wir mit unserer Theatergruppe gemeinsam den Prozeß der Öffnung auch wirklich tragen können und wollen. Die Forderung nach „Öffnung der Schule" darf nicht zum Selbstzweck werden, so daß vor lauter Öffnung nichts übrig bleibt von dem, wofür wir eintreten: ein von den Kindern und Jugendlichen ausgehendes Schultheater und damit ein alternatives Lernen in der Schule.

Die Tagung der BAG für das darstellende Spiel in der Schule ist in einer Broschüre zusammengefaßt und über die Geschäftsstelle der BAG zu erhalten.

Anmerkung

Kontaktadresse: Bundesarbeitsgemeinschaft für das Darstellende Spiel in der Schule, c/o Schultheater Studio Frankfurt, Joachim Reiss, Hammarskjöldring 17a, 60439 Frankfurt, Tel.: 069/212320-44, Fax: 069/212320-70

Elinor Lippert / Wulf Schlünzen / Günter Frenzel

Die „Travemünder Thesen" zum Darstellenden Spiel

1. Die Ansprüche von Arbeitsgesellschaft und Lebenswelt geraten immer mehr in Widerspruch zueinander. In dieser Situation kommt der ästhetischen Erziehung und kulturellen Bildung eine wachsende Bedeutung zu.

2. Darstellendes Spiel ist ein zentraler Bereich der ästhetischen Erziehung von Kindern und Jugendlichen. Deshalb muß es in allen Schulformen und Schulstufen in Stundentafeln und Lehrerplänen berücksichtigt werden.

3. Als eigenständiges Arbeitsfeld eröffnet das Darstellende Spiel Kindern und Jugendlichen die Möglichkeit, eigene Vorstellungen und Sichtweisen, wie auch Erfahrungen aus dem Umgang und den Auseinandersetzungen mit der Realität in einen Gruppenprozeß einzubringen. Ziel ist in der Regel ein gemeinsames Produkt, das in einer Aufführung einem Publikum dargeboten wird.

4. Das Darstellende Spiel geht von den darstellerischen Möglichkeiten von Kindern und Jugendlichen aus, entwickelt sie weiter, bringt sie in eigene altersgemäße Formen und ermöglicht weiterwirkende Erfahrung.

5. Das Darstellende Spiel hat eigene Arbeitsmethoden und Gestaltungsprinzipien entwickelt, die Impulse aus künstlerischen, sozialen und kommunikativen Bereichen und deren Traditionen aufnehmen. Es läßt sich dabei auch vom professionellen Theater anregen.

6. Darstellendes Spiel hat verschiedene Ausprägungen:
   - als eigenständiges Fach im Wahlpflichtbereich
   - als freie Arbeitsgruppe in der Schule (AG)
   - als Methode in anderen Unterrichtsfächern
   - als fächerübergreifendes Lernen (Lernen in Projekten)
   - als offenes Projekt (jahrgangsübergreifend, schulartübergreifend, stadtteilbezogen)

7. Im Mittelpunkt des Darstellenden Spiels steht das handlungsorientierte, kreative Lernen. Nicht zuletzt fördert es damit auch soziale Kompetenz in einer defizitären Erfahrungs-(Um-)Welt.

8. Darstellendes Spiel verlangt nach einer eigenen professionellen Ausbildung in einem eigenständigen Studiengang an den Hochschulen. Im Mittelpunkt dieses Studiengangs steht die fachpraktische und methodisch-didaktische Arbeit in Projekten.

9. Darstellendes Spiel ist auf eine kontinuierliche Lehrerfort und -weiterbildung angewiesen. Durch sie können Neuerungen im künstlerischen und pädagogischen Bereich in die Schule integriert werden und die LehrerInnen ihre eigene Rolle und ihre spielpraktische Arbeit wirksam überprüfen und fortentwickeln.

10. Darstellendes Spiel wird sich an der Öffnung von Schule nach außen engagiert beteiligen. Als Partner haben sich hier vor allem die Theater bewährt. Mit ihnen und anderen Gruppen wie Institutionen gilt es, die bewährten Kooperationsformen weiterzuentwickeln und neue anzuregen.

Travemünde, 23. November 1991

183

Elinor Lippert

Was hat sich seit den „Travemünder Thesen" verändert?

Schule und Theater im Umbruch

Für die Zeitspanne von 1994 bis 1997 möchte ich behaupten: Sie bewegt sich doch! Die Fortentwicklung von Schulkultur und Jugendkultur, die Annäherungformen (bis hin zur Verschmelzung, zu intensiven Kooperationsformen) haben inzwischen konkrete Gestalt angenommen. Die jeweils Aktiven vor Ort haben für ihre eigene Arbeit viel dazu gewonnen; wie z.B. die BAG Darstellendes Spiel in der Schule e.V. mit ihrem Langzeitprojekt „Schule öffnen" dies seit 1994 konsequent verfolgt und im „Schultheater der Länder 1998" in Münster/Nordrhein-Westfalen mit dem Schwerpunktthema „Schultheater bündelt Schulkultur" nach außen offensiv vertreten wird.

Schultheater bündelt
Schulkultur

Damit liegen wir sogar im Trend der Zeit; was wir bisher von der Basis her - im Interesse der jungen Menschen - durchzusetzen versucht haben, gilt inzwischen als die Losung der Stunde - von oben gefordert und damit abgesichert: **Kulturelle Bildung in und außerhalb der Schule.**

Perspektiven der Weiterentwicklung von Schule gehen zusammen mit der Aufarbeitung moderner Anforderungen an außerschulische kulturelle Jugendbildung.

Schule im Umbruch

Schule erweist sich heute mehr und mehr als ein von den gesellschaftlichen Erwartungshaltungen her neu zu definierender Lern-Raum, der den Veränderungsdruck der Modernisierung produktiv macht für die Qualifizierung heranwachsender Generationen:

Mit Blick auf das Innenverhältnis

Hier steht ein gewandeltes Verhältnis zwischen Schulleitung und Kollegium, zwischen Schülern und Lehrern an. Die Entwicklung schließt mehr Basisdemokratie, mehr Selbstbestimmung, mehr pädagogische Konsensbildung im Kollegium, in der Delegation von Arbeitsfeldern usw. ein. Die nötigen Hierarchien begründen sich funktional: die Organisationsform „Schule" wird auch als Unternehmen gesehen, das einer Erfolgs-und Effizienzkontrolle durchaus unterworfen werden kann.

Mit Blick auf das Umweltverhältnis

Hier geht es um außerunterrichtliche wie außerschulische Aktivitäten der Schüler und Lehrer, um Kooperationsformen mit der kommunalen Öffentlichkeit der Schule, etwa ein Zusammenwirken mit Vereinen und Verbänden, Bibliotheken, Sozialeinrichtungen, Wirtschaft u.ä.

Der Innovationsdruck auf die Schulen nimmt zu; alte überkommene Tradtionen des Lehrens und Lernens weichen neuen Formen des Unterrichts sowie der Erziehung und Bildung. Die Herausforderungen der **Mediengesellschaft** sind an der Entgrenzung von Lernprozessen und tradierten Lernräumen in der Schule erkennbar: Das unbegrenzte Informations-und Kommunikationsangebot führt zur Vermischung von Lern-und Freizeitaktivitäten. Diese moderne **Mediensozialisation** schafft sich neue offene Formen des Arbeitens und damit des Unterrichtens; der Lehrer wird mehr und mehr zum pädagogischen Moderator. Schule im Umbruch braucht neue Lehrer. Sie braucht genauso neue Lern-und Arbeitsräume, wo sie das musisch-ästhetische Gestalten an einem neu gedachten „dritten" (s.o.) Ort als „Zukunftswerkstatt" von Interessen und Befindlichkeiten Jugendlicher wahrnehmen und mitprägen könnte. Hier liegen Potentiale und Chancen der Zusammenarbeit schulischer und außerschulischer kultureller Jugendbildung.

Schulkultur

Schule definiert sich heute auch in ihrer Qualität als Orientierungshilfe für das Leben Jugendlicher in der Gesellschaft und damit auch als Serviceangebot für das soziale Umfeld. Es geht um die Entfaltung pädagogischer Initiativen, um Schule in einer Bündelung schulkultureller Aktivitäten zu einem **regionalkulturellen Kristallisationsort** für die Gemeinde, für den Stadtteil, für das weitere Umfeld, auch im Verbund mit anderen Schulen, zu machen. Schulinterne wie außerschulische Unternehmen ergänzen sich in dem Bemühen,

neue soziale Erfahrungen im Miteinander zu vermitteln,

fächerübergreifendes Arbeiten, vor allem an Projekten im arbeitsteiligen Team zu ermöglichen, bei dem die Schüler selbständig fragen, erkunden, recherchieren;

ein Vorhaben mit anderen Partnern gemeinsam anzugehen,

bei sich und den anderen eigene, evtl. neue Fähigkeiten und Interessen zu entdecken; zu erfahren, daß Lernen etwas mit ihnen selbst, mit der modernen Lebenswelt zu tun hat.

Dies macht Schule zu einer offenen, in die Gemeinde integrierten bzw. integrierbaren Bildungseinrichtung, die sich damit auch allen Problemen, Konflikten, Widersprüchen und Ideologien der Modernisierung unserer Gesellschaft ausgesetzt sieht.

Warum soll Jugendkultur hier nicht einen wesentlichen Beitrag zur Schulkultur, zur Öffnung von Schule beitragen? Warum soll Schulkultur nicht Impulsgeber sein für Aktivitäten außerhalb der Schulen, deren Einrichtungen zu kämpfen haben mit unverbindlichen Formen von Freizeitaktivitäten?

Auf diese Art der gegenseitigen Wahrnehmung, Begegnung und Auseinandersetzung könnten gemeinsame spiel- und theaterpädagogische Aktivitäten mithelfen, ein günstiges soziales Klima, eine emotionale Akzeptanz kultureller Initiativen und Vorhaben in Erfahrungsräumen zu schaffen.

Darstellen und Gestalten

Schulversuche zur Erprobung eines neuen Faches „Darstellen und Gestalten" laufen schon in den nördlichen Bundesländern, z.B Nordrhein-Westfalen und Schleswig-Holstein, in dem die Bereiche Kunst, Musik, Theater, Tanz, Film und Video sowie literarisches Schreiben fächerintegrativ und ganzheitlich im Grundkonzept unterrichtet werden, mit dem Blick auf Projekte der „Schulkultur".

Was diese Entwicklung für die Kooperation schulischer und außerschulischer Kulturarbeit bringen kann:

Darstellungs- und Gestaltungsfähigkeiten aller Schülerinnen und Schüler können in der ganzen Breite des Angebots kontinuierlich gefordert und gefördert werden;

Darstellungs- und Gestaltungsformen werden von den bildnerischen, sprachlich-literarischen, theatralen und musikalischen Potentialen her in ihrer Vernetzung und auch Kontrastierung miteinander geprägt und wirksam.

Dieser neue Ansatz integrativer wie offener schulkultureller Projektarbeit setzt kreative Handlungsprozesse in Gang, wie sie vergleichbar in außerschulischen pädagogischen Handlungsfeldern, etwa in Film- und Videowerkstätten, auch in Kunst- und Musikschulen u.a. realisiert werden.

Fazit

Gerade die aktuelle Entwicklung in der Reformpädagogik, in der Erprobung und Implementie-
rung offener Formen des Unterrichts, in der
neuen Gewichtung schulbegleitender Aktivitäten, gerade im Umfeld der elektronischen Medien, ruft geradezu nach der Kooperation beider Bildungsfelder, auch als Ergänzung in der
Abgrenzung spezifischer einzelmedialer wie
altersgruppenorientierter Projekte.

Hindernisse auf diesem Weg

Als hinderlich für die angestrebte Kooperation
können sich erweisen:

Ein einseitiger, unzulänglicher Informati-
onsstand auf beiden Seiten - hier ist
Wissen um die jeweiligen Aktivitäten
angesagt.

Eingeübte Bequemlichkeit in der Behar-
rung auf liebgewordene, da unproblema-
tische Arbeitsweisen wie in einem
kulturellen Biotop.

Ein unbefragtes Festhalten an tradierten
Effizienz-Konzepten, die „Umwege",
„Abschweifungen" vom ins Auge
gefassten Erfolgsziel (vor allem des
Abiturs) als Gefährdungen vermeiden.

Bundesarbeitsgemeinschaft der Landesjugendämter

Jugendhilfe und Schule

Auszüge der im Mai '93 beschlossenen Empfehlungen der Bundesarbeitsgemeinschaft der Landesjugendämter

Vorbemerkung

„ ... Schule und Jugendhilfe sind Sozialisationsinstanzen, die beide den gesetzlichen Auftrag haben, unter Wahrung der verfassungsmäßigen Rechte der Eltern die Erziehung und Bildung der Kinder zu fördern und zu gewährleisten. Das KJHG verpflichtet deshalb in § 81 Nr. 1 die Träger der öffentlichen Jugendhilfe ausdrücklich zur Zusammenarbeit mit der Schule. Schulgesetze der Länder andererseits bestimmen, daß die Schule die Verantwortung der übrigen Träger der Erziehung und Bildung zu berücksichtigen haben (so z.B. § 1 Abs. 3 des Schulgesetzes für Baden-Württemberg), also ebenfalls ein - wenn auch deutlich schwächer formulierter - Kooperationsauftrag. ...

Die Bundesarbeitsgemeinschaft der Landesjugendämter legt deshalb neue Empfehlungen zum Thema „Jugendhilfe und Schule" vor. ... Sie sollen Schule und Jugendhilfe anregen, im Sinne von § 1 KJHG gemeinsam dazu beizutragen, positive Lebensbedingungen für junge Menschen und ihre Familien sowie eine kinder- und familienfreundliche Umwelt zu erhalten oder zu schaffen und Benachteiligungen junger Menschen zu vermeiden oder abzubauen. ...

Veränderungen in der Lebenswelt als Herausforderung

... Der Schule und der Jugendhilfe sind heute also grundlegende Sozialisationsfunktionen zugewachsen. Sie sind die bedeutsamsten Orte, an denen junge Menschen zusammenkommen. Erziehung und Bildung wird jedoch nicht nur von Pädagogen vermittelt. Die jungen Menschen suchen sich dort in den Gleichaltrigengruppen ihre eigenen Wege, führen untereinander ihre eigenen Auseinandersetzungen und tragen ihre eigenen Lebenspläne in diese Institution hinein.

Die Schule ist allerdings nach wie vor eine festgefügte Einrichtung, die sehr auf sich selber bezogen ist, zugleich jedoch immer deutlicher zu spüren bekommt, daß sie sich angesichts der Probleme, die junge Menschen heute in die Schule mitbringen, und angesichts geänderter gesellschaftlicher Rahmenbedingungen nicht mehr nur auf Wissensvermittlung konzentrieren kann. Zentrale Leitwerte der Schule, wie Bildungsauftrag und Vorbereitung auf den Beruf, werden hinterfragt oder nicht mehr als ausreichende Aufgabenstellung gesehen. Von der Schulpolitik wird an die Schule deshalb heute verstärkt die Erwartung gerichtet, sich mehr als Lebensort von Schülern zu verstehen und das soziale Lernen als wichtigen Bestandteil schulischen Lebens zu fördern. Zugleich allerdings werden die hierfür erforderlichen Rahmenbedingungen und Ressourcen nicht nur nicht geschaffen, sondern aufgrund finanzieller Restriktionen zunehmend verschlechtert.

In dieser Situation macht die Schule vom Angebot der Jugendhilfe als einer anderen, stärker lebenslagen- und problemorientiert arbeitenden Sozialisationsinstanz mehr Gebrauch. Jugendhilfe und Schule treten sich dabei zunächst eher fremd gegenüber und haben zugleich hohe Erwartungen aneinander. Lehrer haben die Vorstellung, Jugendhilfe könne Schülerprobleme und Erziehungsprobleme schnell lösen und so zur Entlastung der Unterrichtssituation beitragen. Sie sind zu we-

KJHG und Schulgesetze formulieren Kooperationsauftrag

nig über Arbeitsweise und Instrument der Jugendhilfe informiert und erwarten rasche Maßnahmen und Eingriffe wie Heimeinweisung, Sorgerechtsentzug, Beginn einer Therapie etc.

Die Fachkräfte der Jugendhilfe andererseits erwarten, daß Lehrer in jungen Menschen nicht nur gute und schlechte Schüler sehen, sondern das familiäre und soziale Umfeld ebenso berücksichtigen, also sensibel für die gesamte Persönlichkeit eines jungen Menschen sind und entsprechend mit ihm umgehen.

Beide Seiten müssen sich also aufeinander zubewegen und voneinander lernen. Dies geht jedoch nicht, ohne daß der Jugendhilfe von der Schule zugestanden wird, auch auf die Eigenanteile der Schule an den „Problemfällen" hinzuweisen, deren Lösung sie von der Jugendhilfe erwarten.

Jugendarbeit heißt Raum für Entfaltung und Freiwilligkeit

... Grundverständnis und Aufgaben der Jugendarbeit haben sich in der Bundesrepublik pluralistisch entwickelt. Jugendarbeit spiegelt unterschiedliche Wertorientierungen wieder und vollzieht sich mit verschiedenartigsten Inhalten, Methoden und Arbeitsformen. Die Pluralität ergibt sich kleinräumig und lebenslagenorientiert aus den unterschiedlichen Bedürfnissen der jungen Menschen in den einzelnen Orten. Daneben ist sie Ausdruck des Freiheitsrechtes der einzelnen Bürger und ihrer Zusammenschlüsse.

Jugendarbeit versteht sich als ein auf die gesellschaftliche Wirklichkeit bezogenes zwangsfreies Lern- und Erprobungsfeld und erfüllt über die Aufgaben im Freizeitbereich hinaus einen umfassenden sozialpädagogischen Auftrag in der Erziehung und Bildung der jungen Menschen neben Familie, Schule und Berufsausbildung. Sie trägt, eigenständig organisiert, mit ihren Leistungen zur Erfüllung der gesetzlichen Aufgaben der Jugendhilfe (§ 2 KJHG) bei.

Jugendarbeit leistet einen Beitrag zur Integration junger Menschen in dem Prozeß der demokratischen Entwicklung und Gestaltung der Gesellschaft. Sie wirkt dabei auch zum Ausgleich sozialer Benachteiligung mit. Jugendarbeit ist nicht nur als allgemeine pädagogische Veranstaltung, sondern als Konflikt- und Lernfeld zwischen Partnern anzusehen.

Jugendarbeit wird angeboten von Verbänden, Gruppen und Initiativen der Jugend, von anderen Trägern der Jugendarbeit und Trägern der öffentlichen Jugendhilfe. ...

Kooperation von Jugendarbeit und Schule

Die schulische Entwicklung ist neben einer verstärkten sozialpolitischen Inpflichtnahme gekennzeichnet durch neue Ansätze wie

verstärkter Einsatz von Projektunterricht (Projektwochen),

ausgeweitete Angebote an Arbeitsgemeinschaften,

Ausbau schulischen Lebens über den Unterricht hinaus,

vermehrte Kontaktaufnahme mit außerschulischen Partnern verschiedener Gesellschaftsbereiche im lokalen Umfeld,

Aufsuchen außerschulischer Lernorte und

Öffnen der Schule für außerschulische Veranstaltungen.

Diese Ansätze sollen das Verständnis von der Schule als Lebensraum bei SchülerInnen, LehrerInnen und Eltern fördern. Der tägliche Zeitbedarf, insbesondere für außerunterrichtliche Aktivitäten wird sich im Zuge dieser Entwicklungen nicht unerheblich in den Nachmittag hinein ausdehnen. Das angestrebte Ziel der Öffnung kann nur gelingen, wenn die einzelne Schule in ihrem unmittelbaren Umfeld entsprechende Partner findet. Außerschulische Institutionen, Gruppen und Personen sollen deshalb verstärkt in das schulische Lernen und Leben einbezogen werden.

Derartige Feststellungen machen deutlich, daß Schule Inhalte und Methoden der bisher weitgehend außerschulisch organisierten Jugendarbeit in ihre unterrichtlichen und vor allem außerunterrichtlichen Veranstaltungen einbeziehen soll und dazu auch die Träger der Jugendarbeit ins Schulleben integrieren will.

Eine Kooperation von Trägern der Jugendarbeit mit der Schule kann sowohl zur Bereicherung und Öffnung der Schule als auch zur Aktivierung der Jugendarbeit beitragen, wie dies z.B. Erfahrungen mit dem Programm Jugendarbeit und Schule in Niedersachsen gezeigt haben. Wenn auch aus unterschiedlichen Positionen heraus beschrieben, so zeigen die jeweiligen gesetzlichen Grundaussagen durchaus übereinstimmende gesellschaftliche Handlungsziele von Jugendarbeit und Schule auf. Daneben bestehen jedoch auch strukturelle Unterschiede zwischen Jugendarbeit und Schule, die sowohl auf besondere Voraussetzungen und Probleme als auch auf spezifische Möglichkeiten und Chancen der Kooperation verweisen.

Unterschiede zwischen Jugendarbeit und Schule liegen insbesondere in ihrem organisatorisch / inhaltlichen Gestaltungsrahmen. Sie beziehen sich zum einen auf die jeweils unterschiedlichen Handlungsstrukturen der beiden Institutionen und zum anderen auf die durch die beiden Handlungsfelder mitgeprägten Erlebnisformen der jungen Menschen.

Folgende Aspekte kennzeichnen - prononciert ausgedrückt - die Unterschiede zwischen Jugendarbeit und Schule:

Die Schulzeit besetzt andere Tageszeiten als die Jugend(freizeit)arbeit. Sie ist zeitlich festgelegt und vorstrukturiert; Jugendarbeit verfügt dagegen über eine flexiblere Zeitgestaltung.

Der Schulpflicht steht die Freiwilligkeit der Teilnahme in der Jugendarbeit gegenüber.

Die Schule wird in besonderem Maße durch berufliches pädagogisches Handeln, Jugendarbeit überwiegend durch ehrenamtliches Engagement geprägt.

Der Schulalltag ist mit einer stringenteren Rollenzuweisung verbunden; Jugendarbeit ermöglicht die Übernahme verschiedener Rollen, erlaubt Rollenvielfalt.

Das Schulleben ist stark durch leistungsbezogene Bewertung und Selektion strukturiert, Jugendarbeit ist ein relativ offenes, vom Leistungsprinzip entlastetes Handlungsfeld.

In der Schule steht kognitives Lernen nach weitgehend vorgegebenen Lernformen und Methoden im Vordergrund; Jugendarbeit bedeutet verstärkt die Möglichkeit zu methodisch flexiblem, ganzheitlichem und situativem Lernen.

Der Schulbetrieb ist zur „Neutralität" verpflichtet; Jugendarbeit ist ausdrücklich interessenbezogen, vielfältig wertorientiert und zielt auf Parteinahme und Partizipation ab.

Insgesamt ist Schulverhalten eher fremdbestimmt; Freizeitverhalten in der Jugendarbeit hingegen eher selbstbestimmt.[1]

Angestrebt werden sollte eine Kooperation zwischen Schule und Jugendarbeit im Sinne und mit dem Ziel der Stützung der Eigenständigkeit der Jugendarbeit durch die Schule.

Jugendarbeit wird zur Kooperation mit der Schule jeweils nur die bisher örtlich vorhandenen Kapazitäten einsetzen können. Das umfängliche ehrenamtliche Potential der Jugendarbeit

Jugendhilfe und Schule treten sich zunächst eher fremd gegenüber

189

steht in der Regel in den frühen Nachmittagsstunden nicht zur Verfügung. Jugendarbeit wird
deshalb verstärkt ausgestattet werden müssen, um den Anforderungen, die sich in der
Kooperation mit der Schule stellen, tatsächlich
entsprechen zu können.

Umgekehrt wird wirkliche Kooperation mit der
Jugendarbeit auch von der Schule (LehrerInnen, SchülerInnen und Eltern) ein verstärktes
außerschulisches Engagement auf der jeweiligen örtlichen Ebene erfordern. ..."[2]

Anmerkung

1. vgl. Institut für Entwicklungsplanung und
   Strukturforschung Hannover, Kooperation von
   Jugendarbeit und Schule in Niedersachsen,
   IES-Bericht, 207.90, Hannover 1990, S. 9 ff.

2. Der Textauszug entstammt: Bundesarbeitsge-
   meinschaft der Landesjugendämter (Hg.):
   Empfehlungen zum Thema: „Jugendhilfe und
   Schule", Juli 1993. Zu beziehen über den
   Landschaftsverband Rheinland - Landes-
   jugendamt, Kennedy-Ufer 2, 50679 Köln

Schule in der Gemeinde. - Öffnung von Schule

Auszüge aus dem Positionspapier des Deutschen Städtetages vom Februar 1989

„...Die ganzheitliche und vielfältige Entwicklung junger Menschen fordert von den Städten, die Wirkungsmöglichkeiten in den Bereichen Jugendarbeit, Sport, Kultur und Schule miteinander zu verknüpfen, ohne dabei die spezifischen Aufgaben der Schule zu beeinträchtigen. Der Schulträger unterstützt die Öffnung von Schule, indem er

die Zusammenarbeit - insbesondere seiner kulturellen Einrichtungen (Stadtarchiv, Museum, Musikschulen, Theater, Bücherei) mit den Schulen auf der Grundlage kommunaler Konzepte fördert und Kontakte zu anderen Einrichtungen und außerschulischen Partnern herstellt, sowie

den Schulen größere Eigenverantwortung und Flexibilität im Rahmen der zugewiesenen Mittel zugesteht.

Grundzüge eines kommunalen Konzeptes zur Öffnung von Schule

Hauptziel des kommunalen Konzepts „Schule in der Gemeinde. Öffnung der Schule" ist, innerschulisches Lernen durch außerschulische Erfahrungs- und Handlungsmöglichkeiten zu ergänzen, um dadurch dem Lebensbezug als pädagogisches Prinzip in der Schule Geltung zu verschaffen. Der unmittelbare Lebensbezug der Schüler ist die Stadt (Gemeinde). Sie bietet sich als exemplarisches Lernfeld für die Schüler an, weil sie Lebensfeld der Schüler ist und wichtige Aspekte der Gesellschaft als Mikrokosmos umfaßt. Damit kann das Konzept „Schule in der Gemeinde. Öffnung der Schule" einem zu sehr theoriebezogenen, isolierten Lernen in der Schule entgegenwirken.

Das Konzept „Schule in der Gemeinde. Öffnung der Schule" umfaßt eine Vielzahl unterschiedlicher, freiwilliger, pädagogischer Initiativen der Schulen von Projekten zur Stadtgeschichte über Schulkultur bis zum Kennenlernen von Wirtschafts- und Arbeitswelt sowie sozialem Umfeld, und zwar einschließlich des politischen Umfelds der kommunalen Demokratie.

Im Mittelpunkt des Konzepts steht der Schüler. So dient die Öffnung von Schule, d.h. die Stärkung des Lebensbezugs als pädagogisches Prinzip in der Schule insbesondere

- dem Einblick der Schüler in Strukturen und Abläufe des kommunalen Umfeldes,
- der Erziehung der Schüler zum selbständigen Handeln und zur Übernahme von Verantwortung,
- der Förderung des kulturellen Interesses, der Kreativität und Phantasie der Schüler.

Ziel: Stärkung des Lebensbezugs als pädagogisches Prinzip

Das Konzept „Schule in der Gemeinde. Öffnung der Schule" bereichert das Schulleben und fördert ein stärkeres Engagement von Eltern, Lehrern und Schülern für bislang „Außenstehenden" (Künstler, Vereine, Verantwortliche in Wirtschaft und Gesellschaft u.a.)

Das Konzept „Schule in der Gemeinde. Öffnung der Schule" soll die pädagogische Eigenständigkeit der Schulen stärken und sie darin unterstützen, die von den Lehrplänen und Richtlinien offengelassenen Freiräume zu nutzen. Die Schulen und Schulformen können dadurch ein eigenes pädagogisches Profil entwickeln.

Das Konzept „Schule in der Gemeinde. Öffnung von Schule" fördert ein wechselseitiges und damit engeres Verhältnis von Schule und Stadt. Die Stadt gewinnt neues Interesse an

*Die Schule braucht
Öffentlichkeit, die
Öffentlichkeit braucht
Schule*

der Schule. Die Schule braucht Öffentlichkeit, die Öffentlichkeit braucht Schule. Dieser Grundsatz erschöpft sich nicht darin, daß Schulräume durch Vereine, Initiativen und Einrichtungen der Stadt genutzt werden. Die Stadt und ihre Bürger werden bereichert, indem sie Schule und Schüler besser kennenlernen und das Ergebnis ihrer Erfahrungen (z.B. Stadtgeschichte, Schulkultur) zur Kenntnis nehmen."[1]

Ergänzende Positionen des Städtetages Nordrhein-Westfalen

*Ein solches Konzept
braucht die
Abstimmung mit
außerschulischen
Trägern*

„… Ein solches Konzept kann nur in weitgehendem Konsens mit allen an der Schule Beteiligten realisiert werden. Hierbei ist auch zu beachten, daß eine Abstimmung mit den Organisationen (z.B. Jugendverbände) und Institutionen erforderlich ist, die im Rahmen der Jugendhilfe außerschulische Jugendarbeit verantworten.

Staatliche Förderung der Öffnung von Schule

Aus kommunaler Sicht hat der Staat im Hinblick auf Förderung der schulischen Öffnung Verantwortung vor allem in zweifacher Hinsicht, nämlich:

Den Schulen sind neue inhaltliche und materielle Freiräume zuzugestehen.

Die inhaltliche pädagogisch-didaktische Inanspruchnahme dieser Freiräume durch die Schulen müßte durch Abgrenzungen vor bloßer Beliebigkeit und Unverbindlichkeit gesichert werden.

Die schulaufsichtlichen Rahmenbedingungen müssen

zur Erprobung von neuen Formen des sozialen Lernens ermutigen, aber auch die Schule vor der Fehlentwicklung zu einer Art Reparaturbetrieb für vermeintliche oder tatsächliche gesellschaftliche Nöte bewahren,

die Chancen der örtlichen Einbindung der Schule aufgreifen, aber eine vordergründig soziale oder ökologische Reduktion des Lernfeldes „Stadt" verhindern,

ein stärker realitätsbezogenes Lernen unter Berücksichtigung der Schüler ermöglichen, aber auch Phantasie, Kreativität, Konzeptionalität und theoretisches Lernen einüben,

die Schulen zu ihrer Profilierung und zum Wettbewerb anregen, aber bloßen, vom Inhalt der Schule losgelösten Aktionismus im Sinne von Reklame für die Schule, fernhalten. …

Wichtigste Erwartung an das Land ist, daß die Lehrerstellenberechnung für die Arbeit im Rahmen der Öffnung von Schule geändert wird. Vergleichbare Regelungen gibt es für die Mitwirkung von Lehrern im Projekt „Schulkultur".

Ferner ist vom Land zu gewährleisten, daß der Lehrer für die vielfältigen organisatorischen Aufgaben bei einer Öffnung von Schule entlastet wird (Verwaltungskraft, Sozialarbeiter, schulpsychologischer Dienst).

Schließlich müssen die Dienstreisekostenerstattung und das Haftungsrecht überprüft werden, wenn den Lehrern zusätzliches Engagement in größerer Breite abgefordert wird.

Hauptaufgabe der Schulaufsicht ist, sich um eine Neubestimmung der Lehrerrolle zu bemühen. Durch die Öffnung von Schule gerät der Lehrer nämlich in den Zwiespalt, einerseits in der Wissensvermittlung nicht nachlassen zu dürfen und andererseits die dadurch vorgegebene Lehrerrolle ständig zugunsten einer noch stärker lebens- und kindzugewandten Haltung zu überprüfen.

Die Schulaufsicht muß diese komplexe Anforderung an den Lehrer in der Lehrerbildung vorbereiten. Insbesondere muß die Lehrerausbildung in der zweiten Phase in ein konkretes örtliches Umfeld eingebunden werden. Neue Fortbildungsformen müssen gefunden werden.

Haupterwartung an die Schule und an den Lehrer ist, daß sie ein neues Verständnis von pädagogischem Konzept und vom Lernen schaffen können. Regionale und örtliche Unterschiede müssen dabei nicht schädlich sein. Im Mittelpunkt dieses Konzepts steht die soziale Wirklichkeit, wie sie im schulischen Umfeld erfahren werden kann, und die Ermöglichung flexiblen Lehrverhaltens.

Finanzierung und Räume

Die Öffnung der Schule ist nicht zum Nulltarif zu haben: Der entscheidende finanzielle Beitrag des Staates liegt im Ausbau der Lehrerfortbildung, in der Freistellung von Lehrern sowie in der Unterstützung der Lehrer durch zusätzliche Kräfte.

Durch die stärkere Öffnung von Schule in größerer Breite geraten die Schulträger unter erheblichen Druck von Eltern und Schülern. Sie haben verschiedene Möglichkeiten der finanziellen Förderung, über die jeweils selbstverantwortlich entschieden werden muß. Die ganztägige Öffnung von Schulen stellt zusätzliche Anforderungen an das nichtpädagogische Personal (Hausmeister). Vielfach müssen bessere räumliche Voraussetzungen erst geschaffen werden. Außenanlagen müssen umgestaltet werden. Gegebenenfalls sind auch weitere Hilfsmittel (z.B. Transport) bereitzustellen.

Die Städte ihrerseits sind aufgerufen, spezifische Angebote im Rahmen der kommunalen Bildungs-, Sozial- und Kulturarbeit für die Schulen zu entwickeln und bei der notwendigen Kooperation von Lehrern, Schulverwaltungskräften und Schulverwaltungsamt mitzuwirken.

Zur Stärkung der pädagogischen Eigenständigkeit der Schule gehört auch ihre größere wirtschaftliche Unabhängigkeit im Rahmen des Haushaltes. Sie könnte durch eine größere Eigenverantwortung und Flexibilität der Haushaltsführung im Rahmen der zugewiesenen Mittel gewährleistet werden."[2]

Anmerkung und Literatur

1. aus: Deutscher Städtetag: Schule in der Gemeinde. Öffnung von Schule. Beschluß der Hauptversammlung vom 22. Februar 1989, Seite 2 ff.

2. aus: Städtetag Nordrhein-Westfalen: Schule in den Gemeinden Nordrhein-Westfalens. Öffnung von Schule. Beschluß des Landesvorstandes vom 22. Mai 1989, S. 3 ff.

Der Beitrag der Bildung zur kulturellen Entwicklung

Empfehlung Nr. 78 an die Bildungs- und Kulturministerien[1]

„Die Internationale Erziehungskonferenz (ICE) ist auf Einladung der Organisation der Vereinten Nationen für Bildung, Wissenschaft und Kultur vom 14. bis 19. September 1992 zu ihrer 43. Sitzung in Genf zusammengetreten.

Die Konferenz ist der Überzeugung, daß der Mensch nicht nur als Handelnder, sondern als Ziel an sich im Mittelpunkt jeder Entwicklung stehen muß. Aus diesem Grunde ist die Förderung der Persönlichkeitsentfaltung in allen Dimensionen, insbesondere durch den besseren Zugang zu Kultur und Bildung, geboten.

Das Mandat der UNESCO: Kultur und Bildung neue Impulse vermitteln

Sie erinnert daran, daß die Verfassung der UNESCO vom 16. November 1945 der Organisation das Mandat erteilt, der Bildung aller Volksschichten und der Verbreitung der Kultur sowie der Erhaltung der Unabhängigkeit, Integrität und bereichernden Vielfalt der Kulturen und der Bildungssysteme in den Mitgliedsstaaten neue Impulse zu vermitteln.

Sie erinnert an die Allgemeine Erklärung der Menschenrechte der Vereinten Nationen vom 10. Dezember 1948, in der das Recht jedes Menschen festgeschrieben ist, am kulturellen Leben seiner Gemeinschaft teilzunehmen, künstlerische Ausdrucksformen zu erleben und an dem wissenschaftlichen Fortschritt und seinem Nutzen teilzuhaben (Art.27). Sie stützt sich darüber hinaus auf die Schlußerklärungen der Weltkonferenz über Kulturpolitik (Mexiko City 1982), die Erklärung über die Grundsätze der Internationalen Kulturellen Zusammenarbeit aus der 14. Generalkonferenz der UNESCO 1966 und auf die Konvention der Vereinten Nationen über die Rechte der Kinder, wie auf die Vollversammlung der Vereinten Nationen, die in ihrer Resolution 41/187 die **Weltdekade für kulturelle Entwicklung** 1988

bis 1997 ausgerufen hat. Diese strebt im Aktionsplan vier Hauptziele an: die Anerkennung der kulturellen Dimension der Entwicklung, die Hervorhebung der kulturellen Identität, die verbesserte Teilhabe an der Kultur und die Förderung der internationalen kulturellen Zusammenarbeit.

Sie verweist ferner darauf, daß die Stärkung kultureller Identität nach dem Dritten Mittelfristigen Plan der UNESCO von 1990 bis 1995 eines der Hauptziele darstellt, und daß Identitätsstärkung erst durch Dialog und gegenseitige Bereicherung verschiedener Kulturen in einer globalen Kultur der internationalen Verständigung und des Friedens erreicht werden kann.

Sie weist ferner auf die Ergebnisse des sog. „Erdgipfels", die Konferenz der Vereinten Nationen über Umwelt und Entwicklung (UNCED) 1992 in Rio de Janeiro, Brasilien, hin.

Die Konferenz hat sich über die grundlegende Rolle der Bildung im Prozeß einer kulturell geprägten Entwicklung geeinigt. Sie erkennt die Bedeutung der Bildung für die internationale Verständigung, die Zusammenarbeit und den Frieden sowie Bildung im Hinblick auf Menschenrechte und Grundfreiheiten unter Einbeziehung der Umweltbildung an, mit deren Hilfe ein Gesamtkonzept humanistischer Werterziehung verwirklicht werden soll.

Sie berücksichtigt die kulturellen Aspekte der „Bildung für alle" im Rahmen der Grundbildung, wie sie von der Weltkonferenz „Bildung für alle" in Jomtien, Thailand, 1990 und bei der 42. Internationalen Konferenz 1990 in Genf bekräftigt worden sind.

Die Konferenz ist sich der weltweiten weitreichenden Veränderungen und ihrer Folgen bewußt, die zu einer Erneuerung von Werten und zu Bildungsreformen im Kontext des 21. Jahrhunderts führen können. Sie einigt sich im Lichte eines neuen globalen Denkens auf die folgenden konzeptionellen Grundlagen, die als Hilfestellung für Maßnahmen auf nationaler und internationaler Ebene dienen können:

Empfehlungen der UNESCO

1. Kultur: Im Rahmen der Weltkonferenz über Kulturpolitik 1982 in Mexiko City war Einigung über einen Kulturbegriff erzielt worden, bei dem die Kultur als „im weitesten Sinne als Gesamtheit der einzigartigen geistigen, materiellen, intellektuellen und emotionalen Elemente angesehen werden kann, die eine Gesellschaft oder eine soziale Gruppe kennzeichnen", wie die grundlegenden Rechte aller Menschen als Teil eines übergreifenden Wertesystems. Zur Kultur eines Landes gehören nicht nur anerkannte akademische Kunstformen, sondern auch die Volkskultur. Kultur meint nicht nur das kulturelle Erbe, sie wird vielmehr bereichert und fortentwickelt aus Kreativität und kollektivem Gedächtnis. Eine lebende Kultur ist nicht auf sich selbst begrenzt, sondern sucht ihre Bereicherung in der Öffnung nach außen. Kultur in ihrer wissenschaftlichen Einbindung spielt eine immer bedeutendere Rolle in der menschlichen Kultur, der sie eine universielle Basis verschafft.

2. Entwicklung: Sie umschließt sowohl die Evolution als auch einen Wechsel des gegenwärtigen Zustands im Sinne von Fortschritt und Bereicherung als auch Selbsterfüllung. Entwicklung kann nicht ausschließlich oder vorrangig am quantitativen Zuwachs gemessen werden, sie ist daher nicht mit materiellem Zuwachs zu verwechseln oder auf ihn zu beschränken. Entwicklung soll vielmehr gemessen werden an der Bereicherung der Menschen und an der Verbesserung der Lebensqualität, die sie mit sich bringt. Heute besteht allgemeiner Konsens darüber, daß die kulturelle Dimension ein unabdingbarer Bestandteil einer jeden sozio-ökonomischen, technischen, wissenschaftlichen oder sonstigen übergreifenden Entwicklungspolitik ist.

3. Kulturelle Entwicklung: Als dynamischer Prozeß bedeutet sie kulturelle Bereicherung, die Verstärkung aller Formen kulturellen Ausdrucks und die Verbreiterung der kulturellen Zugangsbasis für jeden einzelnen durch ein Mehr an kultureller Teilhabe und Kreativität über konkrete Maßnahmen, die im Geiste gegenseitigen Respekts und gegenseitiger Toleranz angelegt sind.

4. Bildung: Sie beinhaltet die bewußte Ingangsetzung eines Prozesses umfassender Persönlichkeitsentfaltung, der sich über das gesamte Leben erstreckt und darauf hinzielt, persönliche Erfüllung auf intellektueller, körperlicher, emotionaler, moralischer und geistiger Ebene zu erreichen. Die Aufgabe von Bildung liegt nicht nur in der Vermittlung von Wissen, Know-how, Werten und anderen Bestandteilen der die Menschen verbindenden Kulturen, sondern auch in der Hinführung zu Kreativität und Eigenständigkeit. Je mehr der einzelne in seiner Wahrnehmungs- und Reaktionsfähigkeit gefördert wird, desto eher ist er fähig, die eigene Kultur zu leben und zu derjenigen anderer positiv beizutragen. Bildung kann auch zur besseren Integration des einzelnen in das kulturelle, soziale und wirtschaftliche Leben beitragen und damit das menschliche Leistungspotential steigern, auf dem jede Entwicklung - ob geistiger, ob materieller Natur - letztlich basiert.

Ein Prozeß umfassender Persönlichkeitsentfaltung

Bildung muß jedoch auf allen Ebenen in einem dynamischen Wechselspiel zur Kultur stehen. Wenn die Bildung ihre Aufgabe erfüllen soll, die kulturelle Entwicklung zu fördern und den einzelnen besser auf das Leben in einer Gesellschaft mit verschiedenen, einander bereichernden Kulturen vorzubereiten, so braucht sie Freiheit des Ausdrucks, ungehinderte Teilnahme und den freien Personenaustausch sowie den Transfer von Wissenschaftsinhalten und schöpferischen Leistungen. Bildung setzt den gleichberechtigten Zugang zu allen Stufen des Lernens und ein demokratisch organisiertes kulturelles

Leben voraus und kann dadurch entscheidend dazu beitragen, dieses Leben aktiv zu gestalten und zu verbessern.

5. Kulturelle Bildung bedeutet:
a) die Heranführung an das kulturelle Erbe und dessen positive Würdigung und die positive Wahrnehmung aktueller, kultureller Ausdrucksformen;
b) das Vertrautmachen mit den Entstehungs- und Verbreitungsformen von Kulturen;
c) die Anerkennung der Gleichberechtigung der Kulturen und der unauflösbaren Verbindung zwischen den Formen des kulturellen Erbes und der Kultur von heute;
d) künstlerische und ästhetische Bildung;
e) Werterziehung und staatsbürgerliche Bildung;
f) Medienerziehung;
g) interkulturelle/multikulturelle Bildung.

6. Interkulturalität / Multikulturalität: Diese Begriffe bezeichnen das Wissen über und das Verständnis für verschiedene Kulturen sowie die Begründung positiver Beziehungen des Gebens und Nehmens zwischen den unterschiedlichen kulturellen Strömungen innerhalb eines Landes und zwischen den weltweit vorhandenen unterschiedlichen Kulturen. Diese unterschiedlichen Faktoren, die die heutige Welt prägen, führen dazu, daß sich moderne Gesellschaften in unterschiedlichem Maße mit dem Phänomen der Multikulturalität auseinanderzusetzen haben.

Der Trend zu einer vergrößerten kulturellen Vielfalt hat mehr und mehr zur Folge, daß Multikulturalität sehr viel mehr beinhaltet als Anpassung oder passive Koexistenz einer Vielzahl von Kulturen - der Begriff umfaßt vielmehr darüber hinaus kulturelle Selbstachtung, verbunden mit dem Respekt vor und dem Verständnis für die Kulturen anderer Menschen.

7. Interkulturelle / multikulturelle Bildung: Dies bezeichnet einen Typ von Bildung, der für Lernende innerhalb und außerhalb der Schule angelegt ist und die Achtung vor der kulturellen Vielfalt, das gegenseitige Verständnis und den Sinn für kulturelle Bereicherung fördern soll. Diese Art von Bildung macht erst dann Sinn, wenn sie sich nicht nur auf die Vermittlung zusätzlicher Inhalte beschränkt, nur in Nebenaktivitäten des schulischen Lebens oder in einzelnen Fächern angesiedelt ist, sondern wenn sie fächerübergreifend für alle Stufen des Lernens und für das gesamte Bildungssystem verstanden wird. Dabei ist es wichtig, daß sowohl Pädagogen als auch alle anderen beteiligten Partner einschließlich der Familie, kulturelle Einrichtungen und Medien gemeinsam Verantwortung übernehmen. Nach allgemeinem heutigem Verständnis sollen in allen Lernbereichen Lehrpläne, Kurse und Veranstaltungen entwikkelt werden, die auf didaktischer Ebene den Respekt für die kulturelle Unterschiedlichkeit fördern und das Verständnis für Kulturen verschiedener Bevölkerungsgruppen vermitteln. Diese Form von Bildung kann darüber hinaus integrativen und leistungsfördernden Charakter haben, die internationale Verständigung fördern und denkbare Formen des Ausschlusses verhindern. Ihr Ziel sollte es sein, von dem Verständnis der Kultur des eigenen Volkes zu einer Würdigung der Kulturen benachbarter Völker und weltweiter Kulturen zu gelangen.

8. Wissenschaft, Technik und Kultur: Der Fortschritt aller Gesellschaften beruht zu einem großen Teil auf Wissenschaft und Technik, deren Entwicklung wiederum durch soziale und kulturelle Faktoren nachhaltig beeinflußt wird. Die Menschen brauchen Wissenschaft und Technik, um größere Unabhängigkeit von den Zwängen ihrer natürlichen und sozialen Umgebung zu erlangen. Eine wissenschaftlich/technische Kultur kann jedoch erst dann befreienden Charakter haben, wenn sie in ein ethisches und humanistisches Wertesystem integriert ist. Letztendlich geht es um die individuelle Selbstentfaltung und die Zukunft der Menschheit und damit eines jeden einzelnen, der mit den anderen Menschen zusammen die menschliche Gemeinschaft bildet.

Die Konferenz erachtet die folgenden Leitgedanken und Maßnahmen auf nationaler Ebene für notwendig:

Die Koordination von Bildungs- und Kulturpolitik

In einem Gesamtentwicklungskonzept: Die Mitgliedsstaaten sind aufgerufen, diese Koordination zu verbessern. Damit Bildung und Kultur besser miteinander und mit der Entwicklung insgesamt verknüpft werden, könnte in der Bildungs- und Kulturpolitik der Mitgliedstaaten eine verstärkte Abstimmung und Zusammenarbeit mit anderen Institutionen der Gesellschaft erforderlich sein, die zur kulturellen und sozioökonomischen Entwicklung beitragen. Leitgedanken hierfür könnten sein:

a) verbesserte Zusammenarbeit zwischen schulischen und nichtschulischen Bildungseinrichtungen und Kulturinstitutionen;

b) verbesserte Beteiligung und Einbeziehung von Kulturexperten im Bildungswesen;

c) Verbreiterung des Netzwerks kultureller Institutionen, die auf einer gemeinsamen Basis zugunsten der Erstausbildung und Fortbildung des Personals zusammenarbeiten;

d) Ausbau des Bildungsangebots in den Medien;

e) die angemessene Berücksichtigung von Bildungs- und Kulturbedarf im Rahmen der Zuweisung allgemeiner Haushaltsmittel und privater Fördermaßnahmen.

10. Die Rolle der Schule in der Kulturvermittlung: Wenn die Schule für den Bedarf moderner Gesellschaften und die Erfordernisse des 21. Jahrhunderts besser gerüstet sein will, muß sie sich gegenüber ihrer sozialen, wirtschaftlichen und kulturellen Umgebung öffnen und ein Ort des lebendigen Dialogs werden, in der die Horizonterweiterung im Blick auf die Kulturen der Welt in ihren regionalen, nationalen und lokalen Aspekten ihren Platz hat. Der Schule muß es angelegen sein, über die Vermittlung kognitiver Fähigkeiten und die Ausbildung der Wahrnehmung, des kritischen Urteilsvermögens und derProblemlösung hinaus das richtige Gleichgewicht zwischen intellektuell/analytischen Fähigkeiten und den emotionalen, geistigen und ethischen Ausdrucksfähigkeiten des Lernenden zu erreichen. Die Schule sollte gegenüber den Bedürfnissen der örtlichen Gemeinschaft und der Gesellschaft als Ganzes offener werden. ...

Schule muß sich gegenüber ihrer sozialen, wirtschaftlichen und kulturellen Umgebung öffnen

18. Ästhetische und künstlerische Bildung: Diese Form von Bildung sollte nicht nur auf die Persönlichkeitsentfaltung und die Offenheit gegenüber anderen Wahrnehmungen ausgerichtet sein, sondern auch das Erkennen und Werten ästhetischer und künstlerischer Ausdrucksformen ermöglichen und die Kreativität stärken. Diesem Bildungstyp ist auf Lernstufen mehr Beachtung zu schenken, seine Bedeutung für die kognitive Wahrnehmung muß speziell auch über interdisziplinäre Lernmodelle und die Anerkennung seiner wissenschaftlichen Relevanz sichtbar werden. Zur künstlerischen Bildung gehört die Teilnahme an kulturellen Veranstaltungen vor Ort, national, regional oder mit weltweitem Bezug, die bewußt machen, welche unterschiedlichen Wertkategorien es gibt und welche Botschaften sie haben. Für die spätere professionelle Ausbildung in künstlerischen Berufen kann dies eine erste Stufe darstellen. Wichtig ist es, jungen Menschen die Möglichkeit zu eröffnen, an künstlerischen und kulturellen Ereignissen aus eigener Initiative teilzunehmen und sich damit vertraut zu machen. Dazu gehört auch eine entsprechende ästhetisch und künstlerisch orientierte Lehrerausbildung. Kulturelle Einrichtungen und nichtstaatliche Organisationen mit kulturellem Auftrag sollten sobald als möglich der Schule und der Gemeinschaft auch materielle Unterstützung zukommen lassen, um ihrem Bildungsauftrag besser gerecht zu werden.

Anmerkung

1. Auszugsweiser Nachdruck des Konferenzdokuments der Internationalen Erziehungskonferenz der UNESCO vom 20. September 1992. In: Bundesministerium für Unterricht und Kunst (Hg.): Zukunftsforum IV - Schule und kulturelle Bildung, Wien 1994, S. 176 ff.

Elisabeth Braun

Schule und Jugendkulturarbeit in Kooperation

Positionen der Bundesvereinigung Kulturelle Jugendbildung

Vorbemerkungen

Die Position der BKJ gegenüber dem breiten Schnittfeld von schulischer und nichtschulischer Kulturarbeit mit Kindern und Jugendlichen läßt sich nicht als eine einlinige Folge von aufbauenden Argumenten beschreiben, sondern sie ist eher der Versuch, die puzzleartig verlaufende Diskussion für einen größeren Kreis von Diskussionspartnern anschaulich zu machen. Die „Puzzlestücke" signalisieren, daß sie einzeln genommen wenig Sinn machen, andererseits wird an vielen Detailproblemen deutlich, daß das Gespräch zwischen Schule und Kulturarbeit längst in Gang gekommen ist. Die Neuformulierung des KJHGs, die verschiedenen Neufassungen der Inhalte künstlerischer Fächer an Schulen sowie die Diskussion um Tanz und Theater als Schulfach machen vertiefte und weitergehende Diskussionen dennoch dringend notwendig.

Aber nicht nur die Änderung der formalen Voraussetzungen, sondern auch eine neue, breit angelegte Bestimmung von „Kindheit" und „Jugend" und ihrem „Eigensinn" im Zeitalter medialer Vernetzung und kommerzialisierter Freizeitkultur machen eine Positionsbestimmung sinnvoll. Es kann sein, daß die BKJ mit der Arbeit ihrer Mitgliedsverbände bereits in einem außerordentlich engen Verbundsystem mit der Schule steht, so daß die ständige rein rhetorische Unterscheidung zwischen Schule und nichtschulischer Kulturarbeit eher hinderlich ist.

Schulische und nichtschulische kulturelle Kinder- und Jugendbildung

Die veränderten (gesellschaftlichen) Rahmenbedingungen von Kindheit und Jugend bzw.

Schule und Familie weisen auf die Notwendigkeit der kulturellen Bildung hin. Ein Aufwachsen in einer „offenen Gesellschaft" (siehe Bildungskommission NRW: Zukunft der Bildung - Schule der Zukunft, Neuwied 1995 S. 34 f) impliziert einerseits die Offenheit gegenüber allen kulturellen (Lebens-)Formen, andererseits eine größere Anstrengung im Hinblick auf die Entwicklung der Individuation und der eigenen Biographie.

Die BKJ vertritt den Anteil an allgemeiner Bildung, der die Selbstgestaltung der eigenen Biographie zum Thema macht. Kulturelle Bildung muß daher das Instrumentarium zur Selbstdarstellung und zur Entwicklung eines eigenen Ausdrucks bereitstellen, mit dem flexibel auf unterschiedliche Lebenssituationen und -räume reagiert werden kann. Die künstlerischen Medien erweisen sich als ein Gestaltungsmittel, das auch Kindern und Jugendlichen schon zur Verfügung steht. Als Fähigkeit der eigenen Einflußnahme und Produktion bzw. der kritisch distanzierenden Verfremdung wird die kulturelle Bildung zur Grundlage der „eigensinnigen" Partizipation an gesellschaftlicher Wirklichkeit.

Der Stellenwert der Schule war bislang in der „Vorbereitung auf das Leben", zumindest im Bereich der Kulturtechniken, unbestritten. Die Relativität einer geradlinigen Ausbildung und die erzwungene Mobilität im Berufsleben läßt völlig andere und methodisch anders zu vermittelnde Fähigkeiten in den Vordergrund treten. Die Unmittelbarkeit der Auseinandersetzung mit künstlerischen Medien hat den Vorteil, daß hier am konkreten Projekt jeweils neu und eigenständig entschieden werden kann, was und wie gelernt werden soll. Auch die Verantwortung für das eigene Lernen ist im Rahmen ästhetischer Prozesse eine Grunderfahrung. Schule als Lerngelegenheit für ein künstlerisches Repertoire ergänzt in komplementärer Weise die kulturelle Bildung in der außerschulischen Kinder- und Jugendarbeit, in dem sie „handwerkliche Technik" **und** „Anwendung" in Kursen zur Verfügung stellt. Damit garantiert sie auch die Kontinuität in der tradierten Kunst und Kultur, ohne die Weiterentwicklung nicht denkbar ist.

Die BKJ hat bislang schon sehr beweglich auf Veränderungen in der Kinder- und Jugendkulturarbeit reagiert. Die Dokumentation und Auswertung von neuen und experimentellen Projekten und die Vernetzung der Information innerhalb der Mitgliedsorganisationen ist ein Weg dazu, neu entwickelte Lernformen und Medien in und außerhalb der Schule „weiterzutransportieren". Es werden dazu außerdem ständig neue Tagungskonzepte entwickelt.

Die Herausforderung an die Schule besteht zur Zeit vor allen Dingen auch in der Vermittlung integrativer Sichtweisen. Sie muß eine Integration von Kindern unterschiedlicher kultureller Prägung, d.h. einerseits eine Beziehungsorientierung, realisieren und gleichzeitig die Integration von Fachwissen und naiver Vorerfahrung leisten, d.h. unterrichtsorientierte, inhaltliche Angebote machen.

Die BKJ vertritt integrative Konzepte im Bereich der zeitlichen Strukturierung, indem kursartiges und projektartiges Lernen ineinandergreifen. Sie vertritt ebenfalls integrative, d.h. vernetzte Zugänge zu den Objektivationen der Kultur. Die beispielhaften Projekte und Themen der letzten Tagungen und der Projektbank sind Hinweise in diese Richtung.

Die Verunsicherung der Pädagogik gegenüber medialer Erfahrung und medial vermittelter

„Welt" drückt sich in unterschiedlichen Reaktionen aus. Die „Schuldzuweisung" bei latenter Gewaltbereitschaft Jugendlicher und dem exzessiven Gebrauch von neuen Medien ist nur ein Beispiel für traditionsgebundene Sichtweisen. Kulturelle Kinder- und Jugendbildung weist von sich aus ein breites Spektrum an Angeboten auf, die trotz der und mit den „neuen Medien" unmittelbare und handlungsorientierte Erfahrungen zur Verfügung stellen. Außerdem ist gerade unter dem kulturell-ästhetischen Blick die distanzierende Verfremdung ein Hauptmerkmal kultureller Tätigkeiten. Das bedeutet, daß auch Kinder und Jugendliche lernen und aufnehmen, daß die umgebende Wirklichkeit jeweils perspektivisch gedacht werden muß. Dafür eignen sich schulische Curricula vor allem dann, wenn sie durch aktive Eigenerfahrung ergänzt werden (Projekte, AG-Bereich).

Die BKJ setzt sich nachdrücklich dafür ein, daß die Chancen grundlegender ästhetischer Auseinandersetzung für alle Kinder und Jugendliche auch im Bereich moderner Medien eröffnet wird, weil hierin ein Ansatzpunkt zur kritischen Auseinandersetzung mit der alltäglichen Wirklichkeit gegeben ist.

Die tendenzielle Ausspielung von gegenläufigen Interessen innerhalb der Schule, das Zurückdrängen der Stundendeputate für künstlerische Fächer sind Ausdruck einer Verunsicherung gegenüber der geforderten Zukunftsoffenheit der Schule.

Die kulturelle Kinder- und Jugendbildung in und außerhalb der Schule bietet Modellsituationen an, in denen sich Fragen nach der Ökologie, nach dem Umgang mit Ressourcen, nach der Zukunft einer multikulturellen Gesellschaft und weitere Querschnittsaufgaben mit künstlerischen Medien qualitativ nachdrücklich vermitteln lassen.

Die BKJ kann Modelle aufzeigen, wie Kinder und Jugendliche sich mit Themen der

gesellschaftlichen Wirklichkeit auseinandersetzen können. Dabei übernimmt die außerschulische kulturelle Kinder- und Jugendbildung oft auch die Aufgabe, in der Vermittlung an Multiplikatoren und Lehrkräfte neue Wege zu suchen und neue Lernstrategien mittels „neuer" Medien zu entwickeln. Das unkonventionelle und kreative Moment der Kunst scheint in vielen Fällen eine Alternative in der Methodik des Lehrens zu sein. Damit unterstreicht die BKJ auch die komplementäre Rolle künstlerischer Fächer und die Notwendigkeit der Ausstattung mit Deputaten, Material etc. im Gesamtkanon der Fächer.

Fächerübergreifendes, kunstspartenübergreifendes und „multikulturelles" Lernen sind Anforderungen, denen eine aufgesplittete universitäre Ausbildung von Lehrkräften gegenübersteht. Nicht nur die Fachorientierung, sondern auch die zeitliche Strukturierung der schulischen Angebote sollte so genutzt werden können, daß übergreifende und integrative Sichtweisen bei Kindern und Jugendlichen entstehen.

Deshalb ist es die Aufgabe von Fachorganisationen, auch in Ausbildungsgänge zurückzuwirken. Die Auseinandersetzung mit kulturellen Medien darf nicht in der Beliebigkeit von Studienordnungen bleiben, sondern müßte im Sinne von Anteilen im „Studium generale" verankert sein.

In der kulturellen Kinder- und Jugendbildung wurden im Rahmen von Fortbildungen für pädagogische Fachkräfte eine ganze Anzahl von Weiterbildungsmodellen entwickelt und betreut, deren curricularen Bestandteile sich als „Fortbildungsbausteine" verwenden lassen. Besonderer Schwerpunkt bei Fortbildungen ist die Auseinandersetzung der unterschiedlichen Berufsgruppen untereinander (Lehrer aller Schularten und pädagogische Fachkräfte aus der offenen und verbandlichen Jugendarbeit etc.).

Modellsituationen: Kooperationsverhältnisse

Die Kooperation von Schule und nichtschulischer Kulturarbeit kann am Beispiel von Kooperationsverhältnissen dargestellt werden. Im folgenden ergibt sich eine Art Überblick über aktuelle Entwicklungen. Die Forderung nach Kooperation und Synergie von schulischer und nichtschulischer Kulturpädagogik hat längst in konkreten Modellen Realisierung gefunden und gezeigt, daß die gemeinsamen Probleme im Hinblick auf die Zukunft von Kindern und Jugendliche ein gemeinsames Thema sind.

Die Schule öffnet sich: Unter dieser aktuellen Form entstehen neue „Misch- und Kooperationsformen" zugunsten eines eher ganzheitlichen, lebensweltbezogenen Lernens. Besonderer Wert wird dabei auf die Nutzung der „privaten Kapazitäten" der Lehrenden und die Verbindung zu Fachkräften außerhalb der Schule gelegt. In NRW entsteht zur Zeit ein ganzes Netz von Fachkräften aus der Schule, die ihr „Können" an Kollegen weitergeben. GÖS nennt sich z.B. das Projekt des Landesinstituts für Schule und Weiterbildung NRW und heißt „Gestaltung des Schullebens und Öffnung von Schule". Attraktive neue Lernorte außerhalb der Schule: Museum, Literaturwerkstatt, aber auch Bauernhof und Biotop sind die Folge dieser Öffnung. Schule öffnet sich auch für Musik- und Bewegungsangeboten aus Vereinen. Die Intentionen gehen dabei in zwei Richtungen: Schüler lernen nichtschulische Angebote der Kulturarbeit kennen. Verbände rechnen mit einer Art Nachwuchswerbung.

Neue Schulkultur am Beispiel: Schulkultur = Veranstaltungskultur: Die Schule entwickelt sich in der Kooperation mit kulturellen außerunterrichtlichen Projekten zu einem neuen „kulturellen Zentrum" für den Stadtteil. Ereignisse der Geselligkeit und der veranstalteten Kunst schaffen eine Verbindung zwischen Familie, der Schule und dem „kulturellen Milieu".

Schule und Jugendsozialarbeit am Beispiel:

Schule und Jugendhilfe / Jugendarbeit bzw. Kulturarbeit im Schnittfeld von Schule und Jugendhilfe geschieht vor allen Dingen im Sinne präventiver Angebote und konzentriert sich auf die Einbindung von Kindern und Jugendlichen in Aktivitäten, die sehr stark an den Problemen der Jugendlichen orientiert sind. Die Einrichtung von Schülerwerkstätten und Schülercafés, die Gestaltung ganzer Schulgebäude und die intensiven Erfahrungen in Musik- und Theaterprojekten verlangen eine enge Absprache der sozialpädagogischen und künstlerischen Fachkräfte. Konkrete Realisierungen finden sich z.B. im Landesprogramm „Jugendarbeit an Thüringer Schulen" mit einem Projekt SPIEL-T-RAUM.

Kunst- und Musikschulen am Beispiel außerschulische Schulen bzw. „Zwischenschulen": Die Arbeitsbereiche von Kunst- und Musikschulen weiten sich aus. Die Alltagskultur wird ebenso berücksichtigt, wie die Teilnahme an übergreifenden Projekten. Die Musikschule und die Jugendkunstschule können als „Zwischenschule" bezeichnet werden, da sie in ihrer methodischen und didaktischen Machart schulischem Lernen zum Teil sehr nahe kommen. Dennoch gehören sie dem Bereich der außerschulischen Kultur- und Jugendarbeit an, die sich als ein „offenes multimediales" kulturelles Lernfeld versteht.

Neue innovative Infrastrukturen am Beispiel systematischer Kooperationsinitiativen und Fortbildungskonzepten: Ein entscheidender Schritt zu echter Kooperation und gegenseitiger Akzeptanz erfolgt in der schulischen und nichtschulischen Kulturarbeit, wenn es um die gegenseitige Information und Mitarbeiterschulung geht. Die Schnelligkeit und Direktheit der Informationen (Einladungen zu Veranstaltungen, kooperativ ausgeschriebene Weiterbildung ...) zwischen so unterschiedlichen Partnern wie Schule und Stadt, Schule und Kulturleben, Schule und Jugendszene ist ein Beispiel für das veränderte Verhältnis. In einer Reihe von Fortbildungsinstituten wird die Zusammenarbeit von Schule und kultureller Jugendarbeit programmatisch ausgearbeitet. Bei Tagungs-

konzeptionen steht die gemeinsame Herausforderung gegenüber der „Jugendkultur" im Vordergrund. Die kulturelle Grundversorgung und die für alle zugängliche kulturelle Allgemeinbildung sind daher eher eine Sache der methodischen Diskussion als der Grundsatzfragen (vgl. z.B. Tagungskonzepte der Akademie Remscheid).

Gelungene Kooperationen

Gelungene Projektkonzeptionen für die Zusammenarbeit von Schule und nichtschulischer Kulturarbeit gibt es in der Zwischenzeit in großer Anzahl. Die Einbindung von künstlerischen Fachkräften an Schulen ist beinahe in jedem Projekt vorhanden. Dennoch wird nicht überall sichtbar, was der jeweilige Kooperationspartner im Hinblick auf die „gemeinsamen Kinder und Jugendlichen" profitiert. Das folgende Projektbeispiel versucht, erfolgreiche Kooperationen darzustellen und zu interpretieren. Mitgliedsverbände der BKJ wirken dabei in unterschiedlicher Form mit.

„Kindheit nach dem Krieg" - Kartondrucke der Klasse 4 der Eduard-Spranger-Schule Reutlingen, Projektbetreuung Peter Hespeler und Martin Rödel, Reutlingen 1995

Ein erfolgreiches Kooperationsbeispiel

Eine Kooperation zwischen Museumspädagogik (Stadt Reutlingen), Grundschulunterricht und „Kunstszene" mit der Absicht, Personen und Meinungen aus dem Lebensumfeld von Kindern über künstlerische Mittel sichtbar und verstehbar werden zu lassen.

In diesem Praxisprojekt läßt sich eine mehrperspektivische Arbeit darstellen, die eine enge Verzahnung originär schulischer Ansprüche und der außer-/bzw. nichtschulischen Orientierung kulturpädagogischer Anstrengungen aufzeigt.

Die 4. Klasse einer Grundschule in Reutlingen präsentiert im Sommer 1995 in der öffentlichen Galerie der Stadt mit der professionellen Hilfe der Museumspädagogik große Kartondrucke, die Gestalten und Tätigkeiten darstellen. Durch beigefügte Gedichte, Sachtexte und Bildunterschriften, die von den Kindern selbst gedruckt sind, wird deutlich, daß es sich um bildhafte Ergebnisse von Interviews handelt, die die Kinder bei Personen ihrer Eltern- und Großelterngeneration gemacht haben.

Soweit enthält diese Projektarbeit sehr anschauliche und künstlerisch expressive Arbeiten, wie sie unter dem Motto der „Öffnung von Schule" sehr häufig in öffentlichen Gebäuden präsentiert werden. Bemerkenswert sind jedoch mehrere Besonderheiten, die geradezu idealtypisch die neuen integrierenden Kooperationsformen in und außerhalb der Schule vorwegnehmen:

Die dargestellten Themen beziehen sich ausschließlich auf das „politische Sommerthema 1995" des Jahrestages des Kriegsendes. Somit wird mit dem historisch orientierten Fragehorizont zunächst ein Sachthema „Wie war das damals, wie sah Kindheit nach dem Kriegsende aus?" bearbeitet. Geschichte in selbst gestalteten Kartondrucken zu vergegenwärtigen hilft Kindern, sie genauer, aber auch distanzierter (d.h. auf ein Bild beschränkt) wahrzunehmen.

Die verwendete Druck- und Gestaltungstechnik ergibt großflächige, mit der Struktur des Druckstocks „spielende", holzschnittartige Bilddrucke. Damit erreichen die Kinder - bewußt oder unbewußt - eine Gestaltungstechnik, die direkt an die Holzschnitte von HAP Grieshaber erinnern. Dieser überregional bekannte Künstler hatte lange Zeit seine Lebens- und Wirkungsstätte in Reutlingen und ist dort mit einigen Werken im Stadtbild (zum Beispiel auch im Rathaus) präsent. Kinder erfahren über ihre eigene Tätigkeit und Anregung von außen einen Teil der sie umgebenden und oft zitierten (Hoch-) Kultur - unmittelbar und eigenständig.

Die Präsentation der Schülerarbeiten in der Galerie der Stadt Reutlingen steht im Zusammenhang mit zahlreichen anderen Veranstaltungen zur 50jährigen Wiederkehr des Kriegs-

endes. Durch die Ausstellung nehmen Erwachsene Kenntnis und lassen sich ansprechen von den widergespiegelten Erlebniserzählungen aus ihrer eigenen Biographie. Diese Verschränkung von kindlicher Gestaltungsbereitschaft und Impuls zum Diskurs mit Erwachsenen zeigt die Notwendigkeit nichtschulischer Räume und nicht schulisch gebundener Personen auf. Das Interesse der „Öffentlichkeit" ergibt sich durch die Kooperation mit Veranstaltungsträgern außerhalb von Schule. Das wiederum macht möglich, daß die Spurensuche der Kinder - angestiftet durch die Schule - die Gesprächsbereitschaft anderer Personen provoziert. „Kindheit nach dem Krieg" ist also keine beliebige Angelegenheit des Kunstunterrichts, sondern die lebendige Auseinandersetzung mit Personen, Dingen und Umständen, die von außen in die Schule hineinwirken. Die Kooperation mit einem außerschulischen Träger verhilft dieser Auseinandersetzung zu einem Forum, wo Kinder und Kindheit neu verhandelt werden können. Das Medium Kunst wird zur verbindenden Sprache zwischen Geschichte und Gegenwart, zwischen Eltern- und Kindergeneration.

Positionen und Forderungen für die Kooperation

Die Mitgliedsverbände der BKJ zeichnen sich durch einen sehr engagierten und differenzierten Umgang mit den verschiedenen kulturellen Medien und den entsprechenden Adressatengruppen aus. Dennoch muß man davon ausgehen, daß die Grundlagen und die ersten bewußten Begegnungen mit den Medien Musik, Tanz, Theater, Literatur, Film und Video etc. für einen Großteil von Kindern und Jugendlichen nur über die Schule erfolgen. Deshalb wirken sich Stundenstreichungen und Umgruppierungen von ganzen Schulfächern in den freiwilligen Bereich gravierend aus.

Damit ist auch ausgesagt, daß Stundenstreichungen, Deputats- und Mittelkürzungen für die Fächer Musik, Tanz, Theater in der Schule auch entsprechende negative Auswirkungen auf das außerschulische Feld haben werden, da die „Erstbegegnung" mit Kultur nicht mehr stattfinden kann.

Die BKJ setzt sich ein dafür, daß vorschnelle Stundenreduzierungen, die Privatisierung von Musikunterricht und die Auflösung von Schulen mit musisch-kulturellem Profil sehr genau überprüft werden.

Die BKJ macht sich stark für die Ausweitung von Projektarbeit im Zusammenhang mit Schule, die vor allen Dingen künstlerische Fachkräfte so miteinbezieht, daß eine schulinterne Fortbildung daraus entsteht und nicht ein Verdrängungswettbewerb von Lehrkräften.

Die BKJ verlangt auch im Hinblick auf zukünftige europäische Entwicklungen, daß der Standard des künstlerischen Unterrichts erhalten bleibt und durch die Zusammenarbeit mit außerschulischen Organisationen intensiviert wird.

Die BKJ richtet an die KMK-Konferenz die Forderung, daß bei geringeren Deputatszuteilungen nicht in erster Linie der freiwillige Sektor kultureller Arbeitsgemeinschaften geschädigt wird. Das Engagement der BKJ entspringt der tiefen Überzeugung, daß eine zukunftsorientierte Schule mit ausgedehntem Pflicht- und Wahlbereich eine grundlegende Voraussetzung für selbstbestimmte aktive Teilhabe an der Kultur ist. Auf der anderen Seite bietet sich die in den Mitgliedsverbänden der BKJ angehäufte Erfahrung als Grundlage an, mit der eine umfassende Lebens- und Freizeitgestaltung auch außerhalb der Schule konzeptionell verankert werden kann.

Literaturhinweise

Alfred Herrhausen Gesellschaft für internationalen Dialog (Hg.): Arbeit der Zukunft. Zukunft der Arbeit. Stuttgart 1994

Arbeitsgemeinschaft Kinder- und Jugendkultur, Kulturamt Prenzlauer Berg (Hg.): Schule und Kulturarbeit. Angebotskatalog zur Unterstützung kulturell-ästhetischer Erziehung und Bildung an den Schulen in Prenzlauer Berg, Hefte zur Kinder- und Jugendkulturarbeit I, Berlin 1995

Avenarius, H.: Rechtsfragen der Kooperation von außerschulischer Jugendbildung und Schule. AKSB Dokumente Heft 20, Bonn 1990

Bambach, H.: Tageslauf statt Stundenplan. Fünfzehn Jahre Erfahrungen mit individualisierendem Unterricht in der Primarstufe der Bielefelder Laborschule, Bielefeld 1989

Berg, H. Chr. / Steffens. U. (Hg.): Schulqualität und Schulvielfalt. Das Saarbrücker Schulgütesymposion 1988, Wiesbaden 1991

Berliner Modellversuche „Künstler und Schüler (Hg.): Das Projektbuch. Berlin 1980

Beutel, W. / Fauser, P. (Hg.): Demokratisch Handeln. Dokumentation des Kolloquiums „Schule der Demokratie", Tübingen/Hamburg 1990

Bezirksamt Spandau, Abt. Bildung, Kultur und Sport (Hg.): 9. Bildnerische Werkstätten der Spandauer Schulen. Ein Bericht. Berlin 1997

Bildungskommission NRW: Zukunft der Bildung - Schule der Zukunft. Denkschrift der Kommission „Zukunft der Bildung - Schule der Zukunft", Neuwied 1995

Böhnisch, L. / Münchmeier, R.: Pädagogik des Jugendraums. Zur Begründung und Praxis einer sozialräumlichen Jugendpädagogik, 2. Auflage, München 1993

Böhnisch, L. / Münchmeier, R.: Wozu Jugendarbeit? Orientierungen für Ausbildung, Fortbildung und Praxis. 3. Auflage, Weinheim und München 1994

Bollenbeck, G.: Bildung und Kultur. Glanz und Elend eines deutschen Deutungsmusters. München 1994

Brenner, G.: Jugendarbeit und Schule. In: Deutsche Jugend, 44. Jg. 1996, Heft 12

Brenner, G. / Nöber, M. (Hg.): Jugendarbeit und Schule. Kooperation statt Rivalität um die Freizeit, Weinheim 1992

Bund-Länder-Kommission für Bildungsplanung und Forschungsförderung (Hg.): Medienerziehung in der Schule. Orientierungsrahmen. Materialien zur Bildungsplanung und zur Forschungsförderung Heft 44, Bonn 1995

Bundesarbeitsgemeinschaft der Landesjugendämter: Empfehlungen zum Thema „Jugendhilfe und Schule", Köln 1993

Bundesarbeitsgemeinschaft für das Darstellende Spiel in der Schule e.V. (Hg.): 10 Jahre Schultheater der Länder. Horgau / Frankfurt/M. 1995

Bundesarbeitsgemeinschaft für das Darstellende Spiel in der Schule e.V. / Gesellschaft für Theater-, Film- und Fernseh-

wissenschaft e.V. (Hg.): Das Darstellende Spiel an den Schulen, Teil A: Forschungsprojekt, Teil B: Expertentagung, München 1992

Bundesarbeitsgemeinschaft Jugendsozialarbeit (Hg.): Jugendsozialarbeit und Schule. Dokumentation der BAG JAW Fachtagung, Bonn 1995

Bundesministerium für Bildung und Wissenschaft (Hg.): Modellversuch Künstler und Schüler. Abschlußbericht. BMBW-Werkstattbericht Nr. 23, Bonn 1980

Bundesministerium für Familie, Senioren, Frauen und Jugend (Hg.): KABI. Konzertierte Aktion Bundes Innovationen. Kooperation von Jugendhilfe und Schule Heft 1, Nr. 23, Bonn 1995 und Heft 2, Nr. 27, Bonn 1996

Bundesministerium für Familie, Senioren, Frauen und Jugend (Hg.): Neunter Jugendbericht. Bericht über die Situation der Kinder und Jugendlichen und die Entwicklung der Jugendhilfe in den neuen Bundesländern, Bonn 1994

Bundesministerium für Unterricht und Kunst (Hg.): Zukunftsforum IV: Schule und kulturelle Bildung, Wien 1994

Bundesministerium für Unterricht und Kunst (Hg.): Kokosnuss. Kommunikation und Kooperation schaffen für neue Unternehmungen in Sachen Schulkultur. Ein Handbuch für Schulinitiativen, Wien

Bundesverband der Jugendkunstschule und Kulturpädagogischen Einrichtungen e.V. (BJKE) (Hg.): Grenzenlos? Gestaltungsräume zwischen Schule und Jugendarbeit. Infodienst Kulturpädagogische Nachrichten, Nr. 38, Oktober 1995

Bundesvereinigung Kulturelle Jugendbildung e.V. (Hg.): Zukunft Jugendkulturarbeit. Gesellschaftliche Herausforderungen und Kulturelle Bildung, Remscheid 1994

Bundesvereinigung Kulturelle Jugendbildung e.V. (Hg.): Schule und Jugendkulturarbeit in Kooperation. BKJ Projektbank Jugendkulturarbeit. 10. Sammlung. Remscheid 1997

Deinet, U. (Hg.): Schule aus - Jugendhaus? Praxishandbuch. Ganztagskonzepte und Kooperationsmodelle in Jugendhilfe und Schule, Münster 1996

Deinet, U.: Schule aus - Jugendhaus? In: Sozialmagazin. Die Zeitschrift für Soziale Arbeit. 21. Jahrgang, Heft 1, Weinheim 1996

Deutsche Gesellschaft für Erziehungswissenschaft: Bildung zwischen Staat und Markt. Progammprospekt hg. von der MartinLuther-Universität Halle 1995

Deutsche Kinder- und Jugendstiftung (Hg.): In die Schule geh ich gern, alle Tage wieder ... Schülerclubs in Berlin, Brandenburg und Sachsen, Berlin 1995

Deutscher Bundesjugendring (Hg.): Die Zeit wird knapp. Jugendarbeit und Ganztagsschule. Bonn 1992

Deutscher Kulturrat (Hg.): Konzeption Kulturelle Bildung. Analysen und Perspektiven (Bd. 1), Notwendigkeit oder Luxus - Perspektiven kultureller Bildung, (Bd. 2), Essen 1994

Deutscher Philologen Verband (Hg.): Stellungnahme zur aktuellen Diskussion in der Kultusministerkonferenz über die Weiterentwicklung der gymnasialen Oberstufe, 1995

Deutsches Bibliotheksinstitut (Hg.): Schulbibliothek aktuell. Beiträge, Berichte und Informationen, Heft 2, Juni 1997, Berlin 1997

Flau, H. / Hirschle, T. / Nochenhauer, B. / Liffers, R.: Aktive Medienarbeit als Mittel der Verzahnung von Schule und Freizeit. Zwischenbericht zum Modellversuch im Förderungsbereich Musisch-kulturelle Bildung, Medienpädagogischen Zentrum Land Brandenburg

Fuchs, M. (Hg.): Schulische und außerschulische Pädagogik. Gemeinsamkeiten und Unterschiede, Remscheid 1994.

Fuchs, M. (Hg.): Kultur lernen. Eine Einführung in die Allgemeine Kulturpädagogik, Remscheid 1994.

Gesellschaft für Medienpädagogik und Kommunikationskultur: Multimedia als medienpädagogische Herausforderung - Grundlagen, Analysen, Anwendungen. In: GMK Rundbrief Nr. 37/38, Juni 1995, Bielefeld 1995

Gesellschaft für Medienpädagogik und Kommunikationskultur: Netzwärts - Mulimedia und Internet. Neue Perspektiven für Kinder und Jugendliche. In: GMK Rundbrief Themen, Bielefeld 1997

Gewerkschaft für Erziehung und Wissenschaft (GEW) Baden-Württemberg (Hg.): Außerunterrichtliche Veranstaltungen, Stuttgart 1995

Harles, L. u.a. (Red.): Schule und außerschulische Jugendbildung. AKSB Dokumente Heft 21, Bonn 1991

Hessisches Institut für Bildungsplanung und Schulentwicklung: Projektbank Kulturelle Praxis. Kulturelle Praxis Heft 3, Wiesbaden 1995

Hochschul Rektoren Konferenz: Positionspapier der HRK zu Abitur - allgemeiner Hochschulreife / Studierfähigkeit, Bonn 1995

Hoffmann, J.: Der politische Druck kommt aus den neuen Bundesländern. In: Kalb / Petry / Sitte: Jugendarbeit und Schule. Für eine andere Jugendpolitik. 3. Weinheimer Gespräch, Weinheim und Basel 1994

Hurrelmann, Klaus: Jugendhilfe in der Schule. In: Sozialmagazin. Die Zeitschrift für Soziale Arbeit. 21. Jahrgang, Heft 1, Weinheim 1996

Janssen, H.: Schule und Stadt. Ein Bündnis für Kinder und Jugendliche. In: Reiss, G. (Hg.): Spielräume, Schauplätze für Kinder und Jugendliche, München 1995

Klafki, W.: Neue Studien zur Bildungstheorie und Didaktik. Weinheim/Basel 1985

Krafft, E. / Seckinger, M.: Freie Träger etabliert? Forschungsbefunde aus den neuen Bundesländern. In: Projekte Konzepte Ideen, Das Infomagazin der Jugendstiftung Baden-Württemberg, 2/1994, Sersheim 1994

Kreativhaus der LAG Spiel und Theater Berlin e.V. (Hg.): Dokumentation des 1. Fachforums „Die Zusammenarbeit von schulischer und außerschulischer Theaterpädagogik im Spiegel der Berliner Praxis", Berlin 1994

Krüger, H.H. (Hg.): Abschied von der Aufklärung. Perspektiven der Erziehungswissenschaft. Opladen 1990

Kultusminister des Landes Nordrhein-Westfalen (Hg.): Rahmenkonzept. Gestaltung des Schullebens und Öffnung von Schule. Entwurf, Düsseldorf 1988

Kulturarbeit aktuell: Kulturarbeit in Schule und außerschulische Bildung, 3/92, Remscheid 1992

Kultur-Dienst für Sachsen: Zusammenarbeit Schule und freie Träger, Nr. 9, Dezember 1994, Leipzig

Landesarbeitsgemeinschaft darstellendes Spiel an den Schulen Hessens e.V. (Hg.): Darstellendes Spiel an Beruflichen Schulen, Themenheft der Verbandszeitschrift „Fundus", 2/1996, Frankfurt/Kassel 1996

Landesarbeitsgemeinschaft Spiel und Theater in Thüringen e.V. / Thüringer Institut für Lehrerfortbildung, Lehrplanentwicklung und Medien (Hg.): Spiel und Theater in Thüringen. Anleitung zur Schultheaterarbeit und zum Darstellenden Spiel. In: Impulse, Heft 4, Arnstadt 1994

Landesinstitut für Schule und Weiterbildung (Hg.): Lernen verändert sich. Schulen entwickeln sich. Präsentation von Praxisbeispielen zur Gestaltung des Schullebens und Öffnung von Schule. Soest 1989

Landesinstitut für Schule und Weiterbildung (Hg.): Gestaltung des Schullebens und Öffnung der Schule - ein Beitrag zur Qualitätsverbesserung von Schule? Soest 1990

Landesinstitut für Schule und Weiterbildung (Hg.): Zur Gestaltung des Schullebens und Öffnung von Schule. Journal Oktober 1993

Landesinstitut für Schule und Weiterbildung (Hg.): XXII. Soester Weiterbildungsforum. Kulturelle Bildung: Wahrnehmen und Gestalten mit Sinnen und Verstand. Soest 1992

Landschaftsverband Westfalen-Lippe - Landesjugendamt (Hg.): Jugendhaus über Mittag. Ganztagsangebote in der Offenen Kinder- und Jugendarbeit, Münster 1994

Lauffer, J. / Their, M.: Medienpädagogik und Medienforschung in den neuen Ländern der Bundesrepublik Deutschland. Schriften zur Medienpädagogik, GMK Bielefeld 1992

Legler, W. (Red.): Kunst und ästhetische Bildung in der Schule der Zukunft. In: BDK-Mitteilungen 2/95, Hannover 1995

Lehner, F. / Widmaier, U.: Eine Schule für eine moderne Industriegesellschaft. Sutdie im Auftrag der GEW NRW, Essen 1992

Liebich / Mayrhofer / Zacharias (Hg.): Kommunale Kinder- und Jugendkulturarbeit im Aufwind? München 1991

Maria Sibylla Merian-Gesamtschule (Hg.): Art-Ort Schule. Eine Initiative zur ästhetischen Erziehung. Bochum 1996

Medienpädagogisches Zentrum Land Brandenburg (Hg.): Aktive Medienarbeit als Mittel der Verzahnung von Schule und Freizeit. Potsdam 1995

Ministerium für Arbeit, Gesundheit und Soziales / Ministerium für Schule und Weiterbildung des Landes Nordrhein-Westfalen (Hg.): Kooperationsmodell zwischen Jugendhilfe und Schule zur ganztägigen Betreuung von Schülerinnen und Schülern der Sekundarstufe I einschließlich der Sonderschulen - Zwischenbericht. Düsseldorf 1995

Ministerium für Arbeit, Gesundheit, und Soziales Kultusministerium des Landes NRW (Hg.): Kinder- und Jugendkulturarbeit in Nordrhein-Westfalen. Bestandsaufnahme - Perspektiven - Empfehlungen. Jugendkulturbericht. Düsseldorf 1994

Ministerium für Bildung, Jugend und Sport, Land Brandenburg (Hg.): Zirkus macht Schule - ein Weg zur Gestaltung des Schullebens und der Öffnung von Schule in Brandenburg. Potsdam 1995

NaSCH Zeitschrift für Community Education: Öffnung von Schule in den neuen Bundesländern. Nr. 1, April 1992, Dortmund; Schul-Kulturen. Nr. 2, September 1992; Öffnung von Schule. Nr. 10, Februar 1995; Jugendhilfe und Schule. Nr. 13, Juni 1996

Niedersächsisches Kultusministerium (Hg.): Zusammenarbeit zwischen Schulen und kulturellen Einrichtungen. Handreichungen für die allgemeinbildenden Schulen, Hannover (o. J.)

Otto, G. / Kolfhaus, S.: Modellversuche zum Förderungsbereich „Musisch-kulturelle Bildung". Bericht über eine Auswertung, Materialien zur Bildungsplanung und zur Forschungsförderung hg. von der Bund-Länder-Kommission, Heft 59, Bonn 1997

Pädagogische Arbeitsstelle des Schulamtes der Stadt Münster (Hg.): Schulkultour. Bühnen - Plätze - Ausstellungsflächen. Ein Wegweiser für Schulen. 2. Auflage, Münster 1995

Pädagogische Arbeitsstelle des Schulamtes der Stadt Münster (Hg.): Schule tanz! Tanzprofis an Münsters Schule - eine Projekt-Idee zum Nachmachen. Münster 1996

Papert, S.: Revolution des Lernens. Hannover 1995

Regel, G.: Die Welt von morgen und die Kunst. Herausforderungen für die Erneuerung von Schule und künstlerisch-ästhetischer Erziehung. In: BDK-Mitteilungen II/1995, Hannover 1995

Reindl, U.M. / Dietzler, G. / Ummels, M. / Broch, J.M. (Hg.): Art Special: Hansa 1996 an der unesco-projekt-schule Hansa-Gymnasium. Ausstellung vom 14. bis zum 17. November 1996, Köln 1997

Reiß, G. (Hg.): Schule und Stadt. Weinheim 1995

Scheer, U.: Kennenlernen und verstehen. Schulprojekte zwischen Ost und West. Förderwettbewerb der Robert Bosch Stifung 1992/93, Weimar 1994

Scheufele, U. (Hg.): Weil sie wirklich lernen wollen. Bericht von einer anderen Schule. Das Altiger Konzept, Berlin 1996

Sekretariat der ständigen Koferenz der Kultusminister der Länder in der Bundesrepublik Deutschland: Zur Situation des Unterrichts im Fach Bildende Kunst an den allgemeinbildenden Schulen in der Bundesrepublik Deutschland. Bonn 1995

Sekretariat der ständigen Konferenz der Kultusminister der Länder in der Bundesrepublik Deutschland (Hg.): Kultur und Schule. Empfehlung der Kultusministerkonferenz vom 29.11.1985, Darmstadt 1985

Sekretariat für gemeinsame Kulturarbeit der Stadt Münster (Hg.): Schulkultur NW 85/86. 10. November 1985. Halle Münsterland, Münster 1985

Senator für Bildung und Wissenschaft Bremen (Hg.): Kaleidoskop. Kunst in die Schulen, Bremen 1994

Silbernagel, P.: Autonomie von Schulen. Plakative Zauberformel oder zukunftweisende Schulkonzeption? In: Blickpunkt Schule, Zeitschrift des Hessischen Philologenverbandes 5/95

Sozialmagazin, Die Zeitschrift für Soziale Arbeit: Jugendhilfe in der Schule, Heft I, 21. Jahrgang, Januar 1996, Weinheim

Sportjugend Hessen (Hg.): Schule und Sportverein - Zur Neuorientierung des Sportverständnisses für die Anforderungen der heutigen Zeit. Frankfurt/Main 1995

Tulodziecki, G.: Medienerziehung in Schule und Unterricht. 2. Auflage, Bad Heilbrunn 1992

Vaßen, F. / Hoffmann, K. (Hg): Theater und Schule. Konzepte und Materialien. Hannover 1996

Verband deutscher Musikschulen e.V. (Hg.): Neue Wege in der Musikschularbeit. Bonn 1996

Verein für Kommunalwissenschaften (Hg.): Lebenslagen von Kindern und Jugendlichen im Wandel - Neue Anforderungen an Jugendhilfe und Schule. Berlin 1996

Wilhelm, M. (Red.): Einsichten Aussichten. 3. Abschlußdokumentation zum Modellversuch im Atrium 1990 - 1992, Berlin 1993

Zacharias, W. (1995): Kooperation Kultur und Schule. In: Kognos-Verlag Braun GmbH (Hg): Der Kulturmanager. Stadtbergen 1994 ff.

Die Autorinnen und Autoren

Ina Bielenberg M.A., geb. 1962, Studium der Geschichtswissenschaften, Politik und Soziologie, wissenschaftliche Mitarbeiterin der Bundesvereinigung Kulturelle Jugendbildung. Leiterin der Dokumentationsstelle kulturelle Bildung der BKJ und der Akademie Remscheid

Hildegard Bockhorst, geb. 1955, Studium der Soziologie, Psychologie und Erziehungswissenschaften, Diplompädagogin, Geschäftsführerin der Bundesvereinigung Kulturelle Jugendbildung

Prof. Elisabeth Braun, geb. 1946, Diplompädagogin, Professorin für Rhythmik in der Sonderpädagogik der Pädagogischen Hochschule Ludwigsburg, Sitz Reutlingen, Vorsitzende der Landesvereinigung Kulturelle Jugendbildung Baden-Württemberg

Rolf Eickmeier, Lehrer am Gymnasium Blomberg, Projektleiter des Modellversuchs „Differenzierte Medienerziehung", BLK-Gemeinschaftsprojekt der Länder Nordrhein-Westfalen und Sachsen, Gesellschaft für Medienpädagogik und Kommunikationskultur

Prof. Dr. Max Fuchs, geb. 1948, Studium der Mathematik und Erziehungswissenschaften, Vorsitzender der Bundesvereinigung Kulturelle Jugendbildung, Direktor der Akademie Remscheid für musische Bildung und Medienerziehung

Thomas Hirschle, geb. 1960, wissenschaftlich-pädagogischer Mitarbeiter des Modellversuchs „Aktive Medienarbeit als Mittel der Verzahnung von Schule und Freizeit" im Land Brandenburg, Mitarbeiter des Medienpädagogischen Zentrums Potsdam

Klaus Hoffmann, geb. 1939, Studium der Theaterwissenschaft und Germanistik, Leiter der Medienzentrale im Amt für Gemeindedienst der Ev.-luth. Landeskirche Hannover, Vorsitzender der Bundesarbeitsgemeinschaft Spiel und Theater, Vorsitzender des Arbeitskreises Kirche und Theater e.V. in der EKD

Jutta Johannsen, geb. 1950, Kunsterzieherin, Oberstudiendirektorin, Leiterin der Jungmann-Schule in Eckernförde, Vorsitzende des Bundes Deutscher Kunsterzieher

Dr. Helmut Lange, geb. 1937, Hauptreferent Dezernat III, Deutscher Städtetag

Elinor Lippert, geb. 1931, Vorstandsmitglied der BAG für das Darstellende Spiel in der Schule, Projektleiterin für den interdisziplinären Studienschwerpunkt Spiel- und Theaterpädagogik an der Universität München

Prof. Dr. Will Lütgert, geb. 1940, Professor an der Friedrich-Schiller-Universität Jena, Fakultät für Sozial- und Verhaltenswissenschaften, Institut für Erziehungswissenschaften, Lehrstuhl für Schulpädagogik I

Prof. Dr. Richard Münchmeier, geb. 1944, Professor der Freien Universität Berlin, Fachbereich Erziehungswissenschaft, Psychologie und Sportwissenschaft / Institut für Sozial- und Kleinkindpädagogik - Sozialpädagogik

Brigitte Prautzsch, geb. 1954, Studium der Kulturwissenschaften, pädagogisch-wissenschaftliche Mitarbeiterin der Bundesvereinigung Kulturelle Jugendbildung, Vorsitzende der Landesvereinigung Kulturelle Jugendbildung Sachsen

Hermann Rademacker, geb. 1938, wissenschaftlicher Mitarbeiter des Deutschen Jugendinstitut München, Abt. II Jugend und Arbeit bis 31.3.1996

Joachim Reiss, geb. 1953, Schultheater-Studio Frankfurt/M., Vorsitzender der BAG für das Darstellende Spiel in der Schule und der LAG für das Darstellende Spiel an den Schulen Hessens

Aud Riegel-Krause, geb. 1956, Lehramtsstudium, Leiterin der Pädagogischen Arbeitsstelle, Schul- und Bildungsberatung des Schulamtes der Stadt Münster

Wulf Schlünzen, geb. 1942, Dozent am Institut für Lehrerfortbildung Hamburg für das Darstellende Spiel, Fachreferent für Darstellendes Spiel am Amt für Schule Hamburg, Mitglied der LAG Hamburg und der Bundesarbeitsgemeinschaft Darstellendes Spiel in der Schule

Iris Stauch, geb. 1964, Presse- und Projektreferentin der Internationalen Jugendbibliothek München

Prof. Dr. Florian Vaßen, Studium der Germanistik, Romanistik, Philosophie und Geschichte, Professor am Seminar für Deutsche Literatur und Sprache der Universität Hannover, Leiter der Arbeitsstelle Theater/Theaterpädagogik der Universität Hannover

Gabriele Vogt, geb. 1949, Regierungsdirektorin des Hessischen Kultusministeriums, Wiesbaden

Karl-Heinz Wenzel, geb. 1943, Referent für Jugendtheaterarbeit, Kulturabteilung des Senators für Bildung, Wissenschaft, Kunst und Sport Bremen, LAG Darstellendes Spiel Bremen

Peter Wolters, Oberstudienrat, Bund Deutscher Kunsterzieher, Geschäftsführer des Sonderprogramms Weiterqualifizierung brandenburgischer Lehrerinnen und Lehrer in Potsdam

Dr. Ulrich Wüster, geb. 1960, Musikstudium, Musikschullehrer, Studium der Musikwissenschaften, Bildungsreferent beim Verband deutscher Musikschulen

Dr. Wolfgang Zacharias, geb. 1941, Kunsterzieher, Kulturrat im Kulturreferat München und Projektleiter Pädagogische Aktion / Spielkultur, Vorstandsmitglied der Bundesvereinigung Kulturelle Jugendbildung und des Bundesverbandes der Jugendkunstschulen und kulturpädagogischen Einrichtungen und der Kulturpolitischen Gesellschaft

Die Bundesvereinigung Kulturelle Jugendbildung (BKJ)

- und was dahinter steckt

Jugendfilmclubs, Theaterfestivals, Musikschulen, Tanzbegegnungen, Jugendfotopreis, Jugend musiziert, Jugendvideopreis, Schülertheatertreffen, Jugendkunstschulen, Medienwerk-stätten, Musiktheater, Tanzprojekte für Behinderte, generationsübergreifende Kulturprojekte, Literaturwerkstätten ...
Diese und viele andere Angebote für Kinder und Jugendliche dokumentieren die Breite und Vielfalt kultureller Jugendbildung in Deutschland.

Diese Aktivitäten werden durch Fachorganisationen kultureller Jugendbildung, von Initiativen, Vereinen und Einrichtungen geleistet. Die Vielfalt verlangt gegenseitige Information und Abstimmung. Die bundesweiten Fachorganisationen für kulturellen Jugendbildung haben sich in **der BKJ** zusammengeschlossen, um Strukturen zu entwickeln und die Förderung der kulturellen Kinder- und Jugendbildung abzusichern.

Die BKJ ist ein Zusammenschluß von 47 bundesweit agierenden Fachverbänden, Institutionen und Landesvereinigungen kultureller Jugendbildung. Vertreten sind die Bereiche: Musik, Spiel, Theater, Tanz, Rhythmik, bildnerisches Gestalten, Literatur, Fotografie, Film und Video, neue Medien und kulturpädagogische Fortbildung.

Die BKJ sieht ihre Aufgabe darin, die außerschulische kulturelle Bildung der Jugend zu fördern und die gesetzliche, finanzielle und institutionelle Absicherung zu verbessern. Sie tut dies

- durch Information, Beratung, Fortbildung,

- durch Gremienmitarbeit und Vertretung gemeinsamer Interessen gegenüber den zuständigen Bundes- und Landesbehörden, der Öffentlichkeit und International,

- durch Fachtagungen und Modellversuche,

- durch Herausgabe von Fachpublikationen,

- durch europaweite und internationale Kontakte und Austauschmaßnahmen.

Aktuelle Publikationen der BKJ

Öffentlichkeitsarbeit - Nur das Sahnehäubchen auf dem Kaffee?

Deutsch-Polnischer Jugendkulturaustausch. Anregungen, Informationen, Fördermöglichkeiten

Wozu Kulturarbeit - Wirkungen von Kunst und Kulturpolitik und ihre Evaluation

Deutsch-Türkischer Jugendkulturaustausch

Das Neue Steuerungsmodell - Auswirkungen auf Freie Träger in der Kinder- und Jugendarbeit

Qualitäten in der kulturellen Bildungsarbeit

Durchblick im Föderalismus - Jugendkulturarbeit im Spiegel der Förderpolitik der Länder

Ästhetik in der kulturellen Bildung - Aufwachsen zwischen Kunst und Kommerz

Kulturelle Kinder- und Jugendbildung - Zur Wirksamkeit eines Programms KJP

'Interaktiv' - Im Labyrinth der Möglichkeiten

Deutsch-Polnische Jugendkulturprojekte: Erfahrungen und Konzepte

Projektsammlungen u.a. zu den Themen:
Mädchenkulturarbeit / Kulturelle Bildung und gesellschaftliche Verantwortung / Dialog der Generationen / Kulturarbeit von und mit behinderten Menschen / Jugendkulturarbeit in Europa / Schule und Jugendkulturarbeit in Kooperation.

Nähere Informationen: BKJ-Geschäftsstelle (Tel. 02191 / 794-390)